SAMOURAÏ

Takashi Matsuoka

SAMOURAÏ

Traduction de Martine C. Desoille

Roman

Titre original : *Cloud of Sparrows*

Le Code de la propriété intellectuelle n'autorisant, aux termes de l'article L. 122-5, 2e et 3e al., d'une part, que les « copies ou reproductions strictement réservés à l'usage privé du copiste et non destinées à une utilisation collective » et, d'autre part, que les analyses et les courtes citations dans un but d'exemple et d'illustration, « toute représentation ou reproduction intégrale ou partielle faite sans le consentement de l'auteur ou de ses ayants droit ou ayants cause est illicite » (art L. 122-4).
Cette représentation ou reproduction, par quelque procédé que ce soit, constituerait donc une contrefaçon, sanctionnée par les articles L. 335-2 et suivants du Code de la propriété intellectuelle.

© Takashi Matsuoka, 2002
Tous droits réservés. Publié avec l'accord de Dell Publishing, une marque de Bantam Dell Publishing Group, division de Random House, Inc.
© Presses de la Cité, 2003, pour la traduction française
ISBN 2-258-06001-X

Pour HAKURO, WEIXIN *et* JENNA.
*Puissent-ils toujours me guider
par leur courage,
leur sagesse et leur grâce.*

Sommaire

I
LE JOUR DE L'AN
1ᵉʳ janvier 1861

1. *L'Etoile de Bethléem*
2. Les étrangers
3. Grue Silencieuse

II
LES BELLES ENDORMIES

4. Dix hommes morts
5. Visionnaires
6. La mort du seigneur Genji

III
DAIMYO

7. Satori
8. Makkyo
9. Beauté et vertu
10. Iaido
11. Yuki to Chi
12. Suzume-no-kumo

IV
UN PONT ENTRE LA VIE ET LA MORT

13. La Vallée des pommiers
14. Sekigahara
15. El Paso

V
LE JOUR DE L'AN

La première lune
après le solstice d'hiver de
la seizième année du règne de l'empereur Komei

16. La Grue Silencieuse
17. Les étrangers
18. *L'Etoile de Bethléem*

VI
VOL DE MOINEAUX

LES PERSONNAGES

Genji : grand seigneur d'Akaoka ; chef du clan Okumichi
Shigeru : oncle du seigneur Genji
Kudo : chef de la sécurité du seigneur Genji
Saiki : chambellan du seigneur Genji

Hidé, Shimoa, Taro :
samouraïs du clan Okumichi

Heiko : une geisha ; maîtresse de Genji
Hanako : une servante du clan Okumichi
Seigneur Kiyori : défunt aïeul de Genji
Sohaku : abbé du monastère de Mushindo
(et chef de la cavalerie du clan Okumichi)
Jimbo : moine zen (ex-missionnaire chrétien)

Zephaniah Cromwell, Emily Gibson, Matthew Stark :
missionnaires chrétiens

Kawakami : chef de la police secrète du shogun
Mukai : lieutenant de Kawakami

I

LE JOUR DE L'AN

1ᵉʳ janvier 1861

L'Etoile de Bethléem

Avant de traverser une rivière, loin de ton domaine, scrute la surface de l'eau, assure-toi que l'onde est claire. Observe la réaction des chevaux. Prends garde qu'une horde ne soit embusquée.

Lorsque tu franchis un gué, même s'il t'est familier, explore du regard les ombres de la rive opposée, et guette le mouvement des roseaux. Ecoute la respiration de tes compagnons les plus proches. Prends garde à l'assassin solitaire.

Suzume-no-Kumo
(1491)

Feignant le sommeil, Heiko respirait lentement, profondément. Ses traits étaient détendus sans être relâchés : lèvres closes comme sur le point de s'ouvrir, yeux alanguis sous ses paupières immobiles. Toutes ses pensées convergeaient vers le lieu paisible situé au centre de son être et elle devinait plus qu'elle ne sentait la présence de Genji à son côté.

Lorsqu'il se retournerait pour la regarder, elle eût aimé qu'il voie sa chevelure d'un noir profond comme une nuit sans étoiles répandue sur la soie bleue du drap ; son visage blanc comme la neige de printemps, scintillant d'un éclat dérobé à la lune ; les courbes suggestives de son corps qu'enveloppait le couvre-pied de soie richement brodé d'un couple de grues à la gorge écarlate se livrant au frénétique ballet de la parade nuptiale dans un champ semé d'or.

De la nuit sans étoiles elle était sûre. Sa chevelure — sombre, lustrée, soyeuse — était l'un de ses plus beaux attributs.

En revanche, et bien qu'il s'agît d'une métaphore poétique, la comparaison avec la neige de printemps était hardie. Car Heiko avait passé son enfance dans un village de pêcheurs du domaine de Tosa. De ces longues heures de bonheur passées au soleil, sa peau avait gardé des traces qui ne pourraient jamais complètement s'effacer. Une pincée de minuscules taches de rousseur parsemait ses joues. Or il était bien connu que la neige de printemps était immaculée. Par chance, son teint avait un éclat lunaire qui compensait cette faiblesse. C'était du moins ce qu'il affirmait. Et qui était-elle pour le contredire ?

Etait-il en train de la regarder ? Elle l'espérait. Elle était un modèle d'élégance, même pendant son sommeil. Et lorsqu'elle feignait de dormir, comme maintenant, elle avait sur les hommes un effet dévastateur. Qu'allait-il faire ? Soulever doucement la couverture, pour admirer sa nudité ? Ou bien sourire, puis se pencher sur elle, et l'éveiller d'une caresse ? Ou encore, fidèle à son habitude, attendre patiemment que ses paupières frémissent et s'ouvrent d'elles-mêmes ? De telles pensées ne l'auraient sans doute pas effleurée s'il s'était agi d'un autre homme, mais avec lui elle se laissait volontiers aller à ce genre de rêveries. Etait-ce parce qu'il était différent des autres, ou parce qu'elle s'était bêtement laissé prendre au piège de l'amour ?

Genji ne fit rien de ce qu'elle avait prévu. Il se leva et se dirigea vers la fenêtre qui dominait la baie d'Edo. Nu dans l'air froid du petit matin, il scrutait l'horizon. De temps à autre il frissonnait, mais ne faisait aucun geste pour se couvrir. Heiko savait que, enfant, il avait suivi l'enseignement rigoureux des moines Tendai, du mont Hiei. Ces austères mystiques qui pratiquaient la technique d'élévation thermique du corps étaient capables de rester nus pendant plusieurs heures sous un torrent d'eau glacée. Genji était fier d'avoir été leur disciple. Elle soupira et changea de position pour réprimer le rire qui faillit lui échapper. Genji n'était guère parvenu à maîtriser la technique.

Si langoureux fût-il, son soupir ne parvint pas à détourner l'attention de Genji. Sans même jeter un regard dans sa direction, il s'empara de la vieille lunette d'approche portugaise et, l'ayant déployée en position maximum, la braqua sur la baie pour reprendre son observation. Heiko éprouva un pincement de déception. Elle avait espéré... Espéré quoi ? Grand ou petit, l'espoir était-il autre chose qu'un caprice ?

Elle n'osait pas ouvrir les yeux, de peur que Genji ne s'aperçoive qu'elle l'épiait, si ce n'était déjà fait. Ce qui expliquerait pourquoi il l'avait ignorée lorsqu'il s'était levé, puis lorsqu'elle avait soupiré. Cherchait-il à la taquiner ? Peut-être pas. Comment savoir ? Cessant ses ruminations, elle essaya de dresser mentalement son portrait.

Il était un peu trop joli pour un homme. A cela s'ajoutait une nonchalance excessive qui, outre qu'elle ne seyait guère à un samouraï, lui conférait un aspect frivole et fragile, pour ne pas dire efféminé. Mais les apparences étaient trompeuses. Car, lorsqu'il était dévêtu, sa musculature saillante aux contours parfaitement dessinés témoignait de l'application qu'il mettait à s'entraîner aux arts martiaux. L'art de la guerre et celui de la volupté étaient proches parents. A cette pensée, elle laissa échapper malgré elle un soupir langoureux. Incapable de continuer à faire semblant de dormir, elle s'autorisa à ouvrir les yeux et vit qu'il était exactement tel qu'elle se l'était représenté. Mais sans doute le spectacle à l'autre bout du télescope était-il fascinant, car cela absorbait toute son attention.

Elle attendit un petit moment avant de dire d'une voix ensommeillée :

— Seigneur, vous grelottez.

Il sourit et dit sans détourner les yeux :

— Balivernes ! Je suis insensible au froid.

Heiko se glissa hors du lit et, ayant enfilé le kimono de Genji, le resserra autour de son corps afin de le réchauffer pendant qu'elle s'agenouillait et nouait en hâte sa chevelure au moyen d'un ruban de soie. Il allait falloir plusieurs heures à Sachiko, sa suivante, pour refaire sa coiffure de geisha. Mais pour l'heure, un simple nœud suffirait. Elle se releva et se dirigea vers lui à petits pas, ainsi qu'il seyait aux femmes gracieuses, puis s'agenouilla et se prosterna à quelques pas de lui. Elle resta ainsi prosternée pendant un moment, sans attendre ni obtenir la moindre réaction de sa part. Puis elle se releva, ôta la robe réchauffée par son corps et imprégnée de son parfum et la lui posa sur les épaules.

Genji endossa le vêtement avec un grognement impatient.

— Tiens, regarde.

Elle prit la lunette qu'il lui tendait et scruta la baie. La veille au soir, il y avait six vaisseaux au mouillage, tous des bâtiments de guerre russes, britanniques et américains. Entre-temps, un septième les avait rejoints, un schooner à trois mâts. Plus petit que les navires de guerre, le nouveau venu n'était pas doté comme eux de roues à aube ou de hautes cheminées noires. Ses flancs n'étaient pas percés de sabords et aucun canon n'était visible sur son pont. Quoique insignifiant à côté des forteresses flottantes, il n'en demeurait pas moins deux fois plus gros que n'importe quel bateau japonais. D'où venait-il ? D'un port de Chine, à l'ouest ? Des Indes, au sud ? De l'Amérique, à l'est ?

— Le navire marchand n'était pas là hier, dit-elle, quand nous sommes allés nous coucher.

— Non, il vient juste de jeter l'ancre.

— Est-ce celui que vous attendiez ?

— Peut-être.

Heiko s'inclina et rendit le télescope à Genji. Il ne lui avait pas indiqué de quelle sorte de bateau il s'agissait, ni pourquoi il l'attendait, et, naturellement, elle ne le lui avait pas demandé. Il était probable que Genji lui-même ne connaissait pas la réponse à ces questions. Il attendait, du moins le supposait-elle, l'accomplissement d'une prophétie. Or, comme chacun sait, les prophéties sont rarement explicites. Tout en suivant le fil de ses pensées, elle gardait les yeux fixés sur la baie.

— Pourquoi les étrangers ont-ils fait autant de bruit la nuit dernière ? questionna-t-elle.

— Parce qu'ils célébraient la Nouvelle Année.

— La Nouvelle Année n'est que dans trois semaines.

— Pour nous, oui. Elle tombe à la première nouvelle lune avant le solstice d'hiver de la quinzième année du règne de l'empereur Komei. Mais pour eux la Nouvelle Année est déjà commencée. « Le premier janvier 1861 », dit-il en anglais, avant de revenir au japonais. Le temps chez eux passe plus vite. C'est pourquoi ils sont en avance sur nous. Ainsi, ils ont déjà fêté leur Nouvel An alors que nous sommes trois semaines à la traîne.

Il la regarda et lui sourit.

— Tu m'impressionnes, Heiko. Ne ressens-tu pas le froid ?

— Je ne suis qu'une humble femme, seigneur. Là où vous avez des muscles, j'ai de la graisse. Cette imperfection me permet de résister au froid un peu plus longtemps que vous.

En réalité, elle faisait un gros effort pour ne pas frissonner dans l'air glacé. Réchauffer le kimono avant de le lui donner était un geste séduisant, à condition toutefois qu'elle ne se mette pas à grelotter, car alors son geste aurait perdu sa grâce.

Genji concentra à nouveau son attention sur les navires.

— Grâce à leurs engins à vapeur, ils se propulsent sur les flots, même en l'absence de vent, quand la mer est d'huile. Leurs canons sèment la destruction à des lieues à la ronde. Chacun de leurs soldats est muni d'une arme à feu. Trois siècles durant, ils ont concentré tous leurs efforts sur l'efficacité, pendant que nous nous entêtions à cultiver l'art du sabre. Même les langues qu'ils parlent sont plus efficaces que la nôtre. Et par conséquent leur raisonnement l'est aussi. Nous manquons de précision. Chez nous, tout n'est que non-dit et sous-entendus.

— L'efficacité est-elle si importante ? s'enquit Heiko.

— En temps de guerre, oui. Et la guerre est proche.

— Est-ce une prophétie ?

— Non, une simple question de bon sens. Partout où ils sont allés, les étrangers se sont approprié la vie, l'argent, la terre. Ils se sont emparés de tout ce que la planète a de meilleur à offrir, au nez et à la barbe des suzerains légitimes. Ils ont assassiné et réduit des hommes à l'esclavage.

— Tout le contraire de nos grands seigneurs, commenta Heiko.

Genji éclata de rire.

— Il est de notre devoir de veiller à ce que le pillage, les massacres et l'esclavage au Japon ne soient perpétrés par personne d'autre que nous. Sans quoi, comment pourrions-nous mériter le titre de grands seigneurs ?

Heiko s'inclina.

— J'ai toute confiance en une aussi puissante protection. Puis-je vous préparer un bain, seigneur ?

— Volontiers.

— Pour nous, c'est l'heure du dragon. Quelle heure est-il pour eux ?

Genji jeta un coup d'œil à la pendule suisse sur la table et dit en anglais :

— Il est sept heures et quatre minutes.

— Préférez-vous vous baigner à sept heures et quatre minutes, seigneur, ou à l'heure du dragon ?

Genji éclata à nouveau d'un rire joyeux, puis s'inclina pour rendre hommage au trait d'esprit de Heiko. Ses nombreux détracteurs prétendaient qu'il avait le rire trop facile ; c'était là, disaient-ils, le signe d'un manque évident de sérieux. Etait-ce vrai ? Heiko n'en était pas sûre, mais ce qui était sûr, c'est qu'elle aimait son rire.

Elle lui rendit son salut, fit trois pas en arrière puis tourna les talons. Elle était nue dans la chambre de son amant, mais, se fût-elle trouvée en tenue d'apparat dans le palais du shogun qu'elle n'y aurait pas mis plus de grâce. Elle sentit qu'il la suivait des yeux.

— Heiko ! l'entendit-elle appeler. Un instant, je te prie.

Elle sourit. Il l'avait ignorée aussi longtemps qu'il l'avait pu. A présent il venait à elle.

Le révérend Zephaniah Cromwell, humble serviteur de la Lumière de la Véritable Parole des Prophètes de Notre-Seigneur Jésus-Christ, observait au loin la ville d'Edo, fourmilière grouillante qui s'adonnait au péché. Il avait été envoyé ici pour porter la parole de Dieu, la Véritable Parole, avant que ces misérables idolâtres soient anéantis par les papistes et les épiscopaliens — qui n'étaient en réalité que des papistes déguisés — ainsi que par les calvinistes et les luthériens — qui n'étaient que des mercantis prétendant agir au nom de Dieu. Les hérétiques avaient devancé la Véritable Parole en Chine. Mais ici, au Japon, le révérend Cromwell était déterminé à leur couper l'herbe sous le pied. Dans l'imminente bataille d'Armageddon, les forces des samouraïs seraient décuplées s'ils accueillaient en eux le Christ et devenaient de véritables soldats chrétiens. Nés pour la guerre, ils ne craignaient pas la mort et feraient d'excellents martyrs. Mais l'avenir, si tant est qu'il y en ait un, était l'avenir. Quant au présent, il ne semblait guère prometteur sur cette terre peuplée de catins, de sodomites et d'assassins. Heureusement, le révérend avait la Véritable Parole pour le soutenir et il triompherait. La volonté de Dieu serait accomplie.

— Bonjour, Zephaniah.

Au son de cette voix, il sentit fondre son vertueux courroux tandis qu'une inquiétante et familière sensation de chaleur embrasait ses pensées et ses reins. Mais non, il ne céderait pas à ces pensées impures.

— Bonjour, Emily, répondit-il en s'efforçant de garder une expression grave et impassible.

Fidèle adepte de son troupeau, Emily Gibson était son élève et sa fiancée. Il luttait pour ne pas penser au jeune corps souple qui se cachait sous cette robe, au mouvement ascendant et descendant de sa généreuse poitrine, aux courbes affriolantes de ses hanches, à ses longues jambes fuselées, à la cheville brièvement entr'aperçue sous l'ourlet de sa jupe. Il s'efforçait de ne pas imaginer ce qu'il n'avait encore jamais vu — la rondeur de ses seins dénudés et libérés de toute entrave, la forme et la couleur de ses mamelons ; son ventre, une plaine riche et fertile prête à accueillir sa semence ; le mont de Vénus, sacré selon les commandements de Notre-Seigneur, mais profané par le Malin qui en avait fait le siège de sensations délicieuses de plaisir, de goût et d'odorat. O chair tentatrice et sournoise, ô appétits dévorants de la concupiscence, ô flammes de la folie qu'attisait la luxure incendiaire. « Ceux qui recherchent les plaisirs de la chair ne pensent qu'aux plaisirs de la chair ; mais ceux qui recherchent la Foi ne pensent qu'à la Foi. »

Il ne se rendit compte qu'il avait parlé tout haut que lorsqu'il entendit à nouveau la voix d'Emily.

— Amen, dit-elle.

Le révérend Cromwell eut l'impression que le monde se dérobait sous ses pieds, et avec lui le salut promis par Jésus-Christ, seul et unique Fils de Dieu. Chassant au loin toute pensée charnelle, il regarda à nouveau vers Edo, de l'autre côté de l'eau.

— Voici notre grand défi. Pécheurs par la pensée et par la chair, ici les mécréants sont légion.

Elle lui adressa son sourire rêveur et angélique.

— Je suis certaine que vous serez à la hauteur de votre mission, Zephaniah. Vous êtes un véritable serviteur de Dieu.

Une rougeur de honte empourpra les joues du révérend. Que penserait cette innocente et confiante enfant si elle venait à découvrir les appétits lubriques qui le torturaient chaque fois qu'il se trouvait en sa présence ? Il dit :

— Prions pour les impies.

Et il s'agenouilla sur le pont du navire.

Docile, Emily fit de même. Trop près, beaucoup trop près. Malgré tous ses efforts pour ne pas y prêter attention, il sentait la chaleur de son corps, et le parfum naturel qu'exhalait le sexe opposé.

— Ses princes sont des lions rugissants, dit le révérend Cromwell. Ses juges sont des loups du soir qui ne laissent pas un os pour le matin. Ses prophètes sont des êtres inconséquents et des imposteurs ; ses prêtres ont profané le sanctuaire ; ils ont violé la loi.

Mais le Seigneur est juste ; il ne commet rien d'inique ; chaque matin il prononce Son Jugement dans la lumière, sans jamais faillir ; mais les impies ne connaissent pas la honte.

Portée par les cadences familières de la Véritable Parole, sa voix se fit peu à peu plus profonde et plus grave, s'amplifiant au point de résonner à ses oreilles comme la voix de Dieu lui-même.

— « Attendez-moi, dit le Seigneur, jusqu'au jour où je me lèverai en accusateur : car mon dessein est de réunir les nations, de rassembler les royaumes, afin de déverser sur eux mon indignation et ma fureur : toute la terre sera dévorée par le feu de mon courroux »…

Faisant une pause, il reprit haleine, puis rugit :
— Amen !
— Amen, répéta Emily d'une voix douce et mélodieuse.

Dans la tour d'observation du château d'Edo, une lunette astronomique hollandaise de la taille d'un canon se juchait au sommet d'un trépied de fabrication française permettant d'effectuer des réglages de mise au point infinitésimaux. Le télescope était un cadeau du gouvernement hollandais à Ieyasu, premier shogun du clan Tokugawa, deux siècles et demi plus tôt. Quant au trépied, c'était Napoléon Bonaparte qui l'avait envoyé lorsqu'il avait été sacré empereur des Français. Un empire qui n'avait pas duré dix ans.

L'heure du dragon faisait place à l'heure du serpent lorsque Kawakami Eichi appliqua son œil contre l'énorme lunette. Celle-ci n'était pas braquée sur le cosmos, mais sur les palais des grands seigneurs de la province de Tsukiji, à moins d'un mille de distance. Pourtant ses pensées étaient ailleurs. En songeant à l'histoire du télescope, il en était venu à la conclusion que Iemochi, le shogun actuel, serait probablement le dernier Tokugawa détenteur du titre. Dès lors la question se posait de savoir qui allait lui succéder. En tant que chef de la police secrète du shogun, Kawakami avait le devoir de protéger le régime en place. En tant que fidèle vassal de l'empereur — lequel était présentement réduit à l'impuissance mais néanmoins investi de droit divin —, il était de son devoir de protéger la nation. Jadis, en des temps meilleurs, ces deux fonctions étaient inséparables, mais plus maintenant. De toutes les vertus du samouraï, la loyauté était la plus importante, car sans elle tout n'était que chaos. Pour Kawakami, que ses fonctions avaient amené à étudier la loyauté sous toutes ses facettes, il était clair que le temps des allégeances personnelles touchait à sa fin. A l'avenir, la loyauté allait devoir s'exercer envers une cause, un principe ou un idéal, et non envers un homme ou un clan. Qu'un tel raisonnement ait pu s'immiscer dans la tête de Kawakami relevait du prodige : c'était la preuve incontestable de l'influence pernicieuse exercée par les étrangers.

Il fit pivoter la jumelle et la braqua sur la rade qui s'étirait en contrebas. Des sept navires qui se trouvaient au mouillage, six étaient des bâtiments de guerre. Les étrangers. Ils avaient tout changé. Sept ans auparavant, cet arrogant de Perry et sa Flotte noire étaient arrivés d'Amérique. Il s'était ensuivi des traités humiliants, autorisant les nations étrangères à pénétrer au Japon sans avoir à se soumettre aux autorités locales. Cela revenait à être torturé et à devoir s'incliner avec le sourire en signe de reconnaissance. Le poing de Kawakami se crispa comme lorsqu'il empoignait son sabre. Comme il eût été rassurant de pouvoir tous les décapiter ! Un jour, oui, sûrement. Mais, pas aujourd'hui, hélas. Le château d'Edo était la plus grosse forteresse du pays. Pendant près de trois cents ans, sa seule présence avait dissuadé les clans rivaux de contester l'autorité des Tokugawa, et pourtant quelques heures auraient suffi à n'importe lequel de ces navires pour réduire cette gigantesque place forte à un tas de cailloux fumant. Oui, rien n'était plus comme avant, et ceux qui voulaient survivre n'avaient d'autre choix que de changer. L'esprit scientifique, froid et logique des étrangers leur avait permis de mettre au point ces armes à l'efficacité époustouflante. Mais il devait exister un moyen d'utiliser les méthodes de pensée de ces démons charognards sans devenir l'un d'eux.

— Sire.

La voix de Mukai, son lieutenant, lui parvint à travers la porte close.

— Entre.

La porte coulissa et Mukai entra à genoux, puis se prosterna et referma la porte derrière lui avant de se prosterner à nouveau.

— Le nouveau venu au port est *L'Etoile de Bethléem*. Il a quitté le port de San Francisco, sur la côte ouest de l'Amérique, il y a cinq semaines, et fait escale à Honolulu, dans les îles Hawaii, d'où il a levé l'ancre mercredi dernier. Il ne transporte pas d'explosifs ni d'armes à feu, ni aucun agent étranger, expert militaire ou criminel connu de nos services.

— Tous les étrangers sont des criminels, souligna Kawakami.

— Oui, seigneur, approuva Mukai. Je voulais simplement dire qu'aucun d'eux n'a jamais été fiché en tant que tel.

— Qu'est-ce que cela prouve ? Le gouvernement américain est particulièrement peu efficace quand il s'agit de surveiller ses citoyens. Forcément, les illettrés sont si nombreux là-bas... Comment pourrait-il établir des fichiers dignes de ce nom quand la moitié de ses agents ne savent ni lire ni écrire ?

— Vous avez tout à fait raison.

— Et quoi d'autre ?

— Trois missionnaires chrétiens, et cinq cents exemplaires de la Bible en langue anglaise.

Des missionnaires. Ces gens inquiétaient Kawakami. Les étrangers étaient intraitables quand il s'agissait de faire respecter ce qu'ils appelaient la « liberté de culte ». Concept absurde. Au Japon, chacun était contraint de suivre la religion édictée par son grand seigneur. Si le grand seigneur adhérait à une secte bouddhiste particulière, ses sujets, quelle que fût leur origine sociale, étaient tenus d'en faire autant. S'il était shintoïste, ils l'étaient aussi. S'il était les deux, comme c'était souvent le cas, ils l'étaient également. Chaque sujet était par ailleurs libre de suivre n'importe quelle autre religion de son choix. La religion avait à voir avec l'autre royaume, mais le shogun et les grands seigneurs ne s'intéressaient qu'au royaume d'ici-bas. Pour les chrétiens, en revanche, il en allait tout autrement. La doctrine étrangère portait la trahison inscrite en elle. Un seul Dieu pour le monde entier, un Dieu au-dessus des dieux du Japon, et au-dessus du Fils des Cieux, Sa Très Auguste Majesté Impériale, l'empereur Komei. Le premier shogun Tokugawa avait fort judicieusement proscrit la religion chrétienne. Il avait expulsé tous les prêtres étrangers et crucifié des dizaines de milliers de convertis, après quoi on n'en avait plus entendu parler pendant deux cents ans. Officiellement, la religion chrétienne était toujours proscrite. Mais cette loi ne pouvait plus être appliquée, car les épées japonaises ne pouvaient rivaliser avec les canons étrangers. De sorte que la « liberté de culte » s'était imposée, autorisant tout individu à pratiquer la religion de son choix, à l'exclusion de toutes les autres. Outre qu'une telle mesure encourageait l'anarchie, elle fournissait aux étrangers une excuse pour s'immiscer dans les affaires intérieures du Japon sous prétexte de venir en aide à leurs coreligionnaires. Kawakami était intimement convaincu que c'était là la véritable raison de la « liberté de culte ».

— Qui doit recevoir les missionnaires ?

— Le grand seigneur d'Akaoka.

Kawakami ferma les yeux et prit une profonde inspiration. Ce nom revenait trop souvent à son goût dans les conversations, ces derniers temps. Le grand seigneur d'Akaoka régnait sur un petit fief sans importance, éloigné de la capitale. Les deux tiers des grands seigneurs étaient infiniment plus riches et plus influents. Mais désormais, comme c'était souvent le cas en période de troubles, le grand seigneur d'Akaoka jouissait d'une réputation disproportionnée au regard de ses véritables prérogatives. Peu importait qu'il fût un vieux briscard et un fin politicien, comme feu le seigneur Kiyori, ou un dilettante efféminé comme son jeune successeur, le seigneur Genji, la rumeur selon laquelle il aurait détenu le don de prophétie lui conférait un prestige qui l'élevait au-dessus de sa véritable condition.

— Nous aurions dû procéder à son arrestation lorsque le régent a été assassiné.

— Mais l'attentat avait été fomenté par les radicaux nationalistes et non pas des prochrétiens, souligna Mukai. Il n'était aucunement impliqué dans le meurtre.

Kawakami fit la moue.

— Voilà que tu te mets à parler comme un étranger, à présent.

Mesurant son erreur, Mukai se prosterna face contre terre.

— Pardonnez-moi, sire. Mes paroles m'ont échappé.

— A t'entendre, les preuves et les indices compteraient davantage que les intentions qui résident dans le cœur d'un homme.

— Toutes mes excuses, sire, dit Mukai sans relever la tête.

— Nos pensées sont aussi importantes que nos actes, Mukai.

— Oui, sire.

— Si les hommes, et en particulier les grands seigneurs, ne peuvent plus être tenus pour responsables de leurs pensées, comment la civilisation pourra-t-elle survivre aux assauts des barbares ?

— Vous avez raison, sire.

Mukai releva légèrement la tête pour regarder Kawakami.

— Dois-je lancer un mandat d'arrêt contre lui ?

Kawakami se tourna à nouveau vers le télescope et le braqua sur le navire que Mukai avait identifié comme *L'Etoile de Bethléem*. Grâce à l'extraordinaire pouvoir grossissant de la lunette hollandaise, le chef de la police se trouva transporté sur le pont du navire, en présence d'un homme étonnamment laid, même pour un étranger. Ses yeux globuleux étaient exorbités comme si la pression avait été trop forte à l'intérieur de son crâne bosselé. De profondes rides d'angoisse creusaient les coins de sa bouche retroussée en une sorte de rictus perpétuel. Son nez interminable était tordu d'un côté de sa figure. Enfin il se tenait voûté, la tête rentrée dans les épaules. A côté de lui se trouvait une jeune femme. Son teint d'une blancheur et d'une fraîcheur exceptionnelles n'était sans aucun doute qu'une illusion d'optique due à la courbe et à l'épaisseur du verre de la lunette d'approche. Hormis cela, c'était une bête, comme toutes ses semblables. L'homme parlait, agenouillé sur le pont. La femme s'agenouilla à son tour, pour se livrer apparemment à quelque rituel chrétien de prière.

Kawakami songea qu'il avait réagi un peu trop violemment aux paroles de Mukai. Il était évidemment exclu de procéder à une arrestation. Akaoka avait beau être un fief mineur, la férocité et le dévouement de ses samouraïs n'en demeuraient pas moins légendaires. Toute tentative d'arrestation risquait de provoquer des réactions en chaîne de la part des autres grands seigneurs et de plonger le pays dans la guerre civile, laquelle, à son tour, fournirait aux puissances étrangères une occasion inespérée d'envahir le pays. Il allait falloir employer des moyens détournés pour éliminer le grand seigneur d'Akaoka. Des moyens auxquels Kawakami avait déjà songé.

— C'est trop tôt, dit-il enfin. Laissons-le agir à sa guise, et voyons plutôt si nous ne pouvons pas attraper un autre poisson dans nos filets en attendant.

Matthew Stark n'avait pas encore ouvert les yeux qu'il tenait déjà son revolver dans la main droite et son coutelas dans la gauche. Il avait été tiré du sommeil par des vociférations enragées. La pâle lueur du petit matin filtrait à l'intérieur de la cabine, jetant çà et là des ombres vagues et mouvantes. Son arme à feu suivit le mouvement de ses yeux tandis qu'il balayait le réduit du regard. Aucun assassin ne s'y trouvait embusqué, prêt à lui donner la mort. Comprenant qu'il était seul, il crut qu'il avait fait un mauvais rêve, puis il reconnut la voix de Cromwell en train de prier sur le pont.

— « Attendez-moi, dit le Seigneur, jusqu'au jour où je me lèverai en accusateur »...

Une fois de plus, le prédicateur était en train de cracher le feu de l'enfer à pleins poumons. Stark baissa la garde en soupirant, se leva de sa couchette. Sa malle était ouverte, prête à recevoir ses derniers effets avant le débarquement. Dans quelques heures, il foulerait aux pieds une terre étrangère. Il soupesa avec satisfaction le gros revolver qu'il tenait à la main, un colt calibre 44 modèle militaire à barillet six pouces. Il ne lui fallait pas plus d'une seconde pour dégainer les deux livres d'acier et faire feu. A vingt pas, une seule balle lui suffisait pour atteindre un homme en pleine poitrine. Trois fois sur cinq, il faisait mouche du premier coup. A dix pas, deux fois sur trois il pouvait lui loger une balle entre les deux yeux, ou dans l'œil gauche ou droit, au choix. S'il ratait son coup et que l'homme prenait la fuite, Stark visait la nuque, juste entre les deux épaules, et le décapitait net. Il aurait aimé pouvoir l'emporter partout avec lui, dans un holster, suspendu à la hanche droite. Mais, pour l'heure, il ne pouvait pas s'exposer aux regards muni d'une arme à feu, ou même d'un couteau de la taille d'une petite épée. Le saignoir regagna son étui puis retourna dans la malle entre les deux gilets de laine tricotés par Mary Anne. Après avoir enveloppé le colt dans un vieux chiffon, Stark le rangea à côté du couteau, puis dissimula les deux armes sous une pile de chemises par-dessus lesquelles il étala une douzaine de bibles. Il y en avait cinq cents autres qui attendaient en bas, dans la cale. Par quel miracle les Japonais allaient-ils pouvoir lire la Bible du roi Jacques ? Seuls Dieu et le révérend Cromwell le savaient. Stark, quant à lui, s'en battait l'œil. Son intérêt pour les saintes Ecritures se limitait à la deuxième ligne de la Genèse. « Or la terre était vide et vague et les ténèbres couvraient l'abîme. » De toute façon, il y avait peu de chances pour qu'il soit amené à prêcher. Cromwell aimait trop entendre le son de sa propre voix pour requérir ses services.

Stark possédait un autre revolver, un Smith & Wesson de poche, calibre 32, assez petit pour pouvoir être porté à l'intérieur de sa veste, et assez léger pour pouvoir loger dans une poche renforcée sous son gilet, du côté gauche, juste au-dessus de la ceinture. Il s'essaya plusieurs fois de suite à plonger la main droite sous sa veste pour dégainer. Il ignorait si le calibre 32 était suffisamment puissant pour faire reculer un homme, mais espérait qu'il était plus dissuasif que le calibre 22 qu'il utilisait auparavant. Avec un calibre 22, c'était un jeu d'enfant de mettre cinq balles dans la peau d'un adversaire, mais si le type était coriace et hargneux, il avait beau pisser le sang, il continuait d'avancer, surin au poing, pour étriper son agresseur. Auquel cas mieux valait ne pas rater son coup quand on faisait pivoter son flingue pour lui fendre le crâne d'un coup de crosse.

Stark enfila sa veste, prit son chapeau et ses gants, et monta sur le pont.

— Bonjour, frère Matthew, le salua Emily.

Elle portait un simple bonnet de toile, un manteau de coton matelassé à l'aspect gondolé et une vieille écharpe de laine pour protéger son cou du froid. Une mèche de cheveux blonds s'était échappée de son couvre-chef et pendait devant son oreille droite. Levant la main, elle s'empressa de la remettre en place. Que disait le proverbe, déjà ? Ne jetez pas de perles aux cochons, de crainte qu'ils ne les piétinent, et qu'ils ne se retournent ensuite contre vous. Comique, non ? Voilà que cette fille lui inspirait des versets de la Bible. Elle était peut-être destinée à devenir femme de pasteur, après tout. Elle fronça les sourcils, l'air soucieux, puis ses yeux turquoise reprirent leur éclat habituel et elle lui sourit.

— Ce sont nos prières qui vous ont réveillé ?

— Y a-t-il meilleure façon de s'éveiller qu'avec la parole du Seigneur ?

— Amen, frère Matthew, dit Cromwell. Ne dit-on pas : je ne donnerai pas le sommeil à mes yeux, ni le repos à mes paupières tant que je n'aurai pas trouvé une place pour le Seigneur ?

— Amen, dirent Emily et Stark à l'unisson.

Cromwell désigna le rivage d'un geste large.

— Et voilà, frère Matthew. Le Japon. Quarante millions d'âmes qui, sans la grâce de Dieu et les efforts de ses humbles serviteurs, seraient vouées à la damnation éternelle.

Aussi loin que portait le regard, ce n'était qu'une ligne ininterrompue de constructions à l'aspect ramassé et fragile et ne comportant guère plus d'un étage. La ville était immense, et pourtant on eût dit qu'un coup de bourrasque ou une allumette auraient suffi pour l'anéantir ou la réduire en cendres. A l'exception toutefois des palais qui se dressaient sur le front de mer, et de la haute forteresse blanche au faîtage noir qu'on apercevait à environ un mille à l'intérieur des terres.

— Etes-vous prêt, frère Matthew ? s'enquit Cromwell.
— Oui, frère Zephaniah.

Sohaku, abbé du monastère de Mushindo, était en train de méditer dans son *hojo*, la petite cellule privée du maître zen du temple. Assis dans la position du lotus, ses paupières closes réduites à deux fentes, il ne voyait, n'entendait, ne ressentait rien. Dehors, les oiseaux gazouillaient dans les arbres. Une brise matinale balayait le corridor. A la cuisine, les moines s'affairaient à la préparation du repas. Ils faisaient trop de bruit. Sohaku se surprit à penser et soupira. N'empêche qu'il accomplissait des progrès : il avait réussi à tenir pendant près de deux minutes, cette fois. Saisissant son pied droit à deux mains, il le souleva de sa cuisse gauche le déposa devant lui avec une grimace de douleur. Ah, quel plaisir de pouvoir étendre ses jambes ! La vie était un cadeau et un mystère. A la cuisine, le tintamarre reprit de plus belle, quelqu'un rit. Taro, forcément Taro, ce traîne-savates, écervelé et dissipé.

Une lueur froide et sévère traversa le regard de Sohaku. Il se mit sur ses jambes et sortit du *hojo*. Il se mouvait non avec le pas lent et mesuré du moine bouddhiste qu'il était devenu, mais à grandes foulées agressives et nerveuses, ainsi qu'il en avait l'habitude lorsqu'il n'avait pas encore prononcé les deux cent cinquante vœux du sacerdoce, à l'époque où il était encore le samouraï Tanaka Hidetada, commandant de cavalerie, vassal de Okumichi no kami Kiyori, feu le grand seigneur d'Akaoka, à qui il avait juré fidélité jusqu'à la mort.

— Espèces de bons à rien ! rugit-il en franchissant le seuil de la cuisine.

Sur-le-champ, les trois gaillards portant la robe brune des acolytes zen s'agenouillèrent, et pressèrent leurs crânes rasés contre terre.

— Où vous croyez-vous pour faire un tel vacarme ? Que le ciel vous condamne, vous et vos pères, à devenir des femmes dans vos incarnations futures.

Les trois hommes se figèrent, n'osant esquisser un geste ou proférer la moindre parole, prosternés aussi bas que possible. Sohaku savait qu'ils resteraient ainsi jusqu'à ce qu'il les autorise à se relever. Il se radoucit. Ces hommes étaient des braves, loyaux, courageux et disciplinés. Cette condition monastique était difficile à supporter pour eux tous.

— Taro.

Relevant imperceptiblement la tête, Taro décocha un rapide coup d'œil à Sohaku.

— Oui !

— Va porter son petit déjeuner au seigneur Shigeru.

— Oui !

— Et sois prudent. Je n'ai pas envie de perdre un autre homme, fût-ce un bougre de ton espèce.

Taro sourit en se prosternant à nouveau. Sohaku n'était plus en colère.

— J'y vais de ce pas !

Sans rien ajouter, Sohaku sortit de la cuisine. Taro et ses deux compères, Muné et Yoshi, se relevèrent.

Muné dit :

— Le seigneur Hidetada est d'une humeur de chien, ces temps-ci.

— Tu veux dire le révérend abbé Sohaku, rectifia Taro en versant une louche de soupe à la pâte de haricot dans un bol.

Yoshi renifla.

— Bien sûr qu'il est d'une humeur de chien. Dix heures de méditation par jour. Jamais la moindre chance de s'exercer à l'épée, à la lance ou à l'arc. Qui pourrait endurer un tel régime sans s'aigrir le caractère ?

— Nous sommes des samouraïs du clan Okumichi, dit Taro en émincant une rave en menus morceaux. Nous devons obéir aux ordres quels qu'ils soient.

— Sans doute, dit Muné, mais n'est-il pas également de notre devoir de le faire dans la bonne humeur ?

Yoshi renifla à nouveau, puis, s'emparant du balai, se mit à balayer la cuisine.

— Quand l'archer manque sa cible, dit Taro, citant Confucius, c'est en lui qu'il doit chercher l'erreur. Il ne nous revient pas de critiquer nos supérieurs.

Il disposa la soupe et les légumes aigres sur un plateau, ainsi qu'une petite marmite de riz. Quand Taro quitta la cuisine,

Muné lava la vaisselle en prenant soin de ne pas entrechoquer les casseroles.

C'était une belle matinée d'hiver. A travers sa robe légère, il sentait la morsure revigorante du froid. Il eut soudain envie de se baigner dans le ruisseau qui bordait le temple, de se tenir sous le jet d'eau glacée de la petite cascade. Mais de tels plaisirs lui étaient désormais défendus.

Assurément, il ne pouvait s'agir que d'une interdiction temporaire. Car la guerre était proche. Et si le nouveau grand seigneur d'Akaoka n'était pas le soldat aguerri qu'avait été son grand-père, il n'en était pas moins un Okumichi. Lorsqu'une guerre éclatait, les épées du clan Okumichi étaient toujours les premières à répandre le sang de l'ennemi. La guerre tardait à venir, mais, lorsqu'elle surviendrait, ils ne resteraient pas moines bien longtemps.

Taro foula d'un pas léger les petits galets de l'allée qui menait du vestibule principal à l'aile du bâtiment abritant les appartements. Par temps de pluie, les pierres glissaient dangereusement. Par temps sec, elles résonnaient sous les pas, comme si la terre avait tremblé sous les pieds. Le révérend Sohaku avait promis une année d'exemption de corvée d'étable au premier qui serait capable d'effectuer dix pas sans faire de bruit. Jusqu'ici Taro avait obtenu les meilleurs résultats, mais il était loin du compte et allait devoir s'exercer encore longtemps avant d'y parvenir.

Il restait encore trente minutes avant que Muné sonne la cloche annonçant le premier repas de la journée. C'était l'heure de la méditation pour les vingt autres moines. Ou plutôt dix-neuf. Il avait oublié que Jioji avait eu le crâne fendu, la veille, alors qu'il s'acquittait de la tâche qui lui revenait désormais.

Taro dirigea ses pas vers le mur délimitant les jardins du temple. Près du mur se trouvait une petite hutte. Il s'agenouilla devant la porte. Avant de s'annoncer, il se concentra de toutes ses forces. Il n'avait aucune envie d'aller rejoindre Jioji sur le bûcher funéraire.

— Sire, dit-il, c'est moi, Taro. Je vous ai apporté votre déjeuner.

— Nous voyageons dans les airs à bord de grands vaisseaux de métal, dit la voix qui se trouvait à l'intérieur. A l'heure du tigre, nous sommes ici. A l'heure du sanglier, nous sommes à Hiroshima. Nous avons traversé les airs comme des dieux, mais nous ne sommes pas satisfaits. Nous sommes en retard. Nous regrettons de n'être pas arrivés plus tôt.

— J'entre, sire.

Taro ôta la barre de bois qui bloquait la porte et la fit coulisser. Une odeur infecte de sueur, d'excréments et d'urine assaillit aussitôt ses narines. Pris d'un haut-le-cœur, il se releva et s'éloigna aussi vite que possible sans renverser le contenu du plateau. Avec un effort, il parvint à refouler le flot de bile qui lui remontait dans la bouche. Il allait devoir nettoyer la pièce et faire la toilette de son occupant avant de servir le petit déjeuner. Mais pour cela il avait besoin d'aide.

— Dans nos mains nous tenons de petites cornes grâce auxquelles nous nous parlons.

— Sire, je reviens tout de suite. Calmez-vous, je vous prie.

En réalité, la voix était calme, même si les paroles proférées n'avaient ni queue ni tête.

— Nous communiquons parfaitement, même lorsque nous sommes à des milles de distance les uns des autres.

Taro s'en revint promptement à la cuisine.

— De l'eau, des serpillières, lança-t-il à Muné et à Yoshi.

— Par le Bouddha miséricordieux, s'exclama Yoshi, ne me dis pas qu'il s'est encore souillé !

— Enlevez vos robes et ne gardez que vos pagnes, ordonna Taro. Inutile de salir nos vêtements.

Otant sa robe de moine, il la plia avec soin et alla la poser sur une étagère.

Lorsqu'ils eurent traversé le jardin et furent arrivés en vue de la hutte, Taro remarqua avec consternation qu'il avait laissé la porte ouverte. Dès qu'ils s'en aperçurent, ses deux compagnons se figèrent.

— Tu n'as pas barré la porte avant de t'en aller ? demanda Muné.

— Il faut aller chercher du renfort, dit Yoshi nerveusement.

Taro dit :

— Attendez-moi ici.

Il s'approcha de la hutte à pas de loup. Non seulement il avait laissé la porte ouverte, mais la puanteur était tellement repoussante qu'il n'avait même pas songé à jeter un coup d'œil à l'intérieur avant de s'en aller chercher de l'aide. Il était peu probable que leur protégé eût réussi à briser toutes les entraves qui le maintenaient prisonnier. Après l'incident de la veille avec Jioji, on avait ligoté le seigneur Shigeru des pieds à la tête puis on l'avait également attaché aux quatre murs, au moyen de cordes. Shigeru ne pouvait bouger d'un pied dans une direction sans que les trois autres cordes entravent ses mouvements. Il n'empêche qu'il revenait à Taro de s'en assurer.

L'odeur qui régnait à l'intérieur était toujours aussi écœurante, mais il était à présent trop inquiet pour y prêter attention.

— Sire ?

Pas de réponse. Il jeta un coup d'œil prudent à l'intérieur. Il ne voulait pas prendre le risque de s'exposer à une attaque. Les quatre cordes étaient toujours arrimées aux parois, mais pas Shigeru. S'aplatissant contre le mur extérieur gauche, il jeta un coup d'œil à l'intérieur, du côté droit, puis changea de position et inspecta du regard l'autre moitié du réduit. La hutte était vide.

— Va vite prévenir l'abbé, ordonna Taro à Yoshi. Notre hôte nous a faussé compagnie.

Tandis que Yoshi courait donner l'alarme, Taro et Muné, serrés l'un contre l'autre, jetaient des coups d'œil affolés autour d'eux.

— Il a peut-être franchi le mur du monastère et pris le chemin d'Akaoka, dit Muné. A moins qu'il ne soit embusqué ici quelque part. Avant de sombrer dans la folie, c'était un génie du camouflage. S'il s'était caché dans le jardin avec douze cavaliers, nous n'y verrions que du feu.

— Sauf qu'il n'a avec lui ni chevaux ni cavaliers.

— Je le sais, mais si tel avait été le cas nous ne l'aurions pas retrouvé. Alors imagine, seul, comme il lui est facile de tromper notre vigilance.

Taro ne put lui répondre, car une pierre grosse comme le poing le percuta violemment à la nuque tandis qu'une expression de surprise horrifiée se peignait sur les traits de Muné, qui regardait dans sa direction, juste au-dessus de son épaule.

Lorsque Taro revint à lui, Sohaku était en train de soigner Muné, dont l'un des yeux était boursouflé et fermé, tandis que l'autre le foudroyait du regard.

Muné dit :

— Tu as été berné. Le seigneur Shigeru était toujours dans la hutte.

— C'est impossible. Je l'ai inspectée sous tous les angles, il n'y avait personne à l'intérieur.

— Tu n'as pas regardé au plafond, dit Sohaku en examinant le pansement sur la nuque de Taro. Tu survivras.

— Il s'était cramponné au mur, au-dessus de la porte, expliqua Muné. Il a sauté à terre quand tu t'es retourné pour me parler.

— Je suis impardonnable, sire, dit Taro en cherchant à enfouir sa face dans la terre.

Sohaku l'en dissuada.

— Calme-toi, protesta-t-il d'une voix apaisante. Il s'agit là d'une leçon précieuse. Pendant vingt ans, le seigneur Shigeru a détenu le titre de maître suprême des arts martiaux de notre clan. Il n'y a nulle honte à être battu par un adversaire tel que lui. Bien sûr, ce n'est pas une raison pour se laisser aller. La prochaine fois, assure-toi qu'il est bien attaché avant de quitter la hutte, et n'oublie pas de verrouiller la porte.

— Oui, sire.

— Relève-toi. Tu ne fais qu'aggraver l'hémorragie en te prosternant ainsi. Et puis je suis abbé, souviens-toi, et non plus seigneur.

— Oui, révérend abbé.

Taro demanda :

— A-t-on retrouvé le seigneur Shigeru ?

— Oui, répondit Sohaku avec un sourire amer. Il est à l'armurerie.

— Il a des armes ?

— C'est un samouraï. Qu'est-ce que tu t'imagines ? S'il est à l'armurerie, il a des armes. En fait, il les a toutes et nous n'en avons aucune, hormis celles que nous pourrons improviser.

Yoshi arriva en courant, toujours en pagne mais armé d'une lance taillée dans une tige de bambou.

— Il n'a pas cherché à s'évader, sire. Nous avons bloqué toutes les issues de l'armurerie au moyen de poutres et de tonneaux de riz. Néanmoins, s'il se met en tête de sortir...

Sohaku hocha la tête. Trois barils de poudre étaient entreposés dans l'armurerie. De quoi faire sauter n'importe quel obstacle. Et même toute la salle des munitions et Shigeru avec elle. Sohaku se releva.

— Reste ici, ordonna-t-il à Yoshi. Et prends soin de tes compagnons.

Il traversa le jardin en direction de l'armurerie. Là, il trouva les autres moines qui, à l'instar de Yoshi, s'étaient tous munis de lances de bambou. Ce n'était guère l'arme idéale face à un sabreur qui, nonobstant sa présente folie meurtrière, était très certainement la plus fine lame de tout le pays. Il fut néanmoins satisfait de constater que ses hommes s'étaient déployés judicieusement. Quatre observateurs s'étaient postés à l'arrière du bâtiment, dont la façade était aveugle, tandis que trois formations de cinq hommes montaient la garde sur le devant, là où, selon toute probabilité, Shigeru ferait son apparition s'il décidait de s'échapper.

Sohaku s'approcha de la porte principale, bloquée, ainsi que Yoshi le lui avait dit, par des poutres et des tonneaux de riz. A l'intérieur, il entendit le mouvement rapide de l'acier fendant l'air. Shigeru était en train de s'entraîner, une épée dans chaque main probablement. C'était l'un des rares samouraïs à être assez forts et habiles pour pouvoir manier deux épées à la fois, comme le légendaire Musashi, deux siècles auparavant. Sohaku s'inclina avec respect devant la porte et dit :

— Seigneur Shigeru, je suis Tanaka Hidetada, commandant de cavalerie. Puis-je parler avec vous ?

En s'identifiant sous son ancien nom, il espérait créer moins de confusion. Il espérait également obtenir une réponse. Shigeru et lui avaient été compagnons d'armes pendant vingt ans.

— L'air, répondit la voix à l'intérieur, est formé de couches de couleur qui se superposent à l'horizon, telles des guirlandes pour le soleil couchant. Magnifique, irrespirable.

Sohaku ne comprenait pas un traître mot de tout ce charabia. Il dit :

— Puis-je vous être d'une quelconque utilité, sire ?

Pour toute réponse, il entendit le sifflement de la lame tranchant l'air.

La goélette fendait les flots en direction du dédale de quais et d'embarcadères du port d'Edo. Une fine écume venue de l'avant projetait des gouttelettes glacées sur les joues d'Emily. Une chaloupe japonaise s'approcha de *L'Etoile de Bethléem* et vint se poster à côté du navire, prête à effectuer le transbordement.

— Voici notre destination, dit Zephaniah : ce palais, au bord de l'eau. Le maître des lieux l'a surnommé la Grue Silencieuse.

Matthew Stark répondit :

— Il ressemble plus à une forteresse qu'à un palais.

— Excellente observation, frère Matthew. Vous ne devez jamais oublier que ce pays est le berceau des païens les plus sanguinaires que la terre ait jamais portés. D'aucuns ne jurent que par les chars et les chevaux, mais nous nous souviendrons du nom de Dieu, notre Seigneur.

— Amen, dirent frère Matthew et Emily.

Emily s'efforçait de ne pas céder à l'enthousiasme. Car, bien que son destin se trouvât sur cette terre, elle ignorait s'il serait conforme à ses attentes. Assise à côté de son fiancé, le révérend Zephaniah Cromwell, elle était l'image même du calme et de la sérénité. « Il m'a fait reposer dans ses verts pâturages, et m'a menée jusqu'aux eaux dormantes. Il a guéri mon âme. Il m'a conduite sur le chemin de la vertu, qu'Il soit loué. » Dans sa poitrine son cœur battait si fort qu'elle se demandait comment il était possible que ses compagnons ne l'entendent pas.

Se tournant vers Zephaniah, elle vit qu'il l'observait. Comme toujours, une expression de vertueuse concentration faisait saillir ses yeux et retomber les coins de sa bouche, accusant les rides profondes qui creusaient son visage. Ce masque féroce et inquisiteur lui donnait l'impression qu'il pouvait en toute occasion sonder les recoins les plus secrets de sa personne.

— Le nom de Dieu est une forteresse imprenable, déclara Zephaniah, où le juste peut courir se mettre à l'abri.

— Amen, dit Emily.

Derrière elle, elle entendit le frère Matthew qui faisait de même.

— Il ne faillira pas, reprit Zephaniah d'une voix de plus en plus forte, le teint empourpré. Il ne t'abandonnera pas !

— Amen, acquiescèrent Emily et frère Matthew.

La main de Zephaniah se leva, comme s'il s'apprêtait à la toucher, puis il cligna des paupières et ses yeux globuleux rentrèrent dans leurs orbites tandis que sa main retombait sur sa propre cuisse. Il se tourna vers la proue du bateau, qui approchait à présent de la jetée. Un murmure étranglé jaillit de sa gorge.

— N'aie point de crainte car, où que tu sois, le Seigneur ton Dieu est à tes côtés.

— Amen, dit Emily.

La vérité, c'est qu'Emily redoutait bien plus ce qu'elle avait laissé derrière que ce qu'elle allait trouver ici. Son appréhension commençait à s'émousser pour faire peu à peu place à l'espoir.

Le Japon. Pour différente qu'elle fût de son pays natal, cette terre n'en était pas moins une création de Dieu. La religion, la langue, l'histoire, l'art du Japon et de l'Amérique n'avaient rien en commun. Elle n'avait jamais vu un homme ou une femme japonais ailleurs qu'au musée, sur des daguerréotypes. Et, à en croire Zephaniah, les Japonais n'avaient pour ainsi dire pas reçu la visite d'étrangers depuis trois siècles. Repliés sur eux-mêmes, ils avaient adopté des mœurs incestueuses, disait-il, car l'isolement avait eu raison de leurs sentiments ; leurs oreilles étaient devenues sourdes à force d'entendre l'appel démoniaque du gong ; leurs yeux étaient aveuglés par des illusions païennes. « Eux et nous pourrions contempler la même scène et voir deux paysages différents. Il faut vous habituer à cette idée, avait-il coutume de dire, sans quoi vous serez déçue. Oubliez tout ce que vous avez toujours pris pour argent comptant. Vous serez lavée de toute vanité. »

Cependant, elle n'éprouvait aucune appréhension, juste de l'exaltation. Il y avait si longtemps qu'elle rêvait de cela... S'il y avait un endroit sur terre où elle pourrait enfin se débarrasser de la malédiction qui pesait sur elle, c'était le Japon. Oublier le passé. Voilà quel était son vœu le plus cher.

L'embarcadère se rapprochait. Une vingtaine d'hommes, dockers et officiers japonais, s'affairaient à quai. Dans un instant Emily et eux se retrouveraient face à face. Que verraient-ils alors ? Son sang se mit à bouillonner dans ses veines.

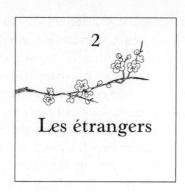

Les étrangers

D'aucuns affirment qu'il n'existe pas de différence entre les barbares, qu'ils sont tous sans exception de répugnants charognards. C'est faux. Les Portugais sont prêts à échanger des armes contre des femmes. Les Hollandais ne pensent qu'à l'or. Les Anglais, quant à eux, réclament des traités.

Pour autant, sache que les Portugais et les Hollandais sont aisément circonvenus, alors que les Anglais sont les plus dangereux de tous. C'est pourquoi tu dois apprendre à connaître les Anglais sans te soucier des autres.

Suzume-no-kumo
(1583)

Okumichi no kami Genji, grand seigneur d'Akaoka, se regarda dans le miroir et vit un anachronisme vivant affublé d'une superposition de vêtements de cérémonie, surmonté d'une coiffure complexe, nouée par endroits, bouffante ou rasée à d'autres, fort éloigné des modèles de la religion simple du petit peuple.

— Sire, dit son écuyer en s'agenouillant à ses côtés.

Il se prosterna, puis, levant le sabre court, le *wakizashi*, au-dessus de sa tête, le présenta à Genji. Lorsque ce dernier l'eut passé dans sa ceinture, l'écuyer recommença le même geste avec le sabre long, le *katana*, arme maîtresse des samouraïs depuis mille ans. Genji ne voyait pas la nécessité de s'encombrer d'un sabre, et moins encore de deux, pour une sortie aussi brève. Mais le protocole l'exigeait.

Cet accoutrement exagérément formel, qui aurait mieux convenu à un vieillard qu'à un jeune homme de vingt-quatre ans, avait appartenu à son grand-père, feu le seigneur Kiyori, mort trois semaines auparavant à l'âge de soixante-dix-neuf ans. Le kimono d'apparat, noir et gris, dépourvu du moindre ornement, était empreint d'austérité guerrière. La stricte veste noire à ailettes empesées qu'il portait par-dessus était également des plus sobres, au point que l'emblème du clan, un moineau stylisé tirant des flèches aux quatre points cardinaux, n'y figurait même pas.

Cette omission n'était guère du goût de Saiki, le chambellan de son défunt aïeul.

— Sire, y a-t-il une raison pour que vous gardiez l'incognito ?

La remarque amusa Genji.

— Je m'apprête à sortir en grande pompe, escorté par une troupe de samouraïs portant tous l'emblème du moineau et des flèches. Penses-tu que je puisse passer inaperçu ?

— Sire, en agissant ainsi vous donnez à vos ennemis une occasion de feindre de ne pas vous reconnaître, et par là même la liberté de vous insulter et de vous provoquer.

— Je ne me laisserai pas insulter, déclara Genji. Et je compte sur toi pour maintenir l'ordre.

— Ils ne vous laisseront peut-être pas le choix. Quant à moi, je ne suis pas certain de pouvoir les dissuader.

Genji sourit.

— Dans ce cas, tu n'auras qu'à les abattre.

Kudo, le chef de la sécurité, parut. Il s'inclina et entra dans la chambre.

— Sire, votre invitée quittera le château après votre départ. Ne pensez-vous pas que nous devrions la faire suivre ?

— Pour quelle raison ? Nous savons où elle habite.

— Simple mesure de précaution, souligna Kudo. Sans compter que nous pourrions peut-être recueillir des informations précieuses.

Genji sourit. Bien qu'il ne connût Heiko que depuis un mois, il savait déjà qu'elle n'était pas du genre à se laisser prendre au dépourvu.

— Nous devrions suivre les conseils de Kudo, renchérit Saiki. Nous n'avons pas fouillé le passé de la dame aussi soigneusement que nous l'aurions dû.

En disant cela, le chambellan laissait entendre que Genji avait interdit qu'une telle enquête fût menée.

— Une surveillance discrète serait souhaitable.

— N'ayez crainte, les rassura Genji, je me suis personnellement livré à des recherches approfondies sur Heiko, et n'ai rien trouvé à redire.

— Je ne voulais pas parler de ce genre de recherches, répliqua Saiki d'un ton aigre.

Il trouvait ces allusions grivoises du plus mauvais goût. Après deux siècles et demi d'une paix débilitante, un grand nombre de clans s'étaient disloqués parce que leurs chefs s'étaient laissés aller à leurs instincts lubriques.

— Nous ne connaissons pour ainsi dire rien d'elle. Ce n'est pas prudent.

— Nous savons qu'elle est la geisha la plus convoitée d'Edo, expliqua Genji. Que devrions-nous savoir de plus ? (Il leva la main pour couper court à la réponse de Saiki.) J'ai déjà mené ma petite enquête. Croyez-moi, elle est au-dessus de tout soupçon.

— Sire, protesta Saiki, une expression de reproche dans les yeux, l'heure n'est pas à la plaisanterie. Votre vie est peut-être en danger.

— Croyez-vous que je plaisante ? Ne connaissez-vous pas la rumeur selon laquelle il me suffit de toucher une personne pour savoir quelle sera sa destinée ?

Kudo et Saiki échangèrent un regard qui lui indiqua qu'ils avaient tous deux eu vent de la rumeur. Avec un dernier coup d'œil insatisfait au miroir, Genji tourna les talons et sortit.

Ses deux conseillers lui emboîtèrent le pas et le suivirent jusqu'au jardin. Deux douzaines de samouraïs, quatre porteurs et un palanquin l'y attendaient. Les domestiques formaient une haie qui s'étirait jusqu'à la grille du palais. Ils seraient encore là à son retour, prêts à se prosterner sur son passage : un prodigieux gaspillage d'énergie humaine quand on songeait qu'il n'allait parcourir que quelques centaines de mètres et revenir dans quelques minutes. Mais son rang exigeait que ses allées et venues fussent entourées d'un cérémonial strict.

Il se tourna vers Saiki.

— Pas étonnant que le Japon soit tellement en retard par rapport à d'autres nations. Les étrangers ont la science et l'industrie. Ils produisent des canons, des bateaux à vapeur, des chemins de fer tandis que nous ne sommes bons qu'à faire des révérences. Courbettes, génuflexions, courbettes, génuflexions.

— Sire !

Une ombre de confusion passa sur les traits de Saiki.

— Je pourrais seller moi-même un cheval, me rendre là-bas tout seul, et être de retour en moins de temps qu'il n'en faut pour réunir tous ces gens.

— Sire ! s'exclamèrent Saiki et Kudo en tombant à genoux, tandis que Saiki implorait : Je vous supplie de n'en rien faire.

— Vous avez des ennemis à la fois parmi les partisans du shogun et parmi ses adversaires, ajouta Kudo. Sortir sans escorte serait suicidaire.

Genji leur fit signe de se relever.

— J'ai dit que je le pourrais, et non pas que je le ferais.

Il soupira et descendit les marches jusqu'aux sandales qu'on avait disposées à son intention au pied de l'escalier. S'étant chaussé, il fit cinq pas jusqu'au palanquin (qu'entre-temps les porteurs avaient soulevé de trois pieds afin qu'il puisse s'y hisser sans effort) et ôta les deux sabres (qu'une minute auparavant seulement il avait glissés dans sa ceinture), qu'il posa dans le palanquin. Après quoi il quitta les sandales (devant lesquelles le domestique chargé des souliers se prosterna avant de les placer dans le compartiment ménagé à cet effet sous la porte de la litière) et prit place à l'intérieur. Se tournant vers Saiki, il demanda :

— Et maintenant, vois-tu ce que j'entends par « cérémonial stupide » ?

Saiki s'inclina :

— Sire, hélas, non, je ne vois pas. Mais je vais me pencher sur la question.

Genji laissa échapper un soupir d'exaspération et poursuivit :

— Je propose que nous nous mettions en route avant le coucher du soleil.

— Sire, vous plaisantez à nouveau, dit Saiki. Le soleil vient seulement de se lever.

S'approchant du palanquin, il s'inclina puis en fit coulisser la portière pour la fermer. Les porteurs se relevèrent et la procession s'ébranla.

Par l'ouverture ménagée à l'avant du palanquin, Genji pouvait apercevoir une double rangée de huit samouraïs. Lorsqu'il se retournait, il en voyait douze de plus. Il y en avait également deux sur sa gauche, et deux sur sa droite en comptant Saiki. Vingt-quatre hommes — vingt-huit en comptant les porteurs — étaient prêts à donner leur vie pour sauver la sienne. Ce déploiement de dévotion guerrière imprégnait chaque instant, si banal ou insignifiant fût-il, de la vie d'un grand seigneur. Comment s'étonner dès lors que le Japon eût un passé aussi sanglant et un avenir aussi incertain ?

Parmi la haie de domestiques, une coiffure élaborée attira son attention. Les pensées de Genji prirent aussitôt une autre direction. Quelques heures plus tôt, cette même chevelure noire et soyeuse s'était déployée sur son oreiller comme la nuit tombée du ciel. Heiko portait un kimono qu'il n'avait encore jamais vu, orné de dizaines de roses répandues sur l'écume blanche au-dessus d'une mer d'un bleu profond. Sur son manteau, le même motif était reproduit à l'identique mais sans la moindre adjonction de couleur. Trois sortes de soie blanche, chacune de texture différente, avaient été employées pour la confection des roses, de l'écume et de la mer. Un motif suggestif, audacieux, pour ne pas dire téméraire. Les roses que portait la geisha appartenaient à la variété appelée parfois American Beauty. Les samouraïs ultranationalistes les plus réactionnaires — qui s'arrogeaient le titre d'Hommes Vertueux — s'offensaient de tout ce qui provenait de l'extérieur. Il n'était pas exclu qu'à la simple vue de son kimono l'un d'eux souhaitât mettre à mort la jeune femme. Contre une telle attaque, sa seule défense eût été son courage, son renom et sa très grande beauté.

— Halte ! dit Genji.

Aussitôt, Saiki répercuta l'ordre.

— Halte !

La troupe de tête, qui avait franchi les grilles du domaine, s'immobilisa dans la rue. Le palanquin de Genji se trouvait juste de l'autre côté de la grille. Le reste des gardes du corps était encore dans la cour, derrière lui. Saiki fit la grimace.

— Cette position invite à l'embuscade. Nous ne jouissons ni de la protection de l'intérieur ni de la liberté de mouvement de l'extérieur.

Genji fit coulisser la porte du palanquin.

— Je compte sur toi pour me défendre en toute occasion.

Comme tous les autres, Heiko se tenait toujours profondément inclinée.

— Dame Mayonaka no Heiko, dit-il en déclinant son nom complet de geisha, Equilibre de Minuit.

— Seigneur Genji, répondit-elle en s'inclinant encore plus bas.

Par quel prodige sa voix était-elle à la fois aussi douce et aussi sonore ? Si Heiko avait été aussi fragile qu'elle en avait l'air, il n'aurait pas pu l'entendre du tout. L'illusion était fascinante. Tout en cette femme le fascinait.

— Un kimono aussi provocant...

Elle se redressa en souriant et étira les bras. Les amples manches de son kimono s'ouvrirent comme les ailes d'un oiseau prêt à prendre son envol.

— Je ne comprends pas ce que veut dire le seigneur Genji. Ce sont là des couleurs très communes au Japon. Seul un sot ignorant pourrait y voir une provocation.

Genji rit. Même le très austère Saiki ne put réprimer un gloussement, qu'il dissimula habilement sous un toussotement. Genji dit :

— Ce sont précisément les sots ignorants qui m'inquiètent. Mais peut-être avez-vous raison. Il s'agit là de couleurs traditionnelles, même pour des roses étrangères.

— Etrangères ? (Une ravissante expression de surprise écarquilla les yeux de la geisha. Elle inclina gracieusement la tête de côté et ajouta :) J'ai entendu dire que des roses, blanches, roses et rouges fleurissaient chaque printemps dans le jardin intérieur du château appelé le Vol de Moineaux. (Elle ajouta, ostensiblement :) Je l'ai entendu dire, mais n'ai jamais été invitée à aller les admirer.

Genji s'inclina légèrement. Le protocole interdisait à un grand seigneur de s'incliner profondément devant un subalterne, c'est-à-dire devant tout le monde à l'exception des membres de la famille impériale de Kyoto, et de la famille du shogun qui résidait dans la grande forteresse d'Edo.

— Je ne doute pas que vous le soyez bientôt, dit-il avec un sourire.

— Je n'en suis pas si sûre, répondit-elle. Mais votre assurance me redonne espoir. Quoi qu'il en soit, n'est-il pas exact que ce château est l'un des plus anciens du Japon ?

— En effet, acquiesça Genji, qui prenait plaisir à plaisanter avec elle.

— Dans ce cas, comment des fleurs qui poussent dans un château vieux de plusieurs siècles pourraient-elles être autre chose que japonaises, seigneur Genji ?

— Je vois que j'ai eu tort de m'inquiéter pour vous, dame Heiko. Votre logique imparable aura raison des détracteurs.

Les membres du personnel continuaient de s'incliner. Dans la rue, de l'autre côté de la grille, les passants étaient tombés à genoux à la vue de la procession. Ils demeuraient prosternés, le front contre terre, non pas tant par respect que par crainte. Car un samouraï pouvait réduire en pièces quiconque n'affichait pas suffisamment d'humilité à son goût, ce qui la plupart du temps signifiait ramper dans la poussière jusqu'à ce que le samouraï et son seigneur eussent passé leur chemin. Pendant qu'il parlait avec Heiko, toute activité avait cessé autour d'eux. A la vue de la courtisane, Genji avait oublié tout le reste. Mesurant soudain ce manque d'à-propos, il fit un rapide salut d'adieu et donna le signal du départ.

— En avant, marche ! ordonna Saiki.

Tandis que la procession s'ébranlait à nouveau, Saiki décocha un coup d'œil entendu à Kudo.

Genji, qui avait vu leur manège, comprit que les deux hommes avaient passé outre à ses ordres concernant Heiko. Dans quelques instants, lorsqu'elle quitterait à son tour le palais, la jeune femme serait accompagnée par sa suivante et, à distance circonspecte, par Kudo, le responsable de la surveillance. Dans l'immédiat, Genji ne pouvait rien pour l'en empêcher. De toute façon, il n'y avait pas lieu de s'inquiéter. La situation ne s'était pas dégradée au point que sa maîtresse courût le risque de se faire assassiner par ses gardes du corps. Lorsque les choses se compliqueraient, ce qui finirait par arriver un jour, il prendrait les mesures nécessaires.

— Saiki.

— Sire.

— Quel mode de transport as-tu mis à la disposition de nos invités ?

— Des pousse-pousse, sire.

Des pousse-pousse, songea Genji. Saiki savait fort bien que des carrioles auraient été plus confortables, c'est pourquoi il avait prévu des pousse-pousse. Néanmoins, ce signe évident de mauvaise volonté de la part de son vassal ne le contraria pas : il comprenait le dilemme de Saiki.

Saiki était lié à lui par l'honneur, l'histoire et la tradition. Mais le code d'honneur, fruit de l'histoire et de la tradition, et garant de la loyauté, avait été mis à rude épreuve par les récentes initiatives de Genji. Les étrangers constituaient une menace pour l'ordre hiérarchique qui régissait la société japonaise. Alors que les seigneurs les plus éminents ne songeaient qu'à expulser les étrangers, son seigneur à lui se mettait en frais pour les accueillir. Et pas n'importe quels étrangers, de surcroît, mais des missionnaires chrétiens ! Les plus arrogants et les plus inutiles de tous.

Genji savait que Saiki n'était pas le seul à douter de son jugement. Des trois généraux qu'il avait hérités de son grand-père — Saiki, Kudo et Sohaku —, aucun ne lui était entièrement dévoué. Des conflits d'allégeance étaient en train de se faire jour d'une façon inattendue. Lorsque les divergences seraient devenues inconciliables, suivraient-ils Genji ou se retourneraient-ils contre lui ? Malgré le don de prophétie qui lui servait de guide, la route qui s'étirait devant lui semblait incertaine.

Une dizaine de débardeurs en haillons attendaient l'arrivée de la goélette. Au bout de la jetée, trois hommes arborant des costumes beaucoup plus élégants étaient assis autour d'une table. Stark vit que chacun d'eux portait deux sabres à la ceinture. Il s'agissait probablement de ce que Zephaniah appelait des samouraïs, la caste guerrière qui faisait la loi au Japon.

— Que Dieu qui règne dans les cieux vous protège, dit le capitaine McCain. Ce qui est sûr, en tout cas, c'est qu'Il n'est nulle part à terre.

Le commandant de *L'Etoile de Bethléem* était le seul à être déjà venu au Japon, et il avait une piètre opinion du pays et de ses habitants.

— Dieu est partout, répliqua Cromwell, et en toute chose. Il nous protège tous sans exception.

McCain émit un grognement inintelligible qui résumait sa pensée. Ayant mis pied à terre, il tendit la corde d'amarrage à l'un des débardeurs japonais postés sur le quai. L'homme s'inclina profondément avant de s'en saisir. Aucune parole ne fut échangée, McCain ne parlant pas un traître mot de japonais, et aucun des dockers ne comprenant l'anglais.

— *L'Etoile* lève l'ancre pour Hong Kong dans quinze jours, les informa McCain. Si vous n'êtes pas revenus à bord d'ici là, sachez que nous serons de retour dans six semaines, afin de faire escale avant notre départ pour Hawaii.

— Dans ce cas, nous vous reverrons dans six semaines, pour vous souhaiter bon voyage, rétorqua Cromwell. Car nous avons l'intention de rester ici jusqu'à la fin de nos jours, pour accomplir les desseins de Dieu.

McCain émit un autre grognement puis tourna les talons et emprunta la direction des entrepôts qui bordaient le quai.

— Des dispositions ont été prises, expliqua Cromwell à Emily et à Stark. Des permissions nous ont été accordées. Pour le reste, ce ne sont que des formalités. Frère Matthew, je vous prie, restez ici en compagnie de sœur Emily et surveillez nos bagages pendant que je vais m'entretenir avec les officiers du shogun.

— Vous pouvez compter sur moi, frère Zephaniah, répondit Stark.

Tandis que Cromwell se hâtait vers la table des officiers, Stark aida à Emily à descendre la passerelle et à mettre pied à terre.

Bien que tous les hommes sur le quai fussent des Japonais, Stark ne parvenait pas à se calmer. Un homme pouvait se charger d'une mission parce qu'il y était incité. Ou parce qu'il n'osait pas désobéir. Ou encore parce qu'il avait été payé pour cela. Un tel homme se trouvait peut-être parmi eux. Stark n'avait nullement l'intention de mourir avant d'avoir mis pied à terre, ni après.

Emily observa :

— Vous semblez surpris par l'apparence de ces gens, frère Matthew. Les trouvez-vous à ce point différents ?

— Pas du tout, dit Stark. Simplement, j'admire leur efficacité. Il leur a fallu moins de temps pour décharger nos bagages qu'il n'en a fallu à nos propres hommes pour les charger.

Ils suivirent leurs malles jusqu'à la table où les trois officiers et Cromwell étaient engagés dans une conversation quelque peu échauffée.

— Non, non et non, dit Cromwell. Vous comprenez ?

L'homme qui se trouvait au centre était apparemment leur chef. Malgré son visage impassible, le ton de sa voix monta d'un cran lorsqu'il dit :

— Devoir, si, si, si. Comprendre vous ?

— Ils insistent pour fouiller nos malles, expliqua Cromwell. Alors qu'un traité l'interdit formellement.

— Pas oui, dit l'officier. Pas entrer Japon.

— Quel mal pourrait-il y avoir à autoriser une fouille ? s'enquit Emily. Nous ne transportons rien d'illicite.

— Là n'est pas le problème, dit Cromwell. Il s'agit d'un abus de pouvoir. Si nous cédons, ce seront des tracasseries sans fin. Notre mission sera réduite à néant avant même d'avoir pu débuter.

Un samouraï arriva en courant, s'inclina devant le chef puis lui dit quelques mots en japonais. Il y avait de l'insistance dans sa voix. Aussitôt, les gradés bondirent sur leurs pieds, et les deux subalternes partirent en courant avec le messager.

L'officier restant avait perdu son air renfrogné. Il semblait agité et inquiet.

— S'il vous plaît, attendre, dit-il, soudain obséquieux, avec une petite courbette.

Entre-temps, un escadron de samouraïs était sorti de l'armurerie du port. Nombre d'entre eux portaient des armes à feu en plus de leurs sabres. Stark vit qu'il s'agissait de mousquets d'une époque révolue. Des antiquités, certes, mais capables de tuer à bonne distance lorsqu'on savait s'en servir, d'autant qu'en l'occurrence la distance n'était pas un problème. Tandis qu'ils se déployaient en formation, une autre troupe, environ deux douzaines d'hommes arborant des uniformes d'une autre couleur, fit son apparition. Au centre du groupe se trouvait un palanquin porté par quatre hommes. Les nouveaux venus longèrent la jetée et vinrent se poster à moins de cinq pas des hommes du shogun. Ils n'étaient visiblement pas d'humeur conciliante.

— Arrière ! ordonna Saiki. Comment osez-vous obstruer le passage du grand seigneur d'Akaoka ?

— Nous n'avons pas été informés qu'un grand seigneur allait nous honorer de sa présence.

Saiki reconnut l'homme qui avait parlé : c'était ce gros prétentieux d'Ishi, le commandant de la police du port. S'ils venaient à en découdre, sa tête serait la première à tomber.

— En conséquence nous ne sommes pas autorisés à le laisser passer.

— Créature indigne ! (Saiki fit un pas en direction d'Ishi, tandis que sa main droite empoignait le pommeau de son sabre.) Abaisse-toi, ainsi que l'exige ton rang de subalterne !

Sans qu'aucun ordre fût donné, la moitié des samouraïs d'Akaoka se déployèrent en ligne de part et d'autre de leur commandant, la main posée comme lui sur la garde de leurs sabres. Bien que les hommes du shogun fussent quatre fois plus nombreux, ils semblaient moins organisés. Les mousquetaires se tenaient sur l'arrière, là où ils ne pouvaient employer leurs armes sans décimer leurs propres rangs. Si tant est qu'ils fussent prêts à faire feu, ce qui n'était pas le cas. Quant aux hommes du premier rang, ils ne semblaient pas plus disposés à dégainer leurs sabres. Lorsque Saiki fit un pas en avant, ils reculèrent en titubant, comme s'ils avaient déjà été vaincus.

— Notre seigneur n'a pas de comptes à rendre aux rats d'égout qui infestent le port ! rugit Saiki.

Une seule remarque insolente de la part de ce rustre d'Ishi et il le pourfendrait sans hésitation.

— Ote-toi de notre chemin, sans quoi nous nous chargerons de hâter ton départ.

A l'intérieur du palanquin, Genji, mi-amusé, mi-contrarié, écoutait leurs échanges. Il était venu ici pour accueillir des visiteurs, initiative en apparence anodine, et voilà qu'il se retrouvait à deux doigts de devoir livrer un combat mortel pour pouvoir se frayer un chemin jusqu'au débarcadère. Assez. La porte du palanquin s'ouvrit avec un claquement sec.

— Que se passe-t-il ?

— Sire, je vous en conjure, ne vous exposez pas. (Un de ses gardes du corps vint s'agenouiller à côté du palanquin.) Il y a des hommes armés de mousquets.

— Allons donc ! Qui voudrait m'abattre d'un coup de feu ?

Il descendit du palanquin. Ses sandales furent placées sous ses pieds avant qu'ils aient touché terre.

Déguisé en mousquetaire, Kuma se trouvait au dernier rang parmi les hommes du shogun. Il vit que Genji mettait pied à terre. Il remarqua également que ses vêtements ne portaient aucun emblème. C'était là l'occasion qu'il avait espérée. Du fait qu'il ne portait aucun signe distinctif, Genji risquait de se voir accuser d'être un imposteur fomentant quelque complot à l'encontre des missionnaires nouvellement débarqués. Bien sûr, personne ne croirait à une telle énormité. Mais c'était tout de même une excellente excuse. Kuma recula afin de n'être pas vu des autres mousquetaires, puis leva son mousquet et visa l'épaule droite de Genji, juste au niveau de l'articulation. Conformément aux ordres qu'il avait reçus, il allait lui infliger une blessure invalidante mais non mortelle.

Saiki s'élança vers Genji.

— Seigneur, je vous prie, remontez dans le palanquin. Il y a trente mousquetaires à moins de dix pas.

— Tout cela est ridicule, dit Genji en repoussant Saiki et en venant se poster devant ses propres soldats.

Kuma appuya sur la détente.

Rien. Il regarda l'arme qu'il tenait à la main. Ce n'était pas la sienne. Dans sa hâte, il s'était emparé de celle d'un autre, vide celle-là, en quittant l'armurerie.

— Toi, là-bas, qu'est-ce que tu fabriques avec ce mousquet ? s'écria le capitaine en s'approchant du fautif. Personne n'a donné l'ordre de mettre en joue. (Il dévisagea Kuma d'un œil soupçonneux.) Je ne te connais pas. Quel est ton nom et depuis quand es-tu dans cette compagnie ?

Avant que Kuma ait pu répondre, Ishi tomba à genoux et dit :
— Seigneur Genji.

Ses hommes, y compris Kuma et le capitaine furieux, n'eurent d'autre choix que de l'imiter.

— Ainsi donc tu me reconnais ? dit Genji.

— Oui, seigneur Genji. Si j'avais su que vous viendriez, je me serais dignement préparé à votre arrivée.

— Merci, dit Genji. Puis-je saluer mes hôtes à présent, ou dois-je d'abord en solliciter la permission auprès des autorités du port ?

— Hors du chemin du seigneur Genji, ordonna Ishi à ses hommes.

Les soldats s'exécutèrent aussitôt, se repliant sur un côté sans se relever complètement, puis retombèrent à genoux.

— Pardonnez-moi, seigneur Genji. Je ne pouvais pas laisser passer vos hommes sans m'être assuré que vous étiez bien parmi eux. Il y a tant de complots ces temps-ci. Le shogun est particulièrement soucieux du sort des étrangers.

— Vil crétin ! s'écria Saiki, à deux doigts d'exploser. Serais-tu en train d'insinuer que je cherche à saper les intérêts de mon propre seigneur ?

— Je ne le pense pas, dit Genji. Est-ce exact ?

— Pas du tout, seigneur Genji, répondit Ishi. Je disais simplement que...

— Bien, dit Genji à Saiki. Tout est arrangé. Pouvons-nous continuer notre chemin ?

Il commença à longer la jetée en direction des missionnaires.

Saiki le regarda s'éloigner, le cœur plein d'admiration. Malgré la centaine d'assassins potentiels qui se trouvaient dans son dos, son maître marchait aussi tranquillement que s'il s'était promené dans les jardins de son palais. Sans doute Genji était-il jeune, inexpérimenté et dépourvu de sens politique. Mais le sang vaillant des Okumichi coulait dans ses veines. Avec un dernier regard furibond à Ishi, Saiki lâcha la garde de son sabre et s'engagea sur les pas de son seigneur.

Emily, qui avait retenu son souffle, laissa échapper un gros soupir de soulagement.

Quelques instants plus tôt, une altercation sanglante avait failli éclater. Puis quelqu'un était sorti du palanquin, avait prononcé quelques paroles apaisantes et la tension s'était aussitôt dissipée. Cette personne arrivait à présent dans leur direction. Emily l'observait avec une immense curiosité.

C'était un jeune homme d'allure peu commune. Ses traits sombres contrastaient avec la pâleur de son teint et ses yeux étaient étirés et non pas ronds. Chez un Occidental, ils auraient suscité de l'étonnement plus que de l'admiration, mais dans ce visage oriental ils complétaient admirablement la courbe des hauts sourcils, le nez délicat, les pommettes légèrement saillantes, le vague sourire qui incurvait les coins de sa bouche. A l'instar des autres samouraïs, il arborait une veste dont les épaules étaient prolongées latéralement par des sortes d'ailettes empesées, et son crâne, rasé par endroits, présentait une coiffure complexe. Enfin, comme tous les autres, il portait deux sabres passés dans sa ceinture. Mais, malgré ce déploiement d'armes, son attitude n'avait rien de belliqueux.

A son approche, l'officier qui avait donné tant de fil à retordre à Zephaniah tomba à genoux, le front contre les planches de la jetée. Le jeune homme dit quelques mots en japonais et l'homme se releva aussitôt.

— Genji seigneur, lui, venu, expliqua l'officier dans un mauvais anglais qu'aggravait sa nervosité. Vous, lui, partir, s'il vous plaît.

— Seigneur Genji ? dit Cromwell.

Le jeune homme s'inclina en signe de confirmation. Cromwell procéda aux présentations.

— Zephaniah Cromwell. Emily Gibson. Matthew Stark.

« Dieu tout-puissant, songea-t-il en lui-même, est-il possible que ce jouvenceau efféminé soit le grand seigneur d'Akaoka, notre protecteur en cette terre de sauvages ? »

Un second samouraï arrivait dans leur direction, d'aspect plus mûr celui-là, et beaucoup plus féroce. Genji lui dit quelques mots d'une voix douce. L'autre s'inclina, se tourna, puis fit un petit geste circulaire de la main.

Genji parla ensuite à l'officier. Ce dernier s'inclina devant les trois missionnaires et annonça :

— Genji seigneur dit : bienvenue au Japon.

— Merci, seigneur Genji, répondit Cromwell. Nous sommes très honorés de nous trouver parmi vous.

Un bruit de ferraille retentit à l'autre extrémité de l'appontement. Trois petites voitures à deux roues arrivaient dans leur direction, chacune tirée non par un cheval mais par un homme.

— Ils ont des esclaves dans ce pays, remarqua Stark.

— J'aurais pensé que non, dit Cromwell, mais je me suis trompé, visiblement.

— Quelle horreur ! s'exclama Emily. Se servir d'êtres humains comme de bêtes de trait !

— On en fait autant chez nous, dans les Etats esclavagistes, dit Stark, et même pire.

— Plus pour longtemps, affirma Cromwell. Stephen Douglas s'est présenté aux élections à la présidence des Etats-Unis, et il est en faveur de l'abolition.

— Nous ignorons qui a été élu, frère Zephaniah. Il se peut que ce soit Breckinridge ou Bell, ou même Lincoln. Les dernières élections semblaient pleines d'incertitude.

— Le prochain bateau nous le dira. Mais peu importe le résultat des élections. L'esclavage est bel et bien révolu dans notre pays.

Genji écoutait leur conversation. Il lui semblait reconnaître un mot par-ci par-là. « Etres humains », « Etats-Unis », « en faveur de », mais il n'en était pas certain. Car, bien qu'il se fût exercé à la pratique de l'anglais avec des professeurs depuis qu'il était tout petit, il ne l'avait jamais entendu parler par des Américains.

Les pousse-pousse s'arrêtèrent devant les missionnaires. Genji leur fit signe de prendre place à bord. A son étonnement, ils refusèrent catégoriquement. Le plus laid des trois, Cromwell, expliqua longuement pourquoi à l'officier du port. L'homme, qui suait à grosses gouttes, s'essuya nerveusement le front avec un mouchoir et déclara :

— Il dit que leur religion ne les autorise pas à monter dans un pousse-pousse.

Genji se tourna vers Saiki.

— Le savais-tu ?

— Non, sire. Qui aurait pu imaginer que les pousse-pousse avaient un quelconque rapport avec la religion ?

Genji demanda à l'officier du port :

— En quoi les pousse-pousse sont-ils offensants pour eux ?

— L'homme emploie des mots que je n'arrive pas à comprendre, répondit l'officier. Pardonnez-moi, seigneur Genji, mais mon métier consiste à m'occuper des marchandises. Mon vocabulaire se limite à des termes commerciaux tels qu'autorisation de débarquer, taxe, tarification et autres. La doctrine religieuse dépasse de très loin mes compétences.

Genji hocha la tête.

— Très bien. Dans ce cas, ils devront marcher. Chargez les bagages dans les pousse-pousse. Ils ont été payés. Autant qu'ils servent à quelque chose.

Il fit signe aux missionnaires de le suivre.

— Excellent ! se réjouit Cromwell. Nous venons de remporter notre première victoire, en faisant comprendre à notre hôte que nos principes chrétiens étaient inébranlables. Nous sommes le peuple de Ses pâturages, les brebis de Son troupeau.

— Amen, dirent Emily et Stark.

Amen. Ce mot, Genji le connaissait. Mais ses oreilles étaient si peu habituées à entendre parler la langue anglaise que la phrase qui l'avait précédé lui avait échappé.

Tandis qu'ils cheminaient, Saiki se rapprocha et lui parla à voix basse, comme s'il craignait que les missionnaires puissent comprendre ses paroles.

— Sire, nous ne pouvons pas laisser la femme marcher avec nous.

— Et pourquoi ? Elle m'a l'air en bonne santé.

— Ce n'est pas sa santé qui m'inquiète mais son allure. L'avez-vous bien regardée ?

— Pour être franc, j'ai évité. Je la trouve particulièrement peu attirante.

— C'est là un charitable euphémisme, sire. Elle est vêtue comme une chiffonnière, taillée comme une bête de somme, sa carnation est hideuse, ses traits disproportionnés et grotesques.

— Nous n'allons pas l'épouser, simplement faire quelques pas en sa compagnie.

— Il arrive que le ridicule soit aussi tranchant qu'un sabre, et tout aussi meurtrier. En cet âge de décadence, les alliances sont fragiles et la loyauté défaillante.

Genji jeta un coup d'œil en arrière pour observer la femme. Les deux hommes, Cromwell et Stark, l'encadraient galamment comme s'il se fût agi d'une beauté inestimable. Le simulacre était admirable. Car elle était sans conteste la femme la plus difficile à regarder qu'il lui eût été donné de rencontrer. Saiki avait raison. Elle risquait de jeter sur eux un discrédit dommageable.

— Attendez. (Ils étaient arrivés à la hauteur du palanquin.) Ne pourrait-elle prendre ma place à l'intérieur de la litière ?

Saiki fronça les sourcils. Si Genji allait à pied, il serait d'autant plus vulnérable en cas d'échauffourée. Dans le cas contraire, ce serait la femme qui serait vue de tous en compagnie des samouraïs Okumichi dans les rues d'Edo. De deux maux, il fallait choisir le moindre. Il serait plus facile de protéger Genji en cas d'attaque que de se racheter aux yeux de l'opinion.

— Oui, c'est en effet la meilleure solution.

Pendant que Genji et son conseiller devisaient, Emily observait la petite troupe de samouraïs qui les escortaient. Tous la dévisageaient avec une expression de contrariété plus ou moins évidente. Elle détourna les yeux, le cœur battant. La consternation qui se lisait sur leurs visages n'était peut-être pas due à elle, mais à Zephaniah ou au frère Matthew, ou aux embarras causés par leur débarquement. Mieux valait ne pas tirer de conclusions trop hâtives, de crainte de voir s'effondrer ses espérances. Il était encore beaucoup trop tôt. Et pourtant...

Cromwell dit :

— Emily, je crois que le seigneur Genji vous offre sa place dans le palanquin.

— Comment pourrais-je accepter, Zephaniah ? Assurément, il est quatre fois plus indigne de se faire transporter par quatre esclaves plutôt que par un seul.

Cromwell regarda à nouveau les porteurs.

— Je doute qu'il s'agisse d'esclaves. Chacun d'eux porte un sabre à sa ceinture. Aucun esclave armé n'aurait le droit d'approcher son maître d'aussi près.

Emily constata que Zephaniah avait raison. Les hommes étaient armés et se tenaient aussi fièrement que les samouraïs. C'était peut-être un grand honneur pour eux de porter leur maître. Elle remarqua que les porteurs la dévisageaient également avec un drôle d'air. Malgré ses bonnes résolutions, elle sentit sa poitrine se gonfler d'espoir.

— Il n'empêche que je ne serais pas à mon aise si je devais aller dans un palanquin alors que vous marchez à pied, Zephaniah. Ce serait très malséant et indélicat de la part d'une femme.

Genji sourit.

— A ce que je vois, les palanquins font également l'objet d'un débat religieux.

— Oui, sire, dit Saiki tout en concentrant son attention sur ses hommes. Un peu de discipline, vous autres ! Vos pensées se lisent sur vos visages.

Emily comprit que le féroce gradé avait dit quelque chose la concernant, car les visages des samouraïs se fermèrent aussitôt et tous détournèrent les yeux.

— Je ne peux qu'abonder dans votre sens, Emily, reprit Cromwell. Néanmoins, étant donné les circonstances, je pense qu'il serait préférable d'accepter de bonne grâce. Nous devons faire de notre mieux pour nous adapter aux coutumes de ce pays, dans la mesure où nos principes moraux nous y autorisent, naturellement.

— Comme vous voudrez, Zephaniah.

S'étant inclinée devant le seigneur Genji, Emily s'avança docilement jusqu'au palanquin, puis s'arrêta net. L'entrée en était excessivement petite. A moins de se livrer à des contorsions indécentes, elle ne pourrait jamais y pénétrer. Et, une fois à l'intérieur de la caisse minuscule, son épais manteau molletonné et ses volumineux jupons occuperaient tout l'espace, lui laissant à peine de quoi respirer.

Zephaniah proposa :

— Laissez-moi vous débarrasser de votre manteau, Emily. Dans le palanquin, vous serez à l'abri du froid.

Emily resserra son manteau sur sa poitrine dans un geste possessif.

— Je préfère le garder, merci.

Il constituait un rempart entre elle et le monde extérieur, et plus les remparts étaient nombreux, plus elle se sentait en sécurité.

— Elle ne sait pas comment s'y prendre, nota Saiki. Son intelligence est à la mesure de son apparence.

— Comment pourrait-elle le savoir ? objecta Genji. Elle n'est jamais montée dans un palanquin.

S'inclinant poliment devant elle, il s'approcha de la litière. Ayant ôté ses sabres, il les posa sur la litière, puis il fléchit son corps, et pénétra dans l'habitacle tout en pivotant sur lui-même, de sorte qu'une fois à l'intérieur il se retrouva convenablement assis. Pour ressortir, il amena ses jambes à l'extérieur, puis le reste de son corps suivit. Il exécuta chaque geste très lentement, afin qu'Emily pût l'observer à loisir. Une fois sa démonstration terminée, il replaça ses sabres dans sa ceinture et s'inclina à nouveau devant Emily, après quoi il l'invita d'un geste à prendre place à bord du palanquin.

— Merci, seigneur Genji, dit Emily, sincèrement reconnaissante.

Il lui avait épargné l'humiliation de s'offrir en spectacle et de se couvrir de ridicule. Elle suivit son exemple et parvint à se hisser à bord sans incident.

— Vous vous sentez capables de porter une créature aussi volumineuse ? dit l'un des samouraïs aux porteurs.

— Hidé ! rugit Saiki. Un mois de corvée d'écurie pour toi ! Y a-t-il d'autres amateurs de crottin dans la troupe ?

Tous se turent. Les porteurs soulevèrent le palanquin sans donner l'impression d'accomplir le moindre effort. Puis la compagnie quitta le port et entra dans la ville.

San Francisco était la plus grande ville que Stark eût visitée. Là-bas, à la mission, il avait rencontré des hommes qui étaient allés au Japon à bord de frégates, de navires marchands ou de baleiniers. Ceux-ci lui avaient raconté des choses incroyables sur ce pays. Ils lui avaient décrit des coutumes étranges et des lieux plus étranges encore, sans parler de la nourriture. Mais d'après eux, le plus fascinant de tout, c'était la population. Des millions d'individus, parfois entassés dans une seule ville, comme Edo, la capitale du shogun. Stark les avait écoutés sans les croire. Ces types, comme tous ceux qui accouraient à la mission de la Véritable Parole, n'étaient qu'un ramassis d'ivrognes, de hors-la-loi et de fugitifs. Et pourtant, les récits les plus délirants qu'il avait entendus n'auraient pu le préparer au choc qu'il reçut lorsqu'il se retrouva immergé dans la foule grouillante des rues d'Edo.

Les gens étaient partout. Dans les rues, dans les échoppes, aux fenêtres des étages supérieurs. Malgré l'heure matinale, la foule était si dense que tout mouvement semblait impossible. Une activité bouillonnante vous remplissait les yeux et les oreilles.

— Frère Matthew, vous vous sentez bien ?

— Oui, frère Zephaniah. Je suis juste un peu sonné.

Il ne se sentait pas aussi bien qu'il le prétendait. Il avait grandi dans les immenses plaines du Texas et de l'Arizona, où il avait appris à aimer la solitude. Les villes ne l'attiraient pas. Même à San Francisco il se sentait oppressé. Et San Francisco était une ville fantôme, comparée à celle-là.

Les gens s'effaçaient sur leur passage et tous sans exception se courbaient jusqu'à terre comme autant de brins d'herbe couchés par le vent. Un homme richement vêtu de soie, escorté par trois serviteurs et monté sur un magnifique cheval blanc, quitta en hâte sa monture et se prosterna comme les autres dans la poussière, sans se soucier de souiller ses vêtements.

Stark demanda :

— Qu'a donc fait le seigneur Genji pour susciter un tel respect de la part du peuple ?

— Il est venu au monde, tout simplement, répondit Zephaniah avec un froncement de sourcils désapprobateur. Les membres de la caste des guerriers ont le droit de vie et de mort sur tous ceux qui ne leur témoignent pas assez de respect. Un *daimyo*, ainsi qu'on appelle ici les grands seigneurs comme Genji, a le droit d'anéantir une famille entière, et même tout un village, s'il estime qu'un de ses membres lui a manqué de respect.

— Je n'arrive pas à croire qu'une telle barbarie puisse exister, commenta Emily depuis l'intérieur du palanquin aux côtés duquel cheminaient Cromwell et Stark.

— C'est précisément pour cela que nous sommes ici, dit Cromwell. « Il sauve les pauvres de l'épée, de la bouche et de la main des puissants. »

— Amen, dirent une fois de plus les missionnaires.

Genji, qui marchait à quelques pas devant le palanquin, les avait écoutés avec beaucoup d'attention, mais leur prière lui avait encore échappé. Les prières chrétiennes étaient apparemment aussi brèves que les mantras des bouddhistes de la Terre Pure ou des adeptes du soutra du Lotus.

Soudain, Saiki se jeta sur Genji en criant :

— Danger !

Au même instant, un coup de feu éclata.

— Si vous avez des questions, adressez-vous au seigneur Kawakami, rétorqua Kuma.

Le capitaine des mousquetaires blêmit en l'entendant prononcer le nom du chef de la police. Il s'éloigna sans ajouter un mot. Tandis que Genji et Saiki allaient accueillir les missionnaires sur le débarcadère, Kuma retourna à l'armurerie. Il récupéra son arme et la plaça dans une sacoche de toile noire, munie d'une bandoulière, qu'il suspendit dans son dos. Puis il se mit en route sans délai.

Il n'existait qu'une seule route entre le port et le palais Okumichi. Situé dans le quartier de Tsukiji, celui-ci était assez spacieux pour que Genji pût y loger confortablement toute sa suite. La veille au soir, lorsqu'il était parti en reconnaissance, Kuma avait repéré une maison érigée dans un tournant. C'était une petite bâtisse d'un étage, flanquée de part et d'autre de bicoques semblables, selon les règles de l'urbanisation désordonnée en vigueur dans les quartiers populaires d'Edo. Contournant la maison, il gagna une ruelle qui se trouvait sur l'arrière et de là se hissa sur le toit, ni vu ni connu, en escaladant le mur avec l'agilité d'une araignée.

C'était l'endroit idéal. D'ici, Kuma pouvait tranquillement regarder sa cible venir à lui, raccourcissant la distance entre eux, et lui évitant du même coup un trop grand nombre de mises au point. Qui plus est, le virage allait obliger la procession à ralentir son allure ; or tout ralentissement lui faciliterait la tâche. Il s'assura une dernière fois que son mousquet était armé. Cette fois, lorsqu'il appuierait sur la détente, le coup partirait.

On était à l'heure du cheval quand Genji apparut à l'autre bout de la rue. La foule des badauds s'écartait sur son passage et tombait à genoux. Parfait, songea Kuma en assujettissant la gueule de son mousquet sur le bord du toit, de sorte que le canon ne dépassât que d'un pouce de la corniche et fût invisible depuis la rue, même pour un observateur vigilant. Genji cheminait parmi les gardes du corps en tête du cortège. Kuma visa son élégante coiffure. L'atteindre en pleine tête eût été un jeu d'enfant. Mais il n'était plus temps de songer à le paralyser ou à le défigurer. Cet imbécile d'Ishi, l'argousin du port, avait formellement identifié Genji, rendant du même coup impossible toute atteinte à sa personne, sous peine de désigner de façon trop évidente le palais du shogun.

Kuma ajusta son tir, mit en joue et tira.

— Sire !
— Je n'ai rien, dit Genji.

Saiki pointa du doigt en direction d'un toit voisin.

— Là-haut ! Hidé ! Shimoda ! Attrapez-le vivant !

Le reste des hommes se déployèrent sabre au poing autour de Genji pour former un cercle de protection. La foule avait disparu. Au premier signe de violence, tous avaient couru se mettre à l'abri.

— Les missionnaires ! s'écria Genji en s'élançant vers le palanquin.

Une balle avait transpercé le volet fermé de la fenêtre de droite. En toute logique, le passager qui se trouvait à l'intérieur, en plein sur la trajectoire du projectile, aurait dû être touché au torse. Genji fit coulisser la porte, s'attendant à voir l'étrangère tuée net, dans un bain de sang.

Mais il n'en fut rien car, n'ayant pu trouver de position confortable dans le minuscule habitacle, Emily s'était tout bonnement renversée sur le dos. De la bourre s'échappait du devant de son manteau, que la balle avait effleuré sans la toucher.

— Sire ! cria l'un des gardes du corps depuis l'autre côté du palanquin.

Cromwell gisait dans une mare de sang, une plaie béante au bas-ventre. Il avait été atteint par la balle qui avait traversé le palanquin de part en part.

— Nous ne pouvons rester ici, dit Saiki. En avant, marche !

Les porteurs soulevèrent le palanquin, pendant que quatre hommes emportaient le corps inanimé de Cromwell pour regagner le palais de Tsukiji au pas de course.

Peu après le départ de Genji pour le port, Heiko quitta le palais. Kudo la prit lui-même en filature car il s'agissait là d'une mission trop importante pour la confier à quelqu'un de moins expérimenté. Non qu'il en tirât la moindre vanité, mais, étant le meilleur agent secret du clan Okumichi, il estimait normal que ce genre de tâche lui revînt.

En quittant Tsukiji, Heiko et sa suivante prirent la direction des terres. Comme toutes les femmes du Monde Flottant, elle avait l'obligation de résider dans l'enceinte du quartier des plaisirs de Yoshiwara. Mais, si telle avait été sa destination, elle aurait certainement pris un taxi fluvial pour remonter la rivière Sumida. Or elle dirigeait ses pas vers son pavillon de campagne, dans les bois de Ginza, à l'est d'Edo. Cette résidence secondaire n'était pas strictement légale. Cependant, le laxisme était considérable lorsqu'il s'agissait de faire respecter les lois du Monde Flottant, en particulier quand on avait affaire à une courtisane aussi belle et sollicitée que la célèbre Mayonaka no Heiko : elle était sans conteste la plus belle de toutes, ce qui faisait d'elle la compagne idéale pour le seigneur Genji. Nonobstant, Saiki et Kudo regrettaient de ne pas mieux connaître la personne qui se cachait derrière le personnage public de la geisha, lequel, c'était bien connu, n'était qu'apparences et faux-semblants.

L'enquête préliminaire, entravée par le seigneur Genji, n'avait pas révélé grand-chose hormis le fait que la courtisane était sous contrat avec le banquier Otani, un proxénète notoire. En temps normal, menaces et pots-de-vin auraient suffi à faire parler le souteneur, voire à lui soutirer l'identité du client que Heiko voyait en secret. Mais Otani avait refusé de parler, déclarant qu'il en allait de sa propre vie et de celle de sa famille. Même en admettant que l'homme eût forcé la note, son obstination laissait supposer que le client en question était un grand seigneur de rang égal ou supérieur à Genji. Si Heiko était l'amie — ou l'instrument — d'un homme très puissant, Genji mettait sa vie en danger chaque fois qu'il voyait cette femme.

Kudo était déterminé à découvrir la vérité. S'il n'y parvenait pas, il supprimerait la geisha par mesure de précaution. Pas aujourd'hui, mais quand l'occasion s'en présenterait. Car une guerre civile se préparait et mieux valait ne pas courir de risques inutiles si l'on voulait augmenter les chances de survie du clan.

Kudo vit que Heiko s'était arrêtée une fois de plus pour converser avec un commerçant. Comment était-il possible de progresser aussi lentement quand on avait un but ? Il quitta la rue principale et coupa par une petite ruelle transversale. Il allait prendre de l'avance sur Heiko afin de pouvoir la surveiller à mesure qu'elle se rapprocherait. Si elle craignait d'être suivie, sa suspicion serait d'autant plus visible depuis ce nouvel angle d'observation. Il saurait ainsi si elle manigançait quelque chose, car une geisha qui n'avait rien à se reprocher n'aurait pas eu de raison de se sentir surveillée.

Deux hommes portant des immondices sortirent à l'arrière d'une échoppe juste au moment où Kudo tournait au coin de la rue. Dès qu'ils le virent, ils lâchèrent leur fardeau et tombèrent à genoux, face contre terre. Puis, rampant à quatre pattes, ils s'éloignèrent à reculons, en se faisant aussi petits que possible.

Eta. La figure de Kudo se tordit en une grimace de dégoût tandis que sa main empoignait son sabre. *Eta*, de répugnants intouchables qui se chargeaient des besognes les plus viles et les plus dégradantes. En se laissant voir de quelqu'un du rang de Kudo, les deux hommes avaient signé leur arrêt de mort. Cependant, il songea que s'il les tuait, il provoquerait un attroupement. Or il ne pouvait attirer l'attention sur lui, sous peine de compromettre sa mission. Rengainant son sabre, il s'éloigna promptement. *Eta.* Rien qu'à cette pensée, il se sentait souillé.

Kudo déboucha dans la rue principale, une centaine de pas plus haut, cette fois. Heiko était toujours au même endroit, en train de discuter avec le même marchand.

Des commères qui faisaient la conversation lui obstruèrent la vue. Lorsqu'elles passèrent leur chemin, Heiko et sa suivante n'étaient plus visibles. Kudo courut jusqu'à la boutique où il l'avait aperçue pour la dernière fois. Elle n'y était pas.

Par quel prodige ? Il était en train de la regarder, et l'instant d'après elle avait disparu. Les geishas ne disparaissaient pas ainsi, en un clin d'œil. Les ninjas, si.

Kudo décida de rebrousser chemin en direction du palais de Tsukiji. Il était tellement déconfit qu'il faillit entrer en collision avec Heiko.

— Kudo-sama, dit celle-ci. Quelle coïncidence ! Vous êtes venu acheter des écharpes de soie ?

— Non, non, bredouilla Kudo tout en se cherchant une excuse, chose qui n'était pas son fort quand il était pris au dépourvu. Je me rendais au temple de Hamacho. Pour faire des offrandes aux ancêtres tombés au combat.

— Quelle grandeur d'âme ! le complimenta Heiko. Acheter des foulards doit vous paraître bien futile en comparaison.

— Nullement, dame Heiko. Une écharpe est pour vous aussi importante qu'un sabre pour un samouraï. (L'idiotie de ses propos le fit se hérisser intérieurement. Il se sentait ridicule.) Bien, je vous prie de m'excuser, mais je dois partir.

— Ne vous attarderez-vous pas quelques instants pour prendre le thé avec moi, Kudo-sama ?

— Rien ne pourrait me faire plus plaisir, dame Heiko, mais le devoir m'appelle. Après ma visite au temple, je dois regagner le palais.

Esquissant un petit salut rapide, Kudo prit promptement la direction de Hamacho, à l'ouest. S'il ne s'était pas laissé aller à ses divagations — l'idée que Heiko était une ninja —, il se serait épargné ce fastidieux détour. Lorsqu'il se retourna, il vit qu'elle s'inclinait respectueusement pour le saluer. Maintenant qu'elle l'observait, il allait devoir continuer dans cette direction pendant un moment encore avant de pouvoir bifurquer.

Il se maudit intérieurement tout au long du chemin jusqu'à Tsukiji.

Grue Silencieuse

Face à nous la forêt, derrière nous la mer. Toutes deux sont enveloppées de brume. Seul le sommet du mont Tosa est aussi lumineux qu'un ciel de printemps. Non loin de là, devant nous, des tireurs guettent, embusqués parmi les arbres et les ombres. Dans notre dos, des assassins agrippés à des rondins flottent sur l'écume. A quoi sert la clarté distante ?

SUZUME-NO-KUMO
(1701)

Cromwell dérivait d'un rêve à l'autre. Penchée sur lui, ses boucles blondes retombant de part et d'autre de son visage, Emily semblait flotter dans les airs, et lui aussi. Etait-ce un rêve ? Ils étaient au fond de l'océan. *L'Etoile de Bethléem* avait sombré et ils s'étaient noyés. Il cherchait un morceau d'épave auquel se raccrocher mais ne parvenait pas à détacher ses yeux d'Emily.

— *L'Etoile* est intacte, amarrée en toute sécurité dans le port d'Edo, le rassura Emily.

Ainsi, elle parvenait à lire dans ses pensées. Comme le monde serait beau si tous les esprits pouvaient être lus comme des livres ! Il n'y aurait plus ni faux-semblant ni sentiment de honte. Péché, repentance et salut adviendraient simultanément.

— Reposez-vous, Zephaniah, dit Emily. Essayez de ne penser à rien.

Mais oui, elle avait raison. Il essaya de lui toucher les cheveux mais découvrit qu'il n'avait pas de bras. Il se sentait devenir de plus en plus léger. Comment était-ce possible, alors qu'il était déjà en état d'apesanteur ? Ses pensées lui résistaient. Il ferma les yeux et quitta ce rêve pour un autre.

Emily pâlit.
— Il est mort ?
— Non, il oscille entre le délire et la léthargie, répondit Stark.

Cromwell avait été transporté dans l'aile du palais réservée aux invités. Là, on l'avait allongé sur une couche d'épais coussins disposés à même le sol. Un Japonais entre deux âges, vraisemblablement médecin, était venu l'examiner. Après avoir enduit la plaie d'un baume à l'odeur forte, il l'avait pansée, puis avait convoqué trois jeunes femmes à qui il avait donné de brèves instructions en leur montrant le baume et le pansement. Après quoi il s'était incliné devant Emily et Stark puis s'était retiré. Les jeunes femmes étaient allées s'agenouiller dans un coin de la pièce où elles attendaient dans le plus grand silence.

Emily était assise à droite de Cromwell sur un coussin étroit. Stark était installé sur un coussin similaire à sa gauche. L'un et l'autre se sentaient mal à aise. Contrairement à leurs hôtes japonais, l'art de s'asseoir à même le plancher leur était inconnu. Bien qu'il pût replier ses jambes, Stark ne parvenait pas à garder très longtemps la même position et en changeait à chaque instant. Quant à la pauvre Emily, sa robe longue et son encombrant jupon l'empêchaient d'accommoder ses jambes dans une position acceptable, de sorte qu'elle s'était calée sur une hanche, les jambes étirées latéralement, ainsi qu'elle le faisait quand elle était enfant, lors de parties de campagne.

— Nous n'apportons rien d'autre que la parole du Christ, dit Emily en tamponnant le front de Cromwell avec un linge imbibé d'eau fraîche. Qui pourrait nous en vouloir ?
— Je l'ignore, sœur Emily.

Stark avait vu un éclat métallique au bord du toit, juste avant que l'assassin fasse feu, et s'était d'instinct jeté à terre avant que le coup résonne à ses oreilles. S'il ne l'avait pas fait, c'était lui et non Cromwell que la balle aurait touché. Mais la rapidité de Stark avait été fatale au pasteur. Cela plus la malchance. Car, après avoir manqué Stark, la balle avait traversé le palanquin de part en part. En principe, elle aurait dû toucher Emily, mais le sort en avait décidé autrement. En ressortant de l'autre côté du palanquin, elle avait atteint Cromwell. En plein abdomen. Ce genre de plaie ne pardonnait pas, les hommes mettaient parfois plusieurs semaines à en mourir.

— Comme il a l'air paisible ! soupira Emily. Son visage est détendu et il sourit dans son sommeil.

— Vous avez raison, sœur Emily, il a l'air serein.

Plus il y songeait, plus Stark était convaincu que c'était lui que l'assassin avait cherché à atteindre. Moyennant finance, un tueur à gages était allé se percher sur un toit pour descendre un type qu'il ne connaissait pas. Dans ces cas-là, la barrière de la langue n'était pas un problème. Ici comme en Amérique, il était facile d'acheter la mort d'un homme.

Il étira ses jambes, qui commençaient à s'engourdir. Chaque fois qu'il faisait un geste, les quatre samouraïs en faction dans le couloir étaient sur le qui-vive. Étaient-ils censés protéger les missionnaires ou les empêcher de fuir ? Depuis l'attentat, Stark avait remarqué qu'ils ne le quittaient pas des yeux. Pour quelle raison ? Il l'ignorait.

— Les bandages doivent être renouvelés fréquemment, expliqua le Dr Ozawa. Je lui ai administré une médecine pour réduire l'hémorragie, mais il n'est pas possible de l'arrêter entièrement. Plusieurs artères ont été sectionnées. La balle est allée se loger à la base de l'épine dorsale. Il n'y a pas moyen de l'extraire.

— Combien de temps ? demanda Genji.

Le médecin secoua la tête.

— Quelques heures s'il a de la chance. Plusieurs jours dans le cas contraire.

L'homme de l'art s'inclina puis se retira.

— Quelle malchance ! dit Genji. Il va falloir prévenir le consul américain, Harris, un individu peu amène.

Saiki remarqua :

— Sire, cette balle vous était destinée.

— J'en doute. Mes ennemis n'auraient pas engagé un tireur aussi maladroit. Comment aurait-il pu me viser, moi, et atteindre le palanquin qui se trouvait à dix pas de là ?

Une servante entra avec une théière. Saiki, impatient, lui fit signe de s'éloigner, mais Genji accepta volontiers une tasse de thé. Le breuvage brûlant apaisa la morsure du froid hivernal.

— J'ai procédé à l'examen du palanquin, dit Saiki. Vous seriez-vous trouvé à l'intérieur que vous auriez été tué sur le coup. Seule la posture barbare de l'étrangère lui a sauvé la vie.

— Je sais. J'en suis venu aux mêmes conclusions.

Genji sourit à la servante. Celle-ci s'empourpra, gênée de recevoir son attention, et s'inclina jusqu'à terre. « Elle est charmante, songea Genji, et plutôt jolie, quoiqu'elle ait dépassé de peu l'âge du célibat. Vingt-deux ou vingt-trois ans environ. Quel est son nom, déjà ? Hanako. » Il considéra un moment les hommes de sa garde rapprochée. Lequel d'entre eux était célibataire et en âge d'apprécier cette servante ?

— Cependant, je n'étais pas dans le palanquin. Je marchais devant, bien en vue de tous.

— C'est précisément là que je veux en venir, dit Saiki. Un assassin qui ne vous connaîtrait pas ne s'attendrait pas que vous alliez à pied. Quel grand seigneur accepterait d'aller à pied tandis qu'une étrangère se ferait transporter en palanquin ? De plus, vous n'arboriez pas l'emblème de votre clan. Cela non plus ne s'est jamais vu. Autrement dit, il pensait vous trouver là où vous auriez dû être et il a tiré à cet endroit.

— Voilà un raisonnement tortueux, commenta Genji.

Hidé et Shimoda arrivèrent en soufflant comme des bœufs. C'étaient eux que Saiki avait chargés de prendre l'assassin en chasse.

— Pardonnez-nous, sire, dit Hidé, mais l'homme est introuvable.

— Personne ne l'a vu, ajouta Shimoda. A croire qu'il s'est envolé.

— Un ninja, dit Saiki. Maudits soient ces lâches ! Il faudrait tous les tuer jusqu'au dernier, y compris leurs femmes et leurs enfants.

— La maison appartient à un épicier du nom de Fujita, expliqua Hidé. Un homme simple. Aucune relation avec la pègre ou avec un clan, pas de dettes, pas de filles sous contrat dans le Monde Flottant. Il y a peu de chances pour qu'il soit complice. Naturellement, il craint de s'attirer votre colère. Sans qu'on le lui ait demandé, il a insisté pour fournir toutes les victuailles de notre banquet du Nouvel An.

Genji rit.

— Du coup, il va être ruiné et sera forcé de vendre toutes ses filles aux proxénètes du Monde Flottant.

— Cela ne lui rapporterait guère, sire, dit Hidé avec un sourire. J'ai vu ses filles.

— Hidé ! s'écria Saiki en frappant le sol du plat de la main. Aurais-tu oublié ta place ?

— Pardon, sire !

Le samouraï rabroué se prosterna face contre terre.

— Ne soyons pas trop sévères, dit Genji. La matinée a été rude pour nous tous. Hidé, quel âge as-tu ?

— Vingt-neuf ans, sire, bredouilla Hidé, désarçonné par cette question inattendue.

— Comment se fait-il que tu ne sois pas encore marié ?

— Eh bien, euh...

— Parle, et cesse de faire perdre son temps au seigneur Genji, grommela Saiki.

A ses yeux, tout cela n'était qu'une perte de temps. Comment Genji pouvait-il faire preuve d'une telle désinvolture alors que sa vie était en danger et que la vie du clan était menacée ?

— L'occasion ne s'est jamais présentée, sire, l'informa Hidé.

— La vérité, dit Saiki, c'est que Hidé a un goût très prononcé pour les femmes, la boisson et les jeux d'argent. Il est trop endetté pour qu'une famille respectable veuille s'encombrer d'un gendre comme lui.

Saiki avait donné cette explication afin de couper court aux bavardages inutiles, espérant ainsi ramener la conversation à des sujets plus pressants. Comme le très suspect étranger répondant au nom de Stark.

— A combien s'élèvent tes dettes ? s'enquit Genji.

Hidé hésita.

— A soixante *ryo*, sire.

C'était une somme colossale pour quelqu'un dont le traitement annuel n'excédait pas dix *ryo*.

— Crétin indiscipliné ! glapit Saiki.

— Oui, sire, acquiesça Hidé, mortifié, en se prosternant encore une fois.

— Tes dettes seront honorées, dit Genji. Mais veille à ne plus t'endetter, à l'avenir. Pour bien faire, maintenant que tu es solvable, je te conseille de te mettre immédiatement en quête d'une épouse. Il te faut quelqu'un qui sache tenir une maison et qui puisse t'aider à gérer tes finances tout en t'initiant aux joies du foyer.

— Sire... bégaya Hidé, stupéfait par la générosité de son maître, en se prosternant longuement.

— Je vais me charger personnellement de te trouver une épouse, ajouta Genji. Acceptes-tu de t'en remettre à moi ?

— Oui, sire. Je vous en remercie.

— Hanako, dit Genji à la servante, mène ces messieurs dans une pièce où ils pourront se remettre de leurs émotions. Surtout, veille à bien les servir.

— Oui, répondit-elle en s'inclinant gracieusement avant de mener Hidé et Shimoda hors de la pièce.

Lorsqu'ils furent partis, Saiki s'inclina respectueusement devant Genji. Il venait de comprendre ce qui s'était passé. Malgré l'attentat qui avait failli lui coûter la vie, le seigneur Genji demeurait attentif au bien-être de son entourage. Hanako, la servante, était orpheline. En dépit de ses bonnes manières et de sa féminité, elle n'avait guère de chances de faire un bon mariage, dans la mesure où elle n'avait ni famille ni dot. Hidé, excellent samouraï, avait besoin d'endosser des responsabilités qui l'aident à mûrir. Livré à lui-même, il continuerait de gaspiller son temps et son argent dans des plaisirs futiles. Pour finir, il sombrerait dans l'ivrognerie comme la plupart des samouraïs dégénérés des autres clans — et bon nombre du leur. Tout cela, le seigneur Genji l'avait empêché en une seule fois. Des larmes de gratitude montèrent aux yeux du vieux guerrier acariâtre.

— Qu'est ceci, Saiki ? Suis-je mort et devenu une divinité ?

— Sire... dit Saiki, trop ému pour parler ou même relever la tête.

Une fois de plus, il avait sous-estimé la force de caractère de son maître.

Genji saisit sa tasse de thé. L'autre servante, Michiko, s'inclina et la remplit. Elle était déjà mariée, si bien que Genji lui sourit sans arrière-pensée. Il but son thé en attendant que Saiki se ressaisisse. Les samouraïs étaient d'étranges créatures. Ils étaient capables d'endurer les pires souffrances sans proférer la moindre plainte mais ne pouvaient retenir leurs larmes quand ils assistaient aux prémices d'un mariage.

Au bout d'un moment, Saiki releva la tête. Essuyant ses larmes d'un revers de manche, il dit :

— Sire, il n'est pas impossible que les missionnaires soient impliqués dans un complot dirigé contre vous.

— Si tant est qu'une telle chose puisse exister.

— Le dénommé Stark avait prévu que le coup allait partir. Il s'est jeté à terre avant même que j'aie donné l'alerte. Ce qui signifie qu'il savait qu'un homme était embusqué là-haut.

— Ou qu'il est très observateur. Il est sage de rester sur ses gardes. Mais il ne faut pas pour autant voir des complots partout. Ne laissons pas notre imagination nous distraire du vrai danger. Stark vient à peine de débarquer d'Amérique. Il y a assez d'assassins au Japon. Qui prendrait la peine d'en faire venir un de l'étranger ?

— Un homme soucieux de cacher son identité tout en semant la confusion dans les esprits. Une personne au-dessus de tout soupçon.

Genji soupira.

— Très bien, je t'autorise à mener l'enquête. Mais, s'il te plaît, fais en sorte de ménager Stark. Il est notre invité.

Saiki s'inclina.

— Oui, sire.

— Allons voir ce qu'ils deviennent, reprit Genji.

Tandis qu'ils sortaient dans le couloir, Saiki s'enquit du sort de l'épicier, propriétaire de la maison où l'assassin s'était embusqué.

— Comment répondrons-nous à la proposition de Fujita ?

— Transmets-lui nos remerciements, et dis-lui que nous acceptons qu'il fournisse le saké du Nouvel An.

— Oui, sire.

Il s'agissait là d'un arrangement juste assez coûteux pour balayer les craintes de l'épicier, mais pas suffisamment pour causer sa ruine. Une sage décision, songea Saiki, de plus en plus confiant, en emboîtant le pas à son maître.

La lunette astronomique hollandaise emporta l'œil de Kawakami sur les toits. Bien que l'angle de vue ne lui permît pas d'apercevoir la procession de Genji, il devina la position du cortège en voyant la foule se prosterner dans un carrefour à l'approche du seigneur. Lorsque tous se furent relevés et que chacun reprit ses activités, il sut que la procession était passée.

Kawakami s'amusa beaucoup de voir Monzaemon, le riche banquier, se jeter à bas de son célèbre cheval blanc et ramper dans la poussière comme un vulgaire paysan. Il était le créancier de nombre de grands seigneurs et le shogun lui-même devait à cet arrogant roturier des sommes considérables. Nonobstant son riche habit, l'homme se prosternait face contre terre sur le passage de ses supérieurs. L'argent était une chose, le privilège de porter deux sabres et de s'en servir en était une autre. Le monde avait beau changer à toute allure, Kawakami gardait une certitude : le pouvoir de l'argent ne pourrait jamais égaler le pouvoir de tuer.

Kawakami crut entendre le son distant d'un coup de feu. Dans la lunette d'approche, il vit Monzaemon qui relevait la tête, une expression de terreur sur sa grosse face de paysan. A côté de lui, le cheval blanc se cabra, pris de panique. Sans l'intervention rapide d'un de ses suivants, l'homme aurait été piétiné à mort par sa monture.

Quelque chose s'était produit. Quoi ? Il devrait attendre pour le savoir. Se détournant du télescope, il dit à Mukai, son assistant :

— Je vais passer un moment dans le pavillon. Sauf cas de force majeure, je ne veux pas être dérangé.

Le pavillon n'était en réalité qu'une simple resserre érigée dans l'un des jardins les plus modestes du vaste palais, mais il lui procurait l'un des plus grands plaisirs de sa vie.

La solitude.

Un bien extrêmement précieux dans une ville comme Edo, qui comptait près de deux millions d'habitants, surtout pour un homme comme Kawakami, grand seigneur lui aussi, et souvent entouré d'une foule de suivants. L'une des raisons qui l'avaient poussé à briguer le grade de chef de la police secrète du shogun était que ce poste lui fournissait une excuse chaque fois qu'il éprouvait le besoin d'échapper à ses écrasantes responsabilités. Au début, cela lui avait permis d'échapper à sa femme et à ses concubines, pour aller retrouver ses maîtresses. Plus tard, cela lui avait également permis d'échapper à ses maîtresses. Peu à peu, il avait pris goût à sa tâche, qui consistait à s'immiscer dans la vie privée des gens. Et il n'avait plus guère de temps à consacrer à des épouses, concubines ou maîtresses et autres divertissements frivoles.

L'attente était désormais son bien le plus précieux : le tête-à-tête avec le petit brasier, la bouilloire fumante, l'arôme du thé, la coupe qui réchauffait délicieusement les mains. Mais aujourd'hui le thé n'était pas encore passé qu'une voix familière lui parvint depuis la porte.

— Seigneur, c'est moi.

— Entre, dit Kawakami.

La porte coulissa.

Heiko avait quitté le palais aussitôt après le départ de Genji. Elle n'était accompagnée que de sa suivante, Sachiko. Les grands seigneurs, eux, ne pouvaient se déplacer sans une escorte de gardes du corps. Les hommes les plus craints du pays étaient également les plus craintifs. Ils donnaient la mort aussi facilement qu'un enfant éclatait de rire, de sorte que, selon la loi bouddhiste du karma, ils recevaient eux aussi la mort. Contrairement aux puissants seigneurs de la guerre, les courtisanes ne faisaient peur à personne. La fragilité était au contraire ce qu'elles incarnaient avec tant d'habileté, de grâce et de fraîcheur, ce qui leur permettait d'aller et venir à leur guise en toute tranquillité. Cela aussi était un précepte du Bouddha.

— Dame Heiko, murmura Sachiko, nous sommes suivies.

— Fais comme si de rien n'était, conseilla Heiko.

Elles étaient en train de longer une route bordée de cerisiers. Au printemps, ces arbres se couvriraient de fleurs, ces fleurs que les peintres et les poètes glorifiaient depuis des siècles. Mais pour l'heure les branches étaient noires et nues, ce qui ne les rendait pas moins admirables. Heiko s'arrêta pour admirer un rameau qui avait attiré son regard. La neige poudreuse du matin avait presque entièrement fondu, laissant derrière elle des gouttes d'eau cristalline. Seuls quelques flocons demeuraient dans les creux restés dans l'ombre. Dans un moment, Heiko reprendrait sa route. Le soleil pénétrerait dans ces creux. Bien avant qu'elle arrive à destination, ces flocons auraient disparu. A cette pensée, son cœur se serra. Des larmes lui montèrent aux yeux. Namu Amida Butsu, Namu Amida Butsu, Namu Amida Butsu. Loué soit le Bienfaisant Bouddha qui entend les plaintes des malheureux. Heiko se centra sur elle-même et prit une profonde inspiration pour empêcher ses larmes de jaillir. C'était une rude épreuve que d'être amoureuse.

— Nous ne devrions pas tarder, dit Sachiko. Nous sommes attendues à l'heure du serpent.

— Je ne devrais pas accepter de rendez-vous si tôt le matin, répondit Heiko. Il n'est pas bon de commencer la journée dans la précipitation.

— Vous avez raison, acquiesça Sachiko. Mais une femme ne doit-elle pas obéir aux ordres ?

Bien qu'âgée de dix-neuf ans à peine, comme Heiko, Sachiko se comportait en femme mûre. C'était là sa mission. Elle se chargeait de tous les détails pratiques, libérant Heiko des pesantes contraintes de la vie quotidienne.

Les deux femmes reprirent leur chemin. Kudo les suivait. L'homme se figurait être un champion de la filature. Pour quelle raison ? Heiko n'en avait pas la moindre idée. Comme la plupart des samouraïs, Kudo était impatient. L'instruction qu'il avait reçue ne tendait que vers une chose : savoir saisir le moment décisif qui séparait la vie de la mort, brandir en un éclair la lame de son sabre, répandre le sang et la vie dans la poussière. Peu importait qui était perdant ou vainqueur. Seul comptait le moment décisif. Prendre en filature deux femmes qui cheminaient aussi lentement, s'arrêtaient pour admirer un arbre ou inspecter des marchandises ou tout simplement pour se reposer, cela représentait pour lui la pire des tortures. Heiko prenait un malin plaisir à ralentir son allure. Elle s'arrêtait plus souvent qu'à l'ordinaire et engageait la conversation avec les uns ou les autres pour échanger des banalités, si bien que, lorsqu'elles atteignirent le quartier commerçant de Tsukiji, Kudo tournait en rond comme un rat pris au piège.

— Maintenant ! dit Heiko au moment où un groupe de femmes du voisinage passaient devant elles, les cachant à la vue de Kudo.

Lorsque les femmes traversèrent la rue, elle marcha à leurs côtés, tandis que Sachiko s'accroupissait en faisant mine d'inspecter le contenu d'une corbeille de calmars séchés. Depuis une contre-allée où elle s'était réfugiée, elle aperçut Kudo qui arrivait en courant. Il jetait des coups d'œil affolés autour de lui, sans même remarquer que la suivante de Heiko se trouvait à ses pieds. Lorsqu'il tourna le dos, Heiko en profita pour traverser la rue en sens inverse et vint se poster derrière lui. Elle prit l'air étonné lorsqu'il faillit entrer en collision avec elle.

— Kudo-sama. Quelle coïncidence ! Vous êtes venu acheter des écharpes de soie ?

Pendant tout le temps que dura leur brève conversation, Heiko dut faire un gros effort pour ne pas éclater de rire. Lorsque Kudo, prenant la direction de Hamacho, se fut éloigné d'un pas rageur, Heiko héla un pousse-pousse. L'heure du dragon commençait à faire place à l'heure du serpent. Il était trop tard pour qu'elle se rendît à pied à son rendez-vous.

Kawakami Eichi, grand seigneur de Hino, inspecteur en chef de la police secrète du shogunat, attendait dans son pavillon privé, avec la dignité qui convenait à l'importance de son rang et de ses titres.

Celle-ci s'évapora dès que la porte coulissa. Il perdit tous ses moyens. Comme toujours. Il y avait chez cette femme un je-ne-sais-quoi d'insaisissable. Lorsqu'elle n'était pas là, ses traits et sa silhouette s'estompaient de la mémoire, comme si ni l'œil ni l'esprit n'avaient été capables de retenir l'image vivante d'une beauté aussi parfaite.

En la voyant, il eut un haut-le-corps.

Afin de se donner un semblant de contenance, il la sermonna.

— Heiko, tu es en retard.

— Toutes mes excuses, seigneur Kawakami, dit Heiko en s'inclinant, révélant du même coup la courbe ravissante de sa nuque.

Elle entendit Kawakami inspirer bruyamment, mais garda un visage impassible.

— J'ai été suivie. Et j'ai jugé plus prudent de ne pas montrer que je savais que j'étais suivie.

— Tu ne t'es pas laissé suivre jusqu'ici, au moins ?

— Non, sire. (Elle sourit en se remémorant l'incident.) J'ai fait en sorte que l'homme entre en collision avec moi, de sorte qu'il a dû renoncer à continuer de me suivre après cela.

— Bien joué, approuva Kawakami. Etait-ce encore Kudo ?

— Oui, dit Heiko en ôtant la bouilloire du feu.

Kawakami avait laissé l'eau bouillir trop longtemps. Si on la versait directement sur le thé, ce dernier perdrait toute la subtilité de son arôme. Il allait falloir attendre qu'elle ait refroidi un peu.

— Il est le meilleur homme dont ils disposent pour ce genre de travail, commenta Kawakami. Aurais-tu éveillé les soupçons du seigneur Genji ?

— J'en doute. Je suis à peu près certaine que Kudo agit de sa propre initiative. Le seigneur Genji n'est pas d'une nature suspicieuse.

— Tous les seigneurs le sont, déclara Kawakami. Suspicion et survie vont de pair.

— S'il peut voir l'avenir, dit Heiko en inclinant la tête d'une manière que Kawakami trouva tout à fait charmante, pourquoi aurait-il besoin de prendre ce genre de précaution ? Il peut prédire ce qui va se passer et à quel moment.

Kawakami émit un petit reniflement méprisant.

— Ridicule ! Les membres du clan Okumichi simulent un tel don depuis des générations. Si un seul d'entre eux avait pu lire l'avenir, ce serait le clan Okumichi et non le clan Tokugawa qui serait à la tête de l'empire présentement, et Genji serait shogun au lieu d'être le maître d'un trou perdu comme Akaoka.

— Vous avez peut-être raison, sire.

— Tu sembles en douter. Aurais-tu découvert une preuve que ce don existe vraiment ?

— Non, sire. Ou plutôt pas directement.

— Pas directement ? dit Kawakami avec une grimace, comme si ces paroles avaient eu un goût amer.

— Un jour que Kudo et Saiki parlaient entre eux du seigneur Genji, je les ai entendus prononcer le nom de *Suzume-no-kumo*.

— Suzume-no-kumo, c'est le nom du château du domaine d'Akaoka.

— Oui, sire, mais en l'occurrence il ne s'agissait pas d'un château mais d'un recueil gardé secret.

Kawakami éprouvait des difficultés à se concentrer. Plus il regardait Heiko, plus il regrettait de ne pouvoir boire du saké plutôt que du thé. Mais l'heure matinale et les circonstances lui déconseillaient une telle chose. Et c'était aussi bien ainsi, car un maître et sa servante devaient garder certaines distances. Il se sentit gagné par la mauvaise humeur. Etait-ce parce qu'il ne pouvait pas faire ce qu'il voulait avec Heiko ? Certainement pas. Etant un samouraï de haut lignage, il n'était pas l'esclave de ses bas instincts. Mais pour quelle raison, alors ? Parce qu'il voulait savoir tout ce que les autres ignoraient, bien sûr. Kawakami savait. Grâce à un réseau fort d'un millier d'espions, il avait le don de double vue. Et pourtant, dans l'esprit de la populace, Genji avait le don de voir encore plus loin que Kawakami. Il détenait, disait-on, le don de prophétie.

— Il n'est pas rare qu'un clan possède ce qu'on appelle un savoir secret, reprit Kawakami. Ce sont généralement des livres de stratégie, le plus souvent de vulgaires plagiats de *L'Art de la guerre* de Sun Tzu.

— Mais on raconte que celui-ci contiendrait les visions de chaque seigneur d'Akaoka depuis l'époque Hironobu, il y a six cents ans.

— Ces rumeurs circulent depuis des décennies dans la famille Okumichi. A les en croire, chaque nouvelle génération donnerait le jour à un prophète.

— C'est en effet ce qu'on raconte, sire, acquiesça Heiko en s'inclinant. Avec votre permission, ajouta-t-elle en versant l'eau chaude dans la théière.

Une vapeur odorante emplit l'atmosphère.

— Et tu y crois ?

Dans son irritation, Kawakami approcha avec un peu trop d'empressement le thé de ses lèvres. Il l'avala, impassible, malgré la vive douleur qu'il éprouva lorsque le liquide bouillant se déversa dans sa gorge.

— Je crois simplement que derrière ces rumeurs se cache toujours un fond de vérité, même si celle-ci n'a rien à voir avec le don de prophétie, répondit-elle.

— Ce n'est pas parce qu'on parle d'une chose qu'elle existe. Si je croyais tout ce que j'entends, je devrais exécuter la moitié de la population d'Edo et mettre l'autre sous les verrous.

Pour Kawakami, il s'agissait là d'un trait d'esprit. Heiko émit un petit rire poli en se couvrant la bouche avec sa manche de kimono et s'inclina profondément.

— J'espère que je ne fais pas partie du lot.

— Non, naturellement, tu n'en fais pas partie, concéda Kawakami, quelque peu radouci. Concernant Mayonaka no Heiko, je n'ai jamais entendu que des éloges.

Heiko rit à nouveau.

— Malheureusement, ce n'est pas parce qu'on parle d'une chose qu'elle existe.

— J'essaierai de m'en souvenir, dit Kawakami avec un grand sourire, heureux de s'entendre citer si promptement et avec à-propos par une femme aussi délicieuse.

« Comme les hommes sont faciles à manipuler ! » songea Heiko. Pour cela, il suffisait de jouer les idiotes. Un rire, un sourire, un parfum s'exhalant des plis du kimono de soie, et ils ne voyaient pas la lueur implacable qui scintillait dans son regard entre les battements de cils enfantins. Cela se vérifiait même chez quelqu'un comme Kawakami, pourtant mieux informé que quiconque. Car Mayonaka no Heiko était sa création. Et pourtant, il était aussi vulnérable que les autres, tous les autres, à l'exception de Genji.

— Le grand-père du seigneur Genji, feu le seigneur Kiyori, avait, dit-on, le don de prédire l'avenir.

Kawakami accepta une autre tasse de thé. Cette fois, il prit le temps de la déguster tranquillement.

— Et pourtant il est mort brutalement il y a trois semaines, précisa-t-il, victime d'un empoisonnement, apparemment. Comment se fait-il qu'il ne l'ait pas prévu, en évitant du même coup la dose fatale ?

— Il y a peut-être des événements qui ne sont pas prévisibles, sire.

— Voilà une excuse des plus commodes, opina Kawakami, dont le sang recommençait à s'échauffer. Cela permet d'entretenir le mythe. Toute cette propagande idiote que le clan Okumichi répand autour de lui... Nous autres, Japonais, sommes irrémédiablement superstitieux et crédules, travers que les Okumichi savent exploiter à leur avantage. A cause de toutes ces rumeurs stupides concernant leur don de voyance, ils sont traités avec une déférence qu'ils ne méritent pas.

— Est-on certain que le seigneur Kiyori ait été empoisonné ?

— Si tu es en train de me demander si c'est moi qui ai commandité sa mort, la réponse est non.

Heiko se prosterna face contre terre.

— Je ne me permettrais jamais de vous poser une telle question, seigneur Kawakami, dit-elle avec le plus grand sérieux. Pardonnez-moi si je me suis exprimée avec maladresse.

L'homme était un bouffon, mais un bouffon dangereux et rusé. Soucieuse de savoir ce qu'il comptait faire de Genji, elle avait outrepassé les limites de la bienséance. A l'avenir, elle devrait faire preuve de prudence, sans quoi il risquait de la soupçonner de vouloir lui soutirer des informations.

— Allons, allons, relève-toi, dit-il avec effusion. Je ne suis pas offensé. Tu es ma fidèle confidente.

Aucune femme, naturellement, n'était censée avoir une telle importance. Mais ce n'était qu'un mot. Un mot qui ne lui coûtait rien.

— Vous me faites trop d'honneur.

— Balivernes. Il faut que tu saches ce que je fais, afin de pouvoir agir en conséquence. Je n'ai jamais porté le seigneur Kiyori dans mon cœur, c'est vrai, mais il ne manquait pas d'ennemis. L'hospitalité dont il faisait preuve envers les étrangers, en particulier les Américains, lui avait valu de nombreux reproches, sans parler de son intérêt pour la chrétienté. Il n'y était guère encouragé, même par son propre clan. Toi-même m'as rapporté que Saiki et Tanaka, deux de ses plus fidèles vassaux, s'étaient élevés contre la présence de missionnaires au sein du fief. En vérité, Tanaka était tellement furieux qu'il a donné sa démission et s'est retiré dans le monastère de Mushindo voilà six mois.

— En effet, sire, c'est exact. Il a embrassé les préceptes du Bouddha et pris le nom de Sohaku.

— Le fanatisme religieux est parfois plus meurtrier que la diversité politique. Si tu veux mon avis, c'est Tanaka, ou Sohaku si tu préfères, qui l'a empoisonné.

— Comme c'est triste d'être frappé à un âge aussi avancé par quelqu'un d'aussi proche !

— Les plus proches sont souvent les plus dangereux, dit Kawakami tout en observant la réaction de Heiko, parce que nous avons tendance à ne pas les voir tels qu'ils sont vraiment. Ainsi, toi par exemple, qui partages le lit du seigneur Genji, à tout moment tu pourrais lui trancher la gorge. N'est-ce pas exact ?

Heiko s'inclina, en prenant soin de sourire juste comme il le fallait, sans avoir l'air trop enthousiaste.

— Oui, c'est vrai.

— Tu n'aurais aucune difficulté à surmonter l'affection que tu éprouves pour lui, n'est-ce pas ?

Heiko laissa échapper un rire joyeux.

— Vous vous moquez de moi, seigneur Kawakami. Je partage son lit parce que vous me l'avez ordonné, et non par affection pour lui.

Kawakami fronça les sourcils.

— Sois prudente, Heiko. Quand tu es avec lui, cette vérité doit demeurer inconnue y compris de toi-même. Tu dois l'aimer complètement, et même désespérément, sans quoi il te démasquera et ne me sera plus d'aucune utilité.

Heiko se prosterna.

— Oui, seigneur. Je vous ai entendu et vous obéirai.

— Parfait. A présent, concernant l'oncle du seigneur Genji, as-tu découvert où il se cache ?

— Pas encore. Depuis que le seigneur Shigeru a quitté le château, il n'a été vu dans aucune des demeures seigneuriales du domaine d'Akaoka. Il n'est pas impossible qu'il ait fui son propre clan.

Il s'agissait là d'une excellente nouvelle. Car l'oncle était encore plus dangereux que le neveu. Adepte fanatique de la pratique des arts martiaux, Shigeru était capable de tuer un adversaire avec ou sans arme. Il avait disputé, et remporté, cinquante-neuf combats singuliers — soit un de moins que le légendaire Miyamoto Musashi, deux siècles plus tôt. Les soixante et soixante et unième duels étaient prévus pour le dernier jour de cette année et le premier jour de la nouvelle, mais il y avait peu de chances pour qu'ils aient lieu. Shigeru avait disparu.

— Dis-moi ce que tu as découvert.

Heiko obtempéra aussitôt. Si elle réfléchissait trop longtemps à ce qu'elle allait dire, elle risquait de perdre ses moyens. Des bribes d'informations lui étaient parvenues de sources différentes. Elle lui fit un compte rendu aussi fidèle que possible, tout en espérant du fond du cœur qu'elle s'était trompée.

Le petit temple bouddhiste du château de Suzume-no-kumo avait été construit voilà fort longtemps, au cours de la treizième année du règne de l'empereur Gohanazono.

Contrairement à tous les autres lieux de prière, il n'était pas dévolu à une secte en particulier. La raison en était que le seigneur Wakamatsu l'avait fait ériger pour se racheter de la destruction de trois douzaines de monastères Jodo, Nichiren, Rinzai, Soto et Obaku, et du massacre de cinq mille moines, de leurs familles et alliés. Les fidèles, armés jusqu'aux dents, avaient passé outre aux injonctions de leur seigneur de cesser leurs guerres religieuses.

Shigeru connaissait le temple dans ses moindres recoins. Dès son plus jeune âge, ce monument avait hanté ses cauchemars les plus horribles. Sachant que ses rêves étaient chargés de présages auxquels il ne comprenait rien, il avait passé des années à étudier l'histoire de ce temple et de ses figures les plus éminentes, dans l'espoir d'en percer le secret. En vain.

Maintenant — trop tard, hélas — il comprenait. Car les présages se révélaient toujours à lui quand il était trop tard. Agenouillé à la lueur d'une unique lampe, il alluma le cent cinquième bâton d'encens. Avec une révérence respectueuse, il le plaça sur l'autel funéraire de Kiyori, son défunt père, seigneur d'Akaoka.

« Père, je vous supplie de me pardonner. »

Les afflictions qu'un homme attirait sur lui-même par sa cupidité, sa haine et son ignorance étaient au nombre de cent huit. Cent huit était le nombre de pénitences qui ramenaient un homme dans la lumière du Bouddha, et le nombre de vies que Shigeru allait devoir passer dans cent huit enfers différents pour avoir perpétré des crimes innommables. Lorsque les cent huit bâtons d'encens auraient été allumés, il commencerait.

« Père, je vous supplie de me pardonner. »

Mais il savait qu'il ne serait jamais pardonné. L'esprit du seigneur Kiyori pourrait peut-être lui pardonner de l'avoir assassiné. Mais il ne pourrait pas lui pardonner ses autres crimes. Personne ne le pourrait.

« Père, je vous supplie de me pardonner. »

A son étonnement, Shigeru s'aperçut qu'il avait tenu rigoureusement le compte des bâtonnets d'encens, malgré les monstrueuses visions qui l'empêchaient de dormir et lui encombraient la tête au point qu'il avait l'impression que son crâne allait exploser. Celui-ci était le cent huitième.

« Père, je vous supplie de me pardonner. »

Il s'inclina face contre terre. Le vrombissement des machines sans ailes qui traversaient le ciel retentissait sans cesse à ses oreilles. Derrière ses paupières fermées, il voyait de grandes lanternes qui brûlaient sans flammes en répandant une lumière aveuglante. Il suffoquait dans l'air âcre et coloré.

Il était devenu fou, cela ne faisait aucun doute.

A chaque génération, un membre du clan Okumichi héritait du don maudit de prévoir l'avenir. Dans la génération précédente, cela avait été son père. Dans la suivante, ce serait Genji. Dans sa propre génération, c'était Shigeru qui avait hérité de la malédiction. Celui qui voyait souffrait, car voir ne voulait pas forcément dire comprendre. Tant que l'avenir n'avait pas rejoint le passé, l'événement demeurait incompréhensible. Toutes ces visions n'engendraient que de la souffrance, chaque fois plus de souffrance.

S'il n'avait eu que des rêves prophétiques, la vie aurait été supportable. Mais les visions avaient commencé à se manifester même quand il était à l'état de veille. Un samouraï bien entraîné était capable d'endurer de grandes souffrances, mais l'afflux incessant de visions, même pendant le sommeil, n'était supportable que pendant un certain temps.

Soudain le ciel s'embrasa et s'abattit sur la terre. Des enfants brûlés vifs poussaient des hurlements. Des hordes d'insectes de fer déferlaient sur Edo, se repaissant de chair humaine, recrachant des fumées chargées d'une odeur de charogne. Les poissons morts flottaient par millions à la surface des eaux argentées de la mer orientale.

Ce qu'il voyait dans son esprit et ce qu'il voyait avec ses yeux se mélangeaient sans cesse. Il ne connaissait pas de répit.

Arrivé au seuil du temple, Shigeru s'arrêta puis s'inclina devant les corps des deux religieuses assassinées. Prenant garde de ne pas glisser dans les deux mares de sang jumelles, il passa son chemin. Tout à l'heure, lorsqu'il avait traversé la cour, la pleine lune brillait très haut dans le ciel au-dessus du palais. A présent, tandis qu'il regagnait ses appartements privés, il remarqua que la lune éclairait encore la nuit, mais que l'astre lui-même était invisible, dissimulé à la vue par les murailles du château.

Le lit de son épouse était vide et le couvre-pied en avait été repoussé à la hâte. Il inspecta ensuite les chambres des enfants. Eux aussi avaient disparu. Cela, il ne l'avait pas pressenti. Un sourire amer déforma ses traits. Où étaient-ils ? Il n'y avait qu'une possibilité.

Il alla à son armurerie personnelle et endossa son armure : un casque de métal surmonté d'un plumet de crin rouge, flanqué de deux cornes de bois et complété par un masque laqué, destiné à protéger ses joues et ses mâchoires. Un *nodowa* pour couvrir sa gorge, et deux *sodé* pour les épaules. Des *donaka, kusazuri* et *haitaté* faits de plaques d'acier assez solides pour dévier les balles de mousquet recouvraient son torse, ses reins et ses cuisses. En plus de ses sabres, il passa cinq pistolets à un coup dans sa ceinture.

Shigeru commandait la ronde de nuit ce soir. Il n'eut aucune difficulté à sortir son cheval de l'écurie. Personne ne lui posa la moindre question. Lorsqu'il ordonna qu'on lui ouvrît la porte, les gardes obtempérèrent et il sortit promptement du château.

Le domaine de son beau-père, Yoritada, se trouvait non loin de là dans les montagnes. En arrivant sur place, Shigeru trouva Yoritada et une dizaine de gardes qui l'attendaient à l'extérieur du mur d'enceinte. Ils étaient tous vêtus d'armures, comme lui. Six d'entre eux étaient armés de mousquets, prêts à faire feu.

« Pas un pas de plus, l'avertit Yoritada, ou tu es un homme mort.

— Je suis venu voir mon épouse et mes enfants, expliqua Shigeru. Amène-les-moi et je repartirai sans faire d'esclandre.

— Umeko n'est plus ta femme, rétorqua Yoritada. Elle est venue chercher protection ici avec ses enfants. »

Shigeru rit comme s'il s'était agi d'une lubie.

« Et de quoi veut-elle être protégée ?

— Shigeru, dit Yoritada d'une voix adoucie par le chagrin, ton esprit et ton âme sont malades depuis plusieurs semaines. Ce soir, Umeko est arrivée en larmes. Elle m'a dit que tu ne cessais de parler jour et nuit des supplices de l'enfer. Tes enfants tremblent en ta présence. Je t'en conjure, va demander conseil au seigneur Kiyori. Ton père est un homme sage. Il t'aidera.

— Il ne peut plus aider personne, répliqua Shigeru tout en guettant le moment décisif. Le seigneur Kiyori est mort ce soir, empoisonné par de la bile de poisson-lune.

— Quoi ! »

Yoritada tituba légèrement, abasourdi.

La nouvelle eut un effet semblable sur les autres samouraïs. Maintenant. C'était l'ouverture que Shigeru attendait.

Eperonnant son cheval, il fonça tête baissée et déchargea un à un ses pistolets, qu'il jetait au loin l'un après l'autre. N'étant pas bon tireur, il ne toucha personne. Il l'avait fait uniquement dans le but de créer une diversion.

Son plan porta ses fruits. Seuls deux des mousquetaires parvinrent presque à atteindre leur cible, touchant son cheval, qui s'effondra dans la poussière. Bondissant au bas de sa selle, Shigeru fondit sur son beau-père, qu'il décapita du premier coup. Son *katana* dans la main droite et son *tanto* dans l'autre, alternant les coups d'estoc et de taille, Shigeru tua ou blessa mortellement tous ses opposants avant que la poussière soulevée par la chute de son cheval ne fût retombée.

A l'intérieur de l'enceinte, sa belle-mère, Sadako, l'attendait, flanquée de quatre suivantes. Chacune tenait une *naginata*, une longue lance, l'arme favorite des femmes samouraïs.

« Maudit démon ! éructa Sadako. J'avais pourtant déconseillé à Umeko de t'épouser.

— Elle aurait dû t'écouter. »

Il trouva Umeko et les enfants dans la maison de thé, dans le jardin intérieur du château. Lorsqu'il s'approcha de la porte, un *katana* d'enfant transperça la fine paroi de papier de riz qui recouvrait le cadre de bois. La lame l'atteignit à l'arcade sourcilière gauche, manquant son œil de peu.

« Entre et meurs ! » déclara bravement une petite voix sans le moindre tremblement de peur.

C'était leur fils cadet, Nobuyoshi, âgé de six ans. Shigeru se représenta mentalement la scène à l'intérieur du pavillon : Nobuyoshi montant la garde à côté de la porte, son *katana* brandi devant lui, pointé à hauteur des yeux de l'adversaire. Derrière lui, Umeko et ses deux filles, Emi et Sachi.

De la pointe de son *katana*, Shigeru ouvrit la porte. En l'apercevant, Nobuyoshi eut un haut-le-corps et recula d'instinct. Erreur tactique. Il aurait mieux fait de rester là où il était, car la porte, de petite taille, limita la liberté de mouvement de Shigeru lorsqu'il voulut pénétrer à l'intérieur. Mais comment en vouloir au bambin ? Ruisselant de sang des pieds à la tête, Shigeru devait constituer une vision d'épouvante.

A la vue de son fils, son cœur s'emplit de fierté. Au cours de sa brève existence, le petit avait bien appris ses leçons. Il tenait son sabre selon le bon angle d'attaque et avec beaucoup de dignité. Le poids de son corps bien réparti sur ses deux jambes lui assurait la liberté de mouvement dans n'importe quelle direction. Plus important encore, il s'était placé à un endroit stratégique, se servant de son corps comme d'un rempart entre l'adversaire et sa mère et ses sœurs.

« Bien joué, Nobuyoshi. »

Ces paroles, Shigeru les avait fréquemment prononcées par le passé, à l'issue de séances d'entraînement au sabre, à la lance ou à l'arc. Nobuyoshi ne dit rien. Toute son attention était concentrée sur Shigeru. L'enfant était manifestement à l'affût du moment décisif. Rien que pour cela, il méritait de mourir en vrai samouraï. Shigeru s'autorisa à tituber en pénétrant dans le petit espace.

« Aaaiiii ! »

Lançant un cri empreint d'une grande concentration, Nobuyoshi bondit en avant, son sabre pointé sur la gorge de l'adversaire, là où l'armure laissait apparaître une ouverture. Tel un guerrier, le petit se lança corps et âme dans l'attaque, sans l'ombre d'une hésitation. En cet instant libérateur, Shigeru frappa. La rapidité de son coup fut telle que le corps de Nobuyoshi continua d'avancer alors que sa tête roulait à terre derrière lui.

Agrippées l'une à l'autre, Emi et Sachi pleuraient en poussant des hurlements.

« Pourquoi, père, pourquoi ? » implorait Emi.

Umeko tenait un poignard dans la main gauche et un pistolet dans la droite. Elle pointa et tira. La balle percuta le casque d'acier de Shigeru, puis ricocha. Lâchant son arme à feu, Umeko brandit son poignard.

« Je vais t'empêcher de commettre davantage de crimes », dit-elle.

De deux gestes rapides, elle trancha la gorge de ses filles. Le sang jaillit sur la soie pâle des kimonos. Puis Umeko regarda Shigeru droit dans les yeux.

« Puisse le Bienfaisant Bouddha te mener sur le chemin de la Terre Pure », déclara-t-elle en plongeant le poignard dans sa propre gorge.

Assis parmi les ruines sanglantes de son existence, un sabre dans chaque main, Shigeru surveillait la petite porte de la maison de thé. Bientôt, les troupes du château allaient arriver à la rescousse. Il rit. Il était maudit. Mais du moins avait-il réussi à libérer sa chère épouse et ses enfants de la malédiction. Toutes les atrocités qu'il lui avait été donné de voir dans ses rêves prophétiques leur seraient épargnées.

II

LES BELLES ENDORMIES

Dix hommes morts

Le doute t'assaille. La confusion règne. Tu ne sais plus distinguer hier de demain.

Pour trouver la voie, écoute ton cœur. Il bat comme un tambour. Il gronde comme les rapides en hiver. Puis le bruit et le silence finissent par se confondre.

Ecoute.
Ecoute.
Ecoute.
C'est le sang qui coule et non l'eau.
Ton sang.

Suzume-no-kumo
(1860)

C'est avec une appréhension mêlée d'espoir qu'Emily s'était préparée à sa nuit de noces ; appréhension due à la profonde répugnance que lui inspirait Zephaniah ; espoir dû au fait que son fiancé éprouvait pour elle une aversion égale. Sans l'une ou l'autre de ces conditions, Emily aurait purement et simplement rejeté sa proposition de mariage. A cela s'était ajoutée la promesse de fuir l'Amérique, faisant du pasteur un prétendant irrésistible. Toutefois il eût été déraisonnable d'espérer une absence totale de relations physiques à l'intérieur des liens du mariage. Heureusement, tout semblait indiquer qu'entre eux l'acte de copulation serait réduit à sa plus simple expression. Une souffrance occasionnelle était un petit prix à payer pour une occasion inespérée comme celle-là.

A présent espoir et appréhension s'étaient envolés, anéantis par une balle assassine. Lorsque Zephaniah rendrait l'âme, Emily se retrouverait seule, et seule elle ne pourrait demeurer au Japon : sans la protection d'un père, d'un frère ou d'un époux, une femme ne pouvait espérer jouir d'une condition respectable dans un pays étranger. Elle serait obligée de retourner en Amérique. A moins qu'il n'y eût une autre solution... Comme de poursuivre la mission avec le frère Matthew, par exemple.

Elle lui jeta un coup d'œil à la dérobée. Il était absorbé dans la contemplation du jardin. Rien dans son visage ou son attitude ne trahissait la nature de ses pensées. Il était, comme toujours, une énigme vivante.

Quatre mois plus tôt à peine, il était entré dans leur existence, à la mission de la Parole Véritable de San Francisco. Emily était en train de distribuer la soupe quand elle avait aperçu un homme à l'entrée du réfectoire.

Ses habits étaient d'une saleté repoussante, il portait un chapeau noir qui avait dû être blanc à l'origine, et ses cheveux retombaient sur ses épaules comme ceux d'un Indien. Son visage était émacié et ses yeux cernés de noir. Sa barbe de plusieurs jours semblait avoir été taillée au couteau. L'homme était dans un état de dénuement complet, à l'instar des dizaines d'autres malheureux qui accouraient chaque jour à la mission, à cette différence près qu'il ne cherchait pas à jouer des coudes, qu'il ne dévorait pas la soupe à grandes lampées affamées et ne fixait pas toute son attention sur la nourriture qu'elle était en train de distribuer. Sur le seuil, il était le calme personnifié. Seul le mouvement de ses yeux était perceptible. Ils scrutaient lentement la foule des hommes déjà attablés et ceux qui faisaient la queue. Il gardait les deux bras le long du corps, non pas dans une attitude passive, mais comme s'il s'était tenu prêt à passer à l'action. C'est alors qu'elle avait remarqué un renflement à la hauteur de sa hanche droite, sous sa veste raidie par la crasse.

Elle avait demandé à la sœur Sarah de la remplacer à la distribution de soupe et était allée au-devant de l'étranger.

A son approche, il avait ôté poliment son chapeau pour la saluer d'un : « B'jour, m'dame.

— Vous êtes le bienvenu chez nous, frère chrétien », l'accueillit Emily ainsi qu'elle le faisait avec tous les nouveaux venus à la mission.

Car tous les hommes n'étaient-ils pas frères, ainsi que l'affirmait Zephaniah ? Et chrétiens, bien qu'ils n'en eussent pas conscience, de par la grâce et la miséricorde de Notre-Seigneur ?

« Merci, m'dame », dit l'étranger en exécutant une sorte de petite courbette.

Sa voix avait un timbre un peu nasillard. Un accent du Texas, ou de quelque part par là.

« Vous êtes ici dans la maison du Seigneur, frère chrétien, dit-elle en tendant la main. La violence ne doit pas pénétrer en ces lieux. »

Il la regarda en clignant plusieurs fois des yeux, puis, comprenant où elle voulait en venir, dénoua la lanière de cuir qui maintenait son holster attaché autour de sa cuisse.

« Voilà, m'dame », dit-il en faisant glisser l'étui hors de sa ceinture avant de le lui tendre.

Le pistolet était si lourd qu'elle faillit le laisser tomber.

« Et à présent je vous confie à Dieu et à la parole de Sa grâce.

— Merci, dit-il.

— Nous disons "amen" en réponse aux paroles de l'Evangile, l'informa-t-elle.

— Je ne connais pas bien l'Evangile, m'dame.

— "Et à présent je vous confie à Dieu et à la parole de Sa grâce." Actes des Apôtres, 20, 32.

— Amen », dit l'étranger.

Elle sourit.

Une telle docilité était prometteuse. Nul doute que l'homme avait péché, probablement avec l'arme qu'elle tenait à la main. Ou avec l'autre, celle qui dépassait de sa ceinture du côté gauche. Mais, quoi qu'il en fût, nul n'était exclu de la miséricorde et de la protection du Seigneur.

« Et ceci », dit-elle en désignant l'arme du menton.

Il baissa les yeux, surpris.

« Oh, je l'avais oublié. »

Pour la première fois, il sourit.

« Je ne l'ai pas depuis longtemps. »

L'arme ressemblait plus à une petite épée qu'à un couteau. Il la déposa entre les bras d'Emily, avec le revolver et le holster.

« Mieux vaut dépenser votre argent en instruments de paix, dit Emily.

— Amen, dit l'étranger.

— Ces paroles sont les miennes, dit-elle, pas celles de l'Evangile.

— Et moi, je ne l'ai pas acheté, dit l'homme tandis que ses lèvres se retroussaient en un étrange sourire.

— D'où vient-il, frère chrétien ? »

Il l'avait gagné au jeu, songea Emily, ou, pire, dérobé. Une petite confession eût été pour l'étranger l'occasion de faire un premier pas sur le chemin de la miséricorde et de la grâce de Dieu.

« C'est un Bowie, dix pouces, l'informa-t-il. (Puis, s'apercevant qu'il n'avait pas répondu à sa question, il ajouta :) Un cadeau d'adieu. »

Très bien, il n'y aurait donc pas de confession dans l'immédiat. Mais elle avait tout de même accompli son devoir en lui tendant la perche.

« Comment vous appelez-vous ? demanda-t-elle.

— Matthew.

— Je suis sœur Emily, frère Matthew. Soyez le bienvenu si vous souhaitez partager notre soupe, sous la protection du Seigneur.

— Merci, sœur Emily », dit frère Matthew. Au souvenir de cette époque pleine de promesses, Emily sentit les larmes lui monter aux yeux, si subitement qu'elle ne put les retenir.

Stark lui tendit son mouchoir. Elle y enfouit le visage et pleura en silence, les épaules secouées par des sanglots qu'elle n'arrivait pas à contenir. Une telle émotion le surprit. Vis-à-vis du pasteur, cette femme avait toujours affiché une réserve polie. Quiconque l'ignorait n'aurait jamais imaginé qu'ils étaient fiancés. Il est vrai que Stark ne connaissait pas grand-chose aux femmes, ce qui n'avait d'ailleurs pas la moindre importance. Le cœur de Stark servait à pomper du sang dans ses veines, point. Cela mis à part, c'était le cœur d'un homme mort.

— Vous devriez dormir un peu, sœur Emily, conseilla-t-il. Je me charge de veiller sur le frère Zephaniah.

Elle secoua la tête. Après avoir inspiré plusieurs fois de suite, elle réussit à parler.

— Merci, frère Matthew, mais je ne peux pas le laisser. Ma place est ici, à ses côtés.

Stark entendit un froissement d'étoffe dans le couloir. On venait. Les quatre samouraïs qui montaient la garde à l'extérieur de la chambre s'inclinèrent profondément. Quelques instants plus tard, Genji apparut, accompagné du capitaine de sa garde personnelle. Il considéra un instant Emily et Stark en silence, puis adressa quelques mots aux samouraïs. Les hommes s'inclinèrent à nouveau, en prononçant un son qui ressemblait à « Hai ! », et se retirèrent aussitôt. Stark avait remarqué qu'autour de Genji les gens prononçaient fréquemment ce mot. Il supposa que cela voulait dire oui. Car les gens étaient peu enclins à dire non à quelqu'un qui pouvait les exterminer, ainsi que leurs proches, sur un simple coup de tête.

Genji sourit et les salua d'une petite courbette. Avant qu'ils aient pu se remettre sur leurs pieds, il s'agenouilla à leurs côtés, sans éprouver le moindre inconfort. Il dit quelque chose puis les regarda comme s'il attendait une réponse de leur part.

Stark secoua la tête.

— Je suis désolé, seigneur Genji. Nous ne parlons japonais ni l'un ni l'autre.

Amusé, Genji se tourna vers Saiki et dit :

— Il croit que je lui parle japonais.

— L'homme est idiot, commenta Saiki. Il ne reconnaît même pas sa propre langue.

— De toute évidence, pas quand c'est moi qui la parle. Mon accent doit être encore plus mauvais que je ne le pensais. En tout cas, moi, j'ai compris ce qu'il a dit. C'est plutôt encourageant, non ?

Revenant à l'anglais, Genji s'adressa à Stark et à Emily :

— Mon anglais n'est pas fameux. Je vous prie de m'en excuser.

Stark secoua encore la tête, ne sachant que répondre.

— Désolé, commença-t-il.

Emily l'interrompit.

— Vous parlez anglais ? dit-elle à Genji en écarquillant ses yeux brouillés de larmes.

— Oui, merci, dit Genji en souriant comme un enfant qui reçoit les encouragements d'un maître. Je regrette d'offenser vos oreilles. Mes lèvres ont beaucoup de difficultés à prononcer votre langue.

Emily ne perçut qu'une succession étrange de syllabes grossièrement ordonnancées selon le rythme de la langue anglaise : « Ouu-i. Meh-si. Ze-eglet -te-offenzé vo-zho-reille. Mes lèvl-hon-bo-cou ddifi-currté plo-noncé vot-le lan-g. »

Au prix d'un gros effort, elle parvint à séparer l'enchevêtrement de sons. Si elle réussissait à reconstituer ne seraient-ce que quelques mots, elle pourrait obtenir une vague idée de ce qu'il voulait dire. N'avait-il pas employé le mot « difficultés » ? Elle songea qu'il serait avisé de répéter le même mot dans sa réponse.

En prenant soin de bien articuler, elle dit :

— Toute difficulté peut être surmontée dès l'instant qu'on veut bien s'en donner la peine.

Ah, songea Genji, c'est donc ainsi que l'on prononce le mot « difficulté ». Avec un « l », pour lequel on doit faire remonter la langue vers le palais et non pas un « r » ramené du fond de la gorge.

— Difficile, mais pas impossible, dit Genji. Sincérité et persévérance sont les clés de la réussite.

Quoique étrange et austère, son intonation n'était pas dénuée de cohérence, de sorte qu'au bout d'un moment Emily finit par s'y habituer. De plus, Genji apprenait rapidement. Cette fois, il avait dit « difficile » avec une prononciation plus proche de la sienne.

— Seigneur Genji, comme se fait-il que vous connaissiez notre langue ?

— Mon grand-père a insisté pour que je l'étudie. Il pensait que cela me serait utile.

En fait, Kiyori lui avait dit qu'il s'agissait d'une nécessité absolue, car il avait vu Genji conversant en anglais avec des étrangers dans ses rêves prémonitoires.

« Ces conversations, avait dit Kiyori, te sauveront la vie un jour. »

Genji, alors âgé de sept ans, avait répondu : « Si vos rêves se réalisent, pourquoi me donnerais-je la peine d'étudier ? Puisque la prophétie dit que je parlerai anglais, je le parlerai forcément le moment venu. »

Kiyori éclata de rire : « Le moment venu, tu parleras anglais, parce que tu vas commencer à l'apprendre dès aujourd'hui. »

A cette époque, les lois anti-étrangers étaient encore en vigueur, de sorte qu'en l'absence d'enseignants de langue maternelle anglaise, Genji n'eut d'autre choix que d'apprendre l'anglais dans les livres. Les mots sur le papier étaient une chose, mais dans la bouche et les oreilles c'en était une autre. Stark demanda à Emily :

— Vous le comprenez ?

— Si je me concentre, oui. Pas vous, frère Matthew ?

— Pas un traître mot, sœur Emily.

Pour Stark, Genji débitait des chapelets de sons incompréhensibles. Il avait beau déployer des efforts, rien n'y faisait.

— Et si je parle très lentement ? proposa Genji.

Stark entendit : « Eh'si-jeuh-pa-we-le-tt-lai-lan-te-man ? » et secoua à nouveau la tête.

— Désolé, seigneur Genji. Mes oreilles ne sont pas aussi fines que celles de sœur Emily.

— Ah, dit Genji en souriant à Emily. C'est drôle, vous avouerez. Vous allez devoir traduire mon anglais à M. Stark pour qu'il puisse me comprendre.

— Ce sera pour moi un honneur, répondit Emily. Mais je suis certaine que nous parviendrons bientôt à nous comprendre.

Genji cligna des yeux.

— Vous êtes allée un peu trop vite cette fois, mademoiselle Gibson. Je n'ai pas réussi à vous suivre.

— Toutes mes excuses, seigneur Genji. Je me suis laissé emporter par mon enthousiasme.

Elle songea un instant à reformuler sa pensée en employant des termes plus simples. Mais, lorsqu'elle plongea ses yeux dans ceux du seigneur, il lui sembla voir une âme d'une extrême sensibilité, pour qui la moindre condescendance risquait d'être perçue comme une grossièreté ou, pire, un outrage. C'est pourquoi elle répéta lentement, mot pour mot, sa phrase.

Saiki se tenait agenouillé sur le pas de la porte, assez loin pour ne pas s'immiscer dans la conversation, mais assez près pour pouvoir s'interposer en une enjambée entre son seigneur et les étrangers, et décapiter Stark en cas de besoin. La menace ne semblait pas imminente, mais Saiki restait sur ses gardes. Et, bien que la femme eût l'air inoffensive, il la tenait à l'œil.

Un petit attroupement s'était formé derrière Saiki. Les quatre gardes étaient de retour avec un lit de fabrication occidentale. Hidé et Shimoda les avaient rejoints, portant eux aussi des pièces de mobilier. La servante, Hanako, arriva à son tour, avec un service à thé anglais disposé sur un plateau. Tous regardaient avec curiosité la scène qui s'offrait à eux.

— Le seigneur Genji parle la langue des étrangers, murmura Hidé.

Saiki continuait de monter la garde. Sans se retourner, il souffla tout bas :

— Encore une remarque comme celle-ci, Hidé, et tu passeras ta nuit de noces dans les écuries et non entre les bras de ta fiancée.

Sa nuit de noces ? Hidé faillit éclater de rire. Cela n'arriverait jamais. Le seigneur avait dit cela pour plaisanter. Seul un vieillard teigneux comme Saiki avait pu le prendre au sérieux. Il se tourna vers Shimoda d'un air complice. Son ami souriait d'une tout autre manière. A côté de lui, les joues écarlates, Hanako gardait les yeux baissés sur son plateau. La mâchoire de Hidé s'affaissa. Pourquoi fallait-il qu'il soit toujours le dernier à être informé ?

Saiki entra dans la pièce à genoux.

— Sire, les meubles des étrangers.

— Apportez-les, ordonna Genji avant d'ajouter à l'intention d'Emily et de Stark : Je propose que nous nous retirions pendant que les domestiques installent le mobilier.

Pour se relever, les deux missionnaires, mal à l'aise, durent se livrer à des contorsions en se poussant des deux mains sur le plancher, comme de jeunes enfants qui apprennent à se tenir debout. Stark, qui s'était relevé le premier, s'élança au secours d'Emily. Tous les étrangers traitaient-ils leurs femmes avec autant de déférence ? Ou seulement les missionnaires ? Quoi qu'il en fût, une telle galanterie vis-à-vis d'une personne aussi peu agréable à regarder était admirable. Car, s'il était aisé de se montrer bienveillant avec une belle femme, un laideron, en revanche, exigeait un gros effort de volonté.

Tandis que le sang recommençait à circuler dans les jambes ankylosées de Stark, un lit, des chaises et des tables furent installés. On souleva Cromwell, toujours inconscient, pour l'installer dans le lit. Les couvertures sur lesquelles il avait reposé étaient noires de sang, et à présent le sang continuait de couler sur les draps frais et propres. La couleur et l'odeur des sécrétions indiquèrent à Stark que la balle de mousquet avait transpercé non seulement l'estomac mais également les intestins de Cromwell. Les poisons acides sécrétés par ces organes allaient se répandre dans tout son organisme.

— Nous devrions nous retirer dans la pièce voisine, suggéra Genji. Les servantes vont veiller sur M. Cromwell. Elles viendront nous prévenir en cas de besoin.

— S'il se réveille, ma présence à ses côtés le rassurera, répondit Emily.

— Très bien. Dans ce cas, asseyons-nous, dit Genji en prenant un fauteuil.

Il s'efforça de garder son dos bien droit, comme lorsqu'il s'asseyait par terre. Emily et Stark, quant à eux, se renversèrent contre le dossier de leurs sièges, lequel semblait avoir pour fonction de les soutenir. Bien que cette posture ne lui semblât pas saine, Genji avait l'esprit ouvert. Il l'essaya. Au bout de quelques instants, il sentit que les organes de sa cavité abdominale perdaient leur alignement. Il jeta un coup d'œil du côté de Cromwell. L'homme risquait de vivre encore une heure ou deux. Genji n'était pas certain de pouvoir rester aussi longtemps juché sur ce curieux engin.

Stark regardait lui aussi Cromwell, mais ce n'était pas l'état de santé du pasteur qui le préoccupait. Toutes ses pensées étaient tournées vers la mission que La Parole Véritable avait bâtie dans le domaine de Yamakawa, au nord-ouest d'Edo. Onze missionnaires de San Francisco étaient venus s'y installer un an plus tôt. Parmi eux, il y en avait un que Stark voulait retrouver à tout prix.

Assis au chevet de Cromwell, Stark, Emily et Genji attendaient que le pasteur rende son dernier soupir.

— Pas moyen d'abattre Genji quand il était sur le port, dit Kuma. L'occasion ne s'est pas présentée.

Il n'allait tout de même pas avouer à son commanditaire qu'il s'était emparé d'un mousquet vide. La réputation d'un tueur à gages était son bien le plus précieux et mieux valait la garder intacte.

— J'ai du mal à te croire, dit Kawakami.

— N'empêche que c'est la vérité.

— Explique-moi encore ce qui t'a poussé à tirer sur le missionnaire.

Encore une erreur de sa part, quoique moins grave celle-là. Celui qu'il avait pris en joue, l'homme impassible qui marchait à côté du palanquin, avait trébuché juste au moment où Kuma avait fait feu. C'était à croire que l'homme l'avait aperçu et s'était aplati à terre pour esquiver le coup. Mais non, c'était impossible. Même un ninja bien entraîné n'aurait pu détecter aussi aisément la présence de Kuma. L'homme avait dû trébucher. Kuma afficha un air confiant. Kawakami n'avait aucun moyen de savoir que le coup de feu était parti tout seul.

Il dit :

— Comme c'était le plus âgé des deux hommes, j'en ai déduit que c'était le chef. Son décès n'en sera que plus dommageable pour Genji et les autres sympathisants chrétiens. J'ai pensé que vous seriez content.

Kawakami réfléchit un instant en silence. Il ne fallait pas que Kuma pût prendre seul ce genre d'initiative. D'un autre côté, si la situation venait à tourner à leur avantage, l'homme se montrerait d'autant plus efficace qu'il serait libre d'agir.

— Ne t'occupe plus de Genji pour le moment. Si une occasion se présente d'attaquer les missionnaires, saisis-la, mais uniquement lorsqu'ils seront sous la protection renforcée du clan Okumichi.

Un incident aussi humiliant était plaisant à imaginer.

— Vous voulez dire lorsqu'ils se trouvent à l'intérieur du palais de la Grue Silencieuse ?

— Oui.

— Ce ne sera pas facile.

Kawakami plaça dix *ryo* d'or sur la table et les poussa vers Kuma.

— Continue de surveiller Heiko. J'ai comme l'impression qu'elle a oublié de me dire certaines choses.

Kuma s'inclina, vida sa tasse de thé puis s'esquiva sans demander son reste. L'entretien s'était mieux passé que prévu. D'ordinaire, Kawakami lui posait beaucoup plus de questions. Aujourd'hui, il lui avait paru distrait. Mais Kuma s'était enrichi de dix *ryo* et, plus important encore, avait reçu l'ordre de continuer à surveiller Heiko. Il l'aurait fait de toute façon. Et être payé pour cela était une bénédiction. Namu Amida Butsu.

Kuma l'Ours marchait d'un bon pas, sans trop se hâter toutefois, en direction du quartier commerçant de Tsukiji. Quiconque eût pris la peine de l'observer aurait vu un brave paysan entre deux âges, bedonnant et dégarni, affichant un sourire béat, typique des simples d'esprit. Personne ne se serait douté qu'il s'agissait du ninja le plus dangereux de tout le pays.

Personne ne se doutait de rien. Du moins quand il l'aurait fallu.

Kawakami avait du mal à se concentrer sur les propos de Kuma. Il ne cessait de songer aux faits que Heiko lui avait rapportés. Un véritable carnage. Le père et le fils trucidés dans la même heure. La racine et la branche anéanties d'un seul coup, non pas par la haine d'un ennemi, mais par la folie meurtrière d'un proche. Une telle ignominie était-elle possible ? Tant qu'il n'en obtiendrait pas confirmation par d'autres sources, Kawakami ne pouvait qu'espérer. Si la chose se vérifiait, alors c'était une chance que Kuma n'ait pas réussi à abattre Genji. Car il valait infiniment mieux que le clan Okumichi s'effondrât de lui-même plutôt que d'être attaqué de l'extérieur.

Kawakami ferma les yeux et se plongea dans la méditation. Deux siècles et demi plus tôt — l'empereur Go-yozei était alors dans la quatorzième année de son règne —, Reigi, seigneur de Minato, s'était allié à Nagamasa, le seigneur d'Akaoka, pour combattre les Tokugawa. Reigi croyait au don de prophétie de Nagamasa. « Le clan Tokugawa est voué à la ruine, avait déclaré Nagamasa. Je l'ai vu en rêve. » Nagamasa, le faux prophète, était mort. Bon débarras. Reigi était mort lui aussi dans la bataille, de même que sa femme, ses concubines et tous ses enfants sauf une fille, l'aïeule révérée de Kawakami, qui avait épousé un descendant Tokugawa. Depuis lors, les femmes de la famille avaient transmis cette histoire de génération en génération.

Sans Nagamasa, Kawakami et ses ancêtres auraient été les maîtres du grand domaine de Minato, et non pas de Hino, un fief à la réputation surfaite.

La continuation de la lignée de Nagamasa dépendait désormais d'un seul homme. Genji.

Kawakami explora en silence les divers moyens de venir à bout de cette lignée maudite.

Stark était l'hôte d'un seigneur de guerre japonais en ce 1er janvier 1861, et tout cela à cause de dix hommes morts.

Le deuxième de ces quidams était un dénommé James Sophia qui se faisait appeler Jimmy So Fast[1] parce qu'il n'aimait pas son vrai nom et parce qu'il était si rapide que personne n'avait jamais réussi à le surprendre en train de tricher au poker. Enfin, la troisième raison à ce surnom était qu'il dégainait vite, plus vite que les sept hommes qu'il avait descendus et dont aucun ne figurait parmi les dix qui avaient amené Stark au Japon.

Stark ne savait rien de tout cela jusqu'à la mort de Jimmy So Fast, laquelle était survenue parce que Stark, contrairement à

---

1. Littéralement : le plus rapide. (*N.d.T.*)

tous ceux que Jimmy avait cherché à berner, l'avait pris la main dans le sac.

« Espèce de fils de pute, avait dit Stark. Je t'ai vu escamoter la carte de dessous. »

Il avait dix-sept ans à l'époque. Echappé d'un orphelinat de l'Ohio, il avait mené son premier troupeau de bétail dans l'ouest du Texas. Non seulement il avait la tête, les couilles, le dos, les mains, les genoux, le cul et les pieds en capilotade, mais il avait pris une méchante insolation et une gueule de bois. Pourtant, cela ne l'empêchait pas d'avoir l'œil vif, et il avait vu ce fils de salaud essayer d'escamoter l'as de pique.

Jimmy So Fast lui décocha un regard de glace.

« Non mais, tu sais à qui tu causes, morveux ?

— Ouais. Je cause à un enfoiré d'estampeur. Repose cet as de pique, espèce de saligaud, ou je défonce ton putain de crâne. »

Le soir où il avait fui l'orphelinat, Stark avait fait la même chose à Elias Egan, le surveillant. Pendant des années, Egan avait tabassé un grand nombre de pensionnaires, dont Stark. Maintenant, ça ne risquait plus d'arriver. Elias Egan avait été son premier mort.

Jimmy So Fast était à la hauteur de sa réputation. Son pistolet était déjà pointé sur la poitrine de Stark que ce dernier n'avait même pas encore dégainé. N'eût été sa passion pour les inventions dernier cri, So Fast aurait fait de Stark son huitième mort. Au lieu de quoi ce fut Stark qui fit de lui son deuxième mort.

A la place du bon vieux flingue qu'on chargeait par la bouche, Jimmy So Fast détenait un Volcanic Pistol, joujou révolutionnaire permettant d'introduire six cartouches à percussion annulaire l'une après l'autre. Manque de pot, le Volcanic s'était enrayé. Voyant que le coup ne partait pas, il avait essayé d'actionner le chien pour faire entrer la deuxième balle dans la chambre. En vain. Pendant qu'il tentait de débloquer le maudit engin, Stark sortit sa vieille pétoire, la pressa contre la joue de Jimmy et tira. Jimmy So Fast avait été indiscutablement le plus rapide des deux à dégainer, sauf que le vieux calibre de Stark avait fait feu, et pas le sien.

Les troisième, quatrième et cinquième morts étaient des tueurs à gages. En abattant l'homme qui avait abattu l'illustre Jimmy So Fast, les lascars espéraient faire grimper leur cote sur le marché. Le premier de ces messieurs aurait pu aisément descendre le Stark d'avant. Mais régler son compte au nouveau Stark était une autre paire de manches. Lorsqu'il découvrit l'identité de celui qu'il avait tué, l'orphelin comprit qu'il avait fait beaucoup plus que brûler la cervelle à son deuxième mort. Il s'était promu au rang d'homme à abattre pour quiconque voulait se tailler une réputation de tireur d'élite.

La meilleure chose à faire eût été de ramener Jimmy So Fast à la vie. Néanmoins, comme c'était impossible, Stark opta pour la deuxième solution qui s'offrait à lui : s'entraîner furieusement au maniement des armes. Il apprit à détecter les regards en coin, les épaules tendues, les respirations suspectes, les bruits — ou les silences — insolites. Il prit l'habitude de ne jamais s'attarder trop longtemps au même endroit et de toujours porter un deuxième flingue sur lui au cas où le premier le laisserait en rade.

Lorsque le troisième homme le débusqua à Pecos, Stark avait appris à dégainer encore plus vite que Jimmy So Fast. Sous les yeux de cinq cow-boys et de deux tapineuses, le troisième homme rendit l'âme sans que sa main ait eu le temps d'atteindre son arme. Rien de tel que cinq cow-boys et deux filles de joie pour colporter une rumeur vite et loin, et pour l'amplifier au-delà de toute vraisemblance. Quand Stark entra dans Deadwood, sa réputation était tellement effrayante que les numéros quatre et cinq s'étaient mis d'accord pour l'affronter ensemble. Deux choses tournèrent en leur défaveur. La première fut qu'ils commencèrent à tirer alors qu'ils étaient à vingt pas, et qu'à cette distance ils n'auraient même pas été fichus de toucher un troupeau de bêtes à cornes. La deuxième fut que Stark s'était précisément entraîné à tirer à vingt pas, et qu'il s'était exercé tous les jours depuis la mort de So Fast.

Après l'épisode de Deadwood, personne ne chercha plus à se mesurer à Stark. Qui avait sa chance contre un type qui dégainait si vite que le deuxième homme à abattre était déjà mort avant que le sang du premier ait commencé à couler ? Un type qui pouvait vous loger une balle dans l'œil à cent pas ? A Deadwood aussi, il y avait des cow-boys et des putains romantiques.

Après cela, Stark ne tira plus que sur des cibles en carton pendant un bon bout de temps. Sa réputation grandit au point de le rendre méconnaissable. Stark, le roi de la gâchette, était un molosse de deux mètres de haut, balafré à l'œil droit, plus hargneux qu'une truie enragée, qui préférait dérouiller les bonnes femmes plutôt que de les trousser et qui ne les sautait qu'une fois battues comme plâtre et plus mortes que vives. Stark commença à se faire appeler Matthew, si bien que personne ne le reconnaissait. Les gens cherchaient un type beaucoup plus gros et plus méchant que lui.

Deux années passèrent avant qu'il fasse la connaissance du sixième homme mort. C'était un maquereau d'El Paso, le genre d'individu qui ne savait pas lâcher prise. Après cela, Stark oublia les hommes morts pendant presque un an. Il cessa même de faire des cartons. Il était heureux et pensait qu'il le resterait jusqu'à la fin de sa vie. Il se trompait. Il dit au revoir à Mary Anne et aux deux filles, et partit en quête des numéros sept, huit, neuf et dix.

Il trouva le septième au nord de la frontière mexicaine, après quatre jours de route, dans un trou poussiéreux au nom prétentieux de Ciudad de los Angeles. L'endroit n'avait de ville que le nom, et si des anges y résidaient, les bougres s'étaient fichtrement bien déguisés. Avant de mourir, le septième homme confia à Stark que les trois autres avaient fui vers le nord dans l'espoir de trouver un bateau qui les emmènerait de l'autre côté du Pacifique. Cette confidence, il la lui fit non par dépit envers ses anciens compagnons ou parce qu'il voulait se racheter de tout le mal qu'il avait pu causer à des innocents, mais parce que Stark lui avait tiré une balle dans chaque genou et une autre dans l'estomac, et qu'il le menaçait de lui en mettre une entre les deux jambes.

Le huitième cherchait à fuir d'un bar de Sacramento quand Stark lui logea une balle de calibre 44 à la base du cou, le décapitant net.

Le neuvième réussit à prendre Stark par surprise. Il l'attendait planqué derrière une porte dans un hôtel de San Francisco. Comment un type de deux cents kilos avait réussi à se tapir derrière un vantail, c'était un mystère que Stark n'eut jamais le temps d'élucider. Le type jaillit de derrière le panneau sans crier gare, en brandissant une lame de dix pouces qu'il faillit lui enfoncer entre les épaules. Le calibre 44 de Stark lui échappa des mains, si bien qu'il dégaina le 22 qu'il gardait caché sous sa veste et déchargea cinq balles dans la peau du neuvième homme, qui continuait d'avancer sur lui, son Bowie à la main. Stark fit pivoter son 22 pour s'en servir comme d'un marteau ; par chance, il réussit son coup et lui défonça le crâne.

Le dixième était celui qui s'était embarqué pour le Japon en qualité de missionnaire de la Véritable Parole un an plus tôt. Si Stark ratait son coup, alors le dixième ne serait autre que lui-même.

Car l'un d'eux devait mourir.

Le moine qu'on appelait Jimbo revint au monastère en fin d'après-midi. Avant même de l'apercevoir, Sohaku entendit les enfants qui poussaient des cris joyeux : où qu'il allât, Jimbo était toujours suivi par une ribambelle de gamins du village voisin.

— Tu t'en vas déjà, Jimbo ?
— Oh, ne t'en va pas !
— C'est trop tôt !
— Que vas-tu faire de ces herbes sauvages ? Tu ne vas tout de même pas les manger ?
— Ma grand-mère a dit que tu pouvais rester dîner avec nous, Jimbo. Tu ne veux pas ? Tu n'en as pas assez de manger le brouet des moines ?
— Raconte-nous encore une histoire ! Juste une !
— Jimbo, raconte-nous comment les anges du Bouddha sont venus de la Terre Pure pour te montrer la Voie !
— Jimbo ! Jimbo ! Jimbo ! Jimbo !

Sohaku sourit. La dernière voix était celle de Goro, le fils simplet de l'idiote du village. Il était grand et costaud, plus encore que Jimbo, qui dominait largement en taille et en poids tous les autres hommes du domaine de Yamakawa. Avant l'arrivée de Jimbo, Goro geignait, grognait, hurlait, mais il ne parlait pas. A présent son vocabulaire s'était enrichi d'un mot qu'il utilisait constamment.

— Jimbo ! Jimbo !
— Assez !

Jimbo était arrivé à la grille du portail. Il vit les moines armés de piques de bambou, déployés autour de l'armurerie. L'abbé Sohaku était assis en méditation à côté de la porte barricadée.

— Rentrez chez vous ! ordonna-t-il aux enfants.
— Que se passe-t-il ?
— Je veux voir, je veux voir !
— Je parie que c'est le fou qui s'est encore échappé.

— Jimbo ! Jimbo ! Jimbo !

— Tais-toi, idiot. On sait bien que c'est Jimbo.

— Rentrez chez vous, réitéra-t-il, sinon je ne viendrai pas au village demain.

— Mais si on part maintenant on va rater le spectacle !

— Oui, la dernière fois, le fou a jeté des gens par-dessus le mur d'enceinte !

Jimbo considéra les enfants d'un air grave.

— Je ne viendrai ni demain ni après-demain au village.

— Bon, d'accord. Allez, on rentre.

— Mais tu viendras demain, dis ?

— Tu promets ?

— Oui, dit Jimbo.

Deux fillettes prirent Goro par la main. S'il avait résisté, elles n'auraient pas réussi à le faire avancer d'un pouce. Mais Goro obéissait toujours aux femmes et aux petites filles. Peut-être sa mère avait-elle réussi à faire entrer au moins une leçon dans son crâne déficient. Quand les petites le tirèrent, il les suivit sans opposer la moindre résistance.

— Jimbo !

Il regarda les enfants s'éloigner sur le petit sentier qui menait à la vallée. Il attendit que le dernier eût disparu pour se retourner. La lumière du jour commençait à décliner. On était à l'heure du singe. Il était temps de préparer la soupe du soir. Jimbo se rendit à la cuisine sans poser la moindre question. S'il l'estimait nécessaire, l'abbé le convoquerait pour le tenir au courant de la situation.

Avec soin et gratitude, il lava les herbes sauvages qu'il était allé cueillir dans les montagnes. Bientôt, les longs brins d'herbe seraient hachés menu et serviraient à garnir le gruau, ajoutant une touche de goût et de couleur au repas rustique. Depuis six mois qu'il vivait au monastère, il avait perdu la notion des mois et des semaines. Les saisons étaient plus facilement reconnaissables ; ainsi, en ce moment, on était en hiver. Noël était en hiver. Peut-être même était-ce aujourd'hui. Jimbo avait cessé d'être chrétien, mais il ne voyait aucun mal à se souvenir de Noël. Les paroles du Bouddha et du Christ étaient très différentes, mais leurs messages respectifs l'étaient-ils tant que cela ? Pas vraiment.

— Jimbo, l'abbé demande à te voir, dit Taro en passant la tête par la porte entrebâillée.

Il portait une tenue de voyage ; une culotte et une casaque de cavalier avaient remplacé sa robe de moine. Deux sabres étaient passés dans sa ceinture. Dehors, un cheval hennissait.

Jimbo suivit Taro jusqu'à l'armurerie. L'abbé fit signe à Jimbo de s'approcher et dit à Taro :

— Va !

Taro s'inclina, bondit sur son cheval et franchit la grille au galop. L'obscurité commençait à descendre. Taro allait chevaucher de nuit dans le territoire ennemi du domaine de Yoshino. Jimbo récita une prière en silence pour son ami.

— De grandes bêtes de métal crachent des gouttes de feu, rugit Shigeru à l'intérieur de l'édifice. Une odeur de chair humaine brûlée se répand dans l'atmosphère.

Sohaku dit :

— D'après toi, Jimbo, ces paroles ressemblent-elles à des prophéties ?

— Je ne sais pas à quoi ressemblent les prophéties, révérend abbé.

— Je croyais que le christianisme était une religion de prophètes.

— Je l'ignore. Je ne suis pas chrétien.

— Mais tu l'as été. Ecoute-le. Est-ce là une prophétie ?

— Il arrive que les prophètes soient fous, dit Jimbo. Mais tous les fous ne sont pas des prophètes.

— Je ne suis hélas ni fou ni prophète.

Le seigneur Gengi lui avait laissé des instructions précises. Lorsque son oncle commencerait à prophétiser, il avait ordre de l'envoyer quérir sans délai. Mais, pour savoir s'il s'agissait ou non de prophétie, il eût fallu qu'il fût lui-même prophète. Ou dément. Comme la vie aurait été simple s'il avait été le vassal d'un seigneur qui distinguait clairement hier d'aujourd'hui et aujourd'hui de demain ! Feu le seigneur Kiyori, lui, au moins, était un guerrier discipliné. Mais son petit-fils consacrait trop peu de temps à l'étude des arts martiaux.

— Plus de shogun ! proclama Shigeru. Plus de sabres. Plus de chignons. Plus de kimonos.

— J'ai décrété qu'il s'agissait d'une prophétie, déclara Sohaku, et j'ai envoyé quérir le seigneur Genji. Taro atteindra Edo dans une nuit et un jour. Il sera de retour avec notre maître dans sept jours. Ce sera pour toi l'occasion de faire sa connaissance.

— Je ne suis pas certain de mériter un tel honneur. Rien ne prouve que je sois l'étranger de la prophétie du seigneur Kiyori.

La prophétie à laquelle se référait Jimbo affirmait que, lors de la Nouvelle Année, un étranger qui détenait la clé de la survie du clan Okumichi ferait son apparition. C'était une prophétie à laquelle Sohaku n'accordait que peu de foi, comme il n'accordait que peu de foi aux prophéties en général. Après tout, si le seigneur Kiyori avait pu lire aussi clairement dans l'avenir, comment n'avait-il pu prévoir son propre assassinat ? Cependant, on ne demandait pas à Sohaku de croire aux prophéties, mais simplement d'exécuter les ordres de son seigneur. Et même cela était sujet à caution. Dans quelle mesure ? Sohaku ne l'avait pas encore décidé.

— Tu es le seul étranger connu de notre clan. La Nouvelle Année est proche. Qui cela pourrait-il être à part toi ?

Dans l'immédiat, l'abbé se préoccupait davantage de Shigeru. Il y avait une chance pour qu'il réussisse à le prendre par surprise et à le capturer, sans quoi ils seraient dans une situation fort embarrassante quand le seigneur Genji arriverait. Ils étaient censés être les meilleurs cavaliers du clan. Et pourtant leur propre armurerie leur était devenue inaccessible, tout cela parce qu'un fou délirant s'était enfermé à l'intérieur. Un homme qu'ils étaient supposés tenir sous bonne garde.

— Je vais préparer le repas du seigneur Shigeru, dit Jimbo en s'inclinant avant de regagner la cuisine.

Il lui avait fallu peu de temps pour adopter leurs coutumes. Sohaku était très impressionné par sa maîtrise de leur langue. Le consul américain, Townsend Harris, qui résidait au Japon depuis plus de quatre ans, ne faisait guère plus qu'ânonner quelques mots de japonais, Sohaku l'avait constaté lorsqu'il avait escorté le seigneur Kiyori lors d'une visite à la nouvelle résidence du diplomate, à Edo. Après seulement un an, Jimbo parlait presque comme un autochtone.

— Partout la difformité. De naissance, fortuite ou infligée volontairement.

Sohaku continuait de prêter l'oreille aux élucubrations qui lui parvenaient de l'intérieur. S'il ne réussissait pas à capturer Shigeru maintenant, il y parviendrait sans doute au cours des deux jours suivants. Même les fous avaient besoin de sommeil.

Les miracles se succédaient sans fin, miracles de visions, de compréhension, de pouvoir.

Il marchait avec Jésus sur l'eau.

Il se tenait avec Moïse devant le Buisson ardent.

Il survolait avec Gabriel le champ de bataille d'Armageddon.

Revigoré par son zèle pieux, il s'éveilla dans un autre lieu et découvrit qu'il avait la capacité de comprendre la langue japonaise. Quand le seigneur efféminé prit la parole, Cromwell comprit tout ce qu'il dit.

— Nous devrions nous retirer dans la pièce voisine, suggéra Genji. Les servantes vont veiller sur M. Cromwell. Elles viendront nous prévenir en cas de besoin.

— S'il se réveille, ma présence à ses côtés le rassurera, répondit Emily.

— Très bien, acquiesça Genji. Dans ce cas, asseyons-nous.

Habitué comme il l'était désormais aux miracles, Cromwell fut surpris de ce qu'il entendit. Emily, tout comme lui, comprenait les syllabes étrangères, tandis que le seigneur japonais comprenait les paroles anglaises qui sortaient de la bouche d'Emily. De tous les grands signes et présages divins, cette abolition de la malédiction de Babel n'était-elle pas le plus extraordinaire ?

Cromwell ouvrit les yeux.

Emily lui sourit. Pourquoi ses joues étaient-elles mouillées de larmes ? Elle dit :

— Zephaniah...

Il essaya de prononcer son nom. Mais, en guise de paroles, un liquide chaud sortit de sa bouche.

— Mon Dieu ! s'écria Emily en portant ses deux poings fermés devant sa bouche.

Elle serait tombée de sa chaise si Stark ne l'avait rattrapée à temps.

— Asseyez-le, ordonna Stark. Sinon, il va suffoquer dans son propre sang.

Le soutenant d'un bras et passant l'autre en travers de sa poitrine agitée de spasmes, Genji redressa Cromwell. La manche de son kimono était déjà noire du sang qui jaillissait par haut-le-cœur du fond de sa gorge.

— Seigneur, s'indigna Saiki. Ne le touchez pas ! L'ignominie des étrangers va vous salir !

— Ce n'est que du sang, rétorqua Genji. Comme le tien ou le mien.

Stark sentit le corps d'Emily se raidir d'un seul coup. Elle était en état de choc.

— Emily ? dit-il en lui appuyant la tête contre son épaule pour la détourner de Cromwell.

Elle l'entoura de ses bras et enfouit le visage dans sa poitrine pour sangloter. Stark l'emmena hors de la chambre. A quelque distance de là se trouvait un petit jardin. Il voulait l'y conduire.

— Venez, conseilla-t-il. Nous ne pouvons plus rien pour lui.

Dans le couloir qui menait au jardin, Stark et Emily croisèrent deux hommes qui arrivaient en courant et filaient droit vers la pièce qu'ils venaient de quitter. Tous deux portaient les deux sabres des samouraïs, mais l'un des deux avait le crâne rasé et ses habits étaient grossiers. Sans doute venait-il de parcourir une longue distance en hâte, car la poussière mêlée de sueur formait un masque de boue sur son visage.

— Non, frère Matthew, dit Emily. Je ne peux laisser Zephaniah seul.

— Frère Zephaniah n'est plus, dit Stark. Il a rejoint l'armée des Justes dans la maison de son Sauveur.

Saiki était horrifié. L'étranger avait vomi ses tripes ensanglantées sur le seigneur Genji. Pire encore, il avait expiré entre ses bras. Il allait falloir convoquer sur-le-champ les prêtres shintoïstes pour qu'ils purifient le maître. Enfin, dès que le corps aurait été enlevé, la chambre devrait être elle aussi exorcisée. Les draps, couvertures, meubles et tatamis devraient en être ôtés et brûlés. Pour lui-même, Saiki ne craignait rien : à ses yeux, les religions n'étaient que des contes de fées. Mais certains de leurs hommes demeuraient attachés aux vieilles croyances.

— Seigneur, dit Saiki, nous ne pouvons plus rien pour l'étranger. Je vous conjure de laisser les domestiques se charger du cadavre.

— Il n'est pas mort, dit Genji. Il est simplement endormi.

— Endormi ?

Impossible. Saiki se rapprocha. Il se dégageait du corps une pestilence qui lui donna la nausée. Mais il vit que la poitrine du moribond montait et descendait lentement et il perçut le faible sifflement de l'air passant à travers son énorme appendice nasal.

Genji confia Cromwell aux soins de Hanako et de l'autre servante.

— Maintenez-le en position assise jusqu'à la venue du Dr Ozawa, ordonna-t-il. S'il recommence à s'étrangler, faites le nécessaire. Plongez la main au fond de sa gorge si besoin est.

— Oui, seigneur, dirent les deux servantes tout en réprimant un haut-le-cœur.

Malgré l'odeur pestilentielle qui s'exhalait du corps du malade, elles ne pouvaient manifester le moindre déplaisir sous peine d'enfreindre gravement les règles de l'étiquette.

— Voyez comme il est calme, dit Genji à Saiki. Il fait des rêves apaisants. Je crois qu'il va survivre.

— Ce serait un miracle.

— Il est chrétien. Sa religion est celle des miracles.

— Il n'est pas encore mort, sire, mais cela ne signifie pas qu'il va survivre. Il empeste déjà la mort.

— Peut-être pas. Je doute qu'il se soit baigné une seule fois au cours de la traversée. C'est probablement la raison de sa puanteur.

L'un des samouraïs de garde s'était approché de la porte. Quand Genji regarda dans sa direction, il s'inclina.

— Sire, un cavalier porteur d'un message urgent vient d'arriver.

— Qu'il entre.

Genji aurait préféré se débarrasser de ses habits tachés de sang et prendre un bain avant de le recevoir. Mais il allait devoir attendre.

Malgré ses vêtements grossiers et son crâne rasé, il reconnut d'emblée le messager. L'homme se nommait Taro et, six mois auparavant, il était entré dans les ordres à l'instar d'une vingtaine de cavaliers du domaine d'Akaoka et de leur capitaine. Si Taro avait quitté le monastère de Mushindo, cela ne pouvait être que pour une seule raison. Genji n'eut pas besoin de lui poser de questions pour savoir de quoi il retournait.

— Sire, dit Taro. (Il s'interrompit un instant pour reprendre haleine.) Le capitaine Tanaka... (Il s'interrompit à nouveau et s'inclina respectueusement.) Je voulais dire... l'abbé Sohaku... attend vos ordres.

— Quelle est la présente situation à l'intérieur des terres ?

— Il y a de nombreux mouvements de troupe à l'intérieur du domaine de Yoshino, sire. J'ai dû quitter la grand-route et me mettre à couvert à plusieurs reprises.

— Sois plus précis, Taro, ordonna sèchement Saiki. Tu as été formé comme éclaireur, il me semble ?

— Oui, sire... Cinq cents cavaliers armés de mousquets et quatre canons de siège faisaient route au sud, en direction de la mer intérieure. Trois mille hommes à pied, répartis en trois brigades, voyageaient de nuit dans la même direction.

— Très bien, Taro. Va te restaurer et tiens-toi prêt à repartir dans une heure.

— Oui, sire.

Saiki laissa échapper un sifflement indigné.

— Yoshino est un allié de Kurokawa. Son domaine n'est séparé du vôtre que par un minuscule bras de mer. Ils sont peut-être en train de comploter, en vue de tirer parti de la mort récente de votre grand-père.

— J'en doute. Le shogun ne les autoriserait jamais à lancer l'attaque sur Akaoka. Il a trop peur des étrangers pour prendre le risque de diviser le pays.

— Le shogun est un homme de paille. Son titre de généralissime chargé de soumettre les barbares pèse plus lourd que ce blanc-bec de quatorze ans entouré de conseillers stupides et lâches.

— Il ne jouit peut-être pas du pouvoir de ses ancêtres, reprit Genji, mais aucun seigneur n'oserait défier son autorité aussi ouvertement. L'armée du shogun reste la plus puissante du Japon. Et personne d'autre que lui ne dispose d'une flotte digne de ce nom... En fait, il s'agit plutôt d'une bonne nouvelle. Puisque tous les yeux sont tournés vers l'ouest, il devrait être moins périlleux de faire route au nord.

— Sire, vous n'avez pas l'intention de vous rendre vous-même au monastère ?

— Il le faut. L'abbé Sohaku attend mes instructions concernant certain événement... N'aie crainte, Saiki. Je ne vais pas voyager en grand apparat. Ce serait beaucoup trop voyant. Je voyagerai incognito, avec Taro. (Genji jeta un regard circulaire à la pièce.) Et Hidé et Shimoda.

Les deux hommes s'inclinèrent.

— Oui, sire. Merci. Nous allons nous préparer sur-le-champ.

— Prenez des arcs, mais pas d'armes à feu, ordonna Genji, et pas d'armures. Une partie de chasse ordinaire. Aucun emblème sur vos vêtements.

— Oui, sire. A vos ordres.

Hidé et Shimoda disparurent aussitôt.

Saiki s'approcha à genoux et se prosterna.

— Sire, je vous en conjure, réfléchissez. Il n'y a pas une heure, quelqu'un a attenté à vos jours. Un de vos hôtes étrangers a été gravement blessé. Tout Edo doit être au courant à l'heure qu'il est. Qui choisirait un pareil moment pour aller à la chasse ? La chose n'est pas plausible. Personne n'y croira.

— Je ne suis pas d'accord. Ma réputation de dilettante frivole exigerait presque un tel comportement.

— Dans ce cas, sire, permettez-moi au moins de vous accompagner.

— Impossible. Cela donnerait trop de solennité à notre équipée. Or c'est le contraire du but recherché... Ta présence ici est indispensable pour assurer la protection de nos hôtes, ajouta Genji.

Il se tourna vers Cromwell. Sous les paupières closes, les prunelles dansaient la danse des rêves.

— Où sont les deux autres ?

— Dans le jardin intérieur, sire, dit l'un des gardes.

— Du papier, ordonna Genji.

Quand on le lui eut apporté, il écrivit une brève missive en anglais. « Chers mademoiselle Gibson et monsieur Stark, à mon grand regret je dois momentanément m'absenter. Je vais demander à une amie de venir vous tenir compagnie. Son anglais n'est guère meilleur que le mien, j'en suis désolé, mais elle veillera à ce que vous ne manquiez de rien. » Il signa la lettre à la façon occidentale, en plaçant son prénom devant son nom de famille. « Sincèrement, Genji Okumichi. »

Après son entrevue avec le chef de la police, Heiko regagna sa maison dans les bois de Ginza, à l'est d'Edo, près du Nouveau Pont de la grande route de Tokkaido.

— Votre bain est prêt, lui dit Sachiko en guise de bienvenue.

— Merci, dit Heiko en se dévêtant aussitôt.

Ayant enfilé un simple peignoir de toile, elle se dirigea vers le pavillon de bain, à l'autre bout du jardin. Elle se baignait toujours après avoir rencontré Kawakami, quelle que fût l'heure. Aujourd'hui plus que jamais elle éprouvait le besoin de se laver.

Pour lui faire son rapport, elle avait été obligée de se remémorer des scènes qu'elle aurait préféré oublier. Elle avait rencontré

Shigeru, l'oncle de Genji, à plusieurs occasions. Pas une seule fois elle n'avait constaté chez lui la moindre anomalie. Quelle démence l'avait poussé à massacrer toute sa famille, y compris son unique héritier, son petit garçon de six ans ? S'agissait-il d'une maladie individuelle ou d'une tare héréditaire ? Son bien-aimé Genji allait-il lui aussi y succomber un jour ?

« Es-tu en mesure de vérifier tous ces faits ? s'était enquis Kawakami.

— Non, sire.

— Tu veux dire que ce ne sont que des conjectures ?

— La mort ne l'est pas, sire, seulement la façon dont elle s'est produite. Le beau-père de Shigeru, Yoritada, aurait été emporté par une avalanche près du mont Tosa ainsi que tous ses proches, y compris sa fille, Umeko, venue lui rendre visite avec ses trois enfants. Pendant leur séjour là-bas, un incendie aurait accidentellement ravagé leur maison. Une étrange coïncidence, si elle venait à se vérifier.

— Ce genre de coïncidences arrive.

— Oui, sire.

— Est-ce tout ?

— Non, sire. L'arrivée d'un navire étranger, ce matin, a suscité l'intérêt du seigneur Genji : *L'Etoile de Bethléem*. Il n'a pas dit quel genre de marchandises il transportait. »

Heiko ne craignait pas de faire des révélations, dans la mesure où les agents de Kawakami l'avaient sans doute déjà informé de tout cela et de bien d'autres choses encore.

« A l'heure du dragon, le seigneur Genji a quitté le palais pour se rendre sur le port.

— Le navire transportait des hommes, dit Kawakami. Une nouvelle cargaison de missionnaires de la secte de la Parole Véritable. Ce qui laisse supposer que le seigneur Genji serait impliqué dans un complot avec les chrétiens. »

Heiko laissa échapper un petit rire.

« L'idée que quelqu'un comme lui puisse être impliqué dans un quelconque complot est amusante. Il ne s'intéresse qu'aux femmes, à la boisson et à la musique. Si complot il y a, c'est certainement à l'initiative de feu le seigneur Kiyori. Et maintenant qu'il est mort, le complot est mort avec lui.

— Il s'intéresse également à la chasse, il me semble ? Cela fait partie de la tradition des arts martiaux. »

Heiko rit à nouveau.

« La vôtre certainement, seigneur Kawakami, car vous êtes un vrai samouraï. Mais quand le seigneur Genji part à la chasse, il s'en revient toujours bredouille.

— Ne te laisse pas aussi aisément abuser par les apparences. Il s'agit peut-être d'un faux-semblant destiné à brouiller les pistes. »

Elle s'inclina, l'air contrite.

« Oui, sire. »

Naturellement, Kawakami ne croyait pas un mot de tout cela. Selon toute vraisemblance, le clan Okumichi, comme celui du shogun, avait atteint la phase ultime de son déclin. Le grand-père, Kiyori, était le dernier Okumichi à avoir l'envergure des grands seigneurs du temps jadis. Son fils, Yorimasa, un opiomane dégénéré, était mort dans la fleur de l'âge. Son petit-fils, Genji, était en tout point conforme à la description de Heiko. Et Shigeru, le seul membre dangereux du clan Okumichi, était fou à lier. Toutes ces circonstances plaideraient peut-être en faveur de Genji. Dès l'instant où il ne représentait pas une menace réelle, il n'y avait pas de raison de vouloir le supprimer.

Heiko émergea de sa rêverie à quelques pas du pavillon de bain. Elle sentit ses bras se couvrir de chair de poule sous le fin peignoir de coton, mais pas à cause du froid. Un nuage de vapeur s'élevait au-dessus du grand bac de bois rectangulaire. Un oiseau lança son cri dans les bois. Tout était parfaitement normal. Alors, pourquoi était-elle soudain sur ses gardes ? Un nom lui vint à l'esprit...

— Sors de là, Kuma, lança-t-elle. Je ne vais pas te tuer. Pas aujourd'hui, tout au moins.

Un gros rire gras jaillit du pavillon de bain. Kuma sortit et s'inclina.

— Ne prends pas cet air furibond, Hei-chan, dit Kuma en usant du diminutif familier de « chan ». Je ne faisais qu'éprouver tes réflexes.

— Et tu aurais sans doute continué lorsque je me serais déshabillée ?

— Je t'en prie, protesta Kuma, feignant la contrariété. Je suis un ninja, pas un dévergondé. (Un grand sourire fendit sa large face.) J'aurais continué de t'observer depuis ma cachette, mais uniquement par devoir.

Heiko rit en passant devant Kuma pour pénétrer dans le pavillon.

— Retourne-toi, je te prie.

Lorsque Kuma eut obtempéré, elle ôta son peignoir et commença à se laver. Debout, elle puisa de l'eau au moyen d'un petit seau et s'en aspergea le corps. L'extrême chaleur de l'eau sur sa peau la fit frissonner de plaisir.

— Il y a deux semaines, Kawakami m'a ordonné d'abattre Genji à la première occasion, dit Kuma en restant scrupuleusement de dos. Cela a failli arriver ce matin.

Aux bruits qu'elle faisait, de l'autre côté de la cloison, il pouvait dire quand Heiko s'aspergeait le corps et quand l'eau tombait à terre. Il aurait pu également deviner de quelles parties de son corps il s'agissait. Les ablutions cessèrent soudain. Il en déduisit que ses paroles l'avaient désarçonnée.

— Voilà qui est curieux, observa Heiko sur un ton détaché avant de recommencer à s'asperger après une très courte pause. J'avais cru comprendre que c'était à moi qu'il entendait confier cette tâche.

— Il est beaucoup trop fourbe pour dévoiler autre chose qu'une toute petite parcelle de vérité à ses interlocuteurs. Il est tellement fourbe que je ne suis même pas certain qu'il sache exactement lui-même ce qu'il veut faire. Quand je l'ai rencontré ce matin, il ne m'a pas dit de recommencer. Je crois qu'il n'a même pas encore décidé s'il voulait ou non la mort de Genji.

— Cela ne fait que compliquer inutilement la situation, conclut Heiko.

Kuma crut percevoir du soulagement dans la voix de la geisha, ce qui confirmait ses doutes : Heiko prenait trop à cœur son rôle de courtisane auprès du seigneur Genji.

— J'espère que tu ne te montres pas trop zélée avec ta victime ?

— Que veux-tu dire ?

— Que tu es amoureuse.

— Bien sûr que je le suis ! Si je ne l'étais pas, il s'en rendrait compte. On ne peut pas jouer la comédie quand on a affaire à une personne aussi sensible, en particulier dans des moments aussi intimes.

— Mais tu es prête à le supprimer, le cas échéant ?

— Seuls les imbéciles se laissent dominer par leurs sentiments, répliqua Heiko. Et ta pupille n'est pas une imbécile.

— Je l'espère, dit Kuma tout en écoutant les bruits qui provenaient de l'autre côté de la cloison.

Heiko était en train de se savonner, à présent.

— Je crois que Kawakami a un autre plan en vue, reprit-il, un plan qui semble avoir pris le pas sur l'urgence de supprimer Genji.

— De quoi s'agit-il ?

— Je n'en sais rien encore. Mais je pense que tu en fais partie. Il ne t'a rien dit ?

— Non.

Après s'être rincée pour ôter les dernières traces de savon, elle entra dans le bac de bois et s'immergea lentement jusqu'au cou dans l'eau chaude.

— Tu peux t'approcher, maintenant, dit-elle.

Kuma obéit. Avec son visage débarrassé de toute trace de maquillage et ses longs cheveux défaits, Heiko ressemblait à la petite fille qu'il avait connue jadis. Le destin était décidément une chose étrange, et tragique.

Heiko dit :

— C'est peut-être la mort du grand-père de Genji et la disparition de son oncle qui ont poussé Kawakami à changer d'avis.

— Peut-être, concéda Kuma. Si les rumeurs se vérifient, le clan Okumichi est au bord du désastre. Une occasion en or pour notre employeur de mettre en œuvre les cruels desseins qu'il affectionne tant. Au fait, concernant notre employeur, ne le prends pas trop à la légère. Il se méfie de toi.

— Il se méfie de tout le monde. La méfiance est sa raison d'être.

— Il m'a chargé de te surveiller. Signe que sa méfiance à ton égard s'est accrue. Sois prudente, Hei-chan.

— Sais-tu s'il a chargé quelqu'un de te surveiller pendant que tu me surveilles ?

Kuma rit.

— C'est de toi qu'il se méfie, et non de moi.

— En es-tu certain ? Il n'a pas pour habitude de confier le fond de sa pensée à ceux qu'il soupçonne. Tu t'es bien assuré que personne ne te suivait, au moins ?

Kuma bondit sur ses pieds.

— Fichtre, tu as raison. Je devrais être plus prudent. Je ferais mieux de décamper. Prends soin de toi, Hei-chan.

— Toi aussi, oncle Kuma.

En rentrant à Edo il se sentit d'humeur nostalgique. Comme le temps passait ! La petite fille qui lui avait été confiée quinze ans plus tôt était à présent une femme à la beauté presque insoutenable. Elle l'appelait oncle Kuma. Il était temps qu'elle sache la vérité. Elle était assez grande, à présent. Pour cela, il devrait enfreindre les consignes, mais au diable les consignes. Kuma sourit en lui-même. Seuls les imbéciles se laissent dominer par leurs sentiments, disait-elle. « Dans ce cas j'en suis un », songea-t-il. Quinze ans durant, il avait pris soin de Heiko et avait appris à l'aimer comme la fille qu'il n'avait jamais eue. S'il devait un jour choisir entre le devoir et les sentiments, il savait sans hésitation ce qui triompherait.

Oui, il fallait qu'elle sache la vérité. La prochaine fois qu'ils se reverraient, il lui dirait tout. Ce serait dur pour elle, très dur. Dans un monde meilleur, il n'aurait pas été nécessaire de le lui avouer. Dans un monde meilleur, cela n'aurait pas eu la moindre importance. Mais ce monde-ci était loin d'être le meilleur. Seul le Suhavati, la Terre Pure d'Amida Bouddha, était parfait. Un jour, ils y seraient tous réunis.

Mais pas aujourd'hui.

Heiko s'attarda encore quelques instants dans son bain après le départ de Kuma. « Comme la vie est fragile et imprévisible ! songea-t-elle. Nous nous berçons d'illusions. Nous nous comportons comme des acteurs de théâtre, des génies qui écrivent leurs propres pièces, improvisent leurs dialogues, altérant à leur gré le déroulement d'une intrigue jusque dans ses moindres détails. Peut-être les pantins de bois du Bunraku ressentent-ils la même chose. Ils ne voient pas les marionnettistes qui guident chacun de leurs mouvements. »

Malgré la chaude vapeur qui s'échappait du bain, elle éprouvait une sensation de froid douloureux qui s'immisçait jusque dans ses os. Genji aurait pu mourir aujourd'hui et elle n'en aurait rien su avant qu'il fût trop tard.

Après son bain, elle noua ses cheveux en une longue queue de cheval, revêtit une robe de paysanne en ayant soin de couvrir chaque centimètre de peau afin de la préserver des faibles rayons du soleil d'hiver, puis sortit dans le jardin et bêcha la terre autour d'un carré de melons d'hiver. Lorsqu'elle s'affairait ainsi dans son jardin, elle ne songeait à rien. Aucune pensée de massacre, de trahison ou d'amour ne lui traversait l'esprit.

Le soleil avait déjà parcouru plus de la moitié du ciel quand elle aperçut quatre cavaliers qui arrivaient par le sud.

Genji baissa les yeux et dit du haut de sa monture :

— Honorable femme des champs, on m'a dit qu'une célèbre beauté d'Edo vivait dans ces parages. Pourrais-tu m'indiquer sa maison ?

— Edo est loin, dit Heiko, la beauté est éphémère et les maisons ne sont pas éternelles. A la place je puis vous offrir une soupe bien chaude qui chassera la froidure. (Elle désigna d'un geste le jardin.) Je l'ai préparée moi-même avec les melons d'hiver que vous voyez là.

Se fût-elle doutée qu'il allait venir lui rendre visite ici, Heiko aurait revêtu des atours plus seyants. Mais ce matin toute l'attention de Genji était absorbée par la venue des étrangers. Il s'était rendu sur le port pour les accueillir. Il était donc raisonnable de penser qu'il allait passer le reste de la journée en ville. Et pourtant il était ici, en route pour une partie de chasse dans les montagnes, apparemment. Et pas un étranger en vue. Malgré son embarras, la joie de Heiko était immense. Genji était vivant, elle aussi, et ils étaient réunis. Après ce que Kuma lui avait dit, ces instants de bonheur n'étaient que plus précieux.

— Tu es une jardinière très habile, la complimenta Genji. Assurément, dans un monde plus raisonnable et plus harmonieux, une femme possédant un tel talent pour le travail de la terre serait appréciée plus encore qu'une femme s'adonnant aux arts de la chambre.

— C'est très aimable à vous, mon seigneur, dit Heiko en s'inclinant pour cacher la rougeur qui lui montait aux joues. Mais je ne dois pas vous retenir plus longtemps, car vous devez être impatient d'aller retrouver l'illustre dame avec qui vous avez rendez-vous.

— Entre une soupe de melons d'hiver et une beauté réputée, le choix est difficile.

Il s'amusait de la voir rougir. Elle, d'ordinaire si sûre d'elle-même, voilà qu'elle était vêtue comme une simple paysanne, la houe à la main, en train de biner la terre. N'était-ce pas la première fois qu'il la prenait ainsi par surprise ? Il avait envie de faire durer le plaisir.

— Un homme avisé choisirait la soupe, répondit Heiko, en particulier par un jour de froid comme celui-ci.

La suffisance affichée par Genji l'irritait au plus haut point. Mais le lui laisser voir n'aurait fait qu'aiguiser son plaisir. Et de cela il n'était pas question.

— Je n'en suis pas sûr. La sagesse ne recommanderait-elle pas plutôt d'aller retrouver la belle ? Qui mieux que la beauté peut réchauffer le corps et l'esprit ?

Il la voyait en tenue des champs et sans le moindre apparat, certes. Mais triomphait-il pour autant ? Sa somptueuse chevelure retombait sur ses épaules, lui donnant des airs de princesse de l'époque Heian. L'absence de poudre, de rouge et autres cosmétiques ne diminuait en rien sa beauté. Au contraire, la fraîcheur naturelle de son teint et de son corps n'en était que plus resplendissante.

— Je crains que Votre Seigneurie ne soit mal informée, dit Heiko. La beauté peut être plus froide que le plus froid des jours d'hiver. C'est l'amour, et non la beauté, qui réchauffe le cœur.

— Bien parlé, honnête femme des champs.

Genji amadoua son cheval, qui commençait à s'impatienter.

— Jamais je n'ai entendu paroles aussi sages dans la bouche d'une courtisane d'Edo. A l'exception d'une seule.

— Votre Seigneurie est trop aimable, murmura Heiko en souriant à Genji.

Ce simple compliment avait suffi à lui rendre sa dignité.

— C'est toi qui es trop aimable, dit Genji en lui rendant son sourire. Et trop belle pour rester cachée au fond des bois de Ginza. Un capitaine de cavalerie viendra sous peu, avec deux montures, l'une pour toi, l'autre pour ta suivante. Je te demanderai de le suivre jusqu'à Edo, où tu pourras exercer tes talents dans un cadre plus digne.

— Comment pourrais-je refuser une telle générosité ?

— Je doute que tu me trouves généreux lorsque je te dirai que, de tous tes talents, c'est de ta connaissance de la langue anglaise que nous avons le plus besoin.

Oh, non ! Tout devenait limpide à présent. Une urgence obligeait Genji à s'éloigner de ses hôtes. Il comptait sur elle pour leur servir d'interprète et de dame de compagnie pendant son absence.

— Adieu, Heiko.

Tirant sur les rênes, il fit faire demi-tour à son cheval pour prendre la direction du Nouveau Pont.

— Je serai de retour dans la semaine.

— Attendez ! Seigneur Genji ! (Heiko avança de plusieurs pas dans sa direction.) Je ne connais guère plus que quelques mots d'anglais. Comment pouvez-vous me laisser seule avec des étrangers ?

— Tu es trop modeste, dit-il en souriant. Mais je suis convaincu que tu possèdes de grandes facilités. A présent, le moment est venu pour toi de me prouver que j'ai raison.

— Seigneur Genji !

Mais il s'inclina légèrement sur sa selle et, piquant des deux, partit au galop, ses trois compagnons à sa suite.

Lorsque Saiki se présenta chez elle avec deux montures, elle avait repris une apparence respectable avec l'aide de Sachiko. Sur le chemin qui menait à Edo, le vieux samouraï ne leur adressa pas une seule fois la parole. C'était aussi bien ainsi. Car Heiko ne se sentait pas d'humeur à faire la conversation.

Cette nuit-là, Genji et ses hommes bivouaquèrent dans une métairie située au nord de la plaine de Kanto. Le lendemain, ils allaient pénétrer dans le domaine de Yoshino, le fief du seigneur Gaiho, l'un des ennemis jurés de Genji.

Sur le plan personnel, les deux hommes n'avaient rien à se reprocher. Pour tout dire, Genji n'était même pas certain qu'il l'aurait reconnu s'il avait croisé Gaiho. Lorsqu'il essayait de se remémorer son visage, il ne voyait qu'une image floue dépourvue de détails, un homme d'une soixantaine d'années, corpulent et d'humeur gaillarde. Avait-il un nez pointu ou épaté ? Des cheveux noirs ou gris ? Noirs, songea Genji, du fait qu'il les teignait, ce qui laissait supposer une certaine vanité. Ainsi, Gaiho était vaniteux, en plus de corpulent et jovial. Quand s'étaient-ils vus pour la dernière fois ? Voilà trois ans, à l'occasion de la consécration du shogun Tokugawa Iemochi. Ils se trouvaient l'un et l'autre à deux extrémités de la salle, de sorte que Genji n'avait pu qu'apercevoir brièvement Gaiho. A vrai dire, il n'était même pas sûr que l'homme auquel il pensait était bien Gaiho. Et pourtant ce parfait inconnu n'aurait pas hésité à lui transpercer le corps à la première occasion.

Il n'avait jamais existé la moindre animosité entre leurs deux familles, ni maintenant, ni du temps de leurs pères ou de leurs grands-pères ou même de leurs arrière-grands-pères, aucune insulte n'avait jamais été échangée, aucune dispute territoriale, de pouvoir ou d'honneur ne les avait jamais opposés. Le problème était simple : il concernait l'unité. C'était le problème de tous les clans qui contrôlaient les deux cent soixante fiefs de la nation. Le problème de Sekigahara. Sekigahara n'était qu'un petit village sans importance situé à l'ouest du Japon. Pourtant, en l'an quatorze du règne de l'empereur Go-yozei, ce village avait été le théâtre d'événements qui continuaient de dominer leurs existences. Par une fin de matinée d'automne, à l'heure où la gelée commence à fondre et où le brouillard se lève, deux cent mille samouraïs répartis en deux gigantesques armées s'étaient affrontés dans la vallée contiguë au village. La moitié d'entre eux étaient menés par Tokugawa Ieyasu, grand seigneur de Kanto, l'autre s'était ralliée à la bannière d'Ishida Mitsunari, régent de l'ouest du Japon.

L'ancêtre de Genji, Nagamasa, avait pris fait et cause pour Ishida. Un mois avant la bataille, un rêve prémonitoire lui avait révélé que le clan Tokugawa serait destitué de tous ses pouvoirs et privilèges, ainsi que du titre héréditaire de grand seigneur. Le soir venu, Nagamasa et huit mille autres samouraïs avaient péri dans la bataille, tandis que Teyasu s'imposait en chef suprême. Il fut bientôt élevé au rang de shogun, titre qui devint héréditaire, de sorte qu'il était encore aujourd'hui détenu par ses descendants. Genji ne doutait pas de l'exactitude du rêve de son ancêtre. Simplement, il s'était trompé d'époque.

Malgré la disparition de Nagamasa et la défaite de ses alliés, le clan des Okumichi ne fut pas anéanti. Un grand nombre d'opposants à la dynastie des Tokugawa avaient survécu, grâce auxquels le clan fut sauvé de la ruine. Depuis deux cent soixante et un ans, ils attendaient l'heure de la revanche. De leur côté, les partisans des Tokugawa, dont faisaient partie les ancêtres de Gaiho, projetaient leur destruction définitive. C'était à cela que se consacraient les Japonais pendant que les étrangers créaient la science et partaient à la conquête du monde. Et à présent, pendant que les Japonais menaient encore et toujours les mêmes batailles, les étrangers s'apprêtaient peut-être à conquérir le Japon.

— Seigneur, dit le fermier en se prosternant, le front pressé contre terre. Votre honorable bain est prêt.

L'homme décharné tremblait des pieds à la tête.

Genji aurait voulu lui ordonner de se relever. Après tout il était ici chez lui, et Genji n'était qu'un hôte importun. Mais il ne le pouvait pas. Car pas plus que le fermier dont il avait réquisitionné la maison pour la nuit il n'était autorisé à enfreindre les règles de l'étiquette.

— Merci, dit Genji.

Le paysan, toujours prosterné, rampa de côté afin de ne pas obliger le seigneur à enjamber son corps indigne. Deux espoirs lui tenaient à cœur. Le premier était que le seigneur ne trouverait pas offensant le modeste baquet que sa femme et sa fille avaient passé près d'une heure à récurer à son intention. Le deuxième était que le seigneur, habitué aux splendides courtisanes d'Edo, ne remarquerait pas sa fille de quinze ans, la plus belle du village. Il regrettait à présent qu'elle ne fût pas aussi quelconque que la fille de Muko. Il offrit une prière silencieuse à Amida Bouddha le Bienveillant, pour qu'il lui accorde protection et miséricorde tout au long de cette nuit périlleuse.

Dehors, suant à grosses gouttes, son fils cadet était en train d'étriller et de nourrir les chevaux sous l'œil vigilant de Taro. N'ayant pas de nourriture convenable à offrir aux chevaux d'un seigneur, il avait couru jusqu'au village voisin et supplié le chef de lui donner du foin. Il en était revenu avec une balle de cinquante livres de fourrage, en regrettant que son frère aîné ne fût pas là pour l'aider. Un mois plus tôt, Shinichi avait été enrôlé de force dans l'armée du seigneur Gaiho. Qui savait où il se trouvait à présent et quand il reviendrait ? La guerre approchait, tout le monde le disait, la guerre contre les étrangers, la guerre entre les partisans du shogun et ses ennemis, une guerre à la fois civile et contre l'extérieur. Des milliers, des centaines de milliers, voire des millions d'hommes allaient périr. Peut-être Shinichi était-il plus en sécurité au sein de l'armée qu'il ne l'aurait été ici, à la ferme. Genji sortit de la maison. Le jeune garçon se prosterna instantanément dans la poussière.

Hidé et Shimoda montaient la garde autour du pavillon de bain. Genji trouva la femme et la fille du fermier qui l'attendaient à l'intérieur. Elles se prosternèrent à leur tour, le front contre terre. Elles aussi tremblaient comme des feuilles, comme si elles s'étaient trouvées en présence d'un démon sorti de l'enfer. Mais quelle différence y avait-il entre un seigneur et un démon, aux yeux d'un paysan ?

L'une d'elles laissa échapper un sanglot. Sans même regarder, Genji sut que c'était la mère. Elle supposait, tout naturellement, qu'il allait requérir leurs soins pour se baigner, et ce faisant remarquer sa fille nubile et la prendre avec lui pour la nuit. Si tant est qu'il fût d'un tempérament patient. Car il aurait pu aussi bien la prendre tout de suite, à même le sol, avant même de s'être lavé.

— Vous pouvez vous retirer, ordonna Genji. Je préfère rester seul.

— Oui, seigneur, dit la mère, tandis que sa fille répétait : Oui, seigneur.

Toujours prosternées, les deux femmes sortirent en rampant de la cabane.

Cette nuit-là, blottis peureusement dans la grange, le fermier et sa famille spéculèrent sur le rang du visiteur qui avait réquisitionné leur maison.

— Ce doit être un courtisan du palais impérial, murmura le fermier. Il est trop raffiné pour être un samouraï.

— Leurs bêtes sont des chevaux de bataille, argua le fils. C'est à peine s'ils toléraient ma présence. Si le samouraï au crâne rasé ne les avait pas retenus, je crois qu'ils m'auraient piétiné à mort quand je me suis approché pour leur donner à manger.

— Peut-être s'apprêtent-ils à rallier l'armée du seigneur Gaiho, dit la mère. Je l'espère. Plus ils seront nombreux, plus notre Shinichi sera en sécurité.

Elle répéta en silence une suite de mantras à l'intention d'Amida Bouddha, en prenant soin de les compter comme si elle avait tenu son précieux chapelet de bois de santal entre ses doigts. Il lui manquait, mais elle était heureuse de le savoir suspendu autour du cou de son fils aîné, Shinichi. Assurément, le talisman allait éloigner le mauvais œil et attirer bienveillance et protection sur lui en toutes circonstances. Shinichi n'avait que seize ans et il se retrouvait loin de sa famille pour la première fois.

— C'est possible, dit le père. Mais ce jeune seigneur ne sera guère utile dans la bataille. En revanche, ses hommes ont l'air de solides gaillards.

— C'est peut-être un prince, hasarda sa fille. Il est assez beau pour cela.

— Silence ! souffla son père en frappant au hasard dans l'obscurité.

Sa main trouva la joue de sa fille.

— Aïe !

— En tout cas, il est habitué à obtenir ce qu'il veut. Toi, tu vas rester ici jusqu'à demain matin et attendre qu'ils soient repartis.

Mais les quatre visiteurs n'attendirent pas le lever du jour pour plier bagage. Quand le fermier retourna dans la maison, il trouva un foulard de soie jaune soigneusement plié et placé sur l'humble autel des ancêtres de la famille. Lorsqu'il l'emporta à Edo la semaine suivante, il découvrit qu'à lui seul il valait plus d'argent que la récolte de riz de l'an passé.

Les chevaux de Genji et de ses hommes étaient des bêtes robustes, et ils les montaient sans ménagement. S'ils gardaient cette allure, ils atteindraient le monastère de Mushindo aux alentours de midi. Ils avaient déjà traversé presque tout le domaine de Yoshino sans croiser un seul homme de Gaiho. Il ne leur restait plus qu'une rivière à franchir, de l'autre côté de laquelle se trouvait le fief d'Hiromitsu, grand seigneur de Yamakawa et ami de Genji. Hiromitsu était son ami pour la même raison que Gaiho était son ennemi. L'ancêtre de Hiromitsu avait lui aussi été vaincu à la bataille de Sekigahara.

Ils allaient prendre le dernier virage avant la frontière quand ils se retrouvèrent nez à nez avec cinq samouraïs à cheval, commandant une colonne de quarante fantassins armés de piques. A l'instar des soldats entrevus plus tôt par Taro, ils faisaient route vers le sud.

Genji ralentit son allure, menant son cheval au pas pour donner le temps aux soldats de se ranger sur le côté de la route. Bien qu'il ne portât aucun insigne ni aucune bannière, la qualité de ses vêtements et de sa monture, l'allure de ses compagnons le désignaient clairement comme un seigneur. L'étiquette exigeait que de simples soldats lui laissent la voie libre.

Mais leur chef s'écria :

— Otez-vous de là !

Genji tira sur les rênes, obligeant son cheval à s'arrêter. S'il avait aperçu les soldats à temps, il aurait donné ordre à ses compagnons de se mettre à couvert en attendant que la voie fût libre. Mais il était trop tard pour y songer. Il ne pouvait décemment pas céder le passage à un rustre d'aussi basse extraction. Assis patiemment sur sa selle, il attendit que la troupe s'écartât de son chemin.

Piquant des deux, Hidé alla se camper juste devant le chef.

— Un homme de qualité voyage incognito, laissez-lui le passage ! ordonna-t-il.

Le samouraï rit.

— Un homme de qualité ? Où cela ? Je ne vois que quatre vagabonds en haillons qui n'ont rien à faire dans ce domaine. Otez-vous du chemin ! Nous sommes ici sur ordre du seigneur Gaiho. Nous avons la priorité.

— Abaisse-toi au rang qui est le tien ! s'écria Hidé, furieux. Ne sais-tu donc pas reconnaître un seigneur ?

— Il y a seigneur et seigneur, ricana le samouraï en posant la main sur la crosse du pistolet à canon double fiché dans sa ceinture. Les temps changent. Les forts vont s'imposer, et les dégénérés, vestiges du passé, seront balayés comme des fétus de paille.

Ce qui survint ensuite se passa très vite.

Il y eut un éclair d'acier, puis la lame de Hidé mordit l'homme au cou, du côté gauche, traçant une fine ligne rouge allant jusqu'à son aisselle droite. Le torse du commandant se fendit en deux et le sang gicla dans les airs.

Le samouraï qui se trouvait à ses côtés empoigna son sabre, mais la flèche de Shimoda l'atteignit en plein cœur avant même qu'il ait pu dégainer, l'éjectant de sa selle.

— Aiiiiii !

Son sabre brandi comme une faux, Taro fonça sur la formation adverse.

L'un des derniers cavaliers agita son sabre dans les airs en lançant un ordre.

— Formez bataillons ! Formez ba… !

Sa main saisit la flèche qui s'était fichée dans sa gorge. Il lâcha son arme et tomba de cheval.

La colonne de fantassins se rompit. Pris de panique, les hommes jetèrent au loin leurs piques en poussant des hurlements. La plupart coururent se réfugier dans les bois. Une poignée d'infortunés qui couraient sur la route furent rattrapés par Taro.

Son sabre fendait l'air de tous côtés, laissant une traînée de boue sanglante sur son passage. Un autre samouraï qui tentait de s'échapper reçut une flèche en pleine nuque.

Fonçant tête baissée sur le dernier cavalier, Hidé lui trancha net la jugulaire.

Faisant volte-face, Taro s'en revint au pas de charge. Le seul homme encore debout leva les bras pour se protéger et poussa un dernier cri.

Genji soupira. La bataille était terminée. Il hâta sa monture sur la route jonchée de cadavres. Toutes ces vies humaines sacrifiées... Pourquoi ? Une entorse à l'étiquette ? Une route encombrée ? Un accident de l'histoire ? Bien qu'il n'eût encore jamais eu de vision prophétique, Genji était convaincu que cette violence gratuite ne trouverait pas sa place dans le monde à venir. Elle ne le pouvait pas.

Shimoda jeta un coup d'œil au premier mort et dit à Hidé :

— Qu'a-t-il dit pour te faire réagir aussi promptement ?

— Il a dit : « Les temps changent. » (Hidé essuya la lame de son sabre.) Puis il a fait une remarque désobligeante sur les « vestiges du passé ».

— Les temps ne changent pas, répondit Shimoda. Ils se dégradent. Il y a seulement sept ans, jamais un homme d'aussi basse extraction ne se serait permis une telle arrogance.

Sept ans auparavant, le commodore Perry était entré dans la baie d'Edo avec ses bateaux à vapeur et ses canons.

— Nous leur avons accordé une faveur, remarqua Taro en secouant son sabre pour en faire tomber la bouillie sanguinolente. Nous leur avons épargné un voyage inutile. Où qu'ils aillent, et qui que soit leur chef, ils auraient été vaincus. Ce ne sont que des pleutres, des bons à rien.

— Les étrangers n'ont pas besoin de mener la bataille pour nous détruire, commenta Hidé. Par le simple fait de leur existence, ils nous privent de nos moyens.

Tout en chevauchant, Genji regardait chacun des cadavres qui gisaient à terre. Le dernier, le dixième, contemplait le ciel limpide d'un œil sans vie, le crâne fendu en deux. Un morceau d'os et un reste de tendon rattachaient encore son bras droit à son coude. Son bras gauche avait été sectionné à hauteur du poignet et sa main gisait non loin de là, à côté de ses pieds. C'était à peine un homme. Son visage était celui d'un garçon tout juste sorti de l'enfance, de quinze ou seize ans tout au plus. Autour du cou il portait un chapelet de bois de santal. Une amulette porte-bonheur. Sur chaque perle de bois était gravée une svastika, symbole de l'infinité du Bouddha.

— Les étrangers n'y sont pour rien, dit Genji. Tout cela est notre faute.

Bien que déplorable, l'incident avait eu au moins le mérite de permettre à Hidé, Shimoda et Taro de montrer de quoi ils étaient capables. Genji fut satisfait de constater qu'il ne s'était pas mépris sur leur caractère.

5

Visionnaires

La connaissance peut être une entrave ; l'ignorance, une libération. Savoir quand il faut savoir et quand il faut rester dans l'ignorance est aussi essentiel qu'une lame bien affûtée.

Suzume-no-kumo
(1434)

Après cinq jours passés en compagnie des étrangers, Heiko commençait à beaucoup mieux les comprendre. En particulier M. Stark et son accent traînant. Il avait tendance à rallonger les voyelles, ce qui ralentissait le flot de ses paroles et rendait ses propos plus facilement compréhensibles. Mlle Gibson en revanche avait un débit plus rapide et plus saccadé. Quant au révérend Cromwell, bien qu'il prononçât des mots connus de Heiko, elle n'arrivait pas à en saisir le sens lorsqu'ils étaient mis bout à bout. M. Stark et Mlle Gibson réagissaient comme si le missionnaire disait des choses sensées, mais Heiko voyait bien qu'ils s'efforçaient d'être polis envers le malade.

Le révérend Cromwell dormait la plupart du temps, ses prunelles tressautant frénétiquement sous ses paupières closes. Quand il s'éveillait, il était pris d'une agitation que seuls les soins attentifs de Mlle Gibson parvenaient à apaiser. En revanche, la présence du Dr Ozawa semblait l'incommoder au plus haut point, peut-être parce que l'attitude du médecin laissait deviner le fond de sa pensée.

— La moitié des intestins et de l'estomac est en décomposition, annonça le Dr Ozawa. Les organes vitaux sont atteints. La bile se répand dans le sang. Et pourtant l'homme respire toujours. J'avoue n'y rien comprendre.

— Que dit le médecin ? demanda Mlle Gibson.

— Il dit que le révérend Cromwell est très robuste, même s'il réserve son pronostic. Son état est stationnaire, ce qui est encourageant.

Cromwell pointa un doigt sur le praticien.

— Tu dois dire : « Si le Seigneur l'a décidé, nous vivrons, nous ferons ceci ou cela. »

— Amen, répondirent Mlle Gibson et M. Stark.

Le Dr Ozawa posa un regard interrogateur sur Heiko.

— Il exprime sa gratitude pour les soins que vous lui prodiguez, affirma-t-elle, et il a dit une prière de sa religion pour que vous soyez béni.

— Ah, dit le Dr Ozawa en s'inclinant devant le révérend Cromwell. Merci, honorable prêtre étranger.

— O toi, fils du démon, toi ennemi du bien.

L'opinion de Heiko, qu'elle se gardait bien de formuler, était que les blessures du révérend Cromwell l'avaient rendu fou, ce qui expliquait pourquoi il tenait de tels propos. Un homme ayant toute sa tête n'aurait jamais eu idée de maudire celui qui faisait de son mieux pour le soigner.

Si Heiko avait appris à mieux comprendre les étrangers, elle ne saisissait pas en revanche pourquoi Genji lui avait demandé de venir séjourner avec eux au palais. En apparence, la raison en était simple : elle était là pour leur tenir compagnie, leur servir d'interprète, les distraire en son absence. Cela lui permettait en outre de les étudier minutieusement, chose qui autrement n'aurait pas été possible. Ce point en particulier la rendait perplexe. Seule une personne à qui Genji accordait son entière confiance pouvait s'acquitter d'une telle mission. Mais la confiance n'était-elle pas fondée sur la connaissance d'autrui ? Or il ne la connaissait pour ainsi dire pas. Heiko avait un passé compliqué et obscur. Lieu de naissance, parents, amis d'enfance, mentors, événements, lieux importants, tous ces détails étaient présentés de façon à occulter le plus important de tous — elle était un agent de la police secrète du shogun. Et pourtant Genji n'avait jamais cherché à savoir qui elle était au-delà des apparences. Dans le monde corrompu des grands seigneurs, seuls les très jeunes enfants étaient tels qu'ils semblaient être. S'il lui faisait confiance, il manquait de jugement, son attitude était suicidaire. Mais, la chose étant peu probable, elle en revint une fois de plus à la même conclusion.

Genji savait.

Comment savait-il ? Elle n'en avait pas la moindre idée. On racontait qu'à chaque nouvelle génération un héritier Okumichi avait le don de prémonition. Peut-être ces rumeurs étaient-elles fondées. Si Genji était capable de prédire l'avenir, il y avait des choses qu'il savait et qu'elle ignorait — comme le fait qu'elle allait ou non le trahir. La confiance qu'il lui témoignait signifiait-elle qu'elle ne le trahirait pas ? Ou qu'elle le trahirait mais qu'il s'y était résigné avec fatalisme ?

L'ironie de la situation ne lui échappait pas. Sa suspicion et sa perplexité étaient d'autant plus grandes que Genji, de son côté, en semblait dépourvu. Une mystérieuse duplicité se cachait-elle sous son apparente confiance ? Cinq jours durant, Heiko ressassa cette question sans parvenir à recueillir l'ombre d'une réponse.

— Un penny pour vos pensées, dit Mlle Gibson en lui souriant.

Elles étaient assises dans un salon donnant sur le jardin intérieur. La température étant douce pour la saison, les portes avaient été laissées ouvertes, ce qui conférait à ce lieu des allures de pavillon de jardin.

— Un penny ? dit Heiko.

— Le penny est notre plus petite pièce de monnaie.

— La nôtre est le *sen*.

Heiko savait que Mlle Gibson n'était pas en train de lui offrir de l'argent en échange de ses pensées.

— Vous voulez savoir à quoi je pense ?

Mlle Gibson sourit à nouveau. Au Japon, les femmes peu attirantes souriaient plus que les autres. Cet effort légitime pour s'attirer la bienveillance était apparemment de mise chez les Américaines peu favorisées par la nature. Car Mlle Gibson souriait très souvent. Et c'était une bonne chose, estimait Heiko : ainsi, elle mettait en valeur sa personnalité tout en détournant l'attention de son physique ingrat. « Ingrat » était d'ailleurs un euphémisme pour décrire le peu de charme de cette malheureuse Américaine. Mais, plus Heiko apprenait à la connaître, plus elle éprouvait de l'affection pour la créature affable et généreuse qui se cachait à l'intérieur de cette enveloppe repoussante.

— Ce ne serait pas poli, dit Mlle Gibson. L'expression « un penny pour vos pensées » signifie simplement que vous semblez songeuse et que je suis disposée à vous écouter si vous le souhaitez. Rien de plus.

— Ah, je comprends, merci.

Heiko souriait elle aussi volontiers. C'était là le secret de son charme. Alors que les autres geishas d'Edo affichaient un air hautain, Heiko, la plus belle de toutes, souriait aussi facilement que la plus ordinaire des filles de ferme. Mais seulement à ceux qu'elle appréciait, comme si, en leur présence, sa beauté cessait d'avoir de l'importance et qu'elle leur livrait son cœur sans réserve et sans artifice. Tout cela n'était qu'illusion, bien entendu, et personne n'était dupe. Mais l'illusion était si parfaite que les hommes étaient prêts à la payer très cher. Genji était le seul avec qui elle ne jouait pas la comédie. Elle espérait qu'il ne se doutait de rien, car, s'il venait à le découvrir, il saurait qu'elle l'aimait, et toute harmonie entre eux serait brisée. Mais peut-être le savait-il, et pour cette raison lui faisait confiance. Voilà qu'elle recommençait à penser à lui.

— Ce doit être dur pour vous, mademoiselle Gibson. Votre fiancé est au plus mal. Vous êtes loin de votre pays et de votre famille. Situation difficile pour une femme, non ?

— Oui, Heiko, c'est une situation difficile.

Emily referma le livre qu'elle était en train de lire. Sir Walter Scott. L'auteur favori de sa mère, qui vouait une vénération à *Ivanhoë*. Mis à part son médaillon, c'était la seule chose qu'Emily avait héritée d'elle quand la ferme avait été vendue. Après cela, Emily avait lu et relu les passages préférés de sa mère, elle avait pleuré en secret, d'abord à l'école, puis à la mission et pendant la traversée, et enfin ici, aujourd'hui, dans ce pays perdu, loin des sépultures de ceux qu'elle avait tant aimés. Heureusement, elle n'était pas en train de pleurer lorsque Heiko était entrée.

— S'il vous plaît, appelez-moi Emily. C'est la moindre des choses puisque je vous appelle Heiko. A moins que vous ne me disiez votre nom de famille, auquel cas je pourrais vous appeler mademoiselle.

— N'étant pas de haute naissance, je n'ai pas de nom de famille.

— Je vous demande pardon ? dit Emily, stupéfaite.

Sa condition était donc analogue à celle des serfs d'*Ivanhoë*, quand l'Europe était encore au Moyen Age, des siècles auparavant.

— N'ai-je pas entendu une servante vous appeler par un autre nom, plus long ?

— Mayonaka no Heiko, oui. C'est mon nom de geisha. Il signifie Equilibre de Minuit.

— Qu'est-ce qu'une guécha ? demanda Emily.

— Ge-isha, dit lentement Heiko.

— Ge-isha, répéta Emily.

— Très bien, approuva Heiko. (Elle réfléchit à ce qu'elle avait lu dans le dictionnaire anglais de Genji.) Dans votre langue, le mot le plus proche serait, je pense, « prostituée ».

Emily reçut un choc si violent qu'elle resta bouche bée. *Ivanhoë* lui tomba des mains. Elle se baissa pour le ramasser, heureuse de pouvoir se soustraire au regard de Heiko. Elle ne savait plus que penser. Jusqu'ici, elle avait supposé que leur hôtesse était une dame de haut lignage, une parente du seigneur Genji. Il lui avait semblé que tous les serviteurs et les samouraïs traitaient Heiko avec la plus grande déférence. Y avait-il dans leur attitude une quelconque ironie qui lui avait échappé ?

— Assurément, il doit s'agir d'une erreur de traduction, reprit Emily, les joues en feu.

— C'est possible, dit Heiko, surprise à son tour par la réaction de Mlle Gibson.

Qu'avait-elle dit pour la troubler ainsi ?

— C'est bien ce qu'il me semblait, conclut Emily, rassurée par sa réponse.

Pour elle, une prostituée était l'une de ces loques humaines imbibées d'alcool et rongées par la vérole qui venaient parfois chercher refuge à la mission de San Francisco. Cette élégante jeune femme à peine sortie de l'enfance était aussi différente que possible de ces créatures.

Quand Emily avait fait tomber son livre, Heiko avait cherché les paroles pour expliquer les différentes sortes de compagnes qui existaient dans la société japonaise. Au bas de l'échelle se trouvaient les pourvoyeuses de plaisirs sexuels les plus frustes. Les maisons closes du quartier de Yoshiwara en étaient pleines, la plupart étaient des paysannes louées par leurs familles endettées à des proxénètes. Au sommet se trouvaient quelques geishas triées sur le volet, comme elle-même, éduquées dès leur plus jeune âge ; elles choisissaient avec soin les hommes avec qui elles souhaitaient passer leur temps et de quelle manière. Sa compagnie et ses faveurs pouvaient être achetées, mais seulement si elle était consentante, car elle ne pouvait en aucun cas y être contrainte.

Entre les deux, il était possible de se procurer une variété quasi illimitée de talents, services et beautés à tous les prix. Voyant le malaise persistant d'Emily, Heiko hésita. Elle avait cru que toutes les coutumes japonaises avaient leur équivalent en Amérique, et inversement. Les mots étaient différents parce que les langues étaient différentes, mais sur le fond les besoins étaient les mêmes. Partout les gens avaient les mêmes désirs. Du moins l'avait-elle supposé.

— En Amérique, certaines dames de bonne éducation se placent comme gouvernantes, expliqua Emily, encore sous le choc. La gouvernante a pour tâche de veiller à l'éducation et au bien-être des enfants, il arrive même qu'elle leur enseigne certaines matières. Ne serait-ce pas plutôt ce que vous vouliez dire ?

— Une geisha n'est pas une gouvernante. Une geisha est une compagne de la meilleure catégorie. Si je n'ai pas employé le mot qui convenait, s'il vous plaît, apprenez-le-moi, Emily.

Emily regarda Heiko dans les yeux. En tant que chrétienne, il était de son devoir d'exprimer la vérité, quelle qu'elle fût. Elle répondit :

— Il n'existe pas de mot équivalent dans notre langue, Heiko. Dans les pays chrétiens, un emploi comme celui-là ne serait pas honorable ; en fait, il serait interdit par la loi.

— Il n'y a pas de prostituées en Amérique ?

— Il y en a parce que la chair est faible. Mais les prostituées doivent se cacher de la police et se placer sous la protection de brutes criminelles appelées souteneurs. Leur vie est brève, en raison des coups, de l'abus d'alcool et des maladies.

Elle prit une profonde inspiration.

Certes, toute cohabitation en dehors du mariage était un péché, mais n'y avait-il pas des degrés dans la transgression ? Elle n'arrivait pas à croire que Heiko fût réellement une prostituée.

— Parfois, un homme riche et puissant prend une maîtresse. Une femme qu'il aime, mais qui n'est pas sa femme aux yeux de la loi ou du Seigneur. Peut-être le terme de « maîtresse » conviendrait-il mieux que « prostituée », acheva Emily.

Heiko n'était pas de cet avis. « Maîtresse » et « concubine » étaient voisins, mais ni l'un ni l'autre n'était aussi proche de « prostituée » que « geisha ». Ce sujet semblait mettre Emily mal à l'aise. Pour quelle raison ? Etait-il possible qu'elle ait été elle-même prostituée jadis et qu'elle eût honte de son passé ? Naturellement, elle n'aurait jamais pu être l'équivalent d'une geisha. Si grands que soient ses talents et ses charmes, ils n'auraient pu compenser une apparence aussi ingrate.

— Peut-être devrions-nous poser la question au seigneur Genji quand il rentrera, suggéra Heiko. Son entendement est plus grand que le mien.

L'arrivée de frère Matthew épargna à Emily la honte de devoir répondre à une suggestion aussi scandaleuse.

— Frère Zephaniah vous réclame, dit-il.

— Tu veux dire que mon oncle est enfermé dans l'armurerie depuis quatre jours ?

Gengi fit de son mieux pour réprimer son envie de rire devant l'embarras évident de l'abbé Sohaku.

— Oui, sire. Nous avons essayé à trois reprises de le capturer. La première tentative m'a valu ceci. (Il désigna du doigt la bosse qu'il portait au front.) S'il s'était servi d'un vrai sabre au lieu d'un gourdin, il m'aurait épargné le déshonneur de paraître ainsi devant vous aujourd'hui.

— Tu es trop dur avec toi-même, révérend abbé.

Sohaku poursuivit son récit d'un ton morne :

— La deuxième fois, il a grièvement blessé quatre de mes hommes, ou plutôt de mes moines. L'un d'eux est toujours inconscient et je doute qu'il se réveille un jour. La troisième fois, nous y sommes allés armés d'arcs et de flèches taillés dans des tiges de bambou. Certes, il y a mieux, mais j'avais pensé que cela pourrait suffire pour le mettre hors d'état de nuire. Nous l'avons trouvé hilare, juché au sommet des barils de poudre, une mèche allumée dans chaque main. Après cela nous n'avons pas cherché à renouveler l'expérience.

Genji était assis sur une petite estrade à environ cinquante pas de l'armurerie. Les moines qui ne montaient pas la garde étaient assis en rangs devant lui et ressemblaient plus à des samouraïs au garde-à-vous qu'à des bonzes. Six mois plus tôt, son grand-père avait secrètement ordonné à ses meilleurs cavaliers d'entrer au monastère. Officiellement, ils avaient laissé le monde derrière eux afin de protester contre le rapprochement de son aïeul avec les missionnaires de la Véritable Parole Divine. Le but de la manœuvre, bien entendu, était de semer le doute dans l'esprit de ses ennemis : en voyant ces hommes rompus aux arts martiaux, il était difficile de croire qu'ils avaient renoncé au monde terrestre pour épouser la religion.

— Je vais devoir y aller moi-même.

Il quitta l'estrade et se dirigea vers l'armurerie, suivi par Hidé et Shimoda. Des marmottements lui parvinrent depuis l'autre côté de la porte barricadée.

— Oncle, c'est Genji. J'entre.

Il fit un geste en direction de la porte et les hommes commencèrent à ôter les sacs qui faisaient obstruction. A l'intérieur de l'armurerie tout devint silencieux.

— Sire, je vous en prie, chuchota Hidé. Taro nous a dit que le seigneur Shigeru était complètement fou.

Genji fit coulisser la porte. Une bouffée d'air chaud et pestilentiel s'échappa de l'armurerie. Il recula en titubant. Si Hidé ne l'avait pas retenu, il se serait effondré.

— Pardonnez-moi, dit Sohaku en lui offrant un mouchoir parfumé. Je suis tellement habitué à la puanteur que j'ai oublié de vous mettre en garde.

Gengi repoussa le mouchoir de Sohaku. Il aurait aimé s'en servir, mais craignait que Shigeru ne le reconnaisse pas s'il entrait le visage couvert. Oubliant les miasmes qui lui nouaient l'estomac, il alla se camper sur le seuil. Shigeru était accroupi comme un singe dans l'obscurité, couvert d'immondices des pieds à la tête. Seules les longues lames étincelantes qu'il tenait dans chaque main étaient immaculées.

— Je suis très déçu de vous trouver dans cet état de saleté, commença Genji d'une voix douce. D'un côté je ne suis que votre neveu, mais de l'autre je suis aussi votre suzerain, le grand seigneur du domaine d'Akaoka. En tant que neveu, il me revient de vous rendre visite où que vous soyez. Mais en tant que suzerain, je ne puis tolérer une telle saleté. En tant que neveu, je vous supplie de veiller sur votre santé. En tant que suzerain, je vous ordonne de vous présenter devant moi dans une heure, avec une explication pour cette attitude inconvenante.

Il tourna les talons et commença à descendre lentement les marches. Si Shigeru ne cherchait pas à l'attaquer dans la seconde qui suivait, il y avait de grandes chances pour qu'il lui obéisse.

Lorsqu'il passa la porte, la silhouette de Genji se découpa contre la lumière du jour et rapetissa. Il était de dos ! Maintenant !

C'était le moment ou jamais d'achever de purifier la descendance des Okumichi. Les muscles de Shigeru se tendirent puis se relâchèrent. Bondissant à terre, il fonça droit sur lui. Ce fut du moins ce que fit son corps. Car son esprit morcelé et fêlé prit une autre direction, selon sa propre trajectoire chaotique.

Shigeru était avec son père. Ils chevauchaient côte à côte le long des falaises du cap Muroto. Le seigneur Kiyori était plus jeune que le Shigeru de l'armurerie, et Shigeru était aussi jeune que son fils au moment de sa mort.

« Tu parleras des événements à venir, lui dit son père. Tu les verras aussi clairement que tu vois ces vagues au pied de ces falaises.

— Quand, père ? » demanda Shigeru, impatient.

Son grand frère, Yorisama, aurait beau hériter un jour du titre de maître du domaine d'Akaoka, Shigeru, lui, hériterait du don de prophétie et serait respecté comme l'était le seigneur Kiyori. Et Yorisama perdrait de sa superbe.

« Pas avant longtemps, et c'est tant mieux.

— Pourquoi cela ? grommela Shigeru, qui n'avait pas envie que Yorisama continue à le traiter de haut. Plus tôt je verrai l'avenir, mieux ce sera. »

Son père le dévisagea un long moment en silence, puis dit :

« Ne sois pas impatient, Shigeru. Que tu le saches ou non, ce qui doit advenir adviendra. Crois-moi, il n'est pas toujours bon de savoir.

— Savoir est forcément meilleur. Ainsi, personne ne peut vous prendre par surprise.

— Il y aura toujours quelqu'un pour te prendre par surprise, car tu auras beau savoir beaucoup de choses, tu ne pourras jamais tout savoir.

— Quand, père ? Quand pourrai-je prédire l'avenir ? »

Son père le considéra à nouveau en silence avant de poursuivre :

« Profite de la vie, Shigeru. Tu seras très heureux. Quand tu atteindras la fleur de l'âge, tu t'éprendras d'une femme courageuse et de grande vertu. En s'éprenant de toi, elle fera ton bonheur. (Son père continuait à sourire malgré les larmes qui s'étaient mises à couler sur ses joues.) Tu donneras le jour à un beau garçon vigoureux et brave, et à deux filles ravissantes. »

Shigeru n'avait que faire de tout cela. Il avait six ans, et l'amour ne l'intéressait pas. Il ne rêvait pas d'avoir des fils ou des filles. Il rêvait de devenir un vrai samouraï comme ses glorieux ancêtres.

« Vais-je remporter de nombreuses batailles, père ? Serai-je craint des autres hommes ?

— Tu vas remporter de nombreuses victoires, Shigeru. (Son père essuya ses larmes d'un revers de manche). Les autres hommes te craindront. Ils te craindront beaucoup, en vérité.

— Merci, père. »

Shigeru était fou de joie. Il venait de recevoir une prophétie ! Il se jura de ne jamais oublier ce jour béni, le bruit des vagues, la caresse du vent, la course des nuages dans le ciel.

« Ecoute-moi bien, Shigeru, dit son père en tendant le bras pour le saisir par l'épaule. Lorsque tes visions commenceront, une personne viendra te rendre visite. Ton premier réflexe sera de la tuer. Ne le fais pas. Arrête-toi et regarde attentivement au fond de ton âme. (L'étreinte de son père se resserra.) T'en souviendras-tu ?

— Oui, je m'en souviendrai, je vous le promets », répondit Shigeru, troublé par la gravité de Kiyori.

Soudain, tandis qu'il pointait son sabre vers Genji, cette promesse faite voilà si longtemps répandit une vive lumière dans son âme. Dans un instant, une lame longue comme le bras allait plonger dans le dos de Genji, sectionner sa colonne vertébrale, perforer son cœur, ressortir de l'autre côté de sa cage thoracique. Shigeru regarda dans son âme, où la lumière avait subitement jailli, et vit une chose à laquelle il ne s'attendait pas.

Rien.

Shigeru s'arrêta net. Il n'avait pas fait plus d'un pas en direction de la porte que Genji venait de franchir. Un instant à peine s'était écoulé.

Shigeru écouta. Il n'entendit rien hormis les pas légers de Genji et le chant des oiseaux dans les bois. Il regarda. Il ne vit rien d'autre que l'intérieur de l'armurerie, le dos de Genji, la cour intérieure du monastère encadrée par l'embrasure de la porte.

Les visions avaient cessé.

Etait-ce une coïncidence ? Ou était-ce Genji qui par sa présence les avait chassées au loin ? Il ne le savait pas. Cela n'avait pas d'importance. Son instinct de meurtre s'était envolé avec ses visions.

Lâchant les sabres qu'il tenait à la main, il sortit dans la cour. Les deux samouraïs qui montaient la garde reculèrent et s'inclinèrent. Il remarqua que les hommes gardaient une main posée sur le pommeau de leurs sabres et ne le quittaient pas des yeux. Tout en marchant, Shigeru commença à se débarrasser de ses oripeaux. Il contourna le bâtiment abritant les cuisines, derrière lequel se trouvait le pavillon de bain.

— Où est Sohaku ? demanda-t-il aux samouraïs qui l'avaient suivi. Dites-lui que j'ai besoin d'habits propres pour assister à l'audience du seigneur Genji.

Les samouraïs dirent « Oui, sire » mais continuèrent à le suivre.

Shigeru s'arrêta, les samouraïs l'imitèrent.

— Eh bien ? Faites ce que je vous ordonne, dit-il en se débarrassant de ses dernières hardes et en les jetant à terre.

Il allait falloir les brûler, car, même en les lavant à grande eau, on ne parviendrait jamais à les rendre mettables. Shigeru écarta les bras.

— Que craignez-vous ? Que je prenne la fuite alors que je suis nu comme un ver et couvert de merde ? Seul un fou pourrait songer à une chose pareille.

Il rit et reprit son chemin sans regarder en arrière pour voir si les deux hommes continuaient de le suivre.

Lorsqu'il atteignit le pavillon de bain, il ne fut pas surpris de trouver le baquet déjà plein d'eau fumante. Genji avait toujours été d'une nature optimiste.

Shigeru commença par se savonner complètement trois fois de suite avant de s'immerger dans la baignoire. Ce n'est que lorsqu'il fut certain d'être parfaitement propre qu'il se laissa glisser dans l'eau avec un soupir de plaisir. Depuis combien de temps n'avait-il pas pris de bain ? Plusieurs jours, plusieurs semaines, des mois ? Il ne s'en souvenait plus. Comme il aurait aimé se prélasser longuement dans l'eau chaude… En d'autres circonstances, il se serait accordé ce répit. Mais il ne pouvait faire attendre son seigneur. Shigeru se hissa hors de la baignoire.

Un nuage de vapeur s'exhala de son corps, comme la fumée d'un volcan. Une paire de sandales avait été disposée pour lui à terre. Il les enfila, jeta une serviette autour de sa taille et se dirigea vers l'aile du monastère où résidaient les moines. Là, deux hommes l'aidèrent à passer des vêtements propres. De part et d'autre de ses épaules saillaient les ailettes empesées du *kamishimo* endossé par-dessus le kimono, lequel était rentré dans un pantalon ample appelé *hakama* : une tenue d'apparat qui convenait pour paraître devant son suzerain. Il était presque prêt.

— Où sont mes sabres ?

Les deux moines échangèrent un regard.

Au bout d'un moment, l'un d'eux rétorqua :

— Sire, nous n'avons pas reçu ordre de vous apporter vos armes.

Les deux moines étaient sur le qui-vive, comme s'ils s'attendaient à une réaction violente de sa part. Shigeru se contenta de hocher humblement la tête. Evidemment, après ce qu'il avait fait, il ne serait plus autorisé à porter des armes en présence de Genji. Il suivit les deux moines jusqu'à l'endroit où son seigneur l'attendait.

— Arrêtez ! dit Genji.

Shigeru s'immobilisa. Peut-être ne serait-il même pas autorisé à pénétrer sous la tente. Il regarda autour de lui et ne vit aucun autre lieu d'exécution. Mais peut-être Genji avait-il décidé d'agir dans la discrétion. Les deux samouraïs venus d'Edo avec leur seigneur allaient peut-être tout bonnement régler son sort ici même, maintenant.

Genji se tourna vers Sohaku et dit :

— Comment osez-vous laisser un honorable vassal paraître à demi nu en ma présence ?

— Seigneur Genji, dit Sohaku, je vous conjure d'être prudent. Cinq de mes hommes ont été tués ou blessés par ses mains.

Genji garda les yeux fixés devant lui sans répondre.

Voyant qu'il n'avait pas d'autre choix, Sohaku s'inclina et fit signe à Taro. Ce dernier courut jusqu'à l'armurerie et s'en revint avec deux sabres, le long *katana* et le *wakizashi* plus court. Il s'inclina devant Shigeru et les lui présenta.

Lorsque Shigeru passa les deux sabres dans sa ceinture, Sohaku eut un imperceptible mouvement de recul. Au cas où Shigeru lèverait son sabre contre Genji, Sohaku se jetterait entre les deux hommes, se servant de son corps comme d'un bouclier. Ce qui donnerait à Hidé et Shimoda, les deux seuls autres hommes en armes, une chance de tuer Shigeru, ou tout au moins de lui faire obstacle pendant que les moines se regrouperaient autour de lui avant qu'il n'atteigne Genji. Bien qu'il fût abbé d'un temple zen, Sohaku ne trouvait guère de réconfort dans la philosophie zen. Le zen ne vous apprenait pas comment vivre ou comment mourir. Il restait muet sur la vie d'après.

Maintenant qu'il était sur le point de quitter ce monde pour le suivant, Sohaku récita dans son cœur la prière des bouddhistes hongaji. « Namu Amida Butsu. Que les bienfaits du Bouddha de la Lumière Infinie se répandent sur moi. Que le Miséricordieux me montre la voie de la Terre Pure. » Tout en priant, Sohaku suivait des yeux chaque pas que faisait Shigeru en direction du seigneur.

Shigeru s'agenouilla sur la natte qui se trouvait au pied de l'estrade et se prosterna profondément. C'était la première fois qu'il voyait son neveu depuis que celui-ci avait hérité du titre de seigneur du domaine d'Akaoka. En principe, ce genre de rencontre supposait un important cérémonial au cours duquel les participants échangeaient des cadeaux, et Shigeru, en tant que vassal, devait jurer sur sa vie et celle de sa famille fidélité à son seigneur. Mais il s'agissait là de circonstances exceptionnelles. D'une part, si Genji était aujourd'hui seigneur du domaine, c'était parce que Shigeru avait empoisonné son propre père, le précédent détenteur du titre. D'autre part, Shigeru n'aurait pu jurer fidélité au nom de sa famille, puisqu'il l'avait massacrée de ses propres mains trois semaines plus tôt. Ne sachant que faire, il garda son front pressé sur la natte. De toute évidence, il s'agissait là d'une mise à l'épreuve. La tête baissée, il attendit la sentence de mort.

— Eh bien, mon oncle, dit Genji d'une voix douce, finissons-en une fois pour toutes avec les préambules. Okumichi Shigeru, pour quelle raison vous êtes-vous emparé de l'armurerie de ce temple ?

Bouche bée, Shigeru releva la tête. Pourquoi Genji s'attardait-il sur un sujet aussi futile ?

Genji hocha la tête comme si Shigeru avait parlé.

— Je vois. Et qu'est-ce qui vous a amené à penser que les munitions n'étaient pas bien gardées ?

— Sire ! fut le seul mot qui parvint à sortir de la gorge nouée de Shigeru.

— Bien joué, dit Gengi. Votre zèle vous honore et doit être une leçon pour nous tous. Passons à l'affaire suivante. Comme vous le savez, j'ai reçu l'honneur insigne d'accéder à la suzeraineté de notre domaine ancestral. Tous les autres vassaux m'ont fait serment d'allégeance. Et vous, êtes-vous prêt à me servir fidèlement ?

Shigeru se tourna vers l'assemblée. Une stupeur égale à la sienne se lisait sur tous les visages. Sohaku en particulier semblait au bord de l'apoplexie.

Se penchant vers son oncle, Genji murmura :

— Faites le geste rituel, je vous prie, afin que nous puissions conclure.

Shigeru se prosterna une fois de plus, puis, relevant la tête, empoigna ses deux sabres.

Tous les samouraïs bondirent sur leurs pieds comme un seul homme, prêts à frapper. Tous sauf Genji.

Celui-ci était furieux.

— Vous êtes venus ici pour apprendre les enseignements ancestraux des maîtres du zen, pour apprendre à avoir les idées claires et à voir le monde tel qu'il est. Et pourtant, regardez-vous, vous êtes aussi nerveux que des hors-castes infestés de poux. Qu'avez-vous fait au cours des six derniers mois ?

Il les foudroya du regard jusqu'à ce qu'ils se fussent tous rassis.

Otant ses deux sabres de sa ceinture, Shigeru s'inclina puis les leva au-dessus de sa tête et rampa à genoux jusqu'à l'estrade. C'était là tout ce qu'il avait à offrir à son seigneur en guise de cadeau. Ne trouvant rien à dire, il resta silencieux.

— Merci, dit Genji en prenant les sabres et en les déposant à sa gauche sur l'estrade.

Il se tourna ensuite sur sa droite pour saisir une autre paire de sabres. Shigeru les reconnut d'emblée. Ils avaient été façonnés par Kunimistu, le célèbre armurier de l'époque Kamakura. Personne ne les avait portés depuis le carnage de Sekigahara. Ils avaient été repris à leur ancêtre Nagamasa sur le champ de bataille, lorsque celui-ci avait rendu l'âme.

— Un grand danger approche. (Genji tendit les deux sabres à Shigeru.) Toutes les dettes du karma seront payées. Seras-tu à mes côtés dans les batailles à venir ?

Pas une seule fois Shigeru n'avait senti ses mains trembler au contact d'une arme. A présent, elles tremblaient comme des feuilles tandis qu'il s'emparait des lames emblématiques.

— Oui, seigneur Genji, répondit-il en brandissant les sabres tout en s'inclinant profondément.

Le sang de Sohaku se glaça dans ses veines. Son seigneur venait d'accepter l'allégeance d'un homme qui, de ses mains meurtrières, avait amené la lignée ancestrale au bord de l'extinction. Un fou dangereux et imprévisible qui avait assassiné son père, sa femme et ses enfants.

Par ce geste inexplicable, le seigneur Genji s'était voué avec tous ses vassaux à la damnation.

Assise à son chevet, Emily avait pris la main de Zephaniah dans la sienne. Elle était froide et lourde, et plus rigide qu'une heure auparavant. Ses traits étaient aussi lisses et détendus que ceux d'un nouveau-né endormi, et si gris qu'on les eût dits taillés dans la pierre. On avait enveloppé son corps dans des draps parfumés et mis des bâtonnets d'encens à brûler aux quatre coins de la chambre, mais rien ne parvenait à chasser l'odeur putride de la chair en décomposition. Le futile voile de parfum ne réussissait qu'à accentuer la puanteur, la rendant encore plus écœurante. Soudain prise de nausée, Emily se mit à trembler. Elle dut faire un gros effort pour ravaler le flot de bile qui lui remontait dans la gorge.

— Dieu m'a fait la grâce d'une révélation, dit Cromwell.

Il n'éprouvait plus la moindre douleur. Il ne sentait même plus son corps. De cinq, ses sens s'étaient réduits à deux. Il voyait Emily flottant, radieuse, au-dessus de lui. Sa chevelure brillante nimbait d'un halo d'or l'ovale exquis de son visage. Il entendit le galop trépidant de l'armée des anges qui se rapprochait.

— Je ne mourrai pas de cette blessure.

— Vous êtes béni, Zephaniah, répondit Emily en lui souriant.

Si une telle pensée pouvait le réconforter, tant mieux, songea-t-elle. Il avait passé la nuit à hurler de douleur. A présent il était apaisé.

— Les anges ne nous ressemblent pas, reprit Cromwell. Ce ne sont pas des êtres humains dotés d'ailes blanches. Pas du tout. Ils sont inconcevables. Plus éclatants que le soleil, ils sont explosifs. Assourdissants.

Les paroles de l'Apocalypse lui apparaissaient dans toute leur clarté.

— « Par le feu et la fumée, par le soufre. » Ainsi qu'il est écrit, il sera. Meurtres, sorcellerie, fornication, déprédations. Ce pays maudit en est rempli. Quand les anges viendront, les justes seront désignés, les impénitents seront brûlés, clairsemés, ensevelis.

Emily s'émerveillait du calme avec lequel Zephaniah prononçait ces paroles de destruction. Avant l'attentat, il était beaucoup plus vindicatif. La sueur se mettait brutalement à perler sur son front ; ses yeux globuleux saillaient de leurs orbites ; les veines de son cou et de son front s'enflaient comme si elles avaient été sur le point d'éclater ; des jets de salive accompagnaient les paroles rageuses et l'haleine ardente qui jaillissaient de sa bouche. A présent, il était en paix avec lui-même.

— Prions pour que tous se repentent, dit-elle, car lequel d'entre nous n'a jamais péché ?

Lucas Gibson était propriétaire d'une ferme d'Apple Valley, à quinze miles au nord d'Albany, Etat de New York. Il avait fait la connaissance de Charlotte Dupay, une petite cousine de La Nouvelle-Orléans, aux funérailles de son grand-père à Baltimore. Lucas était un beau gars placide et fidèle de vingt-deux ans. Charlotte était une beauté blonde et romantique de quatorze ans, fervente lectrice des romans de Walter Scott. Croyant avoir rencontré son Ivanhoë, elle devint la jeune et chaste épouse du maître de la ferme de cent cinquante arpents de pommiers, cochons et poulets. Neuf mois et un jour après le mariage, elle donna naissance à Emily, leur premier enfant. Entre-temps, Charlotte avait délaissé son noble chevalier saxon pour s'éprendre, presque malgré elle, du méchant mais terriblement fougueux Bois-Guilbert.

Lorsque Emily eut elle-même quatorze ans, son père se tua en tombant d'une échelle alors qu'il effectuait la cueillette des pommes, accident d'autant plus troublant que le fermier, réputé pour son sens de l'équilibre, n'avait jamais fait de chute. Autre détail curieux, il s'était fracassé la tête avec une telle force que des esquilles d'os brisés avaient pénétré à l'intérieur de la boîte crânienne. S'il n'y avait rien d'étonnant à ce qu'une chute de quinze pieds pût entraîner la mort d'un homme, il était en revanche plus difficilement concevable que le choc fût si violent. Pourtant les faits étaient là. Le père était mort, la mère était veuve, et Emily et ses deux jeunes frères étaient orphelins. Le gazon n'avait pas encore recouvert la tombe de son père que le contremaître commença à rendre visite à la mère dans sa chambre. Conformément aux usages, le mariage ne fut célébré qu'une fois écoulés les six mois de deuil. Entre-temps, le ventre de sa mère s'était arrondi. Les coups ne tardèrent pas à pleuvoir. Les cris de passion des premières nuits laissèrent place à des cris de douleur et de terreur.

« Non ! Jed, pitié ! Jed ! Non ! Je t'en supplie ! »

Blottis au fond du lit, Emily et ses frères sanglotaient. Jamais un son ne sortait de la bouche de leur beau-père. Seule leur mère poussait des cris terrifiés. Parfois, au matin, elle avait le visage tuméfié. Au début elle essaya de dissimuler les marques de coups avec de la poudre de riz ou un bandage, prétextant qu'elle avait fait une chute dans le noir.

« Je suis si maladroite », disait-elle.

Mais les choses empirèrent, et bientôt ni la poudre, ni les pansements ni les histoires de chute ne purent cacher la vérité. Elle eut le nez cassé, une fois, deux fois ; les lèvres éclatées. Elle perdit ses dents de devant. Certains jours, elle marchait en boitant, d'autres, elle était incapable de se lever de son lit. Le bébé vint mort-né. En l'espace d'une année, la jolie maman se transforma en une vieille loque estropiée.

On cessa de les inviter aux fêtes du village. Les voisins renoncèrent à leur rendre visite. Les meilleurs cueilleurs refusèrent de travailler pour eux. Leur verger, qui produisait jadis les pommes les plus juteuses de toute la vallée, commença à dépérir.

C'est alors que le beau-père commença à s'en prendre aux enfants.

Il se mit à rosser les frères avec un gros cuir à rasoir, jusqu'à ce qu'ils aient les fesses en sang. Quand leurs jambes fléchissaient et ne pouvaient plus les porter, il les ligotait sur un baril pour pouvoir continuer à les fouetter. Ils étaient punis lorsqu'il estimait qu'ils n'accomplissaient pas correctement les corvées qu'il leur avait assignées ; quand ils oubliaient de nourrir les poulets ou qu'ils leur donnaient trop de grain ; quand ils laissaient des pommes pourries au contact des pommes saines dans les barils, ce qui gâtait la récolte. Pour un oui ou pour un non, il les punissait, sans jamais leur donner d'explication.

Seule Emily était épargnée. Lorsqu'elle soignait les blessures de ses frères, ils lui demandaient pourquoi. Pourquoi eux et jamais elle ? Mais elle l'ignorait et un terrible sentiment de peur et de culpabilité envahissait son cœur.

La veille de son quinzième anniversaire, Emily était seule dans la chambre des enfants. Ses frères étaient enfermés dans le cellier, où ils devaient rester pendant une semaine, pour une infraction dont ils ignoraient tout. Elle les avait entendus pleurer jusqu'à l'avant-veille, puis plus rien. Sa mère était au lit avec la fièvre, à cause d'une vieille blessure qui n'avait pas été soignée et s'était infectée. Emily venait de passer sa chemise de nuit quand son beau-père parut sur le seuil. Depuis combien de temps la regardait-il ? L'avait-il vue se déshabiller ? De plus en plus souvent, elle le surprenait à rôder autour d'elle. Il la dévisageait avec des yeux brillants, comme embrasés par la fièvre.

« Bonsoir », dit-elle en grimpant dans son lit.

Il lui avait dit de l'appeler par son prénom, Jed. Mais elle n'avait jamais pu se résoudre à prononcer son nom. Elle ferma les yeux et adressa une prière silencieuse pour qu'il s'en aille.

Il ne partit pas.

Lorsqu'il en eut fini avec elle, il la serra dans ses bras et se mit à pleurer. Pourquoi pleurait-il ? Elle ne le savait pas. Elle éprouvait une douleur lancinante mais ne pleurait pas. Les larmes ne venaient pas, bien qu'elle ignorât pourquoi.

Sans doute sombra-t-elle dans le sommeil, car elle se réveilla à la lueur vacillante d'une chandelle et vit le visage grossièrement déformé de sa mère.

« Emily, Emily, ma chère petite », pleurait sa mère.

Lorsque Emily baissa les yeux, elle aperçut du sang sur les draps. L'avait-on tuée ? Curieusement, cette idée ne l'effrayait pas. Elle y songeait au contraire comme à une délivrance.

Après l'avoir lavée, sa mère l'aida à enfiler sa robe du dimanche, une robe qu'elle n'avait pas mise depuis longtemps, depuis qu'ils avaient cessé d'aller à l'église. La robe était un peu juste à présent, et la serrait autour des hanches et de la poitrine, mais elle fut contente de la porter car son père avait coutume de dire que c'était sa plus jolie robe.

« Va chez les Parton, lui chuchota sa mère. Tu donneras cette lettre à Mme Parton. »

Emily supplia sa mère de l'accompagner, de libérer ses frères enfermés à la cave, de prendre la fuite et de ne jamais revenir.

« Tom et Walt, dit sa mère en secouant la tête. Je dois payer pour mes péchés. Dieu me pardonne, je n'ai jamais voulu faire de mal à des innocents. C'était l'amour. J'étais aveuglée par l'amour. »

Après l'avoir enveloppée dans son meilleur manteau, elle pressa Emily de partir. Il était très tard. La lune avait quitté le ciel et seule la lumière des étoiles dans le ciel de printemps éclairait le chemin.

Lorsqu'elle atteignit la ferme des Parton, le ciel commençait à s'éclaircir derrière elle. Ne comprenant pas pourquoi le soleil se levait à l'ouest, elle se retourna. Alors elle vit sa maison en proie à des flammes immenses qui s'élançaient très haut dans le ciel.

Les Parton l'accueillirent chez eux. C'était un vieux couple de braves gens qui avaient bien connu son grand-père. Ils avaient vu naître son père et l'avaient vu mourir. Elle ne leur demanda jamais ce que disait la lettre de sa mère et ils n'y firent jamais allusion mais, peu après, elle surprit une conversation entre eux.

« J'ai toujours su que ce n'était pas un accident, dit M. Parton. Ce garçon savait grimper aux arbres avant même de savoir marcher.

— Elle était trop passionnée, dit Mme Parton. Elle avait trop d'amour dans le cœur.

— Et puis elle était trop belle. On dit que la beauté est dans l'œil de celui qui voit, et il devrait en être toujours ainsi. Quand la beauté d'une femme est évidente pour tous, c'est une mauvaise chose. Car les hommes sont faibles et aisément tentés.

— Nous avons couru un risque en l'adoptant, dit Mme Parton. La fille est comme la mère. As-tu vu la façon dont les hommes la regardent ? Y compris nos braves garçons ?

— La faute à qui ? dit M. Parton. Ce n'est qu'une enfant, mais elle a le visage et le corps d'une fille de Babylone.

— La malédiction se transmet de mère en fille, dit Mme Parton. Qu'allons-nous faire ? »

Une nuit, Emily fut éveillée par un violent rêve de mort. Elle vit des ombres tapies dans l'obscurité et songea que des démons vengeurs l'avaient suivie jusque hors de son sommeil. Lorsqu'ils se rapprochèrent à pas de loup, elle reconnut les trois fils Parton, Bob, Mark et Alan.

Avant qu'elle eût le temps de se lever ou de dire un mot, des mains étaient partout sur elle. L'empêchant de bouger, lui couvrant la bouche, lui arrachant ses vêtements, palpant son corps.

« Ce n'est pas notre faute, dit Bob. C'est toi.

— Tu es trop belle, dit Mark.

— De toute façon, tu n'as rien à perdre, dit Alan. Tu n'as plus ta vertu.

— Mets-lui le bâillon, dit Bob.

— Attache-la, dit Mark.

— Si tu te tais, nous ne te ferons pas de mal », dit Alan.

Voilà que la faute retombait sur elle. Entièrement. La mort de son père, la déchéance de sa mère, le calvaire de ses frères innocents. Elle cessa de se débattre.

Ils la firent asseoir et lui ôtèrent sa chemise de nuit.

Puis ils la repoussèrent et lui arrachèrent son pantalon.

« Garce, dit Bob.

— Je t'aime, dit Mark.

— Tais-toi, ou bien... » dit Alan.

La porte s'ouvrit à la volée et la lumière envahit la chambre. Les yeux écarquillés de Mme Parton jetaient des éclairs plus brillants que la lanterne qu'elle tenait à la main.

« C'est pas not' faute, dit Bob.

— Dehors ! » glapit Mme Parton.

Penauds, les trois garçons déguerpirent sans demander leur reste.

Mme Parton s'approcha du lit puis, levant la main, administra une gifle retentissante à Emily, qui vit trente-six chandelles. La vieille femme tourna ensuite les talons et sortit sans dire un mot.

Le lendemain, M. Parton rentra d'un voyage à Albany. La semaine suivante, Emily entrait à l'école paroissiale de Rochester. Personne ne venait jamais lui rendre visite. Elle ne sortait que très rarement et était la seule à rester à l'école pendant les vacances. Quand sa classe se rendait en excursion, elle demeurait peureusement cachée au milieu du groupe, et, malgré cela, elle ne pouvait échapper aux regards des hommes. Toujours ce même regard concupiscent. Celui de son beau-père. Celui des fils Parton. Un regard d'hommes qui vous prenaient de force.

Un jour, au cours d'une visite au musée, un jeune homme s'approcha d'elle. Il la salua poliment et dit :

« Mademoiselle, de toutes les merveilles qui se trouvent ici, vous êtes assurément la plus belle. »

Il eut l'air surpris de la voir prendre ses jambes à son cou. Bien sûr, il n'avait rien fait de mal. Aucun d'eux n'avait rien fait de mal. C'était elle la fautive. Il y avait quelque chose en elle qui sapait toute retenue chez les hommes.

Etait-ce réellement sa beauté, comme tous semblaient le dire ? Mary Ellen était plus belle qu'elle. Toutes les filles étaient d'accord sur ce point. Les hommes la trouvaient belle, elle aussi, et lui accordaient beaucoup d'attention. Mais quand Emily paraissait, ils n'avaient d'yeux que pour elle.

Mary Ellen n'aimait pas Emily. Aucune des filles ne l'aimait. Sans le directeur, M. Cromwell, sa vie au pensionnat aurait été un cauchemar. Il la protégeait par sa personnalité intimidante et les paroles des Prophètes.

« Qu'aucun de vous ne se laisse aller à haïr son prochain, prêchait-il en faisant rouler ses yeux globuleux.

— Amen, répondaient les filles en chœur.

— Le loup et l'agneau paîtront ensemble, le lion mangera du foin comme le bœuf.

— Amen.

— Tu aimeras ton prochain comme toi-même.

— Amen.

— Mary Ellen.

— Oui, monsieur ?

— Je ne vous ai pas entendue.

— Amen, monsieur.

— Je vous ai entendue avec mes oreilles mais pas avec mon cœur. Dites "amen" en y mettant toute votre âme. Dites avec sincérité : La parole est ton salut ! Prononcée sans foi, elle est ta damnation éternelle ! »

Il parlait de plus en plus fort, les veines de son front et de son cou s'enflaient, ses bras se déployaient comme les ailes d'un ange exterminateur.

« Dites amen, Mary Ellen !

— Amen, monsieur ! Amen !

— Le Créateur qui m'a fait n'a-t-Il point fait mon prochain également ?

— Amen ! répétaient les filles d'une voix frénétique.

— Ne sommes-nous pas tous les enfants d'un seul Dieu ? Dieu ne nous a-t-Il pas tous créés ?

— Amen !

— Voyez comme il est bon et plaisant de voir les cœurs se rejoindre dans l'unité !

— Amen ! »

M. Cromwell ne cherchait jamais à se rapprocher d'elle. Il ne cherchait jamais à la toucher. Il ne lui disait jamais qu'elle était belle. Il ne la regardait jamais comme les autres hommes. Ses yeux sortaient de leurs orbites et ses veines s'enflaient de la même façon que lorsqu'il pensait aux paroles des Prophètes. Il était le seul homme en qui elle eût confiance, parce qu'il était le seul à ne pas la désirer.

Ce jour-là, au musée, M. Cromwell partit à sa recherche après qu'elle se fut enfuie loin de l'inconnu qui l'avait complimentée. Il la trouva blottie dans un recoin, au milieu d'une collection d'objets venus d'un pays lointain.

« Levez-vous, mon enfant, levez-vous. »

Il n'essaya pas de la faire lever de force. Comme elle tardait à se remettre sur ses jambes, son attention se porta sur la collection d'objets insolites.

« Le Japon, dit-il. Un pays barbare d'assassins idolâtres et de sodomites. »

Le ton de sa voix la surprit. Bien que ses paroles fussent dures, il y avait plus de tendresse que de récrimination dans sa voix.

« Ils sont mûrs pour la conversion. Emily, ils sont prêts à entendre la Véritable Parole Divine. J'en suis sûr. Je vais répandre le Nom de Dieu ; saluez la grandeur de Notre-Seigneur. »

Baissant les yeux vers elle, il attendit.

« Amen, répondit-elle.

— Entendez la parole du Seigneur, ô vous, nations, et répandez-la dans les îles lointaines.

— Amen.

— Ces îles sont les îles lointaines dont parle l'Ancien Testament. Les îles du Japon. Il n'y en a pas de plus lointaines. »

Emily se leva et vint se placer timidement à côté de lui. Sur le mur s'étalait la carte, non pas celle d'un pays, mais de l'immense océan Pacifique. Là-bas, très loin à gauche, à l'extrémité de l'étendue marine, on voyait quatre grandes îles et une myriade d'îles plus petites. Le mot « Japon » s'étalait le long de leurs rives orientales.

« Ce royaume est resté replié sur lui-même pendant deux siècles et demi, expliqua M. Cromwell. Puis, il y a cinq ans, le commodore Perry a forcé ses portes. Notre révérend Tuttle a ouvert une mission là-bas, sous la protection d'un seigneur de guerre. L'année prochaine, quand je serai ordonné pasteur, je partirai à mon tour pour y bâtir une autre mission.

— Vous allez quitter Rochester ? » Emily sentit son cœur chavirer.

« Mon nom sera grand parmi les Gentils, dit le Seigneur de la Multitude. »

Comme aucun amen ne sortait de la bouche d'Emily, M. Cromwell la foudroya du regard.

« Amen », murmura la jeune fille.

Sans M. Cromwell, tout allait recommencer. Passaient encore l'animosité des autres filles ou les cruautés de ses camarades de classe. Mais les hommes, qui les tiendrait à distance lorsqu'il serait parti ?

M. Cromwell n'avait pas pour habitude de tolérer des amen aussi peu convaincus. Mais peut-être la déception d'Emily était-elle manifeste, car il fit une exception. Il s'arrêta devant une série de daguerréotypes colorés.

« Ce sont les femmes de ce pays », annonça-t-il.

A travers les larmes qui lui brouillaient les yeux, Emily distingua des silhouettes graciles comme des poupées de porcelaine, aux cheveux ramenés en volumineux chignons au-dessus de la tête, vêtues de robes aux manches amples retenues par de larges ceintures qui leur aplatissaient la poitrine. Des yeux étroits et allongés fendaient leurs visages ronds et plats comme des visages d'enfants.

Emily pointa du doigt vers l'une d'elles. Ses lèvres entrouvertes en un léger sourire révélaient une bouche noire et sans dents.

« Elle n'a pas de dents, monsieur.

— Si, si, Emily. Mais là-bas, les dames de haute naissance se noircissent les dents. »

Elle regarda la légende qui accompagnait les clichés. Celle-ci disait : « Célèbres Beautés de la ville de Yokohama. »

Lorsqu'elle se retourna vers M. Cromwell, il fixa sur elle un regard intense.

« Au Japon, vous seriez considérée comme une femme insignifiante, pour ne pas dire repoussante. Vos cheveux dorés, vos yeux bleus, votre taille, votre corpulence, bref, votre allure générale. Il n'y a rien chez vous qui puisse attirer un Japonais. »

Emily regarda de nouveau les femmes aux yeux en amande, aux dents noircies, aux corps graciles dépourvus des grossières rondeurs féminines dont elle était affligée. M. Cromwell avait raison. On ne pouvait imaginer deux types de femmes plus différents qu'Emily et ces célèbres beautés de Yokohama.

« Emmenez-moi avec vous », implora Emily avec une audace qui l'étonna elle-même.

Elle fut plus surprise encore par la réponse de M. Cromwell.

« J'y ai longuement songé, dit-il calmement. Il y a une raison pour que nous nous soyons rencontrés, vous et moi. Et je crois que cette raison est le Japon. Nous allons porter là-bas la Véritable

Parole Divine, nous serons des exemples vivants de cette Parole. Si vous le souhaitez vraiment, je vais écrire à vos tuteurs.

— Je le souhaite de tout mon cœur.

— En dehors de la classe, vous m'appellerez Zephaniah, dit M. Cromwell. Il n'est pas seyant pour une fiancée d'appeler son futur époux "monsieur". »

Et c'est ainsi que, sans le vouloir, Emily s'était fiancée. M. et Mme Parton donnèrent leur consentement sans se faire prier. Il fut décidé qu'Emily et Zephaniah célébreraient leur mariage dans la nouvelle mission, qu'ils bâtiraient de leurs mains, sur les terres d'un seigneur de guerre de la province d'Akaoka. L'imminence d'un mariage qu'elle n'avait pas envisagé ne la troublait pas le moins du monde. C'était le seul moyen pour elle d'atteindre le Japon. Les fiançailles, le voyage, le Japon devinrent son plus cher espoir, l'espoir de trouver un refuge loin de la beauté qui la rendait si malheureuse.

Elle était à deux mois de son dix-septième anniversaire quand *L'Etoile de Bethléem* quitta San Francisco et mit le cap à l'ouest. Elle n'emporta que trois choses avec elle. *Ivanhoé*, le roman préféré de sa mère, son médaillon, et son cœur rempli de souvenirs d'enfance.

Emily eut un pincement au cœur en entendant s'éloigner les pas de frère Matthew. Elle avait espéré qu'il lui tiendrait compagnie. La conversation avec Zephaniah était ponctuée de longues périodes de silence. Lorsqu'il passait de la veille au sommeil, comme maintenant, elle ne cessait de songer à l'avenir et à l'impasse dans laquelle elle se trouvait. L'homme qui aurait dû être son époux reposait là, inconscient. C'était à cause de lui qu'elle était venue jusqu'ici, dans ce pays inconnu qui, miraculeusement, semblait être le lieu de délivrance dont elle avait toujours rêvé. Depuis cinq jours qu'elle était dans ce palais, aucun homme ne l'avait regardée avec concupiscence. Ici, les visages des hommes et des femmes n'affichaient que dédain, pitié ou dégoût à son encontre. Ainsi que Zephaniah le lui avait promis, ils la jugeaient hideuse.

Mais à peine avait-elle trouvé le répit qu'il se dérobait déjà. Quand Zephaniah ne serait plus, elle serait obligée de rentrer. De retourner en Amérique.

Cette perspective l'épouvantait. Une fois là-bas, elle n'aurait nulle part où aller. Elle ne pourrait pas retourner à la mission de San Francisco. Au cours des dernières semaines qu'elle avait passées là-bas, la situation n'avait cessé de se dégrader. Une dizaine de nouveaux missionnaires étaient arrivés de Boston pour se préparer à une mission en Chine. Plusieurs d'entre eux s'intéressaient à elle d'un peu trop près. Au début, ils s'étaient efforcés de garder une distance polie, mais cela n'avait pas duré. Cela ne durait jamais. Pour finir, ils s'étaient mis à la dévisager sans vergogne, laissant leurs yeux errer sur son corps, puis à la tripoter et à la serrer de près lorsqu'ils la croisaient dans un couloir, au réfectoire, à la chapelle. Ni les commandements de la Véritable Parole, ni ses fiançailles avec Zephaniah, ni même la froideur qu'elle affichait à leur égard ne parvenaient à les décourager. Et elle savait qu'il s'en serait fallu de peu qu'ils ne perdent toute retenue. Elle le voyait à leurs yeux.

Zephaniah soupira dans son sommeil. Saisissant sa main dans la sienne, elle la serra doucement et dit en refoulant ses larmes :

— Dieu vous bénisse, Zephaniah. Vous avez fait de votre mieux.

6
La mort du seigneur Genji

Cet hiver-là, le seigneur Shayo périt dans la mer gelée ; au printemps, la branche d'un arbre en fleur écrasa son successeur, le seigneur Ryoto ; l'héritier suivant, le seigneur Moritake, fut immolé par la foudre d'été. Koseki devint alors le maître du domaine.

Il dit : « Je ne peux rien contre les saisons. »

Quand arrivèrent les pluies d'automne, il exécuta ses gardes du corps, manda toutes ses concubines au monastère, renvoya ses cuisiniers, épousa la fille du maréchal-ferrant et déclara la guerre au shogun.

Le seigneur Koseki régna pendant trente-huit ans.

Suzume-no-kumo
(1397)

Sohaku avait renoncé à discuter ou à se tracasser inutilement. Quand Genji avait demandé à rester en tête à tête avec Shigeru, Sohaku avait dit : « Bien, sire », s'était incliné puis retiré. L'imminence du désastre lui apportait une paix intérieure que six mois de pratique zen n'avaient pu lui procurer, tant s'en fallait. Dans le lieu sacré où des générations de moines avaient atteint le *satori*, un gamin dilettante et un fou furieux étaient en train de décider ensemble de l'avenir du clan Okumichi. Peut-être ressortiraient-ils tous deux vivants du pavillon de méditation. Peut-être pas. Mais là n'était pas la question. Car Genji et Shigeru mourraient bientôt de toute façon. Il n'y avait pas d'autre solution. Seul importait de savoir comment ils mourraient et de la main de qui.

Tandis qu'il s'éloignait du pavillon de méditation, Sohaku sentit un froid glacial lui pénétrer les os. Etait-ce le signe avant-coureur d'une maladie ? Cette pensée le fit sourire. Métaphoriquement, quelle serait la maladie la plus appropriée à cette situation catastrophique ? Le choléra, un retour de l'épidémie qui avait ravagé les villages voisins quelques mois plus tôt ? Ou la peste noire ? C'est alors qu'il comprit la raison de cette absence totale de chaleur corporelle.

Pour la première fois, les cailloux du sentier ne résonnaient pas sous ses pieds. Sans même essayer, il avait accompli une prouesse. Il avait réussi là où tous ses samouraïs, y compris les plus zélés, avaient échoué. Son corps avait perçu le silence avant son esprit et avait répercuté l'information jusque dans les profondeurs de son être. L'espace d'un court instant, il eut une révélation. Sohaku vit un assassin potentiel auquel il n'avait jamais songé auparavant. Lui-même.

Si, ainsi qu'il le croyait, les Okumichi étaient condamnés à disparaître, il n'avait d'autre choix que d'assurer la survie de sa propre famille. A moins qu'il n'entre au service d'un autre seigneur, lui et ses descendants périraient à l'instar de tous ceux qui maintiendraient leurs anciennes allégeances. Sohaku passa en revue les différentes possibilités qui s'offraient à lui. Le seul seigneur qui pût garantir une transition sans heurts était le shogun. Ou plus exactement les gens de son entourage. Car l'actuel détenteur du titre, Iemochi, était un jeune garçon souffreteux de quatorze ans. Kawakami, le chef de la police secrète, était de toute évidence la personne avec qui il devait entrer en relation.

Cependant, avant d'entreprendre quoi que ce soit, il devait s'assurer de la fidélité de ses propres hommes. Sur qui pouvait-il compter ? Lesquels devaient être éliminés ? Et ses vieux camarades restés au palais d'Edo, Saiki et Kudo, qu'en était-il ? Il les sonderait à la première occasion. S'il parvenait à les rallier à sa cause, les risques seraient bien moindres.

Si le seigneur Kiyori avait été encore en vie, de telles pensées ne l'auraient jamais effleuré. Mais le vieux briscard était mort. Sohaku voyait l'avenir aussi clairement que s'il avait eu une vision. Ou bien Saiki et Kudo se ralliaient à lui, ou bien ils mourraient, comme les autres.

Au pas suivant, tout le poids de son corps fit vibrer le sentier. Les graviers crissèrent sous ses sandales. Perdu dans le grouillement des événements à venir, Sohaku n'entendit rien.

Après avoir servi le thé au seigneur Genji et à Shigeru, Hidé se prosterna pour se retirer du pavillon de méditation. Il ne trouvait guère prudent de laisser le seigneur seul avec Shigeru, d'autant que ce dernier était armé. Certes, même à mains nues, Shigeru n'aurait eu aucun mal à neutraliser le seigneur Genji, et le fait qu'il soit armé ne changeait pas grand-chose. Une fois de plus, il en vint à se demander si le jeune seigneur était frivole et impétueux, ou intelligent et déterminé. En une heure de temps, Shigeru avait subi la plus incroyable des transformations. Il se conduisait à nouveau comme le grand maître d'armes qu'il avait été avant de sombrer dans la folie. Par quel prodige ? La seule chose que Hidé eût remarquée était que le seigneur Genji était arrivé et lui avait rendu ses sabres. Un tel exploit était difficilement concevable, en particulier pour un esprit aussi limité que le sien. Car Hidé ne savait faire qu'une chose : choisir son maître et lui obéir les yeux fermés. Depuis la mort du vieux seigneur, Hidé gardait sans cesse cette question à l'esprit : qui était réellement le maître du clan à présent ? Saiki, le chambellan ? Kudo, le chef de la sécurité ? Sohaku, le commandant de cavalerie ? Ou le jeune seigneur ? Ce dernier semblait le moins apte à la tâche. Il n'était guère plus qu'un fantoche. Et pourtant, il était bel et bien enfermé en tête à tête — et parfaitement à l'aise — avec l'homme qui avait massacré plus d'une dizaine de proches parents. De prime abord, son comportement semblait traduire un manque total de jugement. Mais, pour qui prenait la peine d'y regarder de près, cela traduisait au contraire une grande clairvoyance. Car, si le seigneur Genji avait effectivement le don de prescience, il ne courait aucun risque. Auquel cas il ne fallait pas hésiter à le suivre. Qui aurait pu surpasser un grand seigneur doté du don de prophétie ?

— Reste avec nous, dit le seigneur Genji en désignant de la main une tasse.

Hidé s'inclina et prit la coupe qui se trouvait sur le plateau puis, toujours incliné, attendit que le seigneur Genji eût fini de la remplir. Une telle déférence était pour le moins inattendue, car seuls les plus proches parents du seigneur avaient droit à de telles faveurs.

— Merci, sire.

— Tu as eu une conduite exemplaire lors de l'échauffourée, dit le seigneur Genji. Tu as fait preuve de beaucoup d'habileté et de courage, mais c'est surtout ta capacité à prendre des décisions qui m'a impressionné. En ces temps d'incertitude, seuls les vrais samouraïs ne connaissent pas l'hésitation.

— Je ne suis pas digne d'un tel compliment, protesta Hidé en s'inclinant, le cœur plein de fierté malgré son apparente modestie.

— Ce n'est pas à toi de le dire, le semonça Shigeru. Quand ton seigneur parle, tu dois te taire, le remercier, t'excuser ou lui obéir, selon le cas. Et rien d'autre.

— Oui, sire. Pardonnez ma grossièreté, seigneur Genji. Je suis plus à ma place à l'écurie qu'en votre présence.

La paume de Shigeru frappa le sol avec une telle force que les murs en tremblèrent.

— Ne m'as-tu pas entendu ? Remercie ton seigneur, fais-lui des excuses, tais-toi et obéis. Ce n'est pas à toi de donner des explications. Est-ce clair ?

— Oui, sire.

Confus, Hidé s'abaissa face contre terre.

Le seigneur Genji rit.

— Au diable le protocole, mon oncle. Nous sommes trois camarades qui buvons le thé en faisant des projets d'avenir.

A l'extérieur, un bruit de pas se rapprochait à vive allure.

— Sire ? dit une voix inquiète. Tout va bien ?

La claque retentissante de Shigeru sur le sol avait ameuté toute la compagnie, qui s'était rassemblée devant la porte, l'arme au poing.

— Oui, oui, tout va bien. Laissez-nous à présent.

— Bien, sire.

Le seigneur Genji attendit que les pas se fussent éloignés avant de reprendre :

— Ainsi que je te l'ai dit, ta bravoure m'a amené à prendre une décision.

Il se tut et fixa Hidé du regard pendant un long moment. Voyant qu'il ne disait plus rien, Hidé commença à se demander s'il attendait une autre réponse de sa part. Dans ce cas, devait-il le remercier ou lui adresser des excuses ? Il décocha un regard furtif à Shigeru, dans l'espoir de recevoir un encouragement, mais l'oncle du jeune seigneur resta de pierre, les yeux mi-clos, comme s'il avait été en train de méditer. Juste au moment où Hidé allait ouvrir la bouche pour le remercier, le seigneur Genji parla à nouveau, lui évitant de commettre un autre impair.

— Tu as entendu parler de mon prétendu don de prophétie ?

— Oui, sire.

— Ce que je vais te dire ne doit pas être répété.

— Oui, sire.

— Eh bien, c'est la vérité.

Un souffle d'air glacé emplit soudain les poumons de Hidé, lui coupant la respiration. Que le seigneur Genji eût le pouvoir de lire l'avenir n'avait rien de surprenant. La plupart des hommes du clan s'accordaient à dire que tous les seigneurs d'Akaoka héritaient de ce don, et Hidé partageait cet avis. Mais, comme tous ses compagnons, il avait été ébranlé d'apprendre que Shigeru avait empoisonné le seigneur Kiyori puis massacré ses proches. Qui, avec le don de double vue, aurait pu permettre une telle tragédie ? Mais son ami Shimoda avait argué en faveur du don de prophétie, en soulignant que personne ne savait ce qu'avait vu le seigneur Kiyori. Peut-être s'agissait-il d'un autre châtiment, pire encore, bien que cela fût difficile à imaginer. Et puis ne disait-on pas que les pires tragédies engendraient les grandes victoires ? Il suffisait de songer à la façon dont le domaine d'Akaoka avait été fondé, six cents ans plus tôt, à cause d'un vol de moineaux. Non, ce qui suscitait l'étonnement de Hidé, c'était que le seigneur daigne partager avec lui, simple soldat, le secret le plus précieux du clan.

Avec un gros soupir libérateur, Hidé s'inclina jusqu'à terre.

— Seigneur Genji, votre confiance est un grand honneur. Je saurai m'en montrer digne.

— Je le sais, Hidé, car j'ai vu l'avenir.

Abasourdi, Hidé sentit la terre se dérober sous lui. N'eût été sa longue pratique des arts martiaux, il serait tombé à la renverse.

— Tu me resteras fidèle jusqu'à la mort, dit le seigneur Genji. Puisque je sais désormais qu'aucun autre que toi n'est plus digne de ma confiance, je te nomme capitaine de ma garde personnelle. J'annoncerai ta nomination en assemblée plénière, après que mon oncle et moi nous serons entretenus de divers autres sujets. Cela te donne le temps de réfléchir à ceux que tu souhaites nommer lieutenants, lesquels t'aideront ensuite à recruter le reste de tes hommes.

La poitrine de Hidé se gonfla d'émotion. En cette heure grave où le sort de la nation et celui du clan étaient menacés, son seigneur l'avait choisi, lui, parmi des dizaines de camarades mieux accomplis et plus expérimentés que lui — lui, Hidé, le bouffon, le joueur invétéré, l'ivrogne — pour lui servir de bouclier. Des larmes de gratitude jaillirent de ses yeux, tombant bruyamment à terre comme les gouttes d'une pluie d'hiver.

— Merci, seigneur Genji.

Hidé flottait sur un petit nuage lorsqu'il ressortit du pavillon de méditation. Il alla prendre place parmi les samouraïs qui attendaient dehors le seigneur Genji. Contrairement à son habitude, il ne souriait pas, et n'échangea aucune plaisanterie avec ses compagnons. En une heure de temps, sa vie avait radicalement changé.

Fidèle jusqu'à la mort.

La plus grande crainte de Hidé avait toujours été de faire le mauvais choix en période de crise, et de trahir son maître non par lâcheté mais par bêtise. A présent cette crainte avait disparu. Le seigneur Genji, qui avait vu l'avenir, était son garant. Hidé lui serait fidèle jusqu'à la mort. Maintenant qu'il en avait la certitude, il se sentait devenir plus fort et plus résolu de minute en minute.

— Ils t'ont gardé un sacré bout de temps, observa Shimoda. Que te voulaient-ils ?

— Ce n'est pas à moi de le dire, répondit Hidé.

Se repliant sur ses pensées, il décida que Shimoda serait son premier lieutenant. Quoique peu habile au maniement du sabre, et franchement pitoyable au corps-à-corps, il était imbattable au tir à l'arc, au mousquet et au pistolet, que ce fût en tir posté ou à cheval. De plus, il était l'honnêteté personnifiée et n'avait qu'une parole.

Shimoda se rassit, surpris par la réticence de Hidé et plus encore par son sérieux. Que s'était-il passé à l'intérieur du pavillon de méditation ? Son joyeux compagnon semblait métamorphosé.

— Eh bien ? dit Taro en venant s'asseoir à côté de Shimoda.

Il gratta le poil dru qui recommençait à pousser sur son crâne rasé. Comme tous les autres moines-soldats, il avait cessé de se raser la tête sitôt qu'il avait appris que le seigneur Gengi allait leur rendre visite. Le signal tant attendu de reprendre la vie militaire était enfin arrivé. Tous avaient déjà revêtu leurs habits de samouraïs et remis deux sabres dans leur ceinture. Seule leur absence de cheveux indiquait qu'ils avaient été moines. Un signe embarrassant, et plus embarrassant encore lorsqu'ils s'en retourneraient à Edo. La coiffure élaborée du samouraï constituait une partie essentielle de sa garde-robe. Malheureusement, on n'y pouvait rien. Parfois il était nécessaire d'endurer l'intolérable. Taro gratta à nouveau son crâne qui le démangeait.

— Que t'a dit Hidé ?

— Rien, répondit Shimoda avec humeur.

Taro resta interloqué.

— Je croyais que nous étions amis. S'il t'a mis dans le secret, tu peux me le dire.

— Je viens de te le dire. Il ne m'a rien dit.

— Vraiment ?

Le regard de Taro se porta au-delà de Shimoda, sur un samouraï assis bien droit, les yeux mi-clos, calme et alerte, aussi impassible qu'un Bouddha de pierre. Taro dut y regarder à deux fois pour s'assurer qu'il s'agissait bien de Hidé.

Genji sourit à Shigeru.

— Eh bien, tu ne veux pas savoir ?

— Savoir quoi ?

— C'est une évidence, voyons.

— Très bien. Pourquoi as-tu dit cela à Hidé ?

— Parce que c'est la vérité.

Gengi et Shigeru éclatèrent de rire.

Reprenant aussitôt son sérieux, Shigeru remarqua :

— Je crois que tu as commis une bêtise. Hidé n'est qu'un panier percé et un sans-cervelle. Tous ses pairs sont montés en grade. Il est le seul à être resté au bas de l'échelle, avec des hommes de dix ans ses cadets. Qui plus est, Sohaku sera offensé par sa nomination. En tant que chef de la garde personnelle de mon père, il s'attend sans doute à devenir le tien.

— Tu parles avec sagesse, mon oncle, même si une telle chose est impensable si l'on considère qu'il y a une heure encore tu étais nu, couvert de merde des pieds à la tête et grimaçant comme un singe savant. On ne peut s'empêcher de se demander comment une telle transformation a pu avoir lieu et si elle va durer. Que me conseilles-tu ?

Shigeru s'empourpra et baissa les yeux.

— Bien, reprit Genji, nous en reparlerons plus tard. En attendant, il y a certaines choses dont j'aimerais m'entretenir avec toi. Tu les trouveras sans doute salutaires. Quant à Hidé, tu as raison concernant son passé. Bien des hommes dans sa situation se sentiraient écrasés par le poids d'une telle responsabilité. Mais je crois que l'inverse va se produire chez lui.

Shigeru posa sur Genji un regard interrogateur.

— Comment cela, tu crois ? Tu veux dire que tu ne le sais pas ?

— Comment pourrais-je le savoir ?

— Dans chaque génération de notre famille quelqu'un hérite de la malédiction du don de double vue. D'abord mon père, puis moi. Le suivant ne peut être que toi. Puisqu'il n'y a personne d'autre.

— Il y en avait trois autres il n'y a pas si longtemps, rectifia Genji. Mes cousins, tes enfants. L'un d'eux en avait peut-être hérité.

— Non. Ils ne voyaient que ce qui se trouvait devant leurs yeux ou dans leurs rêves d'enfants.

— Mon père était un ivrogne et un opiomane. Il n'est pas impossible qu'il ait eu des rejetons avec d'autres femmes sans même le savoir.

Shigeru secoua la tête.

— L'alcool et l'opium consommés en grande quantité inhibent le désir sexuel. C'est d'ailleurs un miracle qu'il ait pu engendrer. (Shigeru sourit mais ses yeux étaient tristes.) Il est inutile de nier, tu le sais très bien.

— Es-tu certain qu'il n'y a personne d'autre ? dit Genji. Grand-père était quelqu'un d'extrêmement viril. Tu as peut-être eu des frères et sœurs sans le savoir ? Qui eux-mêmes ont eu des enfants ?

— Mon père était viril, certes, mais il était également fort prudent. Il n'aurait jamais rien fait qui puisse répandre la malédiction hors de la famille.

— Tu parles de malédiction, alors que la plupart des gens considèrent cela comme un don.

— Le penses-tu vraiment ?

Genji soupira en prenant appui sur son accoudoir.

— En avoir hérité n'a pas fait le bonheur de mon grand-père. N'en avoir pas hérité a causé la perte de mon père. Quant à toi, vois ce qu'elle t'a fait. Non, tu as raison, ce n'est pas un don. J'avais espéré que quelqu'un d'autre en hériterait à ma place. Et je continue d'espérer.

— Je ne comprends pas. Si tu détiens ce pouvoir, tu ne peux pas ne pas le savoir. Comment peux-tu espérer y échapper ?

— Grand-père m'a dit que je l'avais, reconnut Genji. Mais à part cela, je n'ai aucune preuve.

— Tu n'as jamais eu de visions ?

— J'espère que non, répondit Genji.

Ils étaient dans les bois, non loin du château, en train de cueillir des *shiitake*, les champignons qui poussent à l'ombre sur le tronc des plus vieux conifères, quand son grand-père le lui avait annoncé.

« Je n'en veux pas, protesta Genji. Donnez-le à quelqu'un d'autre. »

Grand-Père s'efforça de garder un visage sévère, sans y parvenir. Genji vit une lueur briller dans les yeux du vieil homme, signe incontestable qu'il avait envie de rire.

« Tu parles comme un bébé, dit Grand-Père. Que tu le veuilles ou non n'y changera rien.

— N'empêche que je n'en veux pas, réitéra Genji. Si mon père n'en veut pas, vous n'avez qu'à le donner à mon oncle Shigeru.

— Ce n'est pas moi qui décide, expliqua Grand-Père. Si je le pouvais... »

Genji attendit, mais Grand-Père ne termina pas sa phrase. Ses yeux avaient cessé de pétiller.

« Shigeru l'a déjà. Et toi, tu l'auras également un jour.

— Si mon oncle l'a, pourquoi faut-il que je l'aie, moi aussi ? Je croyais qu'un seul d'entre nous en héritait.

— Un seul à chaque génération. Il y a eu moi d'abord, ensuite Shigeru. Tu seras le prochain. »

Genji se laissa tomber dans l'herbe et se mit à pleurer.

« Pourquoi, Grand-Père ? Qu'ont fait nos ancêtres pour que nous soyons punis ainsi ? »

Grand-Père s'assit à côté de lui et lui passa un bras autour des épaules. Son geste affectueux étonna Genji, car son aïeul n'était pas d'un naturel expansif.

« C'est Hironobu, l'un de nos ancêtres, qui est responsable, expliqua le vieil homme. Et nous avons hérité de son karma. »

Genji essuya ses larmes d'un revers de manche et précisa :

« Hironobu est notre premier ancêtre. Il a fondé ce domaine quand il avait six ans. Et moi, j'aurai six ans demain.

— Oui, seigneur Genji », répondit Grand-Père en s'inclinant devant lui.

Genji rit de la facétie, ses larmes aussitôt oubliées.

« Mais qu'a fait Hironobu ? Je croyais que c'était un héros.

— L'un n'empêche pas l'autre. »

Grand-Père disait souvent des mots que Genji ne comprenait pas. Voilà qu'il recommençait.

« La naissance et la mort se succèdent sans fin. Certaines naissances feraient mieux de ne pas survenir. Mais cela, on ne le sait jamais avant qu'il soit trop tard. Hironobu est tombé amoureux d'une femme maudite. La petite-fille d'une sorcière.

— Dame Shizuka ? Je croyais que c'était une princesse ?

— L'un n'empêche pas l'autre. »

Il avait beau se répéter, Genji ne comprenait toujours pas.

« C'était une princesse et c'était également la petite-fille d'une sorcière. Si elle ne s'était pas enfuie du couvent où elle avait été enfermée, elle n'aurait pas eu de progéniture, et aucun Okumichi n'aurait jamais eu la moindre vision, ou prononcé la moindre prophétie, ou souffert de connaître l'avenir. Naturellement, il n'y aurait jamais eu non plus de clan Okumichi. Nos visions nous ont sauvés à bien des reprises. Le bien et le mal ne font qu'un, en vérité. »

Grand-Père s'inclina respectueusement en direction du columbarium du clan, qui se trouvait dans la tour nord-ouest du château du Vol de Moineaux. Bien qu'il ne fût pas visible de cet endroit de la forêt, tous deux savaient où il se situait. Il était indispensable de connaître son emplacement, en cas d'attaque. Suivant son exemple, Genji s'inclina lui aussi avec déférence.

« Si elle était sorcière, pourquoi nous inclinons-nous devant elle, Grand-Père ? Ne devrions-nous pas éparpiller ses cendres aux quatre vents et effacer à jamais sa mémoire ?

— Si nous le faisions, elle se répandrait partout. En revanche, en la gardant enfermée dans une urne surveillée nuit et jour par nos intrépides soldats, nous sommes tranquilles, car nous savons où elle se trouve. »

Genji se blottit contre son grand-père en lui saisissant la main. Les ombres de la forêt s'étaient soudain allongées.

Grand-Père rit.

« Je plaisantais, Gen-chan. Les démons, les fantômes et autres esprits invisibles n'existent pas. Dame Shizuka, sorcière et princesse, est morte il y a six cents ans. Il ne faut pas avoir peur d'elle. Ce sont les vivants qui sont à craindre. Eux seuls sont vraiment dangereux.

— Dans ce cas, je suis content d'avoir le don, dit Genji sans toutefois lâcher la main de son grand-père. Je saurai qui sont mes ennemis, et je les tuerai tous avant qu'ils puissent me faire du mal.

— Tuer ne fait qu'engendrer davantage de violence, sans vraiment changer quoi que ce soit. Ce n'est pas ainsi que tu assureras ta sécurité.

— Dans ce cas, à quoi me sert de savoir ? grommela Genji, renfrogné.

— Ecoute-moi bien, Genji. Peu importe de savoir à quoi cela sert, si c'est bien ou si c'est mal. Que tu le veuilles ou non, tu en as hérité. Il est inutile de chercher à t'esquiver. Si tu ne te sers pas du don, c'est lui qui se servira de toi. Tu comprends ?

— Non, Grand-Père. Vous parlez comme le vieil abbé Zengen. Je ne le comprends pas, lui non plus.

— Pour l'instant, cela n'a pas grande importance. Tu as la mémoire des Okumichi. Plus tard, tu te souviendras de ce que je t'ai dit et tu comprendras. Ecoute-moi. Les visions surviennent de différentes façons. Shigeru en aura un grand nombre. Mais toi, tu n'en auras que trois au cours de ton existence. C'est pourquoi tu dois être très attentif. Examine-les sans crainte et sans désir ; alors les choses deviendront limpides et les trois visions te révéleront ce que tu dois savoir. »

« Trois visions, songea Genji. Seulement trois. Ce n'est pas si mal, au fond. Si ça se trouve, lorsqu'elles surviendront je ne m'en rendrai même pas compte. » Il vit que Grand-Père le regardait fixement. Tout le monde disait que Grand-Père savait lire dans les esprits. Genji n'y croyait pas, pas vraiment. Mais mieux valait prendre ses précautions. Il se concentra de toutes ses forces sur les nuages qui flottaient dans le ciel et essaya de se remémorer le visage de sa mère. Elle était morte quand il avait trois ans et, à mesure qu'il grandissait, son image devenait de plus en plus floue. Lorsqu'il essayait de se souvenir d'elle, il ne voyait souvent qu'une esquisse. Son grand-père ne verrait pas autre chose s'il pouvait réellement lire dans les pensées.

— Je comprends, dit Shigeru avec un sourire crispé. Ce n'est pas parce que tu n'en as pas encore eu que cela n'arrivera jamais. Aucun de nous n'a eu cette chance. Tu n'y échapperas pas. Alors prépare-toi. Si mon père t'a dit que tu allais en avoir trois, cela arrivera à coup sûr. Il ne s'est jamais trompé.

— Ce n'est pas là l'unique raison, répondit Genji. J'espère que ce que j'ai vu n'était pas une vision, parce que si c'en était une, je sais une chose qu'aucun homme ne devrait savoir.
— Je sais des milliers de choses que personne ne devrait savoir.
— Sais-tu quand surviendra ta propre mort ?

Genji ne reconnaît pas le lieu où il se trouve. Cette vision, il l'a évoquée à maintes reprises et l'a examinée aussi attentivement qu'un samouraï étudie son adversaire, guettant le moment propice pour passer à l'attaque. En vain. Il n'a jamais mis les pieds en ce lieu. En revanche, il ne fait aucun doute qu'il le connaîtra un jour et qu'il sera connu de la foule rugissante rassemblée ici. De tous côtés pleuvent les encouragements et les insultes. Lesquels sont les plus nombreux ? Difficile à dire. S'il devait se prononcer au hasard, il dirait les insultes.
— Sois damné !
— Traître ! Traître ! Traître !
— *Banzai* ! Tu as sauvé la nation !
— Mort aux lâches !
— Tu nous as déshonorés ! Montre-toi digne et tue-toi !
— Que tous les dieux et les Bouddhas te bénissent et te protègent !
Il est en train de longer la travée centrale de la grande salle. Celle-ci ne ressemble à rien de ce qu'il a pu voir jusqu'ici. Malgré la nuit au-dehors, il y fait jour comme en plein midi. Les nombreuses lampes disposées sur les murs ne rejettent pas la moindre trace de fumée. Elles donnent une lumière incandescente, à l'intensité constante et sans le moindre vacillement. (Une nouvelle mèche a-t-elle été inventée ou s'agit-il d'une sorte de combustible de qualité supérieure ?) A la place des coussins disposés en rangs à même le sol, quelque deux cents fauteuils de modèle occidental occupent le parterre face à la tribune. A l'arrière, on aperçoit un vaste balcon avec une centaine de fauteuils supplémentaires. Tous sont vides. La foule hurlante et gesticulante se tient debout. Les fauteuils ne sont peut-être là qu'à titre symbolique et n'ont pas vocation à être utilisés. (C'est probable, car Genji, qui, tout récemment, a essayé un de ces engins, sait combien ils peuvent être dommageables à l'équilibre des organes internes.)

Pas une seule tête ne porte le chignon traditionnel. Aucun homme n'est muni des deux sabres du samouraï. A l'instar des fous ou des prisonniers, tous les gens rassemblés ici arborent une masse désordonnée de cheveux et aucun n'est armé. Tous les visages sont japonais, mais tous portent les vêtements sans grâce des étrangers. La scène lui évoque un spectacle de marionnettes pour enfants, ou une grossière pantomime de campagne. Comment est-il possible qu'un spectacle aussi grotesque puisse être une vision ? se demande-t-il une fois de plus.

Sur le podium, un vieillard aux cheveux blancs frappe la table avec un petit marteau en bois.

— Silence ! Silence ! La Diète réclame le silence !

Mais personne ne lui prête attention. (Qu'est-ce que la Diète ?)

La plupart des encouragements proviennent de la gauche, les insultes de la droite. Genji lève la main pour saluer ses partisans. Au même moment, un jeune homme quitte les rangs et s'élance vers lui. Il est vêtu d'un uniforme bleu marine tout simple, dépourvu d'emblèmes ou d'insignes. Ses cheveux sont coupés au ras de son crâne. Ses deux mains sont posées sur le manche d'un sabre.

— Longue vie à l'empereur ! s'écrie le jeune homme en plongeant son sabre dans la poitrine de Genji, juste sous le sternum.

Genji tressaille au contact de la lame, tandis qu'une sensation de brûlure lui envahit la poitrine comme si une guêpe l'avait piqué. Puis tous ses muscles se relâchent.

Le sang gicle avec force, éclaboussant la figure du jeune homme.

Puis tout devient blanc.

Le silence descend, suivi par l'obscurité.

Mais la vision se poursuit.

Genji ouvre les yeux. Des visages inquiets sont penchés sur lui. Au-dessus d'eux, il aperçoit le plafond et comprend qu'il gît à terre.

Le sang s'échappe à gros bouillons de sa poitrine. Une sensation de froid humide envahit tout son corps. Il n'éprouve pas la moindre douleur.

La foule de visages se disperse, et une femme extraordinairement belle apparaît. Sans se soucier du sang, elle le prend dans ses bras et pose sa tête contre sa poitrine. Les larmes qui s'échappent de ses yeux éclaboussent le visage de Genji. Elle presse sa joue contre la sienne en sanglotant. Pendant quelques instants, leurs deux cœurs battent à l'unisson, puis le sien ralentit, de plus en plus.

— Vous serez toujours mon Prince Resplendissant, dit-elle.

Un jeu de mots sur son nom, Genji. Le nom d'un très ancien personnage de légende.

Deux grands gaillards, gardes du corps ou policiers, s'agenouillent à ses côtés. Eux aussi pleurent sans retenue.

— Seigneur Genji, dit l'un d'eux d'une voix étranglée par l'émotion.

— Tenez bon, sire, dit l'autre. Des secours arrivent.

L'homme ôte sa veste et la presse contre la plaie. Dans le holster qui lui enserre les côtes, Genji remarque qu'il porte un petit pistolet. Mais oui, évidemment, les pistolets ont remplacé les sabres. Il se demande si les samouraïs portent un ou deux pistolets. Il se demande également pourquoi l'arme est cachée. Il aimerait lui poser la question mais la force lui manque, et la volonté aussi. Il se sent devenir de plus en plus léger.

La femme lui sourit à travers ses larmes. Elle dit :

— J'ai fini la traduction ce matin. Je me demande si nous devrions garder le nom japonais ou le traduire en anglais. Qu'en pensez-vous ?

— Il ne vous entend pas, dame Shizuka, observe l'un des hommes. Il a perdu connaissance.

Dame Shizuka était la princesse-sorcière qui avait envoûté le fondateur du clan. Cela ne peut donc pas être elle. A moins qu'elle ne se soit réincarnée. Non, Genji ne croit pas à la réincarnation. De même que le bois une fois consumé ne peut renaître de ses cendres, l'être humain une fois mort ne peut revenir à la vie. C'est donc une autre dame Shizuka, qui porte le même nom que la première.

— Il m'entend, affirme dame Shizuka.

Genji voit que sa beauté n'est pas entièrement japonaise. Ses yeux sont noisette au lieu de noirs, et ses cheveux châtain clair. Ses traits sont également plus accentués et plus précis que des traits japonais. Il ne la reconnaît pas. Mais chaque fois qu'il examine cette vision, elle lui semble plus familière. Elle lui rappelle quelqu'un. Qui ? Il l'ignore encore. Il ne sait qu'une seule chose : dame Shizuka est la plus belle femme qu'il lui ait jamais été donné de voir. (Ou, pour être plus exact, la plus belle femme qu'il lui sera jamais donné de voir.)

— Anglais... dit Genji.

Il voudrait lui demander ce qu'elle a traduit en anglais, mais seul ce mot parvient à sortir de sa bouche.

— Anglais ? Très bien, conclut dame Shizuka en lui souriant à travers ses larmes. Encore un scandale de plus, Genji. Les gens vont dire : « Cette abominable Shizuka a encore fait des siennes. » Mais n'importe, nous avons l'habitude, n'est-ce pas ?

Ses lèvres tremblent, ses paupières papillotent, mais elle continue de sourire, et pour l'instant ses larmes ont cessé de couler.

— Elle aurait été fière de nous, dit dame Shizuka.

Qui ? voudrait lui demander Genji. Qui serait fière de nous et pourquoi ? Mais il n'a pas de voix. Ses yeux sont attirés par un objet brillant, suspendu à son long cou lisse. Il regarde. Il voit ce que c'est. Puis, à l'endroit où il entendait son cœur battre, il n'entend plus rien, il n'aperçoit plus rien.

— Il n'y a aucun doute, dit Shigeru, il s'agit bien d'une vision.

— Les choses que je t'ai décrites te sont-elles familières ?

— En partie. La mode vestimentaire. Les coiffures. L'absence de sabres. Il n'y a qu'une possibilité. Nous allons être anéantis par les étrangers et devenir une nation d'esclaves.

— Qu'en est-il de la Diète ? De quoi s'agit-il ?

— Personnellement, je ne l'ai jamais vue. C'est peut-être ce qui va remplacer le Conseil du shogun quand nous aurons été réduits à la servitude. La conduite scandaleuse des personnes présentes laisse penser que l'ordre et la discipline vont disparaître. Il est impensable que quelqu'un élève la voix en présence du shogun, et a fortiori toute une assemblée.

— En effet, mon oncle, c'est impensable.

— Et ton assassin ? L'as-tu reconnu ?

— Non. Ni lui ni aucun autre. Ce sont tous des inconnus.

— Cela signifie sans doute que toute ta suite a été assassinée, car jamais Saiki, Kudo, Sohaku ou moi-même ne te laisserions pénétrer sans protection dans un lieu comme celui-là.

— Mais, dans ce cas, qui sont les hommes qui cachent des pistolets sous leurs vestes ? Ils semblaient très soucieux de mon état de santé.

— Des gardes ? Tu as peut-être été placé en garde à vue.

Shigeru ferma les yeux et inspira plusieurs fois de suite. Lorsqu'il rouvrit les paupières, il s'inclina jusqu'à terre.

— Pardonne-moi d'avoir aussi gravement failli, seigneur.

Genji rit.

— Tu ne m'as pas encore failli, mon oncle. Peut-être trouverons-nous ensemble une solution à ce drame.

— Nous ne pouvons rien pour l'éviter. Nous pouvons épargner à nos descendants les souffrances d'un tel destin. Mais nous ne pouvons pas empêcher que l'avenir se produise et nous dévore, nous et tous les autres vivants.

— Est-ce là la raison de ton acte ? demanda Genji d'une voix douce.

Shigeru se raidit. Il se mit à trembler, légèrement au début, puis de plus en plus violemment, jusqu'au moment où un cri étranglé jaillit de sa gorge. Il s'effondra à terre en sanglotant.

Genji attendit calmement, sans un mot, sans un geste. Après quelques minutes, lorsque son oncle se fut quelque peu ressaisi, il lui servit une tasse de thé.

— Je sais combien il t'en coûte, mais il est indispensable que tu me parles de tes visions. C'est la seule façon pour moi de saisir la signification des miennes.

— Je comprends, seigneur.

Shigeru se comportait à nouveau de façon très protocolaire, afin de garder sa dignité.

— De temps en temps, si vous le souhaitez, je m'efforcerai de répondre à vos questions, sire.

— Merci, Shigeru. A présent, il me semble que nous avons assez parlé de visions. Passons à un autre sujet. Tout à l'heure, quand j'ai tourné les talons pour sortir de l'armurerie, tu étais prêt à me tuer. Pourquoi ne l'as-tu pas fait ?

— C'est le silence qui m'a arrêté. Les visions et les bruits qui me harcelaient sans répit depuis des semaines ont cessé en ta présence. Je me suis souvenu d'une recommandation de mon père, voilà très longtemps. Il m'avait dit que les choses se produiraient exactement comme elles se sont produites, et qu'à ce moment-là il fallait que je refrène mon impulsion de te tuer.

— Le seigneur Kiyori était un sage, dit Genji.

Il pensait que son grand-père était un visionnaire. Et pourtant celui-ci n'avait rien fait pour empêcher son fils dément de le tuer.

Pour quelle raison ? Peut-être parce que, ainsi que le disait Shigeru, ce qui devait arriver arrivait sans qu'on puisse rien y faire.

Shigeru attendit aussi longtemps qu'il le put. Mais voyant que Genji ne posait plus de questions, il demanda :

— Qu'as-tu aperçu ? Qu'y avait-il autour du cou de la femme ?

— C'est un détail dont je n'arrive jamais à me souvenir, expliqua Genji.

En fait il voyait l'objet aussi distinctement que s'il l'avait eu sous les yeux, mais il estimait s'être déjà assez confié à son oncle et ne voulait pas l'accabler davantage.

— Dommage. Car il s'agit peut-être d'un présage important.

— Peut-être, dit Genji.

Shigeru ne prêta guère attention au discours que Genji prononça devant l'assemblée. Il songeait à la vision de son neveu. Il allait se produire bien des événements avant que s'instaure le régime politique que lui avait décrit Genji : les samouraïs avaient beau être sur le déclin, il faudrait encore un bon nombre d'années avant que le Japon ne tombe aux mains des conquérants. Il y avait encore parmi eux des hommes qui avaient su préserver l'éthique guerrière ancestrale et qui étaient prêts à se battre jusqu'à la mort. Apparemment, Genji n'en faisait pas partie, car, dans sa vision, on le traitait de traître. Shigeru espérait qu'il s'agissait là d'une simple calomnie.

Malgré ses inquiétudes, Shigeru gardait espoir. Pour la première fois depuis des mois, le flot de visions qui l'assaillait avait cessé. Depuis l'arrivée de Genji, il n'avait rien vu que les autres ne vissent eux-mêmes. Peut-être le déluge de visions obsédantes obéissait-il au même mécanisme mystique que celui par lequel Genji n'aurait que trois visions au cours de son existence. Il ne pensait pas être définitivement guéri. Les visions allaient revenir. Mais, si elles cessaient de temps à autre, il espérait mettre ces instants de répit à profit, comme à présent, pour retrouver sa maîtrise de soi. Toute sa vie durant, il avait pratiqué les arts martiaux dans le but de se défendre en cas d'attaque. Qu'étaient ces visions, sinon des attaques venues de l'intérieur ? Elles ne différaient pas des autres agressions, si ce n'était par leur point d'origine. Il refusait de se laisser vaincre par elles.

Il entendit prononcer le nom de Hidé et vit ce dernier se prosterner très bas devant Genji. Il venait d'être nommé officiellement à son nouveau grade. Shigeru observa l'assemblée et vit une expression de mécontentement sur certains visages. Ces hommes allaient devoir être surveillés de près. Il jeta un coup d'œil en direction de Sohaku, s'attendant à lire de la consternation sur ses traits. Mais l'abbé du monastère de Mushindo, jadis commandant de cavalerie, semblait parfaitement serein. Shigeru comprit alors qu'il allait devoir tuer son vieil ami. Car, si la nomination de Hidé ne courrouçait pas Sohaku, c'était parce qu'il avait déjà pris la décision de trahir son jeune seigneur. Si seulement il avait su ce que Shigeru savait : tant que les étrangers n'auraient pas conquis le Japon, Genji serait invulnérable.

Et, même le moment venu, Genji aurait de la chance. Car il mourrait sans peur, baignant dans son propre sang, entre les bras d'une belle femme éplorée.

Existait-il mort plus douce pour un samouraï ?

7
Satori

Dans une bataille, l'avancée n'est pas gage de victoire. La retraite n'est pas nécessairement une défaite. L'avancée est une stratégie.

La retraite est également une stratégie. Elle doit se faire dans l'ordre mais ne doit pas toujours avoir l'air ordonnée. La retraite est une stratégie. La façon dont la retraite est menée est également une stratégie.

Suzume-no-kumo
(1600)

— Jimbo n'est pas ton vrai nom, dit Genji.
— Qu'est-ce qu'un vrai nom ? répondit Jimbo.
Genji rit.
— Tu es un étranger, et pourtant tu as rasé tes cheveux et revêtu la robe rapiécée des moines zen, et tu parles par énigmes comme le vieil abbé Zengen. Est-ce lui qui t'a appris notre langue ?
— Non, seigneur. L'abbé Zengen m'a sauvé la vie durant l'épidémie de choléra. Ce sont les enfants du village qui m'ont appris à la comprendre et à la parler.
— Voilà qui n'est pas banal. Car je doute qu'ils sachent lire.
— Je ne sais pas lire votre langue non plus, seigneur.
— Tes prouesses linguistiques n'en sont que plus impressionnantes. Aucun de nous ne serait capable de parler aussi bien ta langue après avoir passé un an en Amérique parmi des paysans illettrés.

— Je vous remercie, seigneur, au nom de mes professeurs. C'est à eux qu'en revient le mérite.

Un souffle d'air hivernal souleva le dais de toile au-dessus de leurs têtes. Genji regarda le pâle ciel d'hiver. Le jour commençait à décliner. Avant que l'heure du bélier ne soit passée, ils reprendraient la route d'Edo. Ils atteindraient la frontière à la nuit tombée et traverseraient le territoire ennemi de Yoshino, ce qui comportait un avantage certain, car les risques de croiser une patrouille seraient moindres. Un bain de sang par voyage était plus que suffisant.

— Quand tu es arrivé au Japon, reprit Genji, tu étais un missionnaire chrétien. A présent, te voilà devenu moine bouddhiste. Tu t'appelais James Bohannon. Et maintenant tu te fais appeler Jimbo. Mais comment t'appelais-tu avant de devenir James Bohannon ?

— Ethan Cruz, dit Jimbo.

— Et avant cela ?

— Ethan, tout simplement.

— J'imagine que ces changements de nom successifs n'ont rien à voir avec la religion chrétienne.

— Vous avez raison, seigneur.

— Ni avec la religion zen.

— En effet, seigneur.

— Mais alors, pourquoi ?

Avant de répondre, Jimbo baissa les yeux. Il prit une lente et profonde inspiration ventrale en se concentrant sur son *tanden*, le centre de son être. Puis il expulsa l'air de ses poumons, chassant au loin la peur, la haine et le désir.

— Parce que je fuyais, dit-il.

— Quoi donc ?

— Moi-même.

— Une quête ardue, dit Genji. Beaucoup s'y sont essayés. Mais à ma connaissance aucun n'y est parvenu. Et toi ?

— J'y suis parvenu, seigneur, répondit Jimbo.

Ce n'était pas la première fois qu'il voyageait avec Tom, Peck et Haylow. Ces types savaient à peu près se tenir, et ne lui avaient jamais causé la moindre embrouille, mais Ethan ne leur faisait pas confiance. C'était une habitude qu'il tenait du vieux. Une bonne habitude, en particulier dans une branche comme la sienne : braquages en tout genre et vol de bétail.

Surtout ne jamais s'attacher à quelqu'un, disait Cruz.

« Ne va surtout pas faire le malin et t'imaginer que tu peux t'attacher tout en restant lucide. Il y a là-dedans quelque chose qui détourne l'attention. Je ne sais pas ce que c'est. Tu te laisses aller à aimer quelqu'un et un beau matin tu te réveilles avec une hache plantée au beau milieu du crâne. Ce jour-là, il sera trop tard pour venir pleurer. »

Sans doute Cruz parlait-il par expérience, songea Ethan, car il avait une crevasse dentelée à l'arrière du crâne, marquée par une longue cicatrice blanche là où les cheveux n'avaient pas repoussé.

« Quant à l'amour, pour les femmes, je veux dire, mieux vaut faire une croix dessus, ajoutait Cruz. Ne tombe jamais amoureux d'une greluche en qui tu n'as pas confiance. Non, non, pas la peine de hocher la tête, mon garçon. Je sais que ça t'arrivera. Ça nous arrive à tous. Et tu sais pourquoi ? Parce qu'on ne peut pas faire confiance aux gonzesses. Toutes des salopes, des tricheuses et des menteuses. »

De tels propos dans la bouche d'un maquereau qui passait le plus clair de son temps en compagnie de putains n'avaient rien de surprenant : il est bien connu que le mensonge et la tricherie sont les outils de travail de ces dames, en plus de leurs charmes, s'entend.

Ethan ne sut jamais si c'était un homme ou une femme qui avait fendu le crâne de Cruz. Mais si une femme était dans le coup, il y avait forcément aussi un homme. Cruz imputait ses vertiges, ses crises de folie furieuse, ses trous de mémoire et son alcoolisme à cette blessure.

« Je serais infichu d'expliquer comment c'est arrivé, disait-il. Tout ce que je sais, c'est que les os se sont affaissés et ressoudés en épousant la forme de la hache. Je la sens, là, qui presse contre les tuyaux de mon crâne. Elle est là pour me rappeler qu'il ne faut jamais s'attacher et encore moins aimer quelqu'un en qui on n'a pas confiance. Tu piges, mon garçon ? Quand je dis ça, je pense surtout aux bonnes femmes, mais ça ne veut pas dire qu'il faut pas avoir les mecs à l'œil, surtout quand il y a des bonnes femmes et du pognon dans le coin. Et tu sais quoi ? Il y a toujours des bonnes femmes et du pognon dans le coin. C'est pour ça que le monde n'est qu'un vaste tas de fumier. A cause de l'amour des femmes pour l'argent. »

Au bout du compte, ce ne fut ni l'amour des femmes pour l'argent ni une hache qui eurent la peau de Cruz, mais une garce du nom de Mary Anne. Elle n'avait rien de spécial, plus âgée que les autres, avec deux filles à nourrir et à élever, deux filles trop jeunes pour entrer dans la carrière, selon Cruz, qui ne pouvait pas souffrir les pédophiles.

« Chez moi, personne ne baise personne en dessous de douze ans », répétait-il.

Il avait descendu deux mecs qui avaient tenté le coup le jour où Ethan avait fait sa connaissance. Les deux types avaient essayé de sauter Ethan. Ça ne se passait pas dans l'établissement de Cruz, mais Ethan n'avait pas douze ans, même pas dix à l'époque, et Cruz se trouvait par hasard du côté des écuries quand des cris avaient attiré son attention. Lorsqu'il avait vu la scène, il avait élargi le champ d'application de sa loi et mis définitivement les deux pédophiles hors d'état de nuire.

« Tes parents ne font pas bien leur boulot, lui avait-il dit ensuite. Tu mérites un peu plus d'attention de leur part. Je vais aller leur dire deux mots. »

Ethan lui répliqua de le tenir au courant lorsqu'il les aurait retrouvés.

« Alors, comme ça, t'es orphelin ?
— Orphelin, c'est quoi ? »

Cruz lui aussi était orphelin. Il ramena Ethan avec lui au bordel, ordonna à Betsy de lui donner un bain, puis lui confia la tâche de nettoyer les chambres, laver par terre, servir le bourbon et donner les restes à manger aux cochons, dans la cour.

« Il y a quelque chose dans l'odeur du cochon qui excite les mecs et qui leur donne la trique, disait Cruz. Les cochons, c'est bon pour les affaires. »

Ethan répondit qu'il n'aimait pas l'odeur des cochons.

« Avec le temps, tu changeras d'avis, p'tit gars, crois-moi. Dans un monde comme ç'ui-là, un p'tit gars comme toi est plus en sécurité dans un bobinard que dans une écurie. Mais, bon, on est nés dans ce monde-là et pas dans un autre. Comment tu t'appelles, petit ?
— Ethan.
— Ethan comment ?
— Ethan tout court. Et vous ?
— Manual Cruz.

— Manuel Cruz.

— Non, pas Manuel ! Est-ce que j'ai l'air d'un putain de travailleur manuel ? (Il désigna d'un geste son costume impeccable.) Est-ce que j'ai une gueule de crève-la-faim ? (Il tapota sa bedaine proéminente.) Est-ce que j'ai l'air d'un putain de Mexicain ? »

C'était une question à laquelle il était difficile de répondre, dans la mesure où Cruz était mexicain. Optant pour la tactique qui lui avait réussi jusque-là, Ethan secoua la tête en signe de dénégation.

Cruz éclata de rire en lui assenant une tape amicale.

« Mieux vaut pour moi avoir la gueule d'un putain de Mexicain, vu que j'en suis un. Mais je ne suis ni un crève-la-faim, ni un travailleur manuel. Mes parents l'ont été, eux, et ils sont morts avant l'âge. »

Cruz lui aussi était mort avant l'âge, et c'est précisément pour cette raison qu'Ethan Cruz était assis autour d'un feu de camp dans les collines au nord d'Austin, en compagnie de Tom et de Peck, en train d'attendre Haylow, qui était parti aux nouvelles. Ce dernier revint et leur annonça qu'il avait réussi à repérer la planque de Matthew Stark.

« Un petit ranch à vingt, vingt-cinq milles au nord. Sauf qu'il y est pas. »

Haylow descendit de son cheval poussif. Il allait devoir bientôt en faucher un autre. Menées bride abattue sous ses cent cinquante kilos, les bêtes ne faisaient pas long feu.

« Le bruit court qu'il serait parti en Arizona. Le gouverneur l'aurait nommé ranger. Qu'est-ce qu'il y a à becqueter ? »

Tom dit :

« Je croyais que les rangers, ça n'existait qu'au Texas ?

— Moi aussi, dit Haylow en attaquant les haricots directement dans la casserole. Mais c'est ce qu'on raconte en ville.

— Tu veux dire qu'ils engagent des tueurs en Arizona pour faire la loi ? s'enquit Peck.

— On n'engage plus que ça, de nos jours, pour faire la loi, expliqua Haylow, qui avait fini les haricots et partait à la recherche de la viande boucanée au fond de la musette.

— Ils veulent des hommes d'expérience.

— Bah, dans ce cas, pourquoi on n'irait pas, nous aussi ? suggéra Tom. On est des tueurs, oui ou non ?

— Des tueurs occasionnels, indiqua Haylow. Eux, ce qu'ils cherchent, c'est des hommes de métier.

— Il y a qui au ranch ? demanda Ethan.

— La putain et ses deux rognures », dit Haylow.

Ethan se leva et jeta sa selle sur le dos de son cheval. Les trois autres le rattrapèrent peu avant l'aube, sur la crête surplombant le ranch de Stark.

« On l'attend ? demanda Peck. Et on lui tend une embuscade ?

— En ville, on raconte qu'il devrait rentrer d'un jour à l'autre, expliqua Haylow. C'est peut-être pas une mauvaise idée.

— La pute, il l'aime ? s'enquit Ethan.

— Il l'a ramenée avec lui ici, précisa Haylow. Faut croire qu'y a du sentiment entre eux.

— Mais est-ce qu'il l'aime vraiment ? réitéra Ethan.

— Y a que lui qui puisse te répondre », dit Haylow.

Ils virent une petite fumée monter de la cheminée du ranch. Quelqu'un venait de se réveiller. Ethan piqua des deux et dévala la colline.

Une fois le boulot expédié, Ethan ne se sentait pas d'humeur à attendre le retour de Stark. Il ne se sentait pas d'humeur à grand-chose, à part vomir tripes et boyaux. A quoi bon retourner à El Paso ? Le lupanar était toujours là, mais pas Cruz, et sans Cruz ce n'était qu'un bordel comme les autres. Et puis Ethan ne s'était jamais habitué à l'odeur des cochons.

Ils menèrent le troupeau de Stark de l'autre côté de la frontière et le vendirent à Ciudad Juarez pour la moitié de sa valeur. Ils n'étaient pas certains que Stark allait chercher à les retrouver, mais il y avait tout de même des chances.

« Moi, à sa place, j'hésiterais pas, dit Peck.

— Pas moi, répliqua Tom. Pas pour une pute.

— Et les deux rognures ? » interrogea Haylow, dont l'appétit avait décuplé depuis leur visite au ranch de Stark. Il pesait maintenant dans les deux cents kilos. Son nouveau cheval, acheté à Juarez, commençait déjà à donner des signes de fatigue.

Tom et Peck se turent, mais tous deux jetèrent un coup d'œil inquiet par-dessus leur épaule. Haylow les imita.

Pour finir, en faisant halte dans une bourgade où Stark s'était arrêté deux jours plus tôt, ils apprirent qu'il s'était lancé sur leurs traces. Ni eux ni lui ne circulaient en ligne droite, si bien qu'à force de faire des tours et des détours ils finiraient forcément par se croiser.

« J'en ai ras le cul de ces histoires, conclut Haylow, je rentre chez moi.

— Ah, ouais ? dit Peck. Parce que tu t'imagines qu'il va pas te retrouver à El Paso ?

— Pas à El Paso. A Hawaii. »

Le vrai nom de Haylow commençait par « He'eloa » et n'en finissait plus.

« Qu'est-ce que tu vas foutre à Hawaii ? s'étonna Tom. Je croyais que là-bas tout le monde avait été décimé par la vérole.

— Il reste les montagnes. Les rivières. L'océan. J'ai le mal du pays, tout d'un coup. »

Ils restèrent groupés jusqu'à ce qu'ils aient atteint la Ciudad de los Angeles. Puis Peck s'écria :

« Au diable ! S'il veut me trouver, il n'a qu'à venir me chercher ici ! »

Tom s'arrêta à Sacramento, chez un oncle qui tenait un saloon et lui avait proposé de le payer pour surveiller les filles.

« Après tout, j'ai rien fait de bien méchant, déclara-t-il. Peut-être qu'il fermera les yeux si je me laisse rosser et que je lui fais des excuses. »

Haylow continua avec Ethan jusqu'à San Francisco avec l'intention de prendre le premier navire en partance pour Hawaii. Mais il changea d'avis lorsqu'il vit l'océan. Le gros — il pesait près de deux cent cinquante kilos à présent et avait échangé sa monture contre un attelage de deux chevaux — éclata en sanglots à la vue des vagues lapant les piliers de l'embarcadère.

« Trop de morts à Hawaii », affirma-t-il.

Ethan décida de rester à San Francisco, lui aussi. Jusqu'au jour où, alors qu'il se rendait au bar, il entendit un prêche au coin d'une rue.

« Je ne suis pas venu appeler les justes, disait le prédicateur, mais les pécheurs à la repentance. »

Lorsque quelqu'un qui se trouvait là dit amen, l'étau qui bridait le cœur d'Ethan se desserra d'un seul coup et il tomba à genoux en pleurant. Cette nuit-là, il fut chaleureusement accueilli au sein de la mission de la Lumière de la Véritable Parole des Prophètes de Notre-Seigneur Jésus-Christ. Un mois plus tard, un missionnaire du nom de James Bohannon s'embarquait pour le Japon.

Ethan avait pris ce nouveau nom parce qu'il s'était senti renaître dans la peau d'un autre homme. Mais cela n'arriva pas avant que lui et une dizaine d'autres missionnaires aient atteint le village de Kobayashi, dans le domaine de Yamakawa, où leur mission devait être érigée. Le jour de leur arrivée, une épidémie de choléra éclata. Un mois plus tard, Ethan était le seul de sa compagnie à avoir survécu. Les villageois furent eux aussi anéantis, et on en tint pour responsables les missionnaires récemment installés dans la région. Ethan survécut grâce à l'abbé du monastère voisin de Mushindo, un vieil homme du nom de Zengen, qui le prit chez lui et le soigna. Sans doute s'agissait-il d'un personnage influent, car les villageois changèrent bientôt d'attitude à son égard. Ils commencèrent à lui apporter de la nourriture, à lui changer ses vêtements, à lui donner des bains. Les enfants en particulier, qui n'avaient jamais vu d'étranger et dont la curiosité était excitée, lui rendaient fréquemment visite.

Allez savoir pourquoi, pendant qu'il délirait, les barrières tombèrent entre lui et les gosses. Et lorsque la fièvre tomba, il découvrit qu'il comprenait un grand nombre de mots et était même capable d'en prononcer certains. Lorsqu'il fut à nouveau sur pied, il put s'entretenir avec Zengen.

Un jour, Zengen lui demanda :
« A quoi ressemblais-tu avant que tes parents viennent au monde ? »

Il allait répondre à Zengen qu'il n'avait jamais connu ses parents quand le haut et le bas, le dedans et le dehors se volatilisèrent d'un coup.

Après cela, Jimbo avait échangé ses vêtements de missionnaire contre la robe des moines bouddhistes. Plus par respect pour Zengen qu'autre chose. Car pas plus que les noms les habits n'avaient de signification pour lui.

Jimbo avait été jadis James Bohannon, et Ethan Cruz, et il l'était encore, tout en n'étant plus aucun d'eux.

De tout cela, Jimbo ne dit mot à Genji. Il allait entamer son récit quand le seigneur sourit et dit :

— Vraiment ? Tu as réussi à te fuir toi-même ? Dans ce cas, tu dois être touché par la lumière du Gautama Bouddha lui-même.

— La lumière est un mot dont je ne connais pas le sens, répondit Jimbo. Le sens des mots m'échappe de plus en plus. Bientôt, me taire sera la seule chose sensée que je pourrai faire.

Genji rit et se tourna vers Sohaku.

— Voici un successeur plus digne de Zengen que tu ne l'as jamais été. C'est une bonne chose que tu partes et que lui reste.

— N'est-il pas l'étranger que vous attendiez, sire ?

— Je ne crois pas. Celui dont tu parles se trouve présentement au palais de la Grue Silencieuse.

— Vous avez accueilli de nouveaux étrangers ? s'exclama Sohaku en fronçant les sourcils, incapable de cacher sa contrariété.

— Feu notre dernier maître avait récemment décidé d'offrir l'hospitalité à des missionnaires de la Véritable Parole. Je ne fais que continuer ce qu'il a entrepris.

Genji se tourna vers Jimbo.

— C'est pour cette raison que tu es ici, n'est-ce pas ?

— Oui, seigneur.

— Vous serez bientôt réunis, dit Genji. Ils sont venus pour construire la mission. Une tâche ardue. Tous tes compagnons sont morts, et parmi les trois qui sont arrivés, il est probable que deux seulement sont encore en vie à l'heure qu'il est.

— L'un d'eux est-il malade, seigneur ?

— Un incident regrettable. Il a été touché accidentellement par une balle qui m'était destinée. Mais peut-être le connais-tu ? Il se nomme Zephaniah Cromwell.

— Je ne le connais pas, seigneur. Il a dû entrer à la mission après mon départ.

— C'est triste qu'il ait fait ce long voyage pour mourir d'une façon aussi stupide. Y a-t-il quelque chose dont tu aies besoin, Jimbo ?

— Non, seigneur. L'abbé Sohaku a veillé à ce que les provisions ne manquent pas au temple.

— Quand tes ex-coreligionnaires arriveront, que feras-tu ?

— Je les aiderai à bâtir la mission. Ceux qui n'entendent pas la parole du Bouddha entendront peut-être celle du Christ et seront sauvés.

— Voilà une saine attitude. Je te souhaite bonne chance, Jimbo. Mais peut-être préfères-tu James ? Ou Ethan ?

— Un nom en vaut un autre. Cela n'a pas d'importance.

— Si nous étions plus nombreux à penser comme toi, l'histoire du Japon ne serait pas aussi sanglante qu'elle l'a été. Et le sera encore.

Genji se leva. Tous les samouraïs qui montaient la garde s'inclinèrent et restèrent ainsi jusqu'à ce que le seigneur eût quitté la tente, escorté par Shigeru.

Sohaku dit :

— Es-tu sûr de pouvoir rester ici tout seul ?

— Oui, révérend abbé, dit Jimbo. Et les enfants ne me laisseront pas seul bien longtemps.

— Je ne suis plus abbé, corrigea Sohaku. C'est toi l'abbé, désormais. Tu devras accomplir les rites. Méditer régulièrement. Veiller aux besoins spirituels des villageois, accompagner les naissances et les décès, et les célébrations nuptiales. T'en sens-tu capable ?

— Oui, sire.

— Dans ce cas, c'est une bénédiction que tu sois entré au monastère, Jimbo, et que tu sois devenu ce que tu es. Sans quoi, avec la mort de Zengen et mon départ, ce temple serait voué à l'abandon. Or il n'est jamais bon de laisser un temple à l'abandon. Il s'ensuit toujours un mauvais karma.

Sohaku et Jimbo se saluèrent mutuellement, puis le commandant de cavalerie se leva.

— Récite les soutras pour moi. L'heure du péril est proche, et j'ai plus de chances d'échouer et de mourir que de triompher et de vivre.

— Ceux qui réussissent et ceux qui échouent mourront de toute façon, répondit Jimbo. Mais je réciterai les soutras pour vous chaque jour.

— Merci pour ces paroles de vérité, dit Sohaku.

Il s'inclina une dernière fois puis se retira.

Jimbo demeura assis. Sans doute entra-t-il en méditation sans s'en rendre compte, car, lorsqu'il reprit conscience, il était seul, enveloppé par l'obscurité. Le cri distant d'un oiseau de nuit le pénétra de part en part.

Au-dessus de sa tête, les étoiles d'hiver naviguaient dans le ciel, chacune suivant sa propre trajectoire.

Malgré les portes ouvertes, il était impossible d'échapper à l'atmosphère putride qui régnait à l'intérieur de la pièce. Assises sur le seuil, les deux servantes, Hanako et Yukiko, attendaient courageusement. Deux jours plus tôt, elles avaient demandé la permission de porter un linge parfumé devant la bouche, mais Saiki avait refusé.

— Si la femme étrangère peut supporter cette odeur, vous le pouvez aussi. Ce serait un déshonneur pour nous si vous apparaissiez plus fragiles qu'elle.

— Oui, sire.

Mais depuis combien de temps Saiki n'avait-il pas senti l'odeur du mort-vivant ?

Hanako et Yukiko observaient la femme étrangère. Elle parlait à l'homme inconscient et se tenait tout près de la source des émanations délétères sans avoir l'air d'en souffrir. Devaient-elles admirer son courage ou s'apitoyer au contraire sur son sort ? La femme était tellement repoussante qu'elle craignait sans doute de ne pouvoir jamais retrouver de mari. C'était probablement pour cela qu'elle s'accrochait désespérément à cet homme qui n'était déjà plus qu'un cadavre vivant.

— Mais... l'autre homme ? demanda Hanako. Ne crois-tu pas qu'il va lui demander sa main quand celui-ci sera mort ?

— Non, répondit Yukiko. Il ne regarde pas les femmes.

— Il préfère son propre sexe ?

— Il ne regarde pas non plus les hommes ou les garçons. Pas avec ces yeux là, du moins. Je crois que c'est un vrai moine de leur religion. Il ne cherche rien d'autre que des âmes à sauver. Les plaisirs de la chair lui sont indifférents.

Quand il avait passé la tête par l'embrasure de la porte pour jeter un coup d'œil à la femme et au mourant, Hanako n'avait pas vu la moindre passion dans ses yeux. Yukiko avait raison. Il était tout entier voué à une autre cause. Après quelques instants, il s'était éloigné, pour prier peut-être ou pour étudier leur texte sacré.

Heiko vint s'agenouiller avec les deux servantes.

— Quelle odeur repoussante !

— Abominable, dame Heiko, concéda Hanako.

— J'aurais espéré trouver ici certains de nos braves samouraïs désireux de se forger le caractère, dit Heiko. Mais il n'y a que nous, pauvres femmes fragiles.

Les deux suivantes rirent dans leurs mains.

— C'est bien vrai, approuva Yukiko.

— Vous pouvez vous retirer, dit Heiko. Revenez dans une heure.

— Mais le seigneur Saiki nous a ordonné de rester ici, objecta Hanako hésitante.

— S'il vous gronde, répondez-lui que je vous ai renvoyées afin de mettre les étrangers à l'aise, ainsi que me l'avait demandé le seigneur Genji.

— Oui, dame Heiko.

Les deux suivantes s'inclinèrent en signe de gratitude puis se retirèrent.

Heiko commanda à son odorat de se fermer. Enfant, elle avait appris à contrôler ses sens. Comment Emily faisait-elle ? Elle s'inclina devant elle et prit la chaise à côté de la sienne. Même en s'asseyant tout au bord, la pointe de ses orteils arrivait à peine à toucher terre.

— Comment va-t-il ? demanda Heiko.

— Le frère Matthew pense que Zephaniah va s'endormir bientôt et ne plus se réveiller.

— Je suis désolée.

— Merci, dit Emily. Je suis désolée, moi aussi.

Soudain, les paupières de Cromwell s'ouvrirent. Ses yeux se fixèrent sur un point distant par-delà Emily et le plafond. Il inspira profondément et se redressa à demi dans le lit.

— Les anges de la résurrection et de la damnation sont là, déclara-t-il, le visage illuminé par un sourire béat. Vers qui te tourneras-tu ? Où laisseras-tu ta gloire ?

— Amen, dit Emily en se penchant vers lui.

Puis il y eut une lumière blanche et la chambre explosa dans un coup de tonnerre.

La violence de la déflagration souleva Cromwell hors du lit, le projetant dans les airs à travers le plafond pulvérisé.

Ainsi qu'il l'avait prédit, il ne mourut pas de sa blessure.

— Il a l'air parfaitement normal, à présent, dit Taro.

— Cela ne prouve rien, riposta Sohaku. Même un fou est capable de se maîtriser pendant trois jours.

Le petit groupe faisait route vers Edo et le palais de la Grue Silencieuse. Taro et Sohaku fermaient la marche. Hidé et Shimoda chevauchaient devant, Genji et Shigeru au centre. Ils ne portaient ni armoiries ni bannières, leurs visages étaient dissimulés derrière des visières en osier tressé ; ils voyageaient incognito, de sorte que la populace qu'ils croisaient en chemin n'était pas tenue de cesser toute activité pour se prosterner, comme le voulait l'usage à l'approche d'un grand seigneur. Les passants se contentaient de les saluer d'une simple courbette comme ils l'auraient fait devant des samouraïs.

— Je ne l'ai jamais vu aussi calme, poursuivit Taro. La présence du seigneur Genji a peut-être eu un effet bénéfique sur lui.

— Ne me dis pas que tu crois à toutes ces sornettes, s'offusqua Sohaku.

— Lesquelles ? dit Taro. Il y en a tellement !

Sohaku eut un petit reniflement méprisant.

— Les prétendus pouvoirs surnaturels de notre maître. Sa capacité à maîtriser les pensées d'autrui.

— Peut-être pas les pensées de tout le monde, argua Taro, mais regardez Shigeru. Vous ne pouvez pas nier qu'il a changé depuis l'arrivée du seigneur Genji.

— Trois jours de calme ne prouvent rien, répéta Sohaku.

Il regarda au loin, là où Genji et Shigeru chevauchaient ensemble, assez loin du reste du groupe pour pouvoir s'entretenir en privé. Comme si ce qu'ils se disaient avait eu la moindre importance, songea Sohaku. Des boniments, rien que des boniments.

— Comme tu l'avais prédit, Hidé a choisi Shimoda comme lieutenant, remarqua Shigeru. Et qu'en est-il de Taro ?

— Il ne s'agit pas d'une prédiction au sens où tu l'entends, dit Genji. Simplement Hidé manque d'imagination. Ce qui n'est pas forcément un défaut chez un garde du corps. Je savais qu'il allait faire ce choix, car Shimoda est son meilleur ami.

— Tu ne devrais pas l'autoriser à choisir Taro. Il est le vassal direct de Sohaku. Son père et Sohaku étaient compagnons d'armes à l'époque des révoltes paysannes. Il a fait presque toutes ses classes sous la direction de Sohaku. Tu ne peux pas lui faire confiance.

— Si Hidé lui fait confiance, je dois lui faire confiance moi aussi, expliqua Genji. Il est important de savoir déléguer son autorité.

— Tu ne devrais pas trop te fier à ta première prophétie. Si cela se trouve, suite à une agression de Taro, tu vas sombrer dans l'inconscience pendant dix ans et te réveiller à l'endroit que tu as vu en rêve pour te faire assassiner.

— J'y ai songé.

— Vraiment ? Et pourtant tu as d'emblée écarté l'hypothèse selon laquelle Jimbo pourrait être l'étranger de la prophétie du seigneur Kiyori. C'est peut-être lui qui va te sauver la vie ?

— Un étranger que j'ai rencontré lors de la Nouvelle Année l'a déjà fait.

— Encore eût-il fallu que tu aies été pris pour cible, déclara Shigeru. Et puis ce n'est pas encore la Nouvelle Année.

— Pour les étrangers, si. Tu doutes donc que j'aie été la cible de l'agresseur ?

— Je suis certain que tu n'étais pas visé.

— Tu n'y étais pas, comment pourrais-tu le savoir ? Grâce à une vision, peut-être ?

— Non, sire, répondit Shigeru, opposant un excès de formalisme à l'irritation de Genji. C'est la nature de l'agression qui m'incite à dire cela. Vous marchiez dans la rue à la vue de tous, et pourtant c'est le palanquin qui a été visé.

— Nous autres, Japonais, nous entêtons à utiliser des armes à feu dont nous n'avons pas encore la maîtrise, alors que la plupart du temps un arc ferait mieux l'affaire. Nous nous entichons à nos dépens des modes étrangères.

— L'agresseur n'a pas seulement réussi à fuir, il s'est purement et simplement volatilisé.

— Il se trouvait à une distance considérable. Le temps que mes hommes arrivent sur place, il était parti. Il n'y a rien de surprenant à cela.

— Tout porte à croire que c'est l'acte d'un ninja, dit Shigeru. Il a atteint la cible qu'il s'était fixée. Le chef des missionnaires.

— Pour susciter l'agitation et créer un climat de suspicion ?

— Absolument.

— C'est plausible. Je vais me pencher sur la question.

Leur conversation fut interrompue par un vacarme assourdissant, comme si des troncs d'arbres gigantesques se fendaient en deux. Puis la ligne d'horizon explosa sous leurs yeux.

— Une canonnade ! s'écria Shigeru. Des navires sont en train de bombarder les palais !

Piquant des deux, Genji fendit la foule affolée en direction du palais de la Grue Silencieuse.

— Attendez !

— Sire !

Genji les ignora. Eperonnant leurs bêtes, Shigeru, Hidé et Shimoda s'élancèrent à sa suite.

Taro regarda vers Sohaku, attendant ses ordres.

— N'avons-nous pas mieux à faire que de foncer tête baissée dans la gueule des canons des étrangers ? dit ce dernier.

— Sire ! s'écria Taro en refrénant à grand-peine son cheval, qui piaffait d'impatience.

— Nos chefs sont en train de nous entraîner dans la mauvaise direction, lança Sohaku.

— Sire, j'attends vos ordres ! s'exclama Taro, soudain impatient.

Sohaku hocha la tête.

Taro relâcha la bride. Son cheval partit à fond de train, emportant le moine dressé sur sa selle comme un cavalier chargeant l'ennemi.

Sohaku était à présent seul dans la rue déserte. La populace avait couru se réfugier à l'intérieur des maisons — sage réaction quand les combattants utilisaient des arcs et des flèches, mais suicidaire dans le cas présent et presque aussi insensée que de foncer bille en tête vers le feu des canons. Sohaku talonna son cheval et s'élança sur les traces de son maître.

Il y avait plus d'un an que Stark n'avait pas tiré au pistolet. Après être entré à la mission de la Véritable Parole à San Francisco, il avait dit à Emily et à Cromwell qu'il s'était débarrassé de ses armes en les jetant dans le Pacifique. Du coup, il ne pouvait plus s'entraîner à tirer. Ce qui ne l'empêchait pas de s'entraîner à dégainer quand il était seul dans sa chambre, à la mission, et ensuite dans sa cabine, à bord de *L'Etoile de Bethléem*. Il avait probablement un peu perdu la main, le seul moyen de ne pas la perdre étant de tirer des vraies balles. De sentir le recul de la culasse dans sa main quand le coup partait. De ne pas se laisser distraire par le mouvement, le bruit, l'étincelle ou l'odeur de la poudre. Néanmoins, il se sentait encore capable d'atteindre un homme en pleine poitrine à dix pas. Et puis il avait gagné en rapidité depuis l'époque où il était une célébrité dans l'ouest du Texas.

Depuis cinq jours qu'il était l'hôte du seigneur Genji, il n'avait pas touché une seule fois à ses armes. Ici, la plupart des cloisons étaient en papier : impossible de s'isoler. Le seul endroit où il était sûr d'avoir un peu d'intimité était sa tête. C'est pourquoi il avait pris l'habitude de s'entraîner mentalement.

Dégainer.

Armer.

Viser le cœur.

Appuyer sur la détente.

Armer à nouveau.

Viser le cœur.

Appuyer sur la détente.

Il y avait un avantage à ceci : dans sa tête il lui était possible de s'entraîner n'importe où, n'importe quand.

Les samouraïs qui le surveillaient pensaient qu'il était en train de prier ou de méditer, pour communier avec son dieu ou vider sa conscience de toute pensée, en répétant silencieusement des mantras comme les adeptes de l'Amida Bouddha, ou en s'abouchant avec le vide comme les moines zen. Quelle que fût son activité, celle-ci le tenait immobile pendant de longs moments. Jamais les samouraïs n'avaient vu un étranger aussi calme. Il était presque aussi inerte que les rochers parmi lesquels il méditait, dans le jardin intérieur.

Dégainer, armer, viser, tirer. Dégainer, armer, etc. Stark était en plein entraînement mental quand un sifflement aigu lui parvint. Il n'entendit pas l'explosion.

Lorsqu'il rouvrit les yeux, le silence était total. Il faisait nuit. Depuis l'embrasure de la porte, il jeta un coup d'œil à l'intérieur de la chambre. Mary Anne serrait les deux fillettes dans ses bras. Il était temps qu'elles regagnent leur lit et le laissent prendre sa place dans le sien. Mais la mère et les filles avaient l'air tellement paisibles qu'il n'osait pas les réveiller. Elles étaient ses trois belles endormies.

Les paupières de Mary Anne papillotèrent. Elle ouvrit les yeux et lui sourit.

« Je t'aime », lui dit-elle tout doucement.

Avant qu'il ait pu lui répondre, une deuxième explosion le tira brutalement du sommeil. Il gisait étendu sur le dos. D'autres sifflements et d'autres déflagrations résonnèrent à ses oreilles. Eclats d'obus et débris fendaient l'air.

Le sang gicla, aspergeant le sol à côté de lui. Stark leva les yeux. La moitié supérieure du samouraï qui le surveillait était à présent suspendue parmi les branches du saule. L'autre moitié demeurait agenouillée sur le parquet ciré du couloir.

La meilleure solution était de se mettre à couvert et d'attendre. Inutile de chercher à prendre la fuite. Mais de quel côté serait-il en sécurité ? Stark n'en avait pas la moindre idée. Bondissant sur ses pieds, il fila en direction de la chambre de Cromwell. Il remonta le couloir qu'il avait emprunté avec Emily et où il avait croisé Heiko quelques instants plus tôt. Emily était la seule personne au monde qu'il pût appeler une connaissance. Sans elle, il était seul. Mais pourquoi songeait-il également à Heiko ?

L'un des quatre murs qui fermaient la cour intérieure avait disparu, un autre fut détruit par les flammes juste au moment où il passa devant en courant.

L'aile du bâtiment réservée aux invités s'était effondrée, ravagée par les flammes. Il vit que quelqu'un l'avait devancé. Un homme d'allure râblée fouillait minutieusement les décombres en quête de survivants.

L'homme que Stark avait vu était Kuma. Il était à la recherche de Heiko, qu'il voulait sauver à tout prix, et des trois étrangers, pour les achever. Le bombardement lui avait fourni l'occasion inespérée de se faufiler à l'intérieur du palais. Il ignorait qui avait tiré les coups de canon et causé les dégâts, mais il était certain qu'il ne s'agissait pas des canons du shogun. Sans quoi l'Œil Collé, Kawakami, l'en aurait averti en temps voulu. Mais alors, qui avait osé commettre un acte de guerre aussi flagrant sans en aviser le shogun ? La guerre civile que tous prédisaient depuis si longtemps avait-elle finalement éclaté ? Il était surprenant cependant qu'elle débutât ici, à Edo, et que les palais des grands seigneurs fussent pris pour cible au lieu des forteresses, des cols de montagne et des deux routes principales du pays, celle de Tokaido le long de la côte, et celle de Nakasendo à l'intérieur des terres. Les explosions s'éloignaient vers l'est, ravageant les palais des partisans comme des opposants du shogun. Quelle époque de confusion !

Kuma souleva une petite poutre. Ah, il l'avait enfin trouvée.

— Hei-chan, murmura-t-il.

Heiko ouvrit les yeux et battit des paupières. Elle n'avait pas le teint cireux. Un rapide examen révéla qu'elle n'avait aucun os déplacé et ne souffrait pas d'hémorragie. Elle avait probablement été abasourdie par le choc.

— Tu n'as mal nulle part ?

— Je ne crois pas, balbutia Heiko.

Soulagé par ces paroles, Kuma se calma. Elle n'avait que trois ans lorsque l'Œil Collé la lui avait amenée au village en lui donnant ordre de veiller sur elle. Un travail comme un autre. Mais avec le temps les choses avaient changé, au point qu'il avait pris la décision qu'il liquiderait l'Œil Collé si ce dernier lui ordonnait de la supprimer. Pour tout dire, il était prêt à éliminer quiconque menaçait de lui faire du mal. Genji, Kudo, et même le shogun en personne. Car cette jeune femme avait beau n'être qu'un instrument qu'il avait contribué à créer, il l'aimait comme sa propre enfant.

— Tu as posé une bombe ?
— Non. Ce sont des coups de canon.
— Pourquoi ? La guerre a éclaté ?
— Je l'ignore. Ne bouge pas. Je vais te tirer de là.

Précautionneusement, il souleva la poutre qui la retenait prisonnière. Ce faisant, il aperçut une masse de cheveux clairs répandue sur le bras de Heiko. L'étrangère. Il dégaina son poignard. Une simple estafilade à la jugulaire et la femme était morte.

Stark se trouvait à vingt pas de là lorsqu'il vit briller la lame. L'homme semblait sur le point de trancher quelque objet qui faisait obstruction. Au même moment, il se tourna vers Stark et leurs regards se croisèrent.

Dès qu'il aperçut Stark, Kuma lâcha son poignard. Sa main plongea dans sa ceinture à la recherche d'un *shuriken*, une arme de jet en forme d'étoile. A vingt pas de sa cible, il n'était pas certain de l'atteindre, mais, s'il ratait son premier coup, il ferait mouche au deuxième. Il s'élança vers Stark, resserrant la distance entre eux, et lança sa lame.

Au même instant, Stark dégaina le calibre 32 dissimulé sous sa chemise. Son entraînement mental avait imprimé à son corps des mouvements instinctifs qu'il effectuait sans réfléchir. Il dégaina avec la main droite et fit feu en moins de temps qu'il n'en fallut à la main gauche de Kuma pour lancer le *shuriken*. Le manque d'entraînement lui valut de rater sa cible. La balle ricocha contre un rocher à droite de Kuma.

La soudaine détonation déstabilisa Kuma, qui rata lui aussi sa cible. Fendant les airs en tourbillonnant, son premier *shuriken* passa au ras de l'épaule gauche de Stark sans la toucher. Tout en continuant d'avancer, il sortit son second *shuriken*.

Kuma était beaucoup mieux entraîné à son art que Stark ne l'était au sien. Mais il lui fallut tout de même une bonne seconde pour ramener le bras vers sa ceinture, extirper le deuxième *shuriken* et le lancer vers Stark. Il fallut moitié moins de temps à Stark pour armer, viser et presser la détente pour la deuxième fois.

La balle atteignit Kuma en plein cœur, le projetant à terre. Le *shuriken* s'éleva très haut dans les airs avant de retomber, inoffensif, parmi les débris du jardin.

Stark s'approcha de l'homme qui gisait à terre, prêt à faire feu une troisième fois. Mais lorsqu'il fut assez près, il comprit que c'était inutile. Rengainant son arme, il entreprit de dégager les deux femmes emprisonnées sous les décombres.

Les bombardements avaient cessé. Dans le silence de mort qui suivit, Stark entendit un bruit de pas. Il s'en fallut de peu qu'il ne fît feu sur les deux samouraïs avant de les avoir identifiés.

Lorsqu'il pénétra dans la cour, Genji vit que le portail qui fermait l'accès au palais avait disparu. Sautant de sa monture, il se fraya en hâte un chemin parmi les gravats jusqu'à l'aile du palais abritant les appartements privés. Le révérend Cromwell y avait été placé dans une chambre donnant sur le jardin intérieur. Heiko ne devait pas se trouver bien loin.

A sa grande surprise, il constata que sa première pensée était pour elle, alors qu'il aurait dû se préoccuper de défense et d'évacuation — ce déluge de feu aurait pu être suivi d'un débarquement — ou tout au moins songer aux étrangers, et à Matthew Stark en particulier. Il avait dit à Sohaku que Zephaniah Cromwell, le mourant, était celui dont la venue avait été prédite par son grand-père, mais naturellement il n'en pensait pas un mot. Dès le premier regard, Genji avait compris que Stark n'était pas un missionnaire. Il était certainement celui auquel son aïeul avait fait allusion. Mais, tandis qu'il fouillait les ruines du palais de la Grue Silencieuse, Genji ne parvenait à songer à rien d'autre qu'à Heiko.

Comme sa vie aurait été morne sans elle ! Tous les gens qu'il connaissait étaient sans surprise. Saiki, Kudo et Sohaku, les trois conseillers qu'il avait hérités de son grand-père, optaient toujours pour la ligne de conduite la moins audacieuse. Le plus âgé d'entre eux, Saiki, n'avait pas encore quarante ans, et pourtant tous trois se comportaient comme des vieillards. Et s'il était exact qu'on jugeait un homme autant d'après ses ennemis que d'après ses amis, Genji devait être quelqu'un de bien médiocre pour avoir un ennemi aussi incompétent que l'Œil Collé, le chef de la police du shogun. Kawakami pensait-il sincèrement que Heiko pouvait se glisser dans le lit de Genji sans éveiller ses soupçons autant que son désir ? Il n'avait pas besoin de la surveiller pour deviner pour qui elle travaillait. C'était une évidence. Et pour ce qui était des sentiments, à moins d'avoir quelque idée derrière la tête, la plus belle geisha d'Edo ne se serait jamais laissée aller à tomber amoureuse. Des soixante grands seigneurs qui faisaient la loi au Japon, cinquante au moins étaient plus riches et plus influents que Genji.

Et pourtant les faits étaient là. Il avait le souffle court, le cœur glacé et les membres engourdis à la seule pensée de devoir vivre sans Heiko. Quand et comment cela était-il arrivé ? Il n'avait rien vu venir. La personne qui comptait le plus au monde pour lui était une espionne, peut-être même une criminelle.

— Sire ! (Saiki émergea en titubant de la chambre à demi effondrée, le front couvert de sang.) Ne restez pas là ! Les bombardements risquent de reprendre à tout moment.

— Où est Heiko ? demanda Genji.

Le sang battait furieusement dans ses tympans, aussi bruyant qu'une canonnade. Il courut vers l'aile du palais réservée aux invités et escalada un mur juste à temps pour voir un gros homme qu'il ne connaissait pas lancer deux *shiruken* en direction de Stark. Ce dernier sortit un pistolet en moins de temps qu'il n'en fallut au ninja pour lancer ses lames et l'abattit au deuxième coup.

— Etaient-ce des coups de feu ? demanda Saiki en s'approchant précipitamment de lui.

— Viens, ordonna Genji, je crois que Stark l'a retrouvée.

— Hei-chan.

Heiko entendit son nom et ouvrit les yeux. Le visage rassurant de Kuma était penché sur elle et la regardait. Derrière lui, elle apercevait le ciel.

— Tu n'as mal nulle part ?

— Je ne crois pas, répondit Heiko.

Kuma sourit et commença à déblayer les éboulis qui la retenaient prisonnière.

— Tu as posé une bombe ? demanda-t-elle.

Les yeux de Kuma perdirent leur bienveillance. Son sourire disparut et il dégaina son poignard.

Heiko devina d'emblée ses intentions. Elle sentait la tête d'Emily contre son épaule.

— Non, Kuma, non !

Tournant la tête, Kuma lâcha son poignard et bondit hors du champ de vision de Heiko. Deux coups de feu retentirent, puis Matthew Stark apparut à l'endroit que Kuma venait de quitter. Sans un mot, il entreprit de la dégager des décombres. Puis il s'interrompit lui aussi brusquement, tandis que sa main droite se posait sur sa hanche gauche. C'était lui qui avait tiré, devina Heiko en apercevant l'arme dissimulée sous sa chemise. Sans doute s'agissait-il d'une fausse alerte, car Stark ne dégaina pas.

— Ne la déplacez pas, dit Genji. Elle est peut-être blessée. Attendez que le Dr Ozawa l'ait examinée.

Heiko se redressa et s'assit.

— Je souffre sans doute de légères contusions, sire, mais rien de plus. Le médecin sera sûrement plus utile ailleurs qu'à mon chevet.

Des cris angoissés leur parvenaient de toutes parts. Kuma avait dû faire exploser plusieurs bombes. Pourquoi ne l'avait-il pas prévenue ? Cela ne lui ressemblait pas. Pas du tout, même. Ce qui signifiait que quelqu'un d'autre que lui était responsable. Kuma n'aurait jamais mis sa vie en danger. Elle lui poserait la question la prochaine fois qu'ils se verraient et apprendrait la vérité. Kuma était un menteur né, mais à elle il disait la vérité. Elle se mit sur ses pieds et avança de quelques pas pour vérifier son équilibre.

— Doucement, protesta Genji en passant un bras autour de sa taille pour la soutenir. Il se peut que tu sois grièvement blessée et ne t'en rendes pas compte.

Son visage, d'ordinaire si placide en toutes circonstances, était tendu. Son front était creusé de lignes tourmentées et ses sourcils froncés. Le petit sourire dédaigneux qui jouait en permanence sur ses lèvres avait disparu.

La sollicitude de Genji surprit Heiko plus encore que l'explosion qui avait réduit la chambre en miettes. Une joie soudaine envahit son cœur et elle lui sourit malgré elle. C'est alors que Genji la surprit encore davantage en l'enveloppant de ses bras et en la serrant contre son cœur.

Choqué par cet étalage de sentiments indécent, Saiki détourna les yeux et aperçut Hidé et Shimoda, la mâchoire tombante, en train de regarder Genji et Heiko.

— Vous deux, ne restez pas plantés là comme des idiots ! rugit Saiki. Allez inspecter le périmètre. Et préparez-vous à repousser un assaut.

— Les navires ont quitté la baie, dit Hidé. Aucun soldat n'a débarqué.

— Des navires ?

— Oui, sire. Trois bâtiments de guerre étrangers, aux drapeaux tricolores, rouge, blanc et bleu. Leurs canons ont détruit le quartier de Tsukiji.

— Ils ont osé ? s'offusqua Saiki, la voix tremblante de rage.

— Oui, sire.

— Les drapeaux comportaient-ils des emblèmes ? S'agissait-il de pavillons hollandais, français, anglais ou américains ? Tous ont des drapeaux bleu, blanc, rouge.

— Il me semble avoir vu autre chose que trois bandes de couleur, pas toi ? dit Hidé.

Shimoda inclina la tête de côté, l'air évasif.

— C'est bien possible.

— Quel sens de l'observation ! grinça Saiki. A présent, la seule chose dont nous soyons sûrs, c'est que ni les Russes ni les Allemands n'étaient impliqués. Il est peu probable que ce soient les Hollandais. Restent les Français, les Anglais ou les Américains.

— Peut-être même les trois, suggéra Shimoda. Il se peut qu'il y ait eu plus d'un pavillon.

— Un coup de main, demanda Stark.

Bien que ne comprenant pas l'anglais, Hidé et Shimoda devinèrent ce qu'il voulait. S'étant inclinés devant Saiki, ils allèrent prêter main-forte à l'étranger.

— Doucement, dit Stark.

Aidé des deux samouraïs, il déplaça la grosse poutre sous laquelle Emily était retenue captive et dont l'extrémité reposait sur un mur en partie effondré. Si la solive avait percuté le mur avant de s'abattre sur la jeune femme, il y avait des chances pour qu'elle n'ait pas été trop gravement touchée. Mais elle gisait toujours sur le ventre, inconsciente. Elle n'avait pas donné le moindre signe de vie depuis qu'il l'avait retrouvée. Il s'agenouilla et fit glisser lentement sa main sur son dos, à la recherche de fractures.

Lorsqu'il atteignit la base de sa colonne vertébrale, elle ouvrit les yeux. Faisant brusquement volte-face, elle lui décocha un grand coup de pied dans l'estomac. Stark tomba à la renverse. En un clin d'œil, elle était sur ses pieds, affolée et éperdue, cherchant des yeux de quel côté fuir.

— Emily, tout va bien, dit Heiko en se faufilant hors des bras de Genji pour s'approcher doucement de la jeune femme. Le seigneur Genji et ses samouraïs sont là. Personne ne vous fera de mal.

— Heiko...

Les yeux d'Emily s'éclaircirent. Puis la tension qu'elle éprouvait intérieurement se dissipa et elle fondit en larmes dans les bras de Heiko.

— Je croyais...

Elle ne termina pas sa phrase, mais Heiko avait compris. Son passé cherchait à la rattraper, comme c'était souvent le cas avec les femmes. Le passé, toujours le passé. Ce qui avait été, et ne pouvait être effacé.

— Que tous les bouddhas et les dieux nous viennent en aide, murmura Saiki en détournant les yeux de cette scandaleuse démonstration de sentiments.

De la part d'une étrangère, cela ne portait pas à conséquence. La femme n'était qu'une barbare comme toutes ses semblables. Mais Heiko était impardonnable. Une attitude irréprochable en toutes circonstances était l'essence même d'une geisha. Si jusque-là la chose était encore floue dans l'esprit de Saiki, elle lui apparaissait dorénavant sans équivoque : les étrangers étaient bel et bien des éléments nuisibles qu'il fallait éradiquer à tout prix, et le plus vite possible. Leur seule présence suffisait à provoquer l'effondrement des valeurs ancestrales avec une rapidité inquiétante. Il en avait la preuve ici même, sous les yeux. Son propre seigneur, héritier de l'un des clans les plus respectables du royaume, enlaçait une femme comme le dernier des ivrognes du quartier des plaisirs de Yoshiwara. La plus célèbre geisha d'Edo serrait une étrangère entre ses bras comme si elles avaient été amantes.

« Tous les bouddhas et tous les dieux ne suffiront peut-être pas à nous sauver, songea Saiki. En principe nous sommes une nation de guerriers. Et pourtant, nous nous sommes laissés aller au point d'être réduits à l'impuissance quand des étrangers bombardent les palais de la capitale du shogun. » Son poing se resserra sur son sabre en un geste de rage impuissante. Mais il ne dégaina pas. Il n'y avait personne contre qui retourner son arme.

Stark sourit :

— Vous n'y êtes pas allée de main morte, Emily !

— Désolée, Matthew. Je ne savais plus où j'étais.

— Y a pas de mal.

Il se baissa pour ramasser le poignard que Kuma avait laissé choir.

Saiki dégaina aussitôt son sabre.

— C'est inutile, lui dit Genji. (Puis, s'adressant à Stark, il ajouta :) Qui s'apprêtait-il à tuer ? Heiko ou Emily ?

Stark et Genji baissèrent les yeux sur le cadavre de Kuma. Stark secoua la tête.

— Vous le connaissiez ?

— Non, dit Genji, puis il se tourna vers Heiko : Et toi ?

Après les deux coups de feu, voyant qu'il ne se passait plus rien, elle s'était figuré que Kuma avait réussi à s'enfuir. Il l'avait toujours fait jusque-là. A la vue de son cadavre gisant à terre, elle tituba. Elle serait tombée si Genji n'avait eu le réflexe de la retenir. Elle ferma les yeux et, s'affaissant contre lui, feignit un léger malaise afin de dissimuler le choc qui lui coupait les jambes. Kuma était mort !

— Non, sire, dit-elle.

— Si indécis soient-ils, intervint Saiki, je ne crois pas que les conseillers du shogun laisseront une telle insulte impunie.

Genji contempla les ruines du palais de la Grue Silencieuse.

— Je ne vois là aucune insulte, dit-il. Nous avons dormi pendant trois siècles, bercés par le rêve des anciens guerriers. A présent, nous sommes réveillés. Voilà tout.

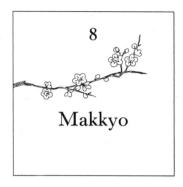

8
Makkyo

D'aucuns pensent que la victoire relève de la stratégie suprême.

D'autres se fient à la vaillance.

D'autres encore placent leurs espoirs dans les dieux.

Et puis il y a ceux qui placent leur foi dans l'espionnage, le meurtre, la séduction, la ruse, la corruption, la cupidité, la terreur.

Toutes ces voies sont illusoires pour une simple raison : un seul espoir de victoire, et tu lâches la proie pour l'ombre.

Car où est la réalité ? Quand les lames de tes féroces ennemis te pourfendront, et que tu te trouveras entre la vie et la mort, tu comprendras.

Sinon, tu auras vécu ta vie en vain.

Suzume-no-Kumo
(1599)

— Vous avez eu tort, révérend abbé, dit Saiki, de n'avoir pas ramené l'étranger avec vous. D'après la prophétie, un étranger sauvera la vie de notre maître à la Nouvelle Année. Mais nous ne savons pas lequel.

Il y avait une pointe de sarcasme dans la voix de Saiki lorsqu'il l'avait appelé par son titre religieux, mais Sohaku l'ignora.

— J'ai conseillé au seigneur Genji de le ramener. Mais il a refusé en déclarant qu'il avait identifié l'étranger de la prophétie et que sa vie avait déjà été sauvée.

— Feu le seigneur Kiyori nous a chargés tous trois de veiller sur son petit-fils, déclara Kudo. Il faut que nous soyons capables de tenir tête au jeune maître quand cela s'avère nécessaire. Sa vie compte davantage que l'estime ou le mépris qu'il peut nous porter.

— Je le sais, répondit Sohaku, mais je puis difficilement donner des ordres qui soient en contradiction avec sa volonté.

— Ce n'est pas un argument, souligna Saiki. Vous auriez pu vous arranger pour que l'étranger vienne seul à Edo, à la suite… disons… d'un malentendu. Notre seigneur l'aurait accepté.

— Merci pour vos conseils, dit Sohaku, qui commençait à bouillir intérieurement. (Il s'inclina avec une déférence excessive.) S'il vous plaît, veuillez m'éclairer. Quel genre de malentendu aurais-je pu invoquer pour le dissuader de rétablir le seigneur Shigeru dans ses prérogatives ?

— Il s'agit là d'un autre point essentiel. Je vous sais gré de l'avoir soulevé, dit Saiki en s'inclinant à son tour avec un excès de politesse. Peut-être aurez-vous l'obligeance de nous expliquer précisément comment nous en sommes arrivés là. Mon piètre jugement ne me permet pas de comprendre comment un renversement de situation aussi dangereux que grotesque a pu se produire.

— Puis-je suggérer que nous baissions le ton ? intervint Kudo. Là où nous nous trouvons, les voix portent.

En fait, Saiki et Sohaku parlaient à voix basse. Mais l'excès de civilité qu'ils affichaient l'un envers l'autre n'augurait rien de bon. C'était généralement le signe avant-coureur d'un duel sanglant. La mise en garde de Kudo visait à calmer le jeu.

Les trois hommes s'étaient installés parmi les ruines de l'une des chambres donnant sur le jardin intérieur. Etrangement, le jardin lui-même avait survécu aux bombardements. Même le motif tracé au râteau dans le sable de l'allée était intact. En revanche, on ne pouvait en dire autant de la pièce dont le plafond, les murs et presque tout le plancher avaient été pulvérisés. Saiki, Sohaku et Kudo étaient assis dans une encoignure encore debout, tandis que leurs serviteurs montaient la garde à l'endroit où se trouvait jadis la porte. Malgré le chaos environnant, tous restaient dignes et cérémonieux.

— La confusion et la peur règnent, les spéculations vont bon train, reprit Kudo. Personne ne sait qui a perpétré l'agression ni pour quelle raison. En tant que chefs, nous allons devoir donner des explications. Ne devrions-nous pas chercher des réponses plutôt que de nous lancer mutuellement la pierre ?

— Peu importent les explications, dit Saiki. Ce qui compte, c'est de donner l'exemple. Si nous avons l'air sûrs de nous, nos hommes feront de même sans chercher à comprendre le pourquoi et le comment.

Sohaku se pencha vers ses compagnons.

— Nous avons tort de nous quereller au sujet de l'étranger ou de Shigeru. Ce sont des détails insignifiants. La question qui nous intéresse est beaucoup plus sérieuse.

— Je suis d'accord, acquiesça Kudo. Il est urgent de prendre une décision à ce sujet.

— Pour ma part, je ne vois pas quelle peut être la solution, commenta Saiki.

Sohaku et Kudo échangèrent un regard étonné.

— Y a-t-il quelque chose qui m'aurait échappé ? dit Sohaku. La dernière fois que nous nous sommes vus, vous avez soutenu avec véhémence qu'il nous fallait nommer un régent pour redonner de la vigueur au domaine. Et, si j'ai bonne mémoire, vous avez déclaré que notre jeune seigneur n'était qu'un dilettante qui menait notre clan à sa perte.

— Peut-être aurais-je dû le décrire comme quelqu'un d'exagérément raffiné plutôt que comme un dilettante.

— Et qu'en est-il de son engouement pour les missionnaires chrétiens ? insista Kudo. Ne nous dites pas que vous avez changé d'opinion à ce sujet !

— Non, je continue d'y voir un réel danger, concéda Saiki en se remémorant l'indécent étalage de sentiments dont il avait été récemment le témoin. En fait, le danger n'a jamais été plus grand. Il se peut que nous devions prochainement mener des actions contre eux, secrètement et sans en demander l'autorisation à notre jeune seigneur.

Rassuré, Kudo hocha la tête.

— Ajoutée à tout le reste, son attitude vis-à-vis de son oncle est rédhibitoire.

— Je n'en suis pas certain, dit Saiki. Quoique contestable en apparence, une fois replacée dans le contexte des visions prophétiques, elle constitue peut-être une manœuvre très habile.

— Les visions prophétiques ! s'indigna Sohaku. Depuis quand accordez-vous foi à ces balivernes ? En vingt ans de service, je n'ai jamais obtenu la moindre preuve que le seigneur Kiyori ait pu prédire l'avenir. Quant au seigneur Genji, son unique souci est de savoir avec quelle geisha il passera la nuit, et quel saké il servira à l'occasion de sa prochaine partie de jambes en l'air.

— Shigeru est fou à lier, dit Kudo. J'étais à la tête du détachement qui avait ordre de l'arrêter. Si vous l'aviez vu riant aux éclats, ruisselant de sang, devant les cadavres de sa femme, de ses filles et de son fils, vous ne seriez pas aussi complaisant. C'était une vision d'horreur. Je ne l'oublierai jamais.

— Je vous entends et vous comprends, conclut Saiki.

Sohaku et Kudo échangèrent à nouveau un regard, de résignation cette fois. Saiki avait prononcé sa formule favorite, celle qui indiquait que sa décision était prise et que rien ni personne ne pourrait le faire changer d'avis.

Saiki poursuivit :

— Malgré la pertinence de vos observations, mon opinion à l'égard de notre jeune maître a changé. Et, tout en n'étant pas certain de ses capacités à prédire l'avenir, je n'en rejette pas totalement la possibilité.

Il désigna le côté est du jardin, sur laquelle donnaient jadis les appartements privés du seigneur.

Sohaku suivit son geste des yeux.

— Je ne vois plus que des ruines. La preuve incontestable que l'heure du changement a sonné.

— Moi aussi, je vois des ruines, dit Saiki. Mais je vois autre chose aussi.

— Quoi donc ?

— Ces ruines sont les restes des appartements privés du seigneur Genji.

— Je le sais, et alors ?

— C'est là qu'il se serait trouvé au moment des bombardements s'il ne s'était rendu au monastère de Mushindo.

Saiki fut satisfait de voir une lueur de compréhension éclairer les traits de ses compagnons.

— Il est impossible qu'il l'ait su, dit Kudo.

Mais sa voix tremblait.

— Et pourtant... dit Saiki.

— Cela ne prouve pas qu'il l'ait su, dit Sohaku.

— Ou qu'il ne l'ait pas su, dit Saiki.

— S'il le savait, pourquoi ne nous a-t-il pas prévenus ? dit Sohaku.

— Je ne prétends pas connaître les mystères du don de double vue, reprit Saiki. Il est évident que nous devons remettre à plus tard notre décision à ce sujet. En attendant, préparez-vous à partir en voyage. Cette maison n'est plus sûre.

— Vous allez conseiller au maître un repli au château du Vol de Moineaux ? s'étonna Sohaku.

— Absolument.

— D'un point de vue logistique, il s'agit d'une entreprise hasardeuse, objecta Sohaku. La plupart des fiefs entre Edo et Akaoka nous sont hostiles. La mer intérieure n'est pas en soi une barrière infranchissable, mais les forces navales du shogun y patrouillent en permanence. Une traversée jusqu'à notre île serait trop périlleuse.

— Personnellement, je préfère le danger à une mort certaine, décréta Saiki. Nous ne pouvons rester ici.

— Vous semblez oublier une chose, souligna Kudo. Le shogun n'a donné à personne l'autorisation de quitter Edo.

— Je me suis engagé à servir loyalement Okumichi no kami Genji, grand seigneur d'Akaoka, dit Saiki, et non l'usurpateur qui s'est arrogé le titre de shogun et approprié le palais shogunal.

Il s'inclina puis se remit sur ses pieds.

— Si mon seigneur m'ordonne de lui obéir, je le ferai. S'il m'ordonne de le tuer, seule ma propre mort m'empêchera d'exécuter ses ordres. Je sais qui je suis. J'espère que vous savez vous aussi qui vous êtes.

Sans attendre de réponse, il tourna les talons et se dirigea vers les ruines des appartements privés de son maître.

— Tête de mule, marmonna Kudo.

Sohaku renifla.

— Il était tout aussi entêté étant jeune. Pourquoi les années atténueraient-elles son trait de caractère dominant ?

— Dorénavant, mieux vaut ne pas compter sur lui pour nommer un régent. Il est convaincu que Genji peut prédire l'avenir.

Il y eut un long moment de silence, puis, après avoir échangé un regard entendu, Sohaku et Kudo se saluèrent et se levèrent comme un seul homme.

— Je suis navré, annonça Stark, mais je n'ai pas pu retrouver la moindre trace de lui.

— Les anges l'ont peut-être emporté avec eux, ainsi qu'il l'espérait, dit Emily avec un petit sourire triste qui indiquait qu'elle n'y croyait pas.

— Qu'allez-vous faire ? demanda Stark.

— Mon devoir. Je vais tâcher de récupérer le plus d'affaires possible, de les emballer et d'attendre le prochain navire en partance pour l'Amérique.

A cette seule pensée, sa poitrine se comprima, faisant jaillir un nouveau flot de larmes. Elle se laissa tomber parmi les gravats et se mit à pleurer sans retenue. Elle avait trouvé un havre de paix, un lieu où sa beauté n'était plus une prison. Bref, elle avait trouvé le paradis et l'avait perdu presque aussitôt.

Stark vint s'agenouiller à côté d'elle et la prit dans ses bras. Se méprenant sur la cause de son chagrin, il dit :

— Vous vous sentirez mieux une fois en Amérique.

Ces paroles ne firent qu'exacerber sa détresse. Ne sachant que faire, il resserra son étreinte tandis qu'elle s'agrippait à lui en sanglotant.

— Vous êtes jeune, Emily. Vous avez la vie devant vous. Le ciel est avec vous. Vous trouverez l'amour à nouveau. J'en suis certain.

Elle aurait voulu lui dire que ce n'était pas l'amour qu'elle désirait, mais la paix. Mais elle pleurait si fort que les paroles ne parvinrent pas à se frayer un chemin jusqu'à sa bouche.

Aussitôt que cessa la canonnade, Shigeru alla inspecter le périmètre du palais et se posta à l'endroit où se dressait jadis le mur d'enceinte. A l'intérieur, il n'y avait pas de danger. En revanche, si quelqu'un voulait attenter aux jours de Genji, il agirait maintenant, pendant que régnaient partout le désordre et la confusion. Shigeru avait le sentiment que Sohaku n'était pas encore prêt à passer à l'action. Car il lui faudrait d'abord convaincre Saiki et Kudo. De sorte que, dans l'immédiat, seuls les ennemis extérieurs étaient à redouter. Mais qu'ils y viennent. Il les attendait de pied ferme. Quant à Sohaku, il s'en soucierait plus tard. Même chose pour Saiki et Kudo. Devant l'imminence du danger, il lui faudrait peut-être songer à éliminer les trois commandants en chef du clan, malheureusement. Et même si Saiki et Kudo restaient fidèles au seigneur, la disparition de Sohaku serait une lourde perte pour le clan, car il était le meilleur stratège du clan et son meilleur soldat après Shigeru.

Un bruit de sabots l'alerta. Deux chevaux, suivis par quarante ou cinquante hommes allant à pied. Le pas régulier et discipliné des fantassins lui indiqua la présence de samouraïs. Shigeru respira plus lentement. Il était prêt.

Quelques instants plus tard, Kawakami, chef de la police secrète du shogun, apparut monté sur un destrier noir. A ses côtés, juché sur une modeste jument grise, son assistant Mukai. Derrière eux, une troupe de quarante samouraïs à pied. Kawakami tira sur la bride de son cheval, qui s'immobilisa. Il eut l'air surpris en reconnaissant Shigeru.

— Seigneur Shigeru, j'ignorais que vous étiez à Edo.
— J'arrive à l'instant, seigneur Kawakami, et n'ai pas eu le temps de vous le signaler.
— Sans vouloir me montrer trop pointilleux, je vous signale que vous ne m'avez pas davantage tenu au courant de votre précédent lieu de résidence.
— Oh ? Il s'agit là d'une grave négligence de la part de mes domestiques. (Shigeru s'inclina sans quitter un instant des yeux Kawakami.) Je vous promets que les responsables seront châtiés.
— Je n'en doute pas. En attendant, permettez-moi d'entrer dans le palais afin de procéder à une inspection.
— N'ayant pas été avisé qu'une inspection devait avoir lieu, je suis au regret de décliner votre offre.
— Il ne s'agit pas d'une offre, dit Kawakami en talonnant sa monture pour la faire avancer, tandis que ses hommes le serraient de près. Par ordre du shogun, je dois inspecter tous les palais ayant subi des dommages et interroger tous les seigneurs survivants. S'il vous plaît, seigneur Shigeru, écartez-vous et laissez-moi passer.

En un clin d'œil, les sabres de Shigeru quittèrent leurs étuis. Son *katana* dans sa main droite et son *wakizashi* dans la gauche, son attitude n'était ni défensive ni offensive. En fait, un observateur mal informé eût pu penser que Shigeru était sur le point de se rendre, tant il semblait peu disposé à se battre.

Mais Kawakami savait qu'il n'en était rien. Comme tout bon samouraï il avait étudié le *Go-rin-no-sho*, le célèbre traité d'escrime de Miyamoto Musashi. L'attitude de Shigeru était celle qui précédait le passage à l'acte : *Mu*, le vide. Loin d'être pris au dépourvu, il se tenait au contraire en état d'alerte totale, n'anticipant aucun coup en particulier, et prêt à repousser tous les assauts possibles. Un seul homme, des siècles plus tôt, avait osé adopter cette même attitude, et cet homme n'était autre que le grand Musashi. Depuis lors, un seul homme avait osé l'imiter. Shigeru.

Sur un signe de Kawakami, quarante lames quittèrent leurs fourreaux. Puis ses hommes se déployèrent en position d'attaque sur trois côtés de leur adversaire. Aucun n'alla se placer derrière lui : ils ne pouvaient franchir la limite entre la rue et la porte du palais Okumichi tant que Kawakami ne leur en avait pas donné l'ordre.

Kawakami, quant à lui, n'avait pas dégainé, et gardait son cheval à une distance qu'il jugeait sans doute prudente en cas de confrontation.

— Etes-vous à ce point coupé de la réalité que vous osez défier les ordres suprêmes du shogun ?

— Comme vous le savez, je n'ai pas le privilège de servir le shogun, riposta Shigeru. A moins que mon seigneur ne me transmette de tels ordres, je ne les suivrai pas.

A la façon dont Kawakami se tenait en selle, Shigeru devina qu'il n'était pas bon cavalier. Ce qui signifiait qu'il aurait pu l'atteindre avant qu'il tourne bride et prenne la fuite. Il estimait à cinq battements de cœur la distance qui les séparait l'un de l'autre. Avant de le toucher, il lui faudrait d'abord abattre une douzaine de soldats, mais la chose serait aisée, tous ces adversaires étant pétrifiés par la terreur. Autant dire morts.

— Seigneur Kawakami, quelle surprise !

Saiki s'approcha d'un pas tranquille des antagonistes. Il ne sembla pas remarquer les sabres brandis.

— Je vous aurais volontiers invité à entrer pour vous rafraîchir, mais, ainsi que vous l'aurez remarqué, nous ne sommes pas à même de vous offrir dignement l'hospitalité. Une autre fois, peut-être ?

— Saiki, veuillez faire entendre raison au seigneur Shigeru ! Il refuse de me laisser entrer au palais ainsi que me l'a ordonné le shogun.

— Pardonnez-moi de vous contredire, seigneur Kawakami, dit Saiki en pénétrant dans le demi-cercle de sabres brandis, mais je crois que le seigneur Shigeru a raison.

— Comment ?

— D'après les Protocoles d'Osaka, pour pouvoir procéder à une inspection, le shogun est tenu d'en informer un grand seigneur au moins deux semaines à l'avance. En tant qu'administrateur en chef du domaine d'Akaoka, je vous signale que mon maître n'a reçu aucune notification, quelle qu'elle soit.

— Les Protocoles d'Osaka ont été signés il y a plus de deux cent cinquante ans.

— Il n'empêche, reprit Saiki avec une large révérence et un sourire plus large encore, qu'ils sont toujours en vigueur.

Une lueur finaude passa sur les traits de Kawakami.

— Si j'ai bonne mémoire, les Protocoles ne s'appliquent pas en temps de guerre.

— C'est exact. Mais nous ne sommes pas en guerre.

Un édifice en flammes s'effondra derrière Kawakami. Pris de panique, son cheval se cabra. Plusieurs minutes s'écoulèrent avant qu'il ne parvienne non sans mal à maîtriser sa monture.

— Si ce n'est pas la guerre, cela y ressemble diablement, dit le chef de la police.

— Je me référais à une déclaration de guerre officielle, expliqua Saiki, ainsi que le stipulent expressément les Protocoles d'Osaka. Le shogun a-t-il déclaré la guerre à quelqu'un ?

Kawakami se renfrogna.

— Non.

Tournant bride brusquement, il rebroussa chemin sans ajouter un mot, laissant à Mukai le soin d'ordonner aux hommes de rengainer leurs armes et de se retirer.

— Toujours aussi diplomate, dit Shigeru en rengainant ses sabres.

— Merci, dit Saiki, bien qu'il sût que, venant de Shigeru, il ne s'agissait pas d'un compliment. Vous semblez à nouveau en pleine possession de vos moyens, seigneur Shigeru, et à point nommé, qui plus est.

— Sire, dit Hidé, Stark porte une arme à feu sur lui.

— Je sais, dit Genji. Mais n'aie crainte. Il n'est pas dangereux.

— En êtes-vous certain, sire ?

— Oui.

Hidé se détendit : dès l'instant qu'il s'agissait d'une prémonition, sa responsabilité n'était pas engagée.

Genji sourit. Il était rassurant d'avoir pour garde du corps un homme dont il était aussi facile de deviner les pensées. Il demanda :

— Comment se porte Hanako ?

— Je l'ignore, sire.

— Tu ne l'as pas trouvée ?

— Je ne l'ai pas cherchée.

— Et pour quelle raison ?

— Parce que ma tâche est de veiller sur vous. Je ne peux pas m'absenter pour raisons personnelles.

— Hidé, il s'agit de ta fiancée, de la future mère de ton héritier, de la compagne de toute une vie.

— Oui, sire.

— Va la chercher. Shimoda veillera sur moi pendant ton absence. N'est-ce pas, Shimoda ?

— Oui, sire.

Hidé se courba jusqu'à terre.

— Je reviens tout de suite.

— Tu reviendras demain matin, dit Genji. Après le petit déjeuner. Ah, autre chose. Perds l'habitude de t'incliner aussi bas. En tant que chef des gardes du corps, tu ne dois jamais quitter mon entourage des yeux, même momentanément.

— Oui, sire, je vous obéirai.

— Bien. A présent, va chercher ta promise.

Heiko attendit que Hidé fût parti et que Shimoda se fût discrètement retiré à quelque distance. Ils s'assirent sur des coussins à l'intérieur de la vaste tente érigée à proximité de la muraille, face au rivage — la seule section de maçonnerie qui eût survécu au bombardement. Une légère brise soufflait du large, chargée d'effluves marins.

— Quel changement en si peu de temps ! soupira Heiko en tâtant la panse du flacon de saké pour s'assurer qu'il était à bonne température.

Satisfaite, elle remplit la coupe de Genji.

— Que veux-tu dire ?

— Voilà une semaine, vous n'étiez encore qu'une effigie, une personne insignifiante aux yeux de vos vassaux. A présent vous êtes leur maître. La transformation est remarquable.

— En période de crise, les gens changent, commenta Genji en versant à son tour le saké pour Heiko. S'ils ont de la chance, ils découvrent ce qui est essentiel.

Elle détourna les yeux, sentant la tête lui tourner sous le regard insistant de Genji ; être amoureuse de lui n'était pas chose facile, surtout maintenant qu'il lui rendait son amour. S'ils avaient été de simples paysans, commerçants ou pêcheurs, ils auraient pu laisser leurs sentiments s'exprimer librement, sans crainte d'éventuelles conséquences.

— Vous êtes bouleversé par les événements, dit-elle, mais je vais oublier chaque parole que vous m'avez dite aujourd'hui.

— Non, elles resteront gravées dans ta mémoire et dans la mienne, répliqua-t-il. Ce ne sont pas les événements qui me bouleversent, Heiko, mais toi, et toi seule.

— Il n'est pas nécessaire que vous me disiez des mots d'amour.

Des larmes coulaient sur ses joues, mais un sourire attendri jouait sur ses lèvres et sa respiration était calme.

— Je vous aime. Je vous ai aimé dès le premier instant. Je vous aimerai jusqu'à mon dernier soupir. Rien ne vous oblige à m'aimer en retour.

Il sourit de ce sourire insouciant qui lui faisait fondre le cœur.

— T'aimer avec une passion égale à la tienne me semble terriblement ennuyeux. Peut-être qu'avec le temps j'apprendrai à t'aimer moins. Cela te convient-il ?

Elle rit et tomba dans ses bras.

— Avec des charmes tels que les miens ? Je crains que vous ne soyez condamné à m'aimer davantage, et non pas moins.

— Tu m'as l'air bien sûre de toi…

— Non, Gen-chan. Pas du tout. Chez la femme, l'amour est une faiblesse et non une force. Si belle soit-elle, sa beauté n'est que de courte durée. Je ne m'attends pas que vous m'aimiez éternellement. Simplement, je vous demande de faire preuve d'indulgence si vous le pouvez.

Il eut envie de glisser la main à l'intérieur de l'ample manche du kimono pour la caresser, mais il faisait froid et ses mains étaient glacées. Songeant que ce ne serait pas agréable pour elle, il refréna son envie. Cependant, comme il se laissait aller à ses pensées, Heiko se tourna de telle sorte que sa main et celle de Genji se faufilent en même temps sous leurs kimonos respectifs. Au même instant, il sentit la chaleur de sa poitrine et la froideur de ses doigts sur son corps. Le feu et la glace réunis. Qui, songea-t-il, était le plus perspicace des deux ?

— Comment pourrais-je ne pas être indulgent ? Quand je suis avec toi, quand je pense à toi, la cruauté du monde s'évanouit, et tout mon cœur, tout mon être s'attendrit.

— Tout votre être, vraiment ?

— Non, peut-être pas tout mon être.

Il n'était pas question qu'ils se dévêtissent. Même s'ils s'étaient trouvés au cœur des appartements privés de Genji, à l'abri des regards, ils s'en seraient abstenus, leurs tenues vestimentaires, et en particulier celle de Heiko, étant beaucoup trop élaborées pour cela.

Elle portait un kimono en crêpe de soie Omeshi, avec par-dessus un long manteau *haori* ouatiné pour se protéger du froid. Le kimono était retenu par une large ceinture brodée, appelée *obi*, ornée d'un nœud *fukura suzume*, rehaussé dans sa partie supérieure par un rembourrage obi-agé dissimulé sous la ceinture.

Il existait plus de trois cents façons différentes de faire un nœud, et chaque jour Heiko passait un temps infini à choisir celui qu'elle allait porter. Aujourd'hui, elle avait choisi le *fukura suzume* — le moineau dodu — car elle avait deviné que Genji serait de retour et voulait ainsi fêter l'événement avec une allusion discrète à l'emblème du clan. Elle avait eu raison de se fier à son intuition puisqu'il était arrivé comme prévu. Si elle s'était trompée, elle n'aurait pas porté le *fukura suzume* le lendemain, c'eût été un manque évident d'élégance. Elle se serait résignée au fait qu'elle avait manqué une occasion.

Un cordon *obi-jimé* maintenait l'*obi* en place. Entre le kimono et l'*obi*, elle portait une attache, *obi-ita*, afin d'empêcher le kimono de se froisser à la hauteur de la ceinture. Une galette de rembourrage, le *makura*, était placée sous le nœud afin de lui garder sa forme. Une broche, *obi-domé*, retenue par une cordelette plus fine que l'*obi-jimé*, ornait le devant de l'*obi*.

Sous ses kimonos, *obi*, *makura*, *obi-agé*, *obi-jimé*, et *obi-domé*, elle portait un second kimono, le *nagajuban*, également en soie. De fines cordelettes attachées aux extrémités du col étaient passées entre les œillets du col *chikara nuno* et nouées de façon à laisser une ouverture de la taille du poing à hauteur de la nuque. Une ceinture, le *daté-maki*, fermait le *nagajuban*.

Sous son *nagajuban*, elle portait une chemise de corps, le *hada-juban*, et la combinaison de voile, le *susoyoke*. Plusieurs galettes de rembourrage venaient s'ajouter à ces diverses épaisseurs de vêtements, à la hauteur des clavicules, du ventre et de la taille. Celles-ci étaient nécessaires pour adapter les formes du corps à la coupe droite du vêtement et lui assurer un tombé fluide. En temps normal, elle se ceignait le buste d'une large bande d'étoffe afin d'en atténuer la rondeur, ce qu'elle n'avait pas fait ce matin, escomptant le retour de Genji.

Bien que Genji et Heiko eussent gardé leurs vêtements, ceux-ci offraient assez d'ouvertures pour leur permettre de se livrer à des échanges de la plus stricte intimité. Assurément, si le feu et la glace ne faisaient qu'un, il en allait de même pour un corps vêtu et un corps dénudé.

— Si l'amour est ta faiblesse, dit Genji pantelant, je frissonne à l'idée de découvrir quelle est ta force.

S'exhortant à ne pas haleter, Heiko répondit :

— Vous frissonnerez, de toute façon, sire.

Shimoda ne put réprimer le sourire qui lui venait aux lèvres. Détournant chastement les yeux, il referma en silence les rabats de la tente.

Ce ne fut que lorsqu'il partit en quête de Hanako que Hidé prit toute la mesure de l'étendue des dégâts. Lorsqu'il était enfant, un gigantesque tremblement de terre avait dévasté Edo, après quoi un incendie s'était déclaré qui avait dévasté la moitié de la ville. Aujourd'hui, le palais de la Grue Silencieuse se trouvait lui aussi réduit à un amas de gravats fumants, jonché çà et là de corps démantibulés. Une odeur de chair humaine brûlée flottait dans l'air. L'estomac de Hidé se souleva. Il réprima une violente envie de vomir.

A l'endroit où se trouvaient jadis les appartements des étrangers, il aperçut un lambeau de kimono sous une poutre parmi les ruines. S'agenouillant, il ramassa le fragment de soie chatoyant et le tint entre ses mains. Etait-ce le sien ? Ne portait-elle pas un kimono semblable la dernière fois qu'il l'avait vue ? Il n'en était pas certain. Pourquoi n'était-il pas plus attentif ? Un homme qui n'était pas capable d'identifier le vêtement de sa fiancée méritait-il le grade de commandant en chef des gardes du corps ?

Hidé chassa aussitôt cette pensée. Trop tard pour se poser ce genre de questions. Son maître l'avait nommé à ce poste. Douter de ses capacités à remplir ses fonctions revenait à douter de son seigneur. Dès lors que ce dernier l'en estimait capable, la loyauté exigeait qu'il le crût. Dorénavant, il allait amender ses nombreuses faiblesses et se montrer à la hauteur de son nouveau grade. Il se releva et rejeta dignement les épaules en arrière.

Cependant, le lambeau de soie n'avait pas quitté ses mains et les larmes lui montèrent aux yeux.

A quoi bon tous ces honneurs s'il n'avait personne avec qui les partager ? Qui savourerait son triomphe avec lui, le consolerait dans la défaite ? La mort d'un samouraï, fût-elle parfaite, ne méritait-elle pas d'être célébrée dignement ?

Hidé avait seize ans et portait pour la première fois un vrai *katana* à sa ceinture lorsqu'il avait fait la connaissance de Hanako. Elle n'avait que neuf ans ; elle avait été amenée au palais par le seigneur Kiyori sur les recommandations du vieil abbé Zengen. Il rougit en songeant aux premiers mots qu'il lui avait adressés.

« Apporte-moi du thé. »

Dans son kimono de coton élimé, la petite fille releva le menton et dit :

« Va le chercher toi-même.

— Apporte-moi du thé, te dis-je.

— Non.

— Tu es une servante. Je suis un samouraï. Fais ce que je t'ordonne. »

La fillette éclata de rire.

« Le seigneur Kiyori est un samouraï, répliqua-t-elle. Le seigneur Shigeru, le seigneur Saiki, le seigneur Kudo, le seigneur Tanaka sont des samouraïs. Mais toi, tu n'es qu'un jeune blanc-bec avec un sabre qui n'a jamais servi. »

Furieux, vexé, il se leva d'un bond, la main posée sur le pommeau de son katana.

« Je suis un vrai samouraï et je peux te mettre à mort ici même.

— Non, tu ne le peux pas.

— Comment ? s'écria Hidé, déconcerté par l'effronterie de la fillette. Un samouraï a droit de vie et de mort sur les paysannes de ton espèce.

— Mais pas toi.

— Et pourquoi pas moi ?

— Parce que je suis au service de ton clan. Et que tu as le devoir de me protéger. Au péril de ta vie, si nécessaire. »

Sur ces mots, la fillette tourna les talons, laissant derrière elle un Hidé bouche bée.

Il jeta un regard circulaire à l'amas de gravats. Oui, n'était-ce pas à ce même endroit que la scène avait eu lieu, des années auparavant ? Il baissa les yeux, comme autrefois. Elle n'était encore qu'une enfant, et pourtant elle lui avait rappelé une chose qu'il n'aurait jamais dû oublier. Un samouraï était un protecteur, et non une brute arrogante.

Avec les années, la fillette effrontée était devenue une femme dévouée et vertueuse qu'il s'était efforcé d'éviter lorsqu'il avait commencé à s'adonner au jeu et à la boisson.

Le seigneur Genji avait choisi pour lui la plus parfaite des compagnes. Et voilà qu'il l'avait perdue à jamais.

— Hidé !

Il fit volte-face en reconnaissant la voix surprise de Hanako.

Elle se tenait à l'endroit jadis occupé par le corridor, un plateau à thé entre les mains.

Fou de joie, Hidé ébaucha un geste pour la prendre dans ses bras, puis se retint au dernier moment et s'inclina.

— Je suis soulagé de voir que tu n'es pas blessée.

Elle lui rendit son salut.

— Je suis honorée de la considération que vous daignez porter à mon insignifiante personne.

— Tu n'es pas insignifiante, dit Hidé. Pas pour moi, en tout cas.

Surprise par la franchise de ces propos, Hanako chancela. Sans l'intervention immédiate de Hidé, le service à thé aurait atterri sur le sol. Comme il s'emparait du plateau, sa main frôla celle de Hanako. Contre toute attente, ce premier contact physique eut pour effet d'apaiser la jeune femme.

Hidé annonça :

— Le seigneur Genji m'a donné congé jusqu'à demain matin.

Hanako, l'ayant compris à demi-mot, rougit.

— Notre maître est très généreux, dit-elle en détournant modestement les yeux.

Hidé avait tant de choses à lui raconter… Incapable de les garder pour lui plus longtemps, il reprit :

— Alors que nous faisions route pour le monastère de Mushindo, nous nous sommes battus contre les hommes du seigneur Gaiho. Pour me récompenser de mes actions, le seigneur Genji m'a nommé commandant en chef de sa garde personnelle.

— Je suis très heureuse pour vous. Je suis certaine que vous saurez vous conduire avec honneur et courage.

Elle s'inclina à nouveau.

— Veuillez m'excuser quelques instants. Je dois aller servir le seigneur Shigeru et le seigneur Saiki. Je viendrai vous retrouver sitôt mes devoirs accomplis, sire.

Ce ne fut qu'en la regardant s'éloigner — non pas à travers les ruines, mais en longeant ce qui restait du corridor, conformément à l'étiquette — que Hidé se rendit compte qu'elle l'avait appelé « sire », ainsi que l'exigeait son nouveau rang. Le titre de commandant en chef des gardes du corps était une charge éminente et, même si le seigneur Genji ne l'avait pas encore spécifié, il ne manquerait pas de le faire lors des proclamations officielles de la Nouvelle Année.

Au souvenir de la chaleur qui avait envahi son cœur quand sa main avait rencontré celle de Hanako, Hidé songea qu'il aimait sans doute la jeune femme depuis toujours, à son insu. Le seigneur Genji, en revanche, le savait. Une fois de plus, il sentit des larmes de gratitude lui monter aux yeux. C'était une bénédiction pour lui, pour eux tous, d'avoir un seigneur doué de prescience. Il alla inspecter sa chambre, pour voir si elle existait toujours. Il espérait qu'un des murs au moins avait tenu bon, afin que sa fiancée et lui puissent jouir de quelques instants d'intimité cette nuit-là.

Hanako s'efforçait de regarder où elle mettait les pieds. Marcher parmi les éboulis n'était pas chose facile. Et si elle trébuchait et s'étalait de tout son long sous les yeux de son futur époux, la veille de leur première nuit en tête à tête ! Quelle humiliation ! Pourtant, elle avait beau essayer de se concentrer, ses efforts restaient vains. Ses pensées ne cessaient de la ramener au jour où, douze ans plus tôt, la voix du seigneur Kiyori l'avait interpellée.

« Hanako !

— Sire... »

Elle tomba à genoux, front contre terre, tremblant de la tête aux pieds. Après avoir mouché le jeune coq arrogant, elle s'était retirée la tête haute et le menton relevé, sans remarquer la présence du grand seigneur.

« Viens avec moi. »

Frissonnant comme une feuille sous le tiède soleil de printemps, elle le suivit, les yeux baissés, certaine qu'il la conduisait vers la mort. Pour quelle autre raison le grand seigneur se serait-il abaissé à lui adresser la parole, à elle, l'orpheline sans nom que le bon vieux Zengen avait réussi à faire admettre dans ce palais grandiose ?

Le garçon qu'elle venait d'insulter était-il un parent du seigneur, son neveu favori ? Des larmes jaillirent de ses yeux. Elle avait honte d'avoir trahi la confiance de Zengen. Le prêtre du village s'était donné du mal pour elle après la mort de ses parents, et voilà qu'elle avait tout gâché. Et tout cela par crânerie. Zengen l'avait pourtant maintes fois mise en garde contre l'excès d'amour-propre. « Ravale ton orgueil, Hanako. L'orgueil n'est qu'une illusion. — Oui, abbé Zengen », répondait-elle. Mais elle ne l'avait pas pris assez au sérieux et maintenant il était trop tard.

Au loin, elle entendait les samouraïs qui s'entraînaient à grand bruit dans l'arène de combat. Aucun doute : elle allait être exécutée. Comment oserait-elle se présenter devant ses parents dans la Terre Pure ? Oh, mais cela ne risquait pas d'arriver. Car elle n'était pas digne d'être sauvée par Amida Bouddha. Elle allait descendre tout droit au royaume de l'enfer, pour expier son mauvais karma, en compagnie de Kichi, la sorcière hermaphrodite, de Gonbé le violeur et d'Iso le lépreux. Et peut-être qu'une fois dans ce lieu exécrable elle allait devenir l'esclave de Kichi et l'épouse d'Iso.

Terrorisée par les cris féroces des combattants, elle n'osait lever les yeux... et entra en collision avec le seigneur Kiyori, qui venait de pénétrer sur l'aire d'entraînement. Affolée, elle recula promptement, mais il ne lui prêta pas attention.

« Sire ! » dit un samouraï en armure. Il se laissa tomber sur un genou en s'inclinant à quarante-cinq degrés, conformément à la règle en vigueur sur le champ de bataille. Les autres l'imitèrent aussitôt.

« Continuez », ordonna le seigneur Kiyori.

Les soldats se relevèrent et reprirent le combat. Tout d'abord, Hanako s'étonna de n'en voir aucun s'effondrer à terre. Puis elle s'aperçut que leurs sabres étaient en bois de chêne et non en métal.

« Les autres clans se servent de *shinai* de bambou pour s'entraîner, l'informa le seigneur Kiyori. Le *shinai* est inoffensif, et donc inutile. Entre les mains d'un combattant accompli, le chêne peut briser des os, parfois même blesser à mort malgré le port de l'armure. Nous nous entraînons ainsi afin qu'il y ait toujours un risque réel. L'entraînement sans risque ne sert à rien. »

Ses yeux se posèrent sur elle.

« Pourquoi nous entraînons-nous ?

— Parce que vous êtes des samouraïs, sire.

— Et qu'est-ce qu'un samouraï ? »

Pourquoi lui posait-il toutes ces questions au lieu de la faire exécuter sur-le-champ ? Elle remercia le ciel de ce répit. Une vague de nausée l'envahit soudain à la pensée qu'on allait la traîner de force jusqu'au lit immonde du lépreux Iso.

« Un guerrier, sire.

— Et quand a eu lieu la dernière guerre ?

— Il y a plus de deux cents ans, sire.

— Mais alors, puisque nous vivons en paix, pourquoi continuons-nous à nous entraîner aux arts de la guerre ?

— Parce que la guerre peut éclater à tout moment, sire. Et que les samouraïs doivent être prêts.

— Prêts à quoi ? »

« Nous y voilà, songea Hanako. Le rituel est terminé. L'heure est venue de mourir. » Elle baissa la tête et dit :

« Prêts à tuer, sire. »

Elle attendit le coup de sabre qui allait lui trancher le cou.

Le seigneur Kiyori la surprit une fois de plus en disant :

« Non, Hanako, ce n'est pas pour cela. Tuer ne requiert pas beaucoup d'entraînement. Observe attentivement. »

Elle obéit. Mais elle avait beau faire, elle ne vit rien de plus que des hommes en train d'échanger des coups. Cependant, à force de regarder, elle constata des différences entre les samouraïs qui se trouvaient dans la mêlée. Certains se mouvaient avec une grande détermination malgré les coups qui pleuvaient sur eux. D'autres s'esquivaient, sautant de droite et de gauche pour éviter les chocs, sans pouvoir s'y soustraire tout à fait. Dans un si petit espace, avec un si grand nombre d'hommes, il était impossible de ne pas être touché. S'ils avaient été armés de vrais sabres, rares auraient été ceux qui auraient pu rester en vie. Tout à coup, à cette pensée, la réponse lui vint.

Elle dit :
« Ils doivent se préparer à mourir, sire. »

Le seigneur Kiyori lui sourit.
« Tel est le destin d'un samouraï, Hanako. Il n'est pas facile de vivre dans la peur constante de mourir.

— Mais je croyais qu'un vrai samouraï n'avait jamais peur, sire ? »

Elle ne pouvait pas imaginer le grand seigneur ayant peur de quoi que ce fût.

« L'absence de peur n'est pas un signe de courage. C'est un signe d'imbécillité. Le courage, c'est de connaître la peur et de la dépasser. »

Le seigneur Kiyori lui tapota la tête.
« Parfois, surtout quand il est jeune, un samouraï cache sa peur sous un masque d'arrogance. Une femme vertueuse le lui pardonnera. Elle fera tout son possible pour le rendre plus fort. Elle ne fera rien qui puisse l'affaiblir. Tu comprends ?

— Oui, sire.

— Tu peux t'en aller, à présent. »

Sitôt après avoir quitté le seigneur Kiyori, Hanako se hâta vers la cuisine. De là, elle retourna dans la cour où elle avait échangé quelques mots avec le jeune homme arrogant. A son grand soulagement, il s'y trouvait toujours, à l'endroit même où elle l'avait laissé. Etait-ce une impression ou avait-il les épaules rentrées ? Elle sentit une rougeur de honte lui enflammer les joues.

S'approchant de lui, elle s'inclina et s'agenouilla.
« Votre thé, seigneur samouraï.

— Oh, dit le jeune homme, surpris et confus. Merci. »

Il lui sembla que ses épaules se redressèrent lorsqu'il prit la tasse qu'elle lui présentait. Elle s'en réjouit intérieurement.

Shigeru et Saiki étaient assis au centre de ce qui restait de la chambre de Shigeru. Le tatami d'origine, réduit en miettes par la canonnade, avait été remplacé par deux nattes en paille miraculeusement rescapées du massacre. Shigeru se tenait immobile, les yeux baissés. Il ne fit pas un geste quand Hanako s'agenouilla sur le seuil puis se courba, comme toujours avant d'entrer dans une pièce.

Saiki la salua poliment.

— Je suis heureux que tu aies survécu au bombardement, Hanako.

— Merci, sire.

Ayant eu vent des terribles rumeurs qui couraient sur le compte de Shigeru, Hanako s'approcha de lui avec appréhension. Cependant, elle afficha un calme poli quand elle lui servit le thé.

— As-tu eu l'occasion de parler avec Hidé ? questionna Saiki.

— Oui, sire.

— Dans ce cas, tu connais la bonne nouvelle. On peut dire que son ascension a été fulgurante.

Hanako s'inclina avec déférence.

— Il ne la doit pas tant à son mérite qu'à la grande bonté du seigneur Genji.

En l'absence de son fiancé, il lui incombait de faire preuve d'humilité en son nom.

— Certes, notre maître est très bon. Mais, s'il a accordé sa confiance à Hidé, je dois lui accorder la mienne.

En disant cela, Saiki ne regardait pas Shigeru, alors que ses paroles s'adressaient plus à lui qu'à la servante.

— As-tu choisi l'endroit où tu souhaitais établir ton foyer ?

— Pas encore, sire. Je viens seulement d'apprendre que Hidé avait été promu.

En réalité, elle avait des visées sur le logement vide des officiers, dans la partie ouest du palais. Quoique modeste, il était meublé avec goût et suffisamment spacieux pour que l'on y installât une pouponnière. Mais cette partie du palais avait été dévastée quelques heures auparavant et ils allaient devoir attendre qu'elle fût reconstruite. En revanche, il y avait une chose qui ne pouvait attendre : maintenant que Hidé avait été nommé commandant en chef des gardes du corps, Hanako était déterminée à lui donner au plus vite un héritier.

— Dans ce cas, j'imagine que vous avez beaucoup de choses à vous dire. Ta présence ici n'est pas indispensable. Va le rejoindre. Il appréciera ta compagnie plus que nous.

— Merci, sire, répondit Hanako avec gratitude avant de se retirer.

Saiki sourit en songeant : « Que la vie est belle quand on est jeune et amoureux ! Elle revêt un éclat que ni l'adversité ni la tragédie ne sauraient ternir et qui semble au contraire lui conférer une certaine élévation de sentiments. » Comme Shigeru tardait à entamer la discussion, Saiki s'abîma quelques instants dans la rêverie, se remémorant sa propre jeunesse et les années passées.

— S'il a accordé sa confiance à Hidé, je dois lui accorder la mienne, dit Shigeru, reprenant les paroles de Saiki.

Saiki s'inclina.

— Je vous croyais absorbé dans la méditation. Je ne pensais pas que vous m'aviez entendu.

— J'étais en train de méditer, Saiki, pas inconscient.

— Je m'en réjouis, seigneur Shigeru, car l'heure serait mal choisie pour cela.

— Tout à fait d'accord, dit Shigeru en sirotant son thé à petites gorgées. La phase finale de la bataille approche.

Saiki médita sur le sens caché de ces paroles. Depuis deux cent soixante et un ans, les perdants de la bataille de Sekigahara s'entêtaient à considérer celle-ci comme inachevée. Et ce malgré l'effondrement total de la régence de l'Ouest, l'anéantissement du clan dominant des Toyotomi, la mort de près de cent mille soldats en une seule journée et l'accession permanente des Tokugawa au titre de shogun. Inachevée, parce qu'aucun samouraï vivant n'aurait pu accepter la défaite. Seule la mort était un achèvement. Quand on considérait la situation objectivement, tout cela relevait de la démence. Et pourtant, Saiki partageait ce point de vue. Comment aurait-il pu faire autrement dès lors qu'il était lui-même un samouraï ?

Il dit :

— Je suis heureux que cela arrive de mon vivant.

Son émotion était si vive qu'il sentit les larmes lui monter aux yeux. Quelle bénédiction que d'être destiné à la guerre ! Son père et son grand-père, deux guerriers infiniment plus vaillants que lui, avaient vécu et étaient morts en temps de paix. Le destin l'avait désigné pour racheter l'honneur de ses ancêtres.

— Moi aussi, dit Shigeru.

Les deux hommes se turent quelques minutes. Saiki servit le thé à Shigeru et Shigeru fit de même pour Saiki.

Il faisait étonnamment doux pour une journée d'hiver. Saiki contempla le ciel. Des stratus poussés par des vents d'altitude qu'on ne sentait pas en bas s'étiolaient en traînées blanches sur l'azur du ciel. En cet instant d'éternité, il sentit vibrer la vie dans chaque cellule de son être.

Shigeru, quant à lui, songeait aux sabres ancestraux qu'il avait dégainés quelques instants plus tôt. Sans l'intervention inopinée de Saiki, il aurait pu en essayer le tranchant sur cet imbécile de Kawakami. Mais le simple fait de les sortir de leurs étuis avait été une expérience instructive. Au moment même où il avait libéré les lames de leurs fourreaux, il avait su qu'il serait le dernier Okumichi à s'en servir au combat. Il ignorait quand cela se produirait, ses visions n'étaient pas assez précises, pas plus qu'il ne savait qui serait son dernier adversaire, ou qui des deux l'emporterait. Il ne savait qu'une chose : il serait le dernier, et il en était grandement peiné.

Au cours de la sinistre paix qui avait suivi la bataille de Sekigahara, le shogun Tokugawa avait ordonné le *meito*, le recensement de tous les sabres célèbres du pays. Les sabres qui se trouvaient en la possession de Shigeru, les Serres de Moineau, n'y figuraient pas, car le seigneur d'Akaoka de l'époque, Uenomatsu, avait refusé de participer au *meito*. Les sabres étaient l'âme d'un samouraï. Les griffes d'un moineau n'étant pas à proprement parler des serres, ce nom était à la fois ironique et révélateur du fait que les moineaux d'Akaoka — ses soldats — étaient pourvus de défenses acérées. Les commentaires d'Uenomatsu sur la question avaient été dûment consignés dans les manuscrits secrets du clan et étaient connus de tous les Okumichi.

« Que ceux qui préfèrent le thé à la guerre fassent le recensement de toutes les tasses célèbres du royaume », avait déclaré le seigneur Uenomatsu.

Bien que rien de concret n'eût été discuté, sur le fond on pouvait dire que l'entretien avait déjà eu lieu. Shigeru et Saiki avaient réaffirmé l'un et l'autre leur loyauté envers Genji, grand seigneur d'Akaoka ; ils avaient fait le serment de déchoir le shogun Tokugawa, fût-ce au péril de leur vie ; ils avaient décidé de passer outre à leurs divergences — concernant les missionnaires, notamment — jusqu'à ce que l'affaire la plus importante eût été réglée. Rien de tout cela n'avait été exprimé. Et pourtant tout était parfaitement clair entre eux.

— La situation au monastère de Mushindo n'est pas ce qu'elle devrait être, reprit Shigeru.

Saiki se doutait bien qu'il ne se référait pas à sa récente incarcération mais à la fiabilité de Sohaku en tant que principal conseiller du seigneur Genji.

— Non plus que dans le palais de la Grue Silencieuse.

Shigeru hocha la tête. Ainsi, Kudo allait lui aussi devoir être éliminé. Cependant, il était encore trop tôt pour passer à l'action. Il fallait laisser mûrir les choses. Quand l'heure aurait sonné, les mesures s'imposeraient d'elles-mêmes. Il n'y avait pas lieu de craindre un assassinat déguisé : Sohaku et Kudo ne pouvaient espérer conserver la loyauté de leurs propres vassaux s'ils usaient de moyens détournés pour tuer Genji. Une telle bassesse les stigmatiserait à vie. Ils ne pouvaient triompher que grâce à la rébellion et la victoire sur le champ de bataille. Ils choisiraient, naturellement, l'heure et le lieu. Une occasion allait se présenter sous peu.

— Allez-vous conseiller un retrait d'Edo ?

— Nous n'avons pas d'autre solution, dit Saiki.

Shigeru réfléchit aux différents itinéraires possibles. La voie maritime était exclue ; à tout moment, la flotte étrangère qui avait bombardé Edo pouvait décider de s'en prendre aux bateaux japonais. Et même sans cela, il restait la flotte du shogun, qui, bien que dérisoire comparée aux forces étrangères, n'en demeurait pas moins assez puissante pour détruire n'importe quelle embarcation du domaine d'Akaoka. La voie de terre la plus courte consistait à longer la mer intérieure. Malheureusement, à cet endroit, les fiefs appartenaient à des vassaux du shogun. La seule possibilité qui leur restait était donc la montagne.

— La route est longue et périlleuse jusqu'au domaine, observa Shigeru.

— J'ai dépêché un messager au château du Vol de Moineaux dans l'heure qui a suivi l'attaque. Dans deux semaines, cinq mille hommes seront postés sur la frontière est du domaine, prêts à se battre pour nous défendre en cas de besoin.

— Cela signifierait la guerre.

— Oui.

Shigeru hocha la tête.

— Très bien. J'imagine que nous levons le camp demain matin ?

— Avec la permission de notre seigneur.

D'après Heiko, les autres missionnaires de la Véritable Parole se trouvaient dans un monastère du nom de Mushindo, dans une province située au nord de la capitale. Peu après leur arrivée là-bas, une année auparavant, une épidémie avait éclaté. La geisha ignorait quels étaient leurs noms et combien d'entre eux avaient survécu.

— Vous avez des amis parmi eux ?
— Il y a quelqu'un que je voudrais voir.
— Dans ce cas j'espère que cette personne est toujours en vie.
— Moi aussi.
— Si ce n'est pas le cas, que préconise votre religion ?
— Je ne comprends pas votre question.
— Lorsqu'une personne qui vous est chère meurt, avez-vous l'espoir de la retrouver un jour, selon votre religion ?
— Les chrétiens croient à la vie éternelle après la mort. Les bons vont au paradis et les méchants en enfer. Vos chances de retrouver quelqu'un dépendent de l'endroit où vous allez vous-même.

Stark avait songé à voler un cheval pour faire route seul jusqu'à Mushindo.

Heiko lui avait dit qu'il avait fallu trois jours au seigneur Genji pour s'y rendre. Or il était dans son propre pays et connaissait bien le chemin. Et malgré cela il avait fait de mauvaises rencontres et avait dû se battre pour pouvoir continuer sa route. Stark savait que ses chances d'atteindre son but étaient minces.

Stark avait déjà attendu tellement longtemps qu'il pouvait bien patienter encore un peu. A moins que, après les bombardements, le shogun ne décidât d'expulser les missionnaires, auquel cas mieux valait des chances minces que pas de chances du tout. Il regrettait de n'avoir pas été plus attentif pendant les cours de géographie que leur avait donnés Cromwell durant la traversée. Il y avait quatre îles principales, de cela il se souvenait, et celle sur laquelle ils se trouvaient, la plus grande, s'appelait Honshu. Or c'était sur Honshu que la mission de la Véritable Parole devait être érigée. Il se trouvait donc sur la bonne île. Ce qui était un début.

Heiko s'était retirée quelques instants plus tôt pour aller rejoindre le seigneur, laissant Stark libre de passer les décombres au peigne fin à la recherche de son bien le plus précieux. Juste au moment où il venait de repêcher son gros calibre 44 — intact, Dieu merci — sous un amas de bibles éparpillées, Emily entra sans crier gare. Il s'empressa de remettre discrètement le revolver sous la sainte bible. Il était à peu près certain qu'elle l'avait vu. Cependant, elle ne fit aucun commentaire.

— Pouvons-nous parler en toute franchise, Matthew ?

— Naturellement.

Il regarda autour de lui, cherchant une chaise à lui offrir. En vain.

— Je peux rester debout, dit-elle. Merci.

Elle marqua une pause et baissa les yeux. Ses mains étaient agrippées l'une à l'autre, ses lèvres pincées en une moue tourmentée. Elle déclara d'une seule traite :

— Il faut que je reste au Japon. Je dois achever de construire la mission, ainsi que vous et moi, et Zephaniah, en étions convenus au départ. Je le dois à tout prix, Matthew. Et la seule façon pour moi d'y parvenir, c'est avec vous.

La ferveur d'Emily l'impressionna. Elle était aussi déterminée que lui. Mais sa détermination à elle était fondée sur la foi, alors que la sienne l'était sur l'absence de foi.

— Je suis prêt à vous aider autant que je le pourrai, Emily. Mais ce que vous me demandez est désormais impossible. Les bombardements vont nous attirer la haine de la population : nous sommes des étrangers, au même titre que les navires qui ont causé ces dégâts. Nous sommes en danger. Sans compter que nous n'allons peut-être pas avoir le choix. Il se peut que le gouvernement japonais ordonne notre expulsion.

— Si tel est le cas, avez-vous l'intention de partir ?

— Non. Je suis venu au Japon dans un but précis, et je n'en repartirai pas tant que je ne l'aurai pas atteint.

— Dans ce cas, vous me comprenez sûrement, car j'éprouve le même sentiment.

Stark secoua la tête. Comment aurait-il pu lui expliquer ? Impossible. Il répondit simplement :

— J'ai toutes les raisons de croire que je mourrai ici.

— Moi aussi.

« Non, voulut dire Stark, vous vous trompez. Vous êtes venue ici pour répandre la Bonne Parole. Moi, je suis venu pour tuer. »

Juste avant de s'engager sur la dernière côte, Stark s'arrêta pour épingler sa scintillante étoile de fer-blanc portant les mots

« ARIZONA RANGER » gravés en ronde bosse en son centre. L'ordre du gouverneur était rangé dans sa sacoche de selle, ainsi que les dix pièces d'or — sa prime d'engagement. Pourquoi le gouverneur avait-il insisté pour le payer alors qu'il n'avait pas encore effectué le moindre travail ? Il n'en avait aucune idée. Mais il n'avait pas cherché à discuter. Il avait dit merci et empoché le fric, l'étoile et l'ordre de mission. Peut-être que les dégâts occasionnés par les Apaches, renégats et bandits de tout poil qui traînaient dans les environs étaient bien pires encore que ce qu'on racontait. En tout cas, le gouverneur lui avait donné sa chance et il était bien décidé à ne pas la laisser filer. S'il avait épinglé son étoile à son revers juste avant de gravir la dernière côte, c'était parce qu'il faisait particulièrement doux ce jour-là et qu'il y avait de bonnes chances pour que Becky et Louise soient sorties jouer dehors, à quelque distance du ranch. Il voulait qu'elles voient l'étoile en même temps qu'elles le verraient lui. Lorsqu'il s'était mis en route, elles étaient tout excitées à l'idée que leur beau-père allait devenir un ranger. Bon, d'accord, pas un célèbre ranger du Texas, mais un ranger tout de même.

Les filles avaient grandi. Elles étaient en âge de se faire des camarades et d'aller à l'école, et Tucson offrait ces deux possibilités. La vie au ranch avec Mary Anne et les deux fillettes était agréable, et même mieux que cela. Et ils avaient eu une bonne année. Mais il était temps que tous les quatre songent à entamer une nouvelle vie, encore meilleure, en Arizona.

Quelque chose l'incita à s'arrêter à mi-parcours de la côte. Il n'aurait su dire quoi, juste une sensation étrange. Il sortit sa carabine et dressa l'oreille. Mais oui, bien sûr, le silence. On n'entendait pas un bruit. Son troupeau était petit, rien à voir avec les gigantesques déferlantes de bétail qui paissaient du côté de Dallas ou de Houston. Mais il faisait du bruit. Un bruit qui s'entendait à bonne distance : le murmure d'un bon nombre de bêtes à cornes, avec de gros estomacs et pas beaucoup de cervelle, en train de ruminer. Le silence lui indiqua que le bétail n'était plus là, si bien qu'en atteignant la ligne de faîte il ne fut pas surpris de ne pas apercevoir son troupeau. C'était la première chose.

La deuxième chose lui glaça la peau. Il ne voyait rien hormis la poussière, la broussaille et quelques charmes se balançant au vent. Pas un son ne venait de la maison.

Piquant des deux, Stark dévala la côte au galop, la tête vide, le cœur battant. A mi-chemin, il aperçut ses deux chiens gisant à l'extérieur du portail, les tripes à l'air, bouffis par la putréfaction. Nulle vermine n'était venue festoyer sur leurs carcasses. Il ne pouvait y avoir qu'une seule raison à cela : un mets plus alléchant à proximité.

Sautant de sa selle, il prit sa carabine dans sa main gauche et avec la droite dégaina son calibre 44. Il resta un long moment immobile avant de s'approcher de la maison, ses deux armes braquées à hauteur des épaules, même s'il savait qu'elles ne lui seraient pas d'un grand secours face à ce qui l'attendait.

Il était encore à une dizaine de pas de la maison quand le vent tourna et que la puanteur l'assaillit. Tout ce qui lui restait de matière grise était soigneusement concentré sur ses armes à feu. C'est à peine s'il sentit son estomac se crisper tandis qu'un liquide acide lui remontait dans la gorge, puis dans la bouche, et que ses articulations, puis tous ses muscles se relâchaient d'un coup.

Mary Anne.

Il crut que quelqu'un d'autre était là, en train d'appeler son nom, puis comprit que c'était sa propre voix.

Il s'approcha, franchit le seuil sans vraiment parvenir à prendre la mesure du spectacle qui s'offrait à lui. Elles étaient vivantes, forcément, puisqu'elles, ou tout au moins les couvertures qui les recouvraient, remuaient. Celles-ci présentaient des motifs géométriques typiques des tissages du sud de la frontière. Mary Anne avait dû les acheter à un marchand ambulant mexicain pendant son absence. Mais pourquoi un aussi grand nombre de couvertures au printemps ? Peut-être avaient-elles pris froid.

C'est alors qu'il les entendit, et devina presque trop tard de quoi il s'agissait. Au cours des semaines qui suivirent, le bruit lui revint par instants, surgi de nulle part, aussi clairement que la première fois. Et, quand il l'entendait, il regrettait de ne pas être mort sur le coup, parmi les crotales. Il n'en avait jamais vu autant, n'avait jamais entendu un tel raffut. Quand ils agitaient leurs sonnettes, on aurait dit les os d'un squelette qui se secouait désespérément pour tenter de revenir à la vie. Ils étaient venus faire bombance ; certains d'entre eux étaient déjà si repus de chair pourrie qu'ils étaient incapables de bouger.

Ils auraient pu mettre le feu. N'importe qui d'autre l'aurait fait à leur place. S'ils ne l'avaient pas fait, c'était parce qu'ils voulaient qu'il voie. Mais, Dieu merci, il n'avait rien vu, grâce aux serpents. Stark n'avait pu que s'imaginer ce qu'ils avaient fait aux trois êtres qu'il aimait le plus au monde.

Il ressortit à reculons, lentement. Excités par leur propre vacarme, les crotales se mirent à s'agresser mutuellement. Stark referma la porte et accrocha les volets devant les fenêtres. Il mit d'abord le feu au toit, puis jeta des torches sur les ballots de paille qu'il avait rassemblés le long des murs. Il passa le reste de la journée et toute la nuit suivante à tourner autour du feu, une pelle à la main, prêt à tailler en deux le premier serpent qui chercherait à fuir. Mais aucun ne sortit.

Le lendemain matin, à l'endroit où se trouvait la maison, il ne restait plus qu'un petit monticule de bois et de pierres calcinés.

Rien ne bougeait.

Stark enfourcha son cheval et prit la direction d'El Paso, à la recherche d'Ethan Cruz.

Emily vit Matthew cacher son pistolet sous les bibles. C'était un engin gigantesque, aussi gros que celui qu'il portait la première fois qu'il s'était présenté à la mission de la Véritable Parole. Selon toute vraisemblance, il s'agissait de la même arme, bien qu'il eût déclaré l'avoir jetée dans la baie de San Francisco. Elle le vit mais ne dit rien, estimant qu'il ne lui revenait pas de le juger. C'était le rôle de Zephaniah, et Zephaniah n'était plus. Elle n'avait plus qu'un souci, désormais : rester au Japon à tout prix.

— A part cela, dit Matthew, je ne vois pas comment je pourrais vous aider. Je n'ai aucun pouvoir de décision.

Comme elle n'avait pas le choix, elle se jeta à l'eau.

— Il est très difficile pour une femme seule, sans époux et sans famille, de demeurer dans un pays étranger. Je ne pourrai pas rester ici, à moins que vous n'acceptiez de me servir de famille.

— Vous servir de famille ?

— En devenant mon fiancé.

Si Matthew fut choqué par la franchise de ses propos, il n'en laissa rien voir.

— Il est un peu trop tôt pour envisager ce genre de choses, ne pensez-vous pas, sœur Emily ?

Elle se sentit rougir jusqu'au blanc des yeux.

— C'est ce que nous dirons, pas ce que nous ferons.

Matthew sourit.

— Seriez-vous en train de suggérer que nous mentions à nos hôtes ?

Elle releva le menton.

— Oui.

A présent, il n'allait pas manquer de lui demander pourquoi. Et que lui répondrait-elle ? La vérité ? Lui dirait-elle que sa beauté rendait impossible son retour au pays ? Non. Parce qu'elle passerait pour une prétentieuse et une folle. Sa foi. Elle lui dirait que la force de sa foi rendait ce petit mensonge acceptable, dès l'instant qu'il lui permettait de propager la sainte vérité, la vérité du salut éternel au nom du Christ. C'était un blasphème mais tant pis. Elle ne voulait pas retourner en Amérique. Si Matthew refusait de l'aider, elle resterait quand même, seule.

— Nos hôtes vont trouver la chose peu ordinaire, dit Matthew. Ils vous voient pleurer la disparition de Zephaniah, et l'instant d'après vous décidez de m'épouser. Mais je suppose que nous pourrions les convaincre malgré tout, dans la mesure où nos mœurs leur sont totalement étrangères, et vice versa.

Ce fut au tour d'Emily de rester bouche bée.

— Vous seriez prêt à le faire ?

— Oui.

Plongeant une main sous l'amas de bibles, il en ressortit le pistolet qu'il y avait caché et la regarda droit dans les yeux. Elle soutint son regard.

— Le problème, c'est que je risque de ne pas demeurer sur cette terre bien longtemps. D'ici peu, vous serez vraiment seule, dans ce pays étranger et dangereux. Vous en sentez-vous capable ?

— Oui.

Elle le regarda ensuite envelopper son arme, ainsi qu'une boîte renfermant probablement des munitions, dans un chandail.

— Je suis d'accord pour tenter le coup. Mais je vous laisse le soin de trouver une explication.

Il s'approcha d'une section de mur effondrée et extirpa son grand coutelas de l'amas de gravats. Elle répondit :

— Je leur dirai qu'il s'agit d'un mariage motivé par la foi, comme l'aurait été le mien avec Zephaniah. Et non d'un mariage d'amour. Les Japonais ont une religion, tout comme nous, même si leurs croyances sont différentes des nôtres. Ils comprendront.

— Dans ce cas, nous voilà associés, vous et moi, conclut Matthew.
— Merci, Matthew.
Il ne demanda pas pourquoi et elle ne fit aucune allusion au pistolet. Oui, ils étaient bel et bien associés, désormais.

Genji, Shigeru, Saiki, Sohaku, Kudo et Hidé étaient assis en quadrilatère dans la pièce principale du quartier des servantes, seule partie du palais qui eût été épargnée par les bombardements. Heiko et Hanako servaient le thé. Tous attendaient que Saiki prenne la parole. En tant que grand chambellan, il lui incombait de faire le point sur la situation.
Pour aborder un sujet aussi délicat, il se serait volontiers passé de la présence des femmes. Mais Genji avait rejeté son objection, déclarant que, s'ils ne pouvaient pas accorder leur confiance à la fiancée de Hidé et à sa propre maîtresse, ils seraient perdus, de toute façon. Saiki se retint de rétorquer qu'il n'était pas encore trop tard pour supprimer quiconque s'aviserait de les trahir. Genji était déraisonnable quand il s'agissait de Heiko. Si la chose s'avérait nécessaire, Saiki se passerait de la permission de son jeune maître pour prendre les mesures qui s'imposaient, lorsqu'ils auraient quitté Edo.
Saiki commença :
— Le palais du seigneur Senryu a échappé au massacre. Il a accepté d'accueillir chez lui nos blessés les plus graves jusqu'à ce qu'ils puissent être évacués sans risques. Nous avons ordonné que débutent les crémations. Les blessés en état de marcher se joindront à la troupe.
— Cela ne manquera pas de provoquer une réaction de la part du shogun, objecta Kudo. En dépit de sa faiblesse, ou plutôt à cause de celle-ci, il ne peut accepter une violation aussi flagrante de son autorité.
— Sans doute, dit Saiki, mais nous n'avons pas le choix. Quelles sont les intentions des étrangers ? Nous l'ignorons. Peut-être vont-ils revenir pour un autre bombardement. Peut-être sont-ils en train de préparer un débarquement. Qui sait si nous ne sommes pas à la veille d'une invasion ? Outre tous ces périls supposés, il en existe un, bien réel celui-là. Dès l'instant que les murs de notre palais ont été éventrés, nous sommes vulnérables. Nous avons

déjà essuyé deux tentatives d'assassinat de la part de nos compatriotes. Une contre notre seigneur avant le bombardement, l'autre contre dame Heiko, ou la femme missionnaire, aussitôt après celui-ci. L'assaillant a été tué. Son identité, et par conséquent celle de son commanditaire, reste un mystère. En ces heures de chaos, les motivations et les desseins de nos ennemis sont difficiles à percer à jour, ce qui ne fait qu'accroître le danger.

— Je suis d'accord pour évacuer le palais, intervint Sohaku. Car je suis certain, moi aussi, que le shogun va riposter. Il faut donc nous préparer. Les armes à feu et les munitions que nous avons cachées doivent être distribuées au plus tôt. Tous les itinéraires pour rallier Akaoka doivent être examinés, en tenant compte des endroits où les forces ennemies sont le plus susceptibles de nous intercepter. Dès lors que nous avons refusé de laisser entrer Kawakami, nous avons été placés sous surveillance, ce qui signifie que nous risquons d'être confrontés à des groupes armés avant même d'avoir quitté Edo.

Kudo observa :

— Une diversion s'impose. Si une dizaine de volontaires se tenaient prêts à lancer une attaque sur le château d'Edo, ils pourraient momentanément détourner l'attention.

— Une dizaine d'hommes partant à l'assaut de la forteresse du shogun ? s'écria Saiki. Ils seront anéantis en un instant.

— Pas s'ils procèdent isolément et au hasard, répliqua Kudo, à différents moments et depuis des lieux différents. La garnison sera contrainte de rester en alerte pendant un bon bout de temps. Et puis nos hommes pourraient brandir des bannières de protestation dénonçant l'inaction du shogun face à l'attaque étrangère, ce qui ne ferait qu'ajouter à la confusion.

Genji se tourna vers Shigeru.

— Qu'en penses-tu ?

Shigeru n'avait pas écouté. Il s'était laissé aller à penser aux deux sabres ancestraux désormais en sa possession ou, plus précisément, il s'était remémoré une vision qu'il avait eue récemment et qui lui avait révélé qu'il serait le dernier Okumichi à mener les sabres à la bataille. La vision avait été très claire, et à aucun moment parasitée par des fulgurances visuelles ou auditives. Cela ne lui était jamais arrivé auparavant. Etait-ce signe qu'un changement s'était produit en lui ou s'agissait-il d'un autre effet bénéfique de la proximité de son neveu ? A moins qu'il ne s'agisse une fois de plus d'un *makkyo* — une illusion envoyée par les démons. Tant qu'il n'en aurait pas le cœur net, il ne voyait pas l'intérêt d'en parler à Genji.

— Chacun des plans exposés jusqu'ici présente des avantages spécifiques, commenta Shigeru.

Bien que n'ayant pas écouté ce qui s'était dit, il savait quelles options avaient été proposées. Une sortie au grand complet de toute la maisonnée au vu et au su de tous. Une diversion, suivie par la fuite du jeune seigneur avec une escorte d'excellents cavaliers. La distribution d'armes à feu.

— Pour être réussie, l'évacuation de notre seigneur nécessite une approche combinée permettant de limiter les risques. Où l'incinération de nos morts est-elle prévue ?

— Au temple de Nakaumi, dit Saiki.

— Continuez de transporter des cadavres là-bas.

Saiki eut un petit geste d'impatience.

— La tâche a été accomplie sans relâche, seigneur Shigeru, et est à présent pratiquement achevée.

— Continuez de transporter des cadavres là-bas quand même, insista Shigeru. Les vivants ont transporté les morts, à présent les vivants vont transporter les vivants. Continuez jusqu'à ce que la moitié de nos hommes aient été transférés au crématorium. Pendant ce temps, le seigneur Genji et une petite escorte se rendront dans les marais pour admirer les grues en plumage d'hiver. Cela devrait permettre de détendre l'atmosphère après la tension engendrée par les bombardements. Une fois là-bas, le seigneur Genji se rendra dans les montagnes et empruntera des chemins de traverse jusqu'au domaine d'Akaoka. Ceux d'entre nous qui seront restés ici au palais attendront la tombée de la nuit. Après quoi nos hommes les plus habiles élimineront les espions du shogun, et l'évacuation du palais s'achèvera en secret.

La moue de Saiki s'accentua sensiblement.

— Il est vrai que notre seigneur a la réputation d'être un amateur d'art à la sensibilité exacerbée. Néanmoins, aller admirer des grues ? Après que son palais a été réduit en miettes et que des dizaines de ses suivants ont été tués ou blessés ? Intolérable !

— Je n'irai pas vraiment pour observer les grues, souligna Genji.

— Non, sire, sans doute, dit Saiki. Mais les autres le croiront et jugeront votre conduite indigne. Vous êtes le vingt-sixième grand seigneur d'Akaoka. Vos ancêtres ont renversé des shoguns et en ont hissé au pouvoir. Vous et vos descendants ferez de même. Jamais il ne vous viendrait à l'idée d'aller admirer des grues en une heure aussi grave.

— Certes, mais allez savoir pourquoi, je suis soudain pris d'une irrésistible envie de le faire. (Genji sourit à Heiko.) Certaines grues, dit-on, se reproduisent en hiver.

Saiki ferma un instant les yeux. Quand il les rouvrit, rien n'avait changé.

— Sire, je vous en conjure, réfléchissez. Les risques liés à une telle entreprise sont immenses.

— Et avec les autres plans, y a-t-il un risque de confrontation armée ?

— Sans aucun doute.

— Si ma promenade dans les marais se passe sans encombre, aucun coup de force ne devrait empêcher mon départ. N'est-ce pas ?

— A condition qu'elle se passe sans encombre, sire.

Genji remarqua :

— Les oiseaux ont toujours porté bonheur à ma famille.

— Ce plan présente d'autres points faibles, reprit Sohaku. Vous avez, je crois, l'intention de nous diviser en trois groupes ?

— C'est exact, dit Shigeru.

— Nous ne sommes déjà pas très nombreux, mais si nous réduisons encore nos effectifs nous serons d'autant plus vulnérables en cas d'attaque. Et vous proposez d'envoyer une poignée d'hommes, très peu armés, pour escorter notre maître dans un voyage des plus périlleux à travers le pays...

— Oui, acquiesça Shigeru, et pour faire bonne mesure je pense que les missionnaires devraient l'accompagner.

— Quoi ! s'écrièrent Saiki, Kudo et Sohaku presque à l'unisson.

— Si notre seigneur veut montrer à ses hôtes la beauté du paysage, la chose est plausible. Sinon, il sera difficile d'expliquer pourquoi les étrangers sont sortis du palais en un moment aussi grave.

— Pourquoi devons-nous nous embarrasser de ces gens ? s'étonna Kudo. Qu'ils aillent demander refuge à Harris, le consul américain.

— Tu connais la prophétie, dit Shigeru. Un étranger doit sauver la vie du seigneur Genji. Nous ignorons lequel. De sorte que nous avons le devoir de les protéger.

Kudo argua :

— Celui dont tu parles a déjà rempli sa mission en recevant la balle et en trépassant. Les deux autres sont inutiles.

Saiki soupira.

— Ce n'est pas certain.

Bien qu'il eût mauvaise grâce à l'admettre, il était de l'avis de Shigeru concernant l'attentat. La balle avait frappé la personne à qui elle était destinée : le chef des missionnaires.

— Je suis d'accord avec le seigneur Shigeru. Nous avons le devoir de les protéger.

Kudo regarda Sohaku qui fit mine de ne rien voir et maudit en silence la nature superstitieuse de son complice. Ils réussiraient ou non à tuer Genji en fonction de leur propre destinée, et non à cause de quelque prophétie ridicule concernant les étrangers.

Sohaku demanda alors :

— Qui va encadrer les trois unités ?

La réponse de Shigeru lui indiquerait s'il était ou non soupçonné d'être un traître.

— Tu es commandant en chef de la cavalerie, dit Shigeru. Il va donc de soi que tu prendras la tête du plus gros détachement. Des embuscades si nécessaire, mais de préférence pas de bataille rangée. Avant ton départ, nous nous réunirons afin de décider de l'endroit où nous nous retrouverons en cours de route.

— Très bien, sire.

Sohaku s'inclina.

Ainsi, il était en odeur de sainteté, sans quoi on ne lui aurait pas confié le commandement du plus gros contingent.

— Kudo, nos meilleurs assassins sont des vassaux de ton clan.

Shigeru marqua une pause, le visage impassible. Pourtant un observateur attentif n'aurait pu manquer de remarquer le rétrécissement de ses pupilles lorsqu'il regarda Kudo.

— C'est pourquoi tu encadreras les hommes restants. D'abord, fais un sort aux espions qui nous observent. Ensuite, rejoins Sohaku aussi vite que tu le pourras.

— Oui, sire, dit Kudo, lui aussi soulagé de se voir confier une mission d'une telle importance.

Certes, l'allusion aux assassins le troubla quelque peu, mais les paroles de Shigeru ne semblaient pas chargées de sous-entendus. S'il avait eu le moindre soupçon, ni lui ni Sohaku n'auraient été investis de semblables responsabilités, et ils auraient encore moins reçu l'ordre de se regrouper.

Saiki écoutait, horrifié. Shigeru était en train de confier tout ce qu'il leur restait de forces aux deux hommes qu'il soupçonnait de comploter contre leur seigneur. Il était toujours fou à lier, même s'il paraissait jouir de toutes ses facultés. Dans quelques jours, quelque part au cœur des épaisses forêts des montagnes qui formaient l'épine dorsale du Japon, Sohaku et Kudo tendraient une embûche à Genji et le tueraient. Son esprit se mit à travailler à toute allure, cherchant en vain une solution.

Shigeru dit :

— Sire chambellan, vous vous mettrez en route ce soir même, de façon à atteindre notre domaine au plus tôt. Taro et Shimoda vous accompagneront. Une fois sur place, vous préparerez nos hommes à la bataille. Tenez-vous prêt à passer à l'action dans trois semaines.

— Oui, sire.

Saiki s'inclina. En un éclair, les plans de Shigeru lui étaient apparus clairement. Pendant que Sohaku et Kudo seraient immobilisés par leurs missions respectives, Saiki aurait toute latitude pour filer à Akaoka et, une fois là-bas, s'assurer de la loyauté du principal corps d'armée, quitte à le purger sans pitié de ses éléments douteux. Pendant ce temps, Shigeru mènerait Genji par des chemins détournés à l'intérieur du pays, afin d'échapper aux hommes que le shogun et les deux traîtres ne manqueraient pas de lancer sur leurs traces. Pour n'importe qui d'autre que Shigeru, la tâche eût été suicidaire. Mais avec lui, le seigneur Genji avait de bonnes chances de survivre.

Sohaku demanda :

— Combien d'hommes le seigneur Genji emmènera-t-il avec lui ?

— Moi, dit Shigeru, et Hidé. Naturellement, le seigneur Genji ne saurait aller admirer les grues sans dame Heiko. Et les deux missionnaires. Aucune autre présence n'est requise.

C'était là une excellente nouvelle, mais Kudo se sentit obligé de protester pour apporter la preuve de sa loyauté :

— Sire, vos prouesses sont légendaires, et Hidé a récemment démontré sa très grande vaillance. Mais deux hommes seulement ? Pour protéger notre seigneur dans une expédition à travers des territoires contrôlés par ses ennemis ancestraux ? Un petit détachement, au moins, devrait vous accompagner. En cas d'embûche, ces hommes pourront donner leur vie et permettre à notre seigneur de s'enfuir.

— Notre seule chance de survie est de passer inaperçus, rétorqua Shigeru. Si nous livrons bataille, eussions-nous un, deux ou même dix hommes de plus, nous sommes certains d'échouer.

— Je crois, moi aussi, que le risque est très grand, approuva Sohaku. Ne serait-il pas plus prudent de faire voyager le seigneur avec Kudo ou moi-même ? Nous aurons suffisamment d'hommes pour le protéger en cas d'attaque, sauf contre une armée, mais une armée entière n'est pas assez rapide pour rattraper une troupe de cavaliers.

Tandis qu'il parlait, une nouvelle idée germa dans sa tête, une idée qui aurait pu simplifier grandement leurs plans.

— Notre maître pourrait endosser un déguisement pour voyager. Pendant ce temps, nous procéderions ainsi que nous l'avons suggéré, mais avec un faux seigneur Genji pour détourner l'attention. La sécurité de notre maître serait alors doublement assurée.

Avec Genji à leur merci et Shigeru au loin, c'était la victoire assurée.

— Suggestion intéressante, dit Shigeru, et non dénuée d'avantages. Qu'en pensez-vous, sire ? demanda-t-il à Genji, non pour obtenir une réponse mais pour se donner le temps de calmer la rage qui bouillonnait en lui.

Il aurait volontiers décapité Sohaku et Kudo sur-le-champ. Ces traîtres imbéciles et arrogants ! Mais s'il les tuait maintenant, sa réputation de malade mental causerait la perte de son neveu. Leur clan se désintégrerait. Du calme. Il lui fallait trouver la paix intérieure. Si toutefois celle-ci existait encore.

— Véritablement brillant, révérend abbé, dit Genji. La double duperie que vous suggérez est très habile.

Shigeru et lui avaient déjà décidé de la tactique à adopter avant la réunion. En faisant mine de prendre en compte la proposition de Sohaku, Genji manifestait du respect. Il adressa un sourire à Heiko.

— Plus j'y songe, plus j'estime que ce serait une façon amusante de quitter Edo. Ne trouves-tu pas, Heiko ?

— Amusante, oui, peut-être, dit Heiko.

Shigeru songeait-il sérieusement à placer le destin de Genji entre les mains de Sohaku ? Ce matin, avant que le jour n'éclaire l'heure du lièvre, sa suivante, Sachiko, avait vu un messager se faufiler hors du palais. Il sortait des appartements de Sohaku. Sachiko l'avait suivi assez longtemps pour connaître sa destination. Le château d'Edo.

— Mais solitaire, sans aucun doute, acheva-t-elle.

— Solitaire ? Ne pouvons-nous nous tenir compagnie l'un l'autre ?

— Nous le ferions si nous étions ensemble, dit Heiko, mais il me faudra accompagner le faux seigneur Genji. Si ce n'était pas le cas, la ruse serait éventée.

— Sottises. Nous allons nous déguiser tous deux, et une fausse Heiko accompagnera le faux Genji. Ce sera très divertissant.

Genji rit, enthousiasmé par cette grotesque mascarade. Heureusement, Shigeru ou Saiki ne manqueraient pas de lui faire entendre raison.

— Tu imites à la perfection les villageoises. Imiter une servante ne devrait pas être au-dessus de tes capacités.

— Merci, sire, dit-elle, irritée par l'allusion de Genji à leur rencontre inopinée. Je vous prie de m'excuser. Je dois prendre congé afin de me couper les cheveux.

Elle s'inclina et commença à se retirer. Elle espérait que Genji allait retrouver la raison avant qu'elle ait commencé à tailler sa chevelure.

— Dame Heiko, s'il vous plaît, restez, dit Saiki.

Grâce à Heiko, il avait trouvé la faille dans la suggestion de Sohaku.

— Ce serait pécher contre le ciel que de ternir votre beauté pour mener à bien un plan aussi ridicule.

— Pour triompher en ces temps difficiles, dit Sohaku, nous ne devons pas hésiter à franchir certaines limites. Il ne sert à rien de qualifier de « ridicule » toute suggestion ne provenant pas directement de *L'Art de la guerre*.

Il était à deux doigts de réussir ; tout ce qu'il fallait désormais, c'était évincer ce vieux fou.

Genji lança :

— Je dois avouer que je ne vois aucune faille dans le plan du révérend abbé. Et vous ?

— Pas la moindre, dit Saiki, à condition toutefois que dame Heiko en personne accompagne votre doublure.

— Impossible, protesta Genji. Tout le sel consiste à faire semblant de n'être pas ce que nous sommes vraiment. Dans notre quotidien, il nous est impossible de jouer à de tels jeux.

En dépit de l'ironie de sa déclaration, Genji ne vit pas le moindre changement d'expression sur les visages. Le calme apparent des samouraïs était immense.

— Une doublure pourrait également prendre sa place.

Saiki insista :

— Sire, il vous est peut-être possible de vous déguiser en simple soldat, et à dame Heiko de cacher son identité en se faisant passer pour une servante. L'un de nos hommes pourrait peut-être prendre votre place. Mais quelle femme pourrait se faire passer pour dame Heiko sans éveiller les soupçons ?

Tous les yeux se tournèrent vers la geisha.

Heiko s'inclina humblement.

— Je suis certaine qu'une doublure peut être aisément trouvée.

Sohaku l'examina. Les longs yeux, à la fois ensommeillés et alertes. La ligne parfaite du nez et du menton. La forme ravissante de sa petite bouche. Ses mains délicates et gracieuses. La façon dont les lignes fluides du kimono épousaient son corps. Son cœur chavira. C'était vrai. Heiko était inimitable.

— Saiki a raison, concéda Sohaku. Il suffit d'un coup d'œil, même à distance, pour découvrir la vérité. Si dame Heiko n'accompagne pas le faux Genji, le plan échouera.

— Dame Heiko n'accompagnera personne d'autre que moi, dit Genji. Je refuse de passer trois semaines en rase campagne sans elle. Que ferais-je pour m'occuper ? Chasser ?

— Non, sire, répondit Saiki, soulagé. Nous savons tous que la chasse ne fait pas partie de vos passe-temps favoris.

— Eh bien, sommes-nous d'accord ? s'enquit Shigeru.

L'assemblée s'inclina en signe d'assentiment.

La rage de Shigeru s'était dissipée. Les Serres du Moineau attendraient qu'une meilleure occasion se présente. Plût aux dieux qu'elle ne tarde pas à venir.

Kawakami, l'Œil Collé du shogun, était euphorique, comme chaque fois qu'il découvrait qu'il était le seul à avoir connaissance de certains faits. Dans la mesure où, de par la nature même de son occupation, il avait toujours une longueur d'avance sur les autres, on peut dire que, d'une certaine façon, il était dans un état de contentement permanent. Mais ce matin il était particulièrement guilleret. Le soleil ne s'était même pas encore levé qu'il venait déjà de s'entretenir avec son second messager de la journée. Sohaku, abbé de Mushindo et ex-commandant de cavalerie du clan Okumichi, sollicitait une audience de toute urgence. « La plus discrète possible », avait souligné le messager. Ce qui signifiait en clair que Sohaku était prêt à trahir son maître. Kawakami ignorait encore si Kudo et Saiki, les deux autres commandants du clan, faisaient eux aussi partie de la conspiration, mais cela n'avait pas d'importance, car Sohaku n'aurait jamais pris la moindre initiative sans s'être assuré au préalable de leur position. De deux choses l'une, ou bien Kudo et Saiki étaient ses complices, ou bien il avait prévu de les éliminer.

— Sire...

Son assistant, Mukai, était à la porte.

— Entre.

— Le messager refuse de parler.

Mukai se référait au premier messager et non à l'émissaire de Sohaku. Celui-ci était actuellement en salle d'interrogatoire, d'où il ressortirait sous peu pour regagner la fosse commune. Il avait été intercepté alors qu'il cherchait à quitter Edo peu après les bombardements. Kawakami savait qu'il était membre du personnel de Saiki.

— Peut-être ne te montres-tu pas assez persuasif, murmura Kawakami.

— Nous lui avons brisé les bras et les jambes, sire, et sectionné...

— Parfait, dit Kawakami pour couper court à une description plus détaillée. Je vais retourner lui parler. Peut-être se montrera-t-il plus sensible à une conversation normale. Rendez-le présentable.

— C'est déjà fait, sire.

Kawakami hocha la tête. Sous tous rapports, Mukai était l'aide de camp idéal. Il était assez intelligent pour devancer les désirs de son maître, mais pas assez pour songer à le trahir. Il était d'assez bonne naissance pour pouvoir rehausser le prestige personnel de Kawakami, mais pas assez pour espérer prendre sa place un jour. Il était un parent éloigné de Kawakami, ayant épousé la fille de la tante par alliance du mari de sa sœur. De plus, sa famille était vassale héréditaire du clan Kawakami depuis près de trois cents ans. A cela s'ajoutaient, naturellement, les facteurs individuels. Mukai était un homme au physique puissant, mais dépourvu de la moindre personnalité. Quoique toujours vêtu de façon appropriée, ses habits qui, chez un autre, auraient fait ressortir la virilité ou l'élégante sobriété, semblaient pendouiller lamentablement sur lui. Sans doute ses traits singulièrement grossiers y étaient-ils pour quelque chose. Il avait un gros nez rond, de petits yeux rapprochés, une bouche large pourvue de lèvres exagérément fines, un menton fuyant. C'était son apparence, plus que toute autre chose, que Kawakami jugeait rassurante. Un homme comme Mukai avait besoin de servir quelqu'un comme Kawakami, un samouraï de belle prestance, sophistiqué, séduisant, doué de charisme, afin de jouir du rayonnement qu'il ne possédait pas personnellement.

— Merci, Mukai. Tu as fait ce qu'il fallait, comme toujours.

Un compliment ne lui coûtait rien, et la réponse du bougre était toujours gratifiante.

— Je suis indigne d'un tel compliment, sire.

Mukai s'inclina profondément.

Ils se rendirent en silence à la salle d'interrogatoire. Satisfait de lui comme toujours, Kawakami avait la tête pleine de pensées radieuses. Comment aurait-il pu en être autrement ? Ses plans paraissaient sur le point de se réaliser au-delà de ses espérances. Il se demanda s'il y avait la moindre pensée dans la tête de l'homme qui marchait à ses côtés. Non pas que la chose eût de l'importance. Souvent, comme c'était le cas présentement, Mukai semblait n'être qu'une présence éteinte et inerte. Seuls les dieux et les bouddhas savaient ce qui se passait dans sa tête, si tant est qu'ils aient cherché à savoir. Comme ce devait être ennuyeux d'être aussi effacé… Bah, au moins avait-il eu la chance d'entrer à son service.

Toute marque visible de violence avait été effacée. Le messager, un samouraï entre deux âges appelé Gojiro, avait revêtu les habits impeccables qu'il portait au moment de son arrestation. Il était assis sur un coussin, à terre, comme à son habitude, les jambes repliées sous lui. Un étai de bois était placé derrière son dos pour le soutenir. Ses jambes ayant été brisées, il lui aurait été impossible de garder cette position sans l'aide d'un support. Les traits contorsionnés par la douleur, il respirait par petites aspirations haletantes, et la sueur inondait son visage. Presque malgré lui, Kawakami regarda les mains de l'homme, s'attendant à y voir des doigts manquants. Mais les doigts des deux mains étaient là au grand complet. C'était donc une autre partie de sa personne qui avait été amputée.

— A quoi bon vous entêter à garder le silence ? demanda Kawakami. Nous savons en quoi consistait votre mission. Mobiliser l'armée du domaine d'Akaoka. Nous attendons simplement une confirmation de votre part.

— Ce que vous savez ne me concerne pas, répliqua Gojiro.

— Vous vous trompez, car ce que je sais conduira votre seigneur à la mort, à la déchéance de son clan, et à la mort et à l'emprisonnement de tous les membres de ta famille.

Le corps de Gojiro se mit à trembler violemment. Ses traits se crispèrent. Un son étranglé et douloureux remonta des profondeurs de sa gorge. Kawakami crut qu'il était en train d'avoir une attaque, puis il comprit que l'homme riait.

— Vous êtes l'Œil Collé, dit Gojiro. Vous savez tout ce que tout le monde sait. Tout, sauf l'essentiel.

— C'est-à-dire ?

— L'avenir. Il n'est connu que d'un seul homme. Le seigneur Genji.

— Imbécile ! (Kawakami dut faire un effort pour se dominer. Frapper un prisonnier en si piteux état n'eût servi à rien.) Tu es prêt à souffrir le martyre pour de telles balivernes ?

— Je mourrai ici, Œil Collé, oui. Mais mes fils vivront pour servir le même seigneur doué de prescience. Ils pisseront sur ton cadavre en putréfaction. (Il rit de nouveau, au prix d'une douleur évidente.) C'est toi qui es damné.

Kawakami se leva et quitta la pièce sans un mot, tellement furieux qu'il craignait de ne pouvoir se contrôler. Mukai s'élança à sa suite.

— Dois-je le mettre à mort, sire ?

— Non. Pas encore. Poursuivez l'interrogatoire.

— Il ne parlera pas, sire. J'en suis sûr.

— Continuez quand même, jusqu'à ce que toutes les possibilités aient été explorées.

Mukai s'inclina.

— Oui, sire.

Kawakami prit le chemin de son pavillon de thé.

Mukai revint à la chambre de torture. Comme il l'avait prédit, Gojiro ne divulgua pas la moindre information, même après qu'on lui eut brisé, broyé et coupé diverses parties du corps, et exposé à la vue plusieurs de ses organes internes. Il hurla et pleura — quel héros n'en eût fait autant ? — mais il ne parla pas.

Finalement, au plus sombre des ténèbres de l'heure du bœuf, ses poumons rendirent leur dernier soupir. Mukai s'inclina devant le corps et implora son pardon en silence. L'âme de Gojiro le lui accorderait certainement. Tous deux étaient des samouraïs. Tous deux servaient dignement leurs seigneurs. Mukai ordonna que la dépouille fût respectueusement mais discrètement enlevée.

En quittant la chambre d'interrogatoire, il se dirigea vers ses appartements privés mais ne s'y rendit pas. Dès qu'il fut certain de n'être pas observé, il se faufila dehors par une porte dérobée. Quelques minutes plus tard, il franchissait l'enceinte du château d'Edo et d'un pas alerte prenait la direction des palais des grands seigneurs, dans le quartier de Tsukiji.

9

Beauté et vertu

Le grand chambellan dit : « La vertu a fait l'objet de débats ces temps-ci.

D'aucuns la disent innée, d'autres acquise. Qu'en pensez-vous, sire ? »

Le seigneur Takanori dit : « Sans intérêt. »

Le chambellan ajouta : « Dès lors que la vertu est innée, l'apprentissage devient inutile. Dès lors qu'elle est acquise, un hors-caste peut devenir l'égal d'un samouraï. »

Le seigneur Takanori répondit : « Merde vertueuse et vertueuse merde. »

Le chambellan s'inclina respectueusement et se retira.

Le seigneur Takanori tourna à nouveau son attention vers la scène qu'il était en train de peindre : Arbres occultant le bain de dame Shinku.

Suzume-no-Kumo
(1817)

Un bruit de pas étouffé éveilla Heiko. Quelqu'un approchait en ayant soin de se faire le plus discret possible. Sans doute un membre du palais. Mais dès lors que le mur d'enceinte s'était effondré, la visite d'un intrus n'était pas à exclure. Les deux sabres de Genji reposaient sur une table basse près de sa tête. Heiko allait se retourner, prête à saisir le plus petit des deux, quand Genji s'empara du *katana*. Elle n'avait pas remarqué qu'il était éveillé.

— Sire.

La voix de Hidé leur parvint de l'autre côté de la porte.
— Oui ?
— Pardonnez-moi de vous déranger. Un visiteur insiste pour vous voir toutes affaires cessantes.
— Qui est-ce ?
— Il refuse de dévoiler son identité. Mais il m'a remis un objet dont il m'a affirmé que vous le reconnaîtriez.
— Montre-le-moi.

La porte coulissa et Hidé entra à genoux. Il s'inclina dans l'obscurité et, toujours sur les genoux, s'approcha de Genji, à qui il tendit un objet métallique circulaire et plat, de la taille d'une grosse prune. C'était une monture de sabre ornée d'un vol de moineaux effleurant les vagues.

— Je vais le recevoir. Donne-moi quelques instants, puis fais-le entrer.

Hidé hésita.

— Ne serait-il pas plus prudent d'exiger qu'il ôte d'abord son masque ?
— Prudent mais inutile.
— Oui, sire.

Hidé, toujours à genoux, ressortit à reculons, puis referma la porte derrière lui.

Heiko resserra son kimono autour d'elle et se glissa hors du lit.
— Je me retire, dit-elle.
— Où cela ?

Genji et Heiko se trouvaient dans la chambre principale du quartier des servantes, seule partie du palais encore intacte. Il n'y avait pas de place pour elle ailleurs, les chambres voisines ayant déjà plusieurs occupants.

— Je vais attendre dehors.
— Il fait beaucoup trop froid. De plus, je préfère que tu sois présente.
— Sire, je ne puis paraître dans cette tenue devant un inconnu.

Sa chevelure défaite retombait librement jusqu'à ses hanches. Elle était pratiquement nue, et sans la moindre trace de maquillage. Genji avait récemment exigé qu'elle se présente ainsi devant lui. Il lui aurait fallu au moins une heure pour se rendre présentable, et cela avec le concours de Sachiko.

— Etant donné les circonstances, nous ferons fi des règles d'usage. Prépare-toi du mieux que tu pourras.

Heiko arrangea sa chevelure selon l'antique mode de Heian, la raie au milieu et de longues tresses nouées ensemble par un simple ruban. Une superposition de plusieurs kimonos d'intérieur imitait à peu près les robes amples. Elle s'appliqua un soupçon de poudre et de rouge, si léger qu'elle donnait l'impression de ne pas porter de maquillage, mais qui rehaussait malgré tout l'éclat de ses yeux et du sourire évoqué par la forme de ses lèvres.

— Tu me surprendras toujours, dit Genji lorsqu'elle réapparut, un plateau de thé entre les mains.

— Comment cela, sire ?

— On te croirait tout droit sortie d'une estampe de l'époque du prince resplendissant. (Il désigna d'un geste son propre kimono noué à la hâte.) A côté de toi, j'ai l'air de ce que je suis : un homme tiré du lit en pleine nuit.

Elle allait protester poliment quand l'inconnu fit son entrée. C'était un homme à la carrure imposante, enveloppé dans une cape de la tête aux pieds. Il y avait dans ses gestes une gaucherie qui lui sembla vaguement familière. Elle l'avait déjà vu. Mais où ?

Postés sur ses talons, Hidé et Shimoda le serraient de près. Un seul geste suspect et il était mort. L'homme l'avait compris, car il se mouvait avec une lenteur prudente. Il s'inclina tout doucement et avec insistance.

— Veuillez excuser cette intrusion tardive, seigneur Genji.

Sa cape dissimulait en partie son visage, ne révélant que ses yeux, étonnamment petits. Une expression de surprise s'y peignit lorsqu'il vit Heiko.

— Je ne parlerai qu'en votre seule présence.

Genji fit signe à Hidé et à Shimoda de se retirer. Les deux hommes se renfrognèrent. Ni l'un ni l'autre ne bougea.

— Vous pouvez attendre dehors, répéta Genji.

— Oui, sire.

Hidé et Shimoda s'inclinèrent sans quitter un instant des yeux l'assassin en puissance, puis sortirent à reculons et refermèrent la porte derrière eux.

Genji se les représentait aussi clairement que s'il les avait vus à travers la paroi de bois et de papier. En faction dehors, main sur le sabre, prêts à bondir à travers le panneau coulissant à la moindre alerte.

L'homme regarda à nouveau Heiko.

— Nous ne sommes toujours pas seuls, sire.

Genji dit :

— Si tu ne peux pas faire confiance à dame Heiko, je ne peux pas te faire confiance.

Il fit signe à la geisha, qui s'inclina et s'approcha avec le thé.

Mukai se trouva subitement confronté à un dilemme épineux et inattendu : pour boire son thé, il allait devoir se démasquer. S'il refusait le thé et restait masqué, l'entretien n'aurait pas lieu. Etant donné que Genji connaissait son identité — c'était la seconde fois qu'ils se voyaient —, il en vint à la conclusion qu'il cherchait à le mettre en présence de Heiko afin de surveiller leurs réactions réciproques. Cela signifiait-il qu'il la soupçonnait ? Ou lui ? Ou tous les deux ? Ou était-ce simplement un jeu qu'il jouait avec cette fille qu'il prenait pour une geisha ? Mais il y avait un autre problème, beaucoup plus sérieux. S'il se démasquait, Heiko ne manquerait pas de rapporter sa visite à Kawakami, et dans ce cas Mukai ne tarderait pas à suivre Gojiro dans la chambre des interrogatoires, puis dans la fosse commune. A moins qu'il ne dénonce Heiko tout de suite. Non, c'était sans espoir. En l'absence de preuves, Genji refuserait de croire qu'elle était une espionne et une tueuse. Et Mukai ne disposait d'aucun élément pour étayer ses arguments. Il se maudit de n'avoir pas envisagé la présence de Heiko. A cause du bombardement, il avait pensé qu'elle ne serait pas au palais. Exténué par la gymnastique mentale qui consistait à passer en revue tous les cas de figure, il renonça à chercher une issue. Otant sa cape, il prit le thé qui lui était offert.

Heiko ne manifesta pas la moindre surprise, pour la bonne raison qu'elle avait déjà reconnu Mukai quelques instants plus tôt, à ses petits yeux rapprochés et à son nez protubérant qui saillait sous l'étoffe. Elle supposa qu'il avait été envoyé par Kawakami dans le cadre de quelque machination perverse. Un choix pour le moins incongru. Car Mukai était la balourdise personnifiée.

Genji ne constata pas la moindre réaction chez Heiko, mais cela ne voulait rien dire car elle jouissait d'une maîtrise de soi remarquable. En revanche, le regard fuyant de Mukai lui indiqua au moins une chose : Heiko et Mukai se connaissaient. Ce qui impliquait presque à coup sûr une trahison. Trahison de qui envers qui, la chose restait à élucider.

Mukai s'inclina devant Genji.

— Je suis au regret de vous informer que votre messager, Gojiro, a été capturé par les agents du shogun alors qu'il cherchait à sortir d'Edo.

— Voilà qui est navrant. A-t-il parlé lors de l'interrogatoire ?

— Non, sire. Il n'a rien dit.

— J'honorerai sa loyauté et son courage en nommant ses trois fils à un grade plus élevé. Y a-t-il une possibilité de récupérer le corps ?

— Non, sire.

Mis à part le chagrin que lui inspirait la mort d'un vieux et loyal sujet, Genji n'était pas outre mesure contrarié d'apprendre que Gojiro n'avait pas réussi à quitter Edo. Il s'était porté volontaire, bien qu'il sût que la capture, la torture et la mort étaient une issue probable. Saiki avait dépêché simultanément un autre messager ; celui-là avait probablement déjà atteint Akaoka à l'heure qu'il était.

— Merci pour ton précieux témoignage.

— Il y a autre chose. L'autre messager a également été intercepté.

— En es-tu certain ?

Genji choisit ses mots avec soin, ne voulant pas révéler à Mukai une information qu'il ne détenait pas. Il n'était pas impossible que son apparente trahison envers Kawakami fût une ruse orchestrée par l'Œil Collé lui-même.

— Des fauconniers ont été postés en divers points stratégiques entre Edo et Akaoka. Le seigneur Kawakami, qui connaissait la passion de feu votre grand-père pour les pigeons voyageurs, vous soupçonne d'en faire également usage. Votre armée ne recevra pas l'ordre de se mobiliser.

— Dans ce cas, la situation est effectivement préoccupante.

A présent, ils ne pouvaient plus escompter recevoir de l'aide tant que Saiki n'aurait pas atteint Akaoka. S'il l'atteignait un jour.

— Ne pensez-vous pas que l'un de vos commandants, là-bas, aura l'idée d'organiser la mobilisation de sa propre initiative ?

— Mes commandants sont japonais, dit Genji. Pas étrangers. Ne sais-tu pas que l'initiative est une impulsion étrangère des plus néfastes ? Ils attendront les ordres, ainsi qu'ils en ont été instruits.

— Il vous faut néanmoins quitter Edo, sire. Même si le seigneur Kawakami n'ordonne pas votre assassinat, les éléments anti-étrangers risquent de passer à l'action. Le bombardement a embrasé l'opinion publique.

Mukai marqua une pause. Il prit une profonde inspiration pour se donner du courage avant d'ajouter :

— Bien que ma famille soit vassale héréditaire du clan Kawakami, notre château jouit d'un isolement relatif dans le pays des neiges, sur une haute falaise dominant la mer du Japon. Pas une seule fois il n'est tombé aux mains de l'ennemi, même quand Oda Nobunaga et son armée lui ont donné l'assaut. Personne ne songera que vous prenez cette direction. C'est la meilleure solution. En attendant, d'autres messagers pourraient être dépêchés à Akaoka. L'un d'eux finira bien par y parvenir. Jusque-là, j'ai bon espoir de pouvoir assurer votre sécurité.

— Ta générosité me surprend. Un tel acte ferait de toi un rebelle avoué, non seulement envers le clan Kawakami, mais également envers le shogun.

— Je suis prêt à en assumer les conséquences, sire.

— Je vais réfléchir à ta proposition, dit Genji bien qu'il n'en eût pas l'intention. Je me dois cependant de souligner que la voie la plus sûre pour toi est de retourner à ton allégeance première.

— Jamais, protesta Mukai avec une vigueur surprenante. Tout comme mes ancêtres qui furent naguère vos alliés dans la bataille de Sekigahara, je suis désormais des vôtres.

— Même si le dénouement est aussi tragique ?

— Il ne le sera pas. Tout porte à croire que les dieux sont avec vous.

Devant l'extrême sérieux de Mukai, Genji n'osa pas céder à sa furieuse envie de rire. Tous ceux qui croyaient en son don de prophétie voyaient des signes partout. Alors que lui-même ne voyait que de l'incertitude.

Genji rendit à Mukai sa monture de sabre. Afin qu'il puisse la lui présenter de nouveau en cas de besoin.

— Ainsi, ta famille l'a gardée secrètement pendant toutes ces années ?

— Oui, sire, dit Mukai en s'inclinant et en reprenant des deux mains l'ovale d'acier filigrané. Depuis la bataille. Afin de ne pas oublier de quel côté se trouvait son allégeance.

Echapperaient-ils un jour à Sekigahara ? Même si les Tokugawa étaient renversés, n'attendraient-ils pas le moment de livrer une fois encore la « bataille décisive » ? Dans cent ans, quand les étrangers auraient conquis le Japon et le reste du monde — si l'avenir en déciderait ainsi —, les Japonais parviendraient-ils enfin à oublier Sekigahara ?

Après le départ de Mukai, Genji posa la question à Heiko.

— Je l'ignore, sire. Je ne crois pas que la loyauté que cet homme vous témoigne ait un quelconque rapport avec Sekigahara.

— Mais si, voyons. Quel autre motif pourrait-il avoir ?

— L'amour.

— L'amour ? dit Genji, surpris. (Il n'avait pas remarqué le moindre regard ou le moindre geste de connivence entre Heiko et Mukai.) Tu veux dire que lui aussi est amoureux de toi ?

— Non, sire. (Heiko ne put s'empêcher de sourire.) Pas de moi.

Vingt-cinq samouraïs quittèrent le vieux pavillon de chasse dans les contreforts du Kanto. Aucun d'eux n'était équipé pour la chasse. L'un des deux hommes qui marchaient en tête du groupe se tourna vers son compagnon et dit :

— La réunion n'a rien donné.

— Il fallait s'y attendre.

— Sans doute. Mais j'avais tout de même espéré mieux.

— Nous devrions être contents que la réunion ait pu avoir lieu.

Il se retourna et désigna d'un geste les hommes qui cheminaient le long du sentier en direction d'Edo.

— Regarde-nous. Vingt-cinq hommes portant l'emblème de douze clans différents. Nous avons transcendé les barrières séculaires, mon ami. Nous faisons partie d'une génération qui va fonder un nouvel idéal. Grâce à notre détermination, nous allons contribuer au renouveau de la vertueuse nation japonaise.

Celui qui avait parlé le premier regarda son compagnon avec une admiration non dissimulée. Sa poitrine se gonfla d'orgueil à l'idée qu'ils étaient d'authentiques Défenseurs de la Vertu.

Les autres hommes du groupe échangeaient de menus propos.

— Tu as entendu parler du kimono que portait Heiko il y a deux semaines ?

— Mieux que cela, je l'ai vu de mes yeux.

— Non !

— Si. Il était entièrement brodé de roses étrangères grotesques et criardes. Pire, il s'agissait de roses de la variété appelée American

Beauty. Comme si « américaine » et « beauté » pouvaient être accolés ensemble.

— Sommes-nous à ce point dégénérés que, même au royaume de la rose, nous en venions à admirer les fleurs étrangères ?

— Pour les traîtres pro-étrangers, nos roses ne méritent pas d'être admirées.

— Toutes les roses sont étrangères, dit un autre homme. Les nôtres ont été importées de Corée et de Chine il y a très longtemps.

— Lorsque nous détiendrons nous aussi la science, nous pourrons déterminer quelles fleurs sont authentiquement japonaises, et n'admirer que celles-là.

— La science est une abomination étrangère.

— Pas nécessairement. Une arme à feu peut tirer dans n'importe quelle direction. De la même façon, la science peut devenir une arme entre nos mains. La science peut nous aider à consolider le Japon, c'est pourquoi je me suis donné pour mission d'apprendre la science. D'une certaine façon, c'est un acte patriotique.

— C'est généreux à toi de t'exposer à la contamination étrangère pour servir notre cause. Tu as toute ma gratitude.

— Le chrysanthème, lui, est japonais.

— Assurément, cela ne fait aucun doute.

Le chrysanthème était le symbole sacré de la famille impériale. Douter de ses origines eût été un manque de vertu.

— Grâce à la science, nous pourrons prouver qu'il s'agit de la fleur japonaise originelle.

L'un des chefs leva la main en signe de danger.

— Vite, aux arbres.

Quelques instants plus tard, un cavalier apparut au loin. Il gravissait le sentier que les vingt-cinq samouraïs étaient en train de descendre, suivi de cinq autres cavaliers — ou, plus exactement, de trois cavaliers et de deux personnes du sexe faible.

Shigeru se renfrogna.

— Est-il raisonnable d'agir comme si de rien n'était ?

— C'est grâce à notre apparente désinvolture que nous avons réussi à nous échapper d'Edo, dit Genji. Si nous nous montrons méfiants, nous allons éveiller les soupçons. Nous sommes allés admirer les grues puis nous avons gagné ces collines sans encombre. Notre stratégie semble être la bonne.

Shigeru ne voyait cependant pas la nécessité de se jeter dans les bras de deux douzaines de samouraïs embusqués dans un bosquet sans avoir défini au préalable un plan de bataille. Mais il savait qu'il n'obtiendrait jamais gain de cause : sous ses abords patelins et malléables, son jeune neveu cachait une poigne de fer. Genji était au moins aussi entêté et aussi inflexible que feu le Seigneur Kiyori. Shigeru alla se poster à l'arrière du groupe, la position la plus vulnérable. En cas d'accrochage, il espérait que l'ennemi frapperait d'abord à cet endroit.

— Pardonnez-moi, sire, dit Hidé, mais je suis du même avis que le seigneur Shigeru. J'ai aperçu deux douzaines d'hommes, mais il se pourrait qu'il y en ait d'autres, beaucoup d'autres, tapis à l'arrière. Il s'agit peut-être d'assassins dépêchés à dessein ici pour vous intercepter.

— Il se pourrait également qu'il s'agisse d'un groupe de joyeux compagnons sortis faire une promenade. Continuons d'avancer. Et, s'il te plaît, pas un geste tant que je ne t'en aurai pas donné expressément l'ordre.

— Oui, sire, acquiesça Hidé, incapable de dissimuler sa contrariété.

Eperonnant son cheval, il retourna à la tête du cortège. S'il s'agissait effectivement d'assassins, il fallait espérer qu'ils s'en prendraient à lui en premier, laissant ainsi une chance à son maître de se sauver.

Emily posa un regard interrogateur sur le seigneur Genji. Il lui sourit et dit :

— Nous avons aperçu des hommes sur le sentier, un peu plus loin. Mais il n'y a pas lieu de redouter une embuscade.

Il piqua doucement sa monture, qui repartit au pas.

— Je suis certaine que vous avez raison, sire, approuva Emily en recommençant d'avancer et en venant à ses côtés. Car nous voyageons en paix et, si nos intentions ne sont pas mauvaises, pourquoi les leurs le seraient-elles ?

— Est-ce là une croyance chrétienne ? demanda Genji. La réciprocité des intentions ?

— « Tu récolteras ce que tu as semé. » Oui, je le pense.

— Partagez-vous ce point de vue ? demanda Heiko à Stark.

— L'expérience m'a enseigné qu'il n'en était rien, dit Stark en tâtant discrètement le petit pistolet caché sous sa veste.

Lorsqu'ils eurent atteint un point où la route s'élargissait quelque peu, des samouraïs apparurent, les cernant de toutes parts, manifestement prêts à en découdre, même si leurs sabres n'étaient pas dégainés.

— Les étrangers n'ont rien à faire ici. (Celui qui avait parlé se tenait devant ses compagnons.) Cette partie du Japon n'a pas encore été infestée par leur présence.

— Place ! ordonna Hidé. Un grand seigneur vous honore de son passage.

— Nous serions honorés, en effet, dit un autre homme en se détachant à son tour du reste du groupe, si le seigneur en question était véritablement grand. Cependant, je constate que celui dont tu parles n'est qu'un traître qui rampe comme une larve devant les étrangers. Je ne m'inclinerai pas devant lui.

Aussitôt, la main de Hidé se posa sur le pommeau de son sabre. Mais Genji prit la parole sans lui laisser le temps de dégainer :

— Foin de cérémonies inutiles. Il commence à se faire tard et nous avons tous hâte de regagner un lieu plus hospitalier, il me semble. Poursuivons notre chemin sans chercher à savoir à qui revient la préséance. Choisissez un côté du chemin, nous prendrons l'autre.

— Ce sont là des paroles de mauviette, riposta le premier homme. Ton grand-père était un guerrier digne de respect. Mais tu n'es qu'un avorton, l'héritier dégénéré d'une lignée moribonde.

— Hidé.

Sans ce rappel à l'ordre de son maître, la tête de l'homme qui venait de parler aurait déjà roulé dans la poussière. La main de Hidé se détendit tandis qu'il inspirait profondément pour essayer de se calmer.

— Si tel est le cas, reprit Genji, je ne suis pas digne de recevoir l'attention d'hommes aussi vertueux que vous. Restons-en là, je vous prie, et que chacun poursuive son chemin.

— Peut-être devrions-nous l'écouter, dit le premier homme au second. Il serait cruel de lui refuser le plaisir auquel il a pris goût.

— Oui, en vérité, renchérit l'autre avec un ricanement goguenard. On nous a dit que tu gémissais de plaisir, chaque nuit, quand les géants barbares te déchiraient l'anus avec leurs phallus puants de bêtes fauves.

— Et que tu gloussais comme un bébé, le jour, quand tu tétais les laitances infectes qui jaillissent de ces mêmes organes dégénérés.

— Vous êtes malheureusement très mal informés, répliqua Genji. Le seul étranger avec qui j'aie eu des rapports intimes est cette femme, ici présente.

Les samouraïs laissèrent échapper un rire moqueur.

— C'est un trésor de délices dont vous n'avez pas idée.

Le premier homme lâcha :

— Tu es un imbécile, ou un fou, ou les deux. A moins que tu ne sois aveugle. Regarde-la. Ta jument a l'air plus humaine que cette femme. Je te l'accorde, elles sont à peu près de la même taille, avec un nez aussi long l'une et l'autre. Mais la couleur de ton cheval est autrement plus attirante que le teint verdâtre de ta compagne.

— Et son odeur ! Une puanteur sans nom.

Genji sourit avec indulgence.

— Il est vrai que vous êtes trop éloignés pour pouvoir humer son vrai parfum. Quand elles sont stimulées, ses parties intimes dégagent une senteur voisine des vapeurs de l'opium, et c'est alors qu'une sorte d'extase sexuelle s'empare d'elle. Voyez comme l'ossature de ses mains est fine. Sa peau presque transparente. Lorsqu'elle est excitée, elle produit une énergie semblable à la foudre, et quand elle vous touche, de petites ondes de choc se propagent depuis son corps jusqu'au vôtre. C'est la raison pour laquelle son teint est si particulier. L'essence même de son être a été transformée.

Pendant que Genji était en train de distraire leurs adversaires, Hidé et Shigeru avaient discrètement changé de position. Si une charge s'avérait nécessaire, ils seraient à même d'attaquer avec un maximum d'efficacité. En maniant habilement sabres et sabots, en quelques instants seulement ils viendraient à bout de la moitié de leurs adversaires. Quant aux autres, ils seraient aisément mis hors d'état de nuire. Hidé se rappela une maxime souvent citée par les hommes du clan : un cavalier Okumichi valait dix samouraïs à pied. C'était précisément le cas et il ne faisait aucun doute qu'ils auraient l'avantage sur ces prétendus Défenseurs de la Vertu. Hidé et Shigeru échangèrent un coup d'œil rapide. Ils étaient prêts.

— Admirez plutôt cette poitrine, poursuivit Genji. Si étonnamment généreuse et protubérante.

Sous prétexte de parler d'Emily, il fit deux pas en avant, se plaçant de façon à faire rempart entre elle et les samouraïs belliqueux. Il songea qu'il lui serait facile d'abattre les deux plus proches avant même qu'ils aient eu le temps de dégainer.

— Ses seins mûrissent chaque mois. En fait, à l'heure où nous parlons, ils ont atteint leur pleine maturité. Ils sont pleins non pas de lait, mais d'une exquise rosée à la saveur piquante. Si vous la touchez, vous aurez l'impression de toucher de la glace, parce que la chaleur de son corps ne réside qu'en trois points — ses seins, sa bouche et son sexe.

Qu'est-ce que Genji pouvait bien raconter à ces inconnus ? se demanda Emily. Sans doute leur tenait-il des propos fascinants, car la plupart d'entre eux l'écoutaient bouche bée et regardaient dans sa direction. Elle leur sourit aimablement, afin de manifester une bienveillance en harmonie avec celle de Genji.

Stark ne savait pas non plus ce que Genji racontait, mais il devinait en revanche pourquoi il le faisait. Les trois samouraïs Okumichi s'étaient déployés en position de combat. L'affrontement était imminent.

Stark dénombra vingt-cinq samouraïs de part et d'autre de la route, tous munis de sabres. Pas la moindre arme à feu, visible tout au moins. Vingt-cinq contre Genji, Hidé et Shigeru. Cela n'augurait rien de bon, même s'ils étaient à cheval et que leurs adversaires allaient à pied. Stark n'avait rien d'autre que son petit calibre 33. Six balles et pas de recharges prêtes à l'emploi. S'il avait eu son Bowie, il aurait pu se charger d'en liquider un de plus, voire deux. Au mieux, ils pouvaient espérer en descendre la moitié. Il regarda Emily, à côté de Genji. Heiko se tenait à côté de lui. Il tuerait Emily avec sa première balle, puis Heiko avec la seconde, pour leur épargner les supplices que ces hommes ne manqueraient pas de leur infliger avant de les mettre à mort. Après quoi il tirerait sur les quatre hommes les plus proches et en piétinerait autant qu'il le pourrait avant de mourir à son tour. Il était prêt. Ses épaules se détendirent. Il ne pensait plus à rien.

Le premier homme, momentanément frappé de stupeur par les propos abracadabrants de Genji, retrouva subitement la parole et éructa avec rage :

— Garde pour toi tes immondes délires. Nous avons déjà bien assez de mal à supporter cette odeur infecte.

Le deuxième ajouta :

— En effet, il est difficile de dire qui pue le plus, de ces chevaux mal tenus, de ta hideuse compagne ou de toi-même, larve en putréfaction.

— Assez !

Incapable d'en supporter davantage, Shigeru éperonna son cheval en direction du groupe tandis que les Défenseurs de la Vertu dégainaient.

— Implorez la grâce de vos ancêtres, car, lorsque nous en aurons fini avec vous, nous détruirons leurs autels, déterrerons leurs restes et les jetterons dans la fosse à merde des hors-caste.

Le cercle des samouraïs de tête se rapprocha pour aller à sa rencontre, puis, le reconnaissant, se recula.

— Shigeru !

— Impossible ! Il est mort !

Les samouraïs restèrent un instant pétrifiés, puis tournèrent soudain les talons et s'enfuirent à toutes jambes. Tous, à l'exception des deux hommes qui avaient proféré des insultes. Tous deux tombèrent à genoux, front contre terre.

— Par pitié, acceptez mes excuses, dit le premier, et épargnez mes vieux parents.

Le second dit :

— Mes enfants ne sont encore que des nourrissons innocents. Puisse mon sang les laver de toute faute.

Les deux hommes réagirent en même temps. Le premier saisit à pleines mains la lame de son *katana* et l'enfonça d'un geste résolu au fond de sa gorge. Il chancela puis s'affaissa de côté, tandis que le sang se répandait en gargouillant par sa bouche et ses narines. Le deuxième, ayant placé la pointe de sa lame entre ses dents, fit un brusque mouvement de tête en avant. Quand le pommeau heurta le sol, l'épée pénétra jusqu'à mi-lame dans sa gorge pour ressortir de l'autre côté de son crâne. Il expira lentement, spasme après spasme, maintenu en équilibre par le trépied macabre que formaient son sabre et ses deux genoux.

Emily tourna de l'œil et serait tombée de cheval si Genji ne l'avait rattrapée. Il s'attendait qu'elle l'entraînât dans sa chute, mais curieusement elle n'était pas aussi lourde qu'elle en avait l'air. Ni aussi volumineuse, vue sous cet angle. Sans doute les courbes exacerbées de son corps et ses traits singuliers avaient-ils contribué à l'induire en erreur quant à ses proportions réelles.

Shigeru allait mettre pied à terre.

— Inutile, dit Genji.

— Il faut que je les identifie, insista Shigeru, les joues enflammées par la colère.

— N'y pensons plus. Les temps sont difficiles pour tout le monde. Ils étaient indélicats, certes, mais néanmoins sincères. Honorons leur sincérité et oublions le reste.

Shigeru s'inclina, mais, dès que Genji se fut remis en marche, il descendit de cheval pour examiner les emblèmes de leurs kimonos et scruter leurs visages. Genji était trop indulgent. Il y avait des paroles qu'on ne pouvait oublier. Qu'on ne pouvait pardonner.

L'un d'eux avait mentionné ses parents, l'autre ses enfants. Plus tard, le calme revenu, il partirait à leur recherche et ferait ce qu'il fallait.

Remontant en selle, Shigeru piqua des deux pour rattraper les autres.

— Je ne comprends pas, dit Emily. Tout le monde était en train de parler tranquillement, il m'a même semblé que le seigneur Genji avait l'air jovial, et puis brusquement…

Elle se mit à trembler de la tête aux pieds, incapable de se contrôler, en s'agrippant de toutes ses forces à Stark, qui la serra à son tour dans ses bras. En pure perte. Elle continuait de trembler. Elle n'avait jamais imaginé assister un jour à une scène d'une telle violence. Ces soldats devisaient calmement, et l'instant d'après ils se condamnaient à l'enfer éternel en mettant fin à leurs jours. Et pour quelle raison ? Ces monstrueuses mutilations, le gargouillis du sang qui gicle, arriverait-elle à les oublier un jour ? Elle se remit à trembler de plus belle.

— Leur façon de penser est différente de la nôtre, commenta Stark — ce qui n'expliquait rien.

Les samouraïs belliqueux avaient pour eux l'écrasante supériorité du nombre. Et pourtant quelques mots prononcés par Shigeru avaient suffi à les pétrifier. Pourquoi ? Il l'ignorait. Deux d'entre eux s'étaient donné la mort de façon atroce. Pour s'infliger de tels supplices, il fallait beaucoup de courage. Dès lors, comment se faisait-il qu'ils ne fussent pas passés à l'attaque ? Mystère.

Le seigneur et son oncle étaient allés s'asseoir à quelque distance pour s'entretenir en privé. Heiko était occupée à confectionner des abris de bambou, en compagnie de Hidé. Délicate en apparence, la geisha ne semblait pas avoir été le moins du monde affectée par la violence dont ils avaient été témoins.

Pas plus qu'Emily Stark ne comprenait ce qui s'était passé.

— Je me demande si nous sommes aussi mystérieux pour eux.

— Impossible, dit Emily. Nos actes sont dictés par la raison, ainsi que l'ordonne Notre-Seigneur.

— Il serait plus prudent de poursuivre notre chemin de nuit, conseilla Shigeru. Je doute que nos agresseurs en déroute reviennent à l'attaque. Mais d'autres ennemis nous suivent peut-être de près.

— Ce serait plus prudent, en effet, acquiesça Genji, mais malheureusement impossible. Emily n'est pas en état de voyager. Elle a subi un choc trop violent.

— Un choc ? dit Shigeru en jetant un coup d'œil dans la direction de l'étrangère. Pourquoi cela ? Elle devrait être soulagée, au contraire, que nous n'ayons pas eu besoin de passer à l'attaque.

— Elle n'est pas habituée à voir des hommes s'immoler. En tout cas, avec un sabre. La mort par balle n'est peut-être pas aussi choquante pour elle.

Shigeru n'était pas d'humeur à discuter d'un sujet aussi trivial. Il en aborda un autre, plus important.

— Plusieurs de nos adversaires portaient l'emblème du seigneur Yoshino, ce qui veut dire qu'il sera bientôt informé de notre position, et par conséquent de notre destination probable. D'ici peu, le shogun sera au courant, lui aussi, car Yoshino est un allié des Tokugawa.

— Pas nécessairement. Je doute que leur petite équipée ait été commanditée par un quelconque seigneur. Je crois plutôt qu'ils agissaient de leur propre chef. C'est pourquoi ils étaient en principe, sinon de fait, en train de commettre une trahison. Ils ne révéleront pas notre position si cela les oblige à avouer un délit qui risquerait de causer leur ruine et celle de leurs familles. Nous n'avons donc pas à nous inquiéter.

Shigeru argua :

— Néanmoins, par mesure de précaution, nous devrions bifurquer vers le nord et prendre à l'ouest au sud du monastère de Mushindo. Cela rallongera notre voyage de deux jours mais nous mettra à l'abri d'éventuelles échauffourées.

Hidé et Heiko les rejoignirent. Hidé annonça :
— Les abris sont prêts, sire.
— Merci. Je prendrai le premier tour de garde. Shigeru prendra le deuxième et toi le troisième.
— Il n'y a pas lieu que vous vous chargiez d'une besogne aussi vile, sire, protesta Hidé.
— Nous ne sommes que trois. Si je n'assure pas ma part du travail, d'ici peu Shigeru et toi serez trop exténués pour faire quoi que ce soit. Je prendrai le premier tour de garde.
— Oui, sire.
Heiko sourit à Genji.
— Qu'y a-t-il de drôle ?
— Une pensée qui m'est venue, sire.
— Et quelle est cette pensée ?
— Nous faisons route vers le nord ?
— Oui, pendant deux jours encore. Pourquoi ?
— La forteresse réputée imprenable de la famille de Mukai ne se trouve-t-elle pas au nord ?
Genji étendit le bras pour l'attraper, mais il ne fut pas assez rapide. Elle s'esquiva avec un petit gloussement.
— Reviens.
— Patience, sire.
Heiko s'arrêta à quelque distance des étrangers et s'inclina.
— Emily, Matthew… (Elle désigna d'un geste les abris de fortune qu'Hidé et elle avaient confectionnés.) Nous allons nous arrêter ici pour la nuit. S'il vous plaît, essayez de dormir un peu. Nous n'aurons peut-être pas l'occasion de faire une autre halte avant d'avoir atteint le château du seigneur Genji.
— Merci, Heiko, dit Emily.
On mit Emily au lit, sous plusieurs épaisseurs de couvertures. Stark et Heiko restèrent à son chevet jusqu'à ce qu'elle fût endormie. Quand Heiko se releva pour se retirer, Stark la retint.
— Qui étaient ces hommes ?
Heiko réfléchit un instant pour trouver le mot juste.
— Des hors-la-loi.
— Pourquoi se sont-ils enfuis au lieu de nous attaquer ?
— Parce qu'ils ont reconnu le seigneur Shigeru.
— Ils étaient plus de vingt, contre quatre.
— Oui, dit Heiko. Ils ont compris qu'ils n'étaient pas assez nombreux et ont pris la fuite.

Stark était certain qu'Heiko ne comprenait pas ses questions. Les réponses qu'elle lui donnait n'avaient aucun sens. On n'avait jamais vu vingt hommes s'enfuir à la vue de quatre.

— Pourquoi les deux samouraïs se sont-ils immolés ?

— Pour demander pardon d'avoir mal parlé.

— Demander pardon... en se trucidant avec leurs propres sabres ?

— Oui.

— Qu'ont-ils dit pour mériter une telle sanction ?

— Des choses irrespectueuses, qu'il serait irrespectueux de répéter. (Heiko s'inclina.) Bonsoir, Matthew.

— Bonsoir, Heiko.

Il faisait presque jour quand Stark parvint enfin à s'endormir. Il entendit Heiko qui riait. Plus tard, l'oncle du seigneur s'éveilla et disparut dans les bois. Plusieurs heures s'écoulèrent avant qu'il reparaisse. Entre-temps Hidé avait pris la relève. Stark lui aurait volontiers proposé de le relayer, mais il jugea préférable de s'abstenir. Il ne voulait insulter personne par inadvertance et se retrouver ensuite dans la situation de devoir demander pardon en s'ôtant lui-même la vie. Il fallait qu'il vive jusqu'à ce qu'Ethan Cruz soit mort.

— Tu ne crois pas sincèrement ce que tu m'as dit concernant Mukai ?

— Si. La façon qu'il avait de vous regarder. Et puis cette façon qu'il avait de vous appeler « sire » à tout moment. Comme si, en prononçant ce mot, il vous possédait.

— Les ancêtres de Mukai se sont battus aux côtés des miens à la bataille de Sekigahara. C'est là, je crois, la seule raison de son allégeance.

— Si vous le croyez, vous êtes aussi naïf qu'une jeune fille de la campagne.

— La monture de sabre qu'il m'a présentée est dans sa famille depuis des générations.

— A l'en croire, oui. Mais rien ne vous dit qu'il ne l'a pas achetée chez un prêteur sur gages. Sekigahara n'est qu'une excuse. L'amour emprunte des chemins détournés.

— Grotesque. Et pas drôle du tout. Cesse de rire.

— Vous avez raison. Je ne devrais pas rire. Je devrais être fâchée.

— Et pour quelle raison ?

— Parce que vous êtes plus beau que moi. Aux yeux de certains, s'entend.

— Mukai n'est pas amoureux de moi.

— Un jour, quand vous coulerez ensemble des jours heureux dans son château, en contemplant au loin les tourbillons de la mer du nord, vous ne direz pas cela.

— Le monde n'est pas corrompu à ce point. Et cela ne se passera pas de mon vivant.

— Est-ce là une prophétie, sire ?

Cette nuit-là, un épais manteau de neige s'abattit sur la plaine du Kanto. Depuis son bureau du château d'Edo, Mukai contemplait le monde devenu tout blanc. Genji, fugitif traqué, se trouvait quelque part dans cette immensité. Son cœur se serra à la pensée que le jeune seigneur était exposé au froid.

Il avait espéré que Kawakami lui confierait la tâche d'intercepter Genji. En vain. L'Œil Collé voulait s'en charger personnellement, si bien qu'il se retrouvait coincé ici, à Edo, incapable de venir en aide à celui qu'il aimait plus que sa propre vie.

Il contempla la monture de sabre qu'il tenait à la main. Des moineaux survolant des vagues. Lorsqu'il avait aperçu Genji dans l'échoppe de Seami, il avait compris la véritable nature de ses sentiments pour le jeune seigneur, et deviné du même coup quelle était la cause de la mélancolie qui l'oppressait depuis le printemps. En fait, c'était au printemps qu'il avait vu Genji pour la première fois, lors d'une audience chez le shogun.

« Voilà le futur grand seigneur d'Akaoka, lui avait dit Kawakami en le lui montrant du doigt. A la mort du vieux seigneur, la lignée s'éteindra. »

Le jeune homme désigné par Kawakami était d'une beauté renversante. Mukai resta sans voix. Et, bien que le protocole exigeât qu'il approuvât expressément son supérieur hiérarchique, aucun son ne parvint à sortir de sa bouche.

Les choses en seraient restées là si le soir même, tandis qu'il assistait à une discussion sur les mœurs délétères des étrangers, sa vie n'avait subitement basculé.

« Le bonheur est le seul objectif des étrangers, affirma Kawakami.

— J'ai du mal à le croire, dit le seigneur Noda. Aucune société fondée sur une notion aussi superficielle et aussi égoïste ne saurait survivre au-delà de quelques générations.

— J'ignore combien de temps ils survivront, reprit Kawakami, mais les faits sont là.

— Qu'ils soient différents, j'en conviens, répondit le seigneur Kubota, mais tout de même pas à ce point.

— C'est pourtant écrit dans leur loi suprême, argua Kawakami. Celle-ci garantit à chacun le droit au bonheur.

— A chaque individu ? » s'enquit Mukai.

Kawakami lui décocha un regard irrité. Son rôle consistait à être présent, à écouter, à prendre note, et non à parler. Mukai s'inclina, contrit. Radouci, Kawakami, qui se sentait d'humeur magnanime, daigna lui répondre.

« Oui, à chaque individu.

— Voilà qui est pervers », commenta le seigneur Noda.

Mukai approuva en silence. Pervers, sans aucun doute. L'objectif d'une société devait être l'ordre, et la seule façon de faire régner l'ordre était d'attribuer une place à chacun. La civilisation l'exigeait. Et chacun devait connaître sa place, s'en accommoder et se comporter en conséquence. Toute autre organisation ne pouvait qu'entraîner l'anarchie. Le bonheur ! Quelle idée ! Mukai se sentit gagné par une excitation qu'il prit sur le coup pour de l'indignation, réaction somme toute légitime.

Mais plus tard, lorsqu'il vit la monture de sabre, quelque chose en lui se brisa, et il éclata en sanglots.

« Sire ? demanda Seami le boutiquier. Vous ne vous sentez pas bien ? »

Les moineaux en plein vol. Bien qu'il ne se fût agi que d'une esquisse inanimée, ces oiseaux étaient plus libres qu'il ne le serait jamais.

La beauté de Genji.

Sa propre laideur.

Le néant.

Le bonheur. Un bonheur purement individuel, intime et égoïste. Penser à soi et oublier tout le reste. Mieux même, s'abîmer sans retenue dans la félicité de l'amour et disparaître. S'il pouvait être avec Genji, il disparaîtrait, et seul le beau, le merveilleux Genji demeurerait.

Il pleura à chaudes larmes devant Seami, qui se tordait les mains sans savoir que faire.

Mukai acheta le filigrane au premier prix que Seami lui en demanda, sans chercher à marchander. Il l'aurait volontiers payé le double. Grâce à lui, il allait pouvoir s'inventer un ancêtre fictif ayant combattu aux côtés des Okumichi à la bataille de Sekigahara, ce qui lui fournissait un alibi pour rencontrer Genji en privé.

Soudain, tandis qu'il serrait le filigrane entre ses gros doigts carrés tout en regardant tomber la neige, Mukai prit la décision la plus importante de sa vie.

Une heure plus tard, il quittait Edo pour rejoindre son domaine sur les bords de la mer du Japon. Il n'était qu'un petit seigneur, maître d'à peine deux cents vassaux en armes. Mais il allait les convoquer et se rallier à la bannière des Okumichi. Si le jeune seigneur devait mourir, lui aussi mourrait.

A la pensée que Genji et lui périraient ensemble, au même instant, une exquise vision à la beauté presque insoutenable embrasa son imagination. C'était trop espérer. Mais pas impossible. Ils pourraient mourir dans les bras l'un de l'autre, unis par le sang de l'amour dans l'instant éternel de la mort.

Une douce chaleur envahit soudain la poitrine de Mukai, chassant au loin la froideur de l'hiver.

Mettant de côté sa pudeur, il accepta de reconnaître la nature des sentiments qu'il éprouvait au plus profond de son être.

Les étrangers avaient raison. Rien n'était plus important que le bonheur.

Sohaku et Kudo menaient leurs chevaux dans l'épais manteau neigeux.

— Les voilà, dit Kudo.

Deux mille samouraïs avaient installé leur campement dans la clairière, un peu plus loin. Au centre se dressait la tente de commandement. Un quart des hommes étaient armés de mousquets, en plus des sabres et des lances.

— Aucune sentinelle ne monte la garde, remarqua Kudo. Ce n'est guère prudent.

— Le pays est en paix, répondit Sohaku, et puis qui oserait attaquer l'armée du shogun si près d'Edo ?

Kawakami, arborant avec ostentation une armure de bataille, les accueillit avec effusion lorsqu'ils entrèrent dans sa tente.

— Seigneur Kudo, révérend abbé Sohaku, soyez les bienvenus.

Sohaku dit :

— Merci d'avoir accepté de nous recevoir en ces circonstances exceptionnelles, seigneur Kawakami.

— Allons donc. Un peu de saké pour vous réchauffer ?

— Volontiers.

— J'imagine que vous avez pu quitter Edo sans trop de difficultés.

— Oui, merci.

Sohaku vida sa tasse, qu'un serviteur remplit aussitôt à nouveau.

— Malheureusement, nous avons dû supprimer les hommes qui montaient la garde au château. Sans quoi notre départ aurait paru trop facile et aurait éveillé les soupçons. Nous ne sommes pas encore absolument certains de la loyauté de tous nos soldats.

— Je comprends, dit Kawakami. Je n'en attendais pas moins. C'est pourquoi j'ai désigné mes hommes les moins habiles pour monter la garde. Autrement dit, nous nous sommes rendu mutuellement service.

Il s'inclina, et Sohaku et Kudo firent de même. Jusque-là aucun d'eux ne s'était incliné plus profondément que les autres.

— Quels sont vos effectifs ?

Il s'agissait là de l'épreuve numéro deux. L'épreuve numéro un, qu'ils avaient passée avec succès, consistait à entrer sans escorte dans le campement de Kawakami. A présent on exigeait d'eux qu'ils dévoilent le nombre de soldats et d'armes dont ils disposaient.

— Cent douze samouraïs, répondit Sohaku sans hésiter. Tous montés et munis de mousquets napoléoniens, et de vingt cartouches chacun.

— S'agit-il de vassaux héréditaires ?

— Oui, pour la plupart. Les miens ou ceux de Kudo. Seule une douzaine d'entre eux est rattachée directement au clan Okumichi.

Kawakami se renfrogna.

— Ne serait-il pas avisé d'éliminer ces derniers sans délai ?

— La situation est délicate, avança Sohaku. Nos hommes sont des samouraïs traditionalistes. Tout acte lâche ou sournois entacherait ma crédibilité. Assassiner une douzaine d'hommes restés fidèles à leur seigneur ne servirait guère ma cause.

— Cependant, les garder parmi vous est extrêmement risqué, dit Kawakami.

— J'en conviens. Aujourd'hui, à midi, je vais proclamer mon allégeance au shogun, au nom de l'unité nationale devenue nécessaire face à l'invasion barbare. Il faut mettre de côté nos anciennes querelles et unir nos forces comme l'ont fait nos ancêtres il y a six siècles, à l'époque de l'invasion mongole. Je vais expliquer à mes hommes que Kudo et moi sommes arrivés à la conclusion que le seigneur Genji n'était pas un prophète mais un fou, comme son oncle, le seigneur Shigeru, dont les crimes odieux sont bien connus de nos soldats. Le suivre aveuglément n'est pas une preuve de loyauté, mais de lâcheté. La vraie loyauté consiste à adhérer aux anciens idéaux, incarnés par feu notre seigneur Kiyori. Il nous faut maintenir l'honneur de la famille Okumichi en établissant une régence. Le seigneur Genji sera placé sous tutelle, et nous agirons désormais en son nom.

— Vous faites un brillant orateur, révérend abbé. Seriez-vous resté moine que vous auriez sans aucun doute mené de nombreux adeptes au culte de la vertu.

— Vous êtes trop aimable, seigneur Kawakami. En tant que vrai samouraï, vous pourriez vous exprimer avec semblable éloquence sur la nature de la vraie morale.

— Qu'en sera-t-il de ceux qui persisteront à douter malgré la clarté de vos propos ?

— Leur loyauté envers le seigneur Genji, quoique déplacée, sera respectée. Ils seront autorisés à rejoindre le domaine d'Akaoka. (Sohaku accepta une autre tasse de saké.) Pensez-vous que l'un d'eux parviendra à échapper à vos hommes ?

— J'en doute.

— Moi aussi.

Kawakami conclut :

— Bien. Il nous reste à statuer sur le sort du seigneur Shigeru.

— Il est l'assassin du seigneur Kiyori. Il aura le sort qu'il mérite.

Kawakami hocha la tête.

— Excellent. Néanmoins, un aspect de votre plan me préoccupe.

— De quoi s'agit-il ?

— Tant qu'il vivra, même placé sous surveillance, le seigneur Genji représente un danger certain. Sa réputation de prophète, si spécieuse soit-elle, n'en exerce pas moins une puissante fascination sur l'imagination populaire.

Sohaku sourit.

— Malgré notre zèle, le seigneur Genji perdra malencontreusement la vie au cours de la bataille. Ses cendres seront ensuite respectueusement transférées au Vol de Moineaux pour y être enterrées.

— Et peu après, le shogun vous élèvera à la seigneurie du domaine d'Akaoka. Le seigneur Kudo, en tant que votre plus fidèle serviteur, verra ses terres et ses appointements accrus en conséquence.

— Merci, seigneur Kawakami.

Cette fois, lorsqu'ils échangèrent des saluts, Sohaku et Kudo s'inclinèrent plus profondément que leur hôte.

Kawakami dit :

— Mes hommes vont sans délai gagner le littoral. Selon toute vraisemblance, le seigneur Genji va tenter de passer au travers des mailles du filet pour gagner la mer intérieure, quelque part à l'ouest de Kobé. J'y serai déjà, prêt à le cueillir.

— A condition qu'il réussisse à échapper à notre cavalerie, précisa Sohaku. Je compte l'intercepter dans les montagnes, au village de Yamanaka. Avant son départ pour les marais, il nous a donné rendez-vous là-bas.

Kudo ajouta :

— Je vais traquer le seigneur Genji avec vingt de nos meilleurs éclaireurs. Nous allons faire abattre le seigneur Shigeru par un tireur embusqué avant qu'il ait quitté les montagnes.

Kawakami leva sa tasse.

— Que les dieux soient avec les vrais défenseurs de la vertu.

En proie à un horrible mal de mer, Taro et Shimoda tiraient vaillamment sur les rames. Lorsqu'ils ne dégringolaient pas le long des parois vertigineuses de falaises aquatiques, ils se retrouvaient au creux de vagues gigantesques. C'était du moins leur impression. Si leur petit esquif sombrait, ainsi qu'il menaçait à chaque instant, ils seraient damnés. La terre n'était nulle part en vue.

Et même si elle l'avait été, ils eussent été incapables de la voir, étant la plupart du temps aveuglés par les embruns.

Taro se pencha vers Shimoda et cria :

— De quel côté se trouve Akaoka ?

— Quoi ? hurla Shimoda, assourdi par le tumulte des vagues.
— Tu es sûr que nous allons dans la bonne direction ?
— Je n'en sais rien. Tu crois qu'il le sait ?

Saiki, assis imperturbable au gouvernail, était l'image même de la confiance en soi.

— Je l'espère.
— Les dieux du Temps, de l'Océan et de la Tempête sont avec nous, dit Saiki.

Une vague s'écrasa sur le bateau, les inondant de la tête aux pieds, malgré les suroîts en toile cirée qu'ils portaient par-dessus leurs vêtements. Saiki se mit à écoper d'une main, tout en tenant le gouvernail de l'autre. De temps à autre, il ajustait l'angle de la voile.

Mouillé, transi, écœuré, Taro tremblait comme une feuille.

— Les dieux ont une bien étrange façon de manifester leur contentement. Pour ma part, j'ai plutôt l'impression que nous courons un grand danger.

— Tu te trompes, dit Saiki. Par gros temps, comme aujourd'hui, nous sommes invisibles. Jamais les patrouilles du shogun ne nous trouveront.

Saiki avait grandi sur l'eau. A l'époque bénie de sa jeunesse, quand il n'était encore qu'un modeste samouraï débutant, sans responsabilités particulières, il avait passé de nombreuses heures sur les eaux déchaînées du cap Muroto, à chasser la baleine en compagnie des pêcheurs qui avaient été ses amis d'enfance. Lorsque l'une d'elles doublait le cap, les pêcheurs ramenaient à force de rames leur chaloupe à hauteur du gigantesque animal, puis sautaient sur son dos et lui transperçaient la cervelle d'un coup de harpon. S'ils avaient visé juste, le cétacé était à eux. Sinon, ils étaient à lui. Le harponneur tombait à l'eau tandis que le bateau, arrimé à la baleine par le harpon et la ligne, se retournait et sombrait. En général, les pêcheurs parvenaient à sectionner la ligne et à rentrer à bon port. Mais il arrivait qu'on ne les revît jamais.

— Ramez plus fort, ordonna Saiki. Et maintenez le cap.

Avec un peu de chance et un vent d'est favorable, ils parviendraient à atteindre Akaoka dans trois jours. Cinq cents hommes seraient prêts à se mettre en route immédiatement. Dans deux semaines, l'armée tout entière serait sur le pied de guerre. Saiki espérait que le seigneur Genji survivrait jusque-là.

Une autre vague gigantesque s'abattit sur le bateau.

Saiki concentra toute son attention sur l'océan.

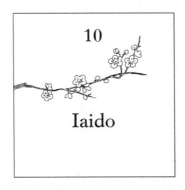

Iaido

Le katana est l'arme des samouraïs depuis la nuit des temps. Il y a une raison à cela.

Sa lame n'est tranchante que d'un seul côté. Pourquoi ? Parce que le côté émoussé, lorsqu'il entre en contact avec notre chair, nous protège comme un bouclier.

Cela ne saurait être le cas avec un sabre à double tranchant. Un jour, si tu te retrouves pris dans la mêlée, tu devras peut-être ta vie au côté émoussé de la lame et non pas l'inverse. Puisse ce paradoxe te rappeler que l'attaque et la défense ne font qu'un.

Notre lame est incurvée, et non pas droite. Pour quelle raison ? Parce qu'une lame incurvée est plus efficace quand on charge à cheval. La ligne courbe de ton sabre doit te rappeler qu'un samouraï est avant tout un cavalier. Même lorsque tu vas à pied, comporte-toi comme si tu chevauchais un fougueux destrier.

Puissent ces deux vérités devenir une partie de toi-même. Alors ta vie vaudra d'avoir été vécue, et ta mort n'en sera que plus honorable.

Suzume-no-Kumo
(1334)

On avait déblayé la neige de la prairie et érigé une plate-forme basse. De part et d'autre de la structure carrée, un petit dais avait été dressé sous lequel les juges allaient prendre place. Tout était prêt.

— L'air est frais sans être piquant. Il y a juste assez de vent pour faire flotter nos bannières. Le ciel nuageux diffuse une lumière uniforme. Les conditions sont idéales, sire.

Hiromitsu, grand seigneur de Yamakawa, opina joyeusement du chef.

— Parfait. Nous pouvons commencer.

Il prit le siège du juge suprême, à l'est du dais, tandis que son chambellan s'installait à l'ouest, son commandant de cavalerie au nord et son commandant d'infanterie au sud.

A chaque Nouvelle Année, il était de tradition que le seigneur de Yamakawa, ses principaux officiers et ses meilleurs samouraïs quittent le château du domaine et établissent un campement dans le bois voisin pour y disputer un tournoi de *iaido*. La joute durait deux jours. Les femmes et les enfants n'y étaient pas admis. Cette règle, fort ancienne, avait été établie afin d'épargner des souffrances inutiles aux familles des samouraïs qui prenaient part au combat : jadis, les adversaires se battaient avec de vrais *katana* et, bien qu'ils fussent censés s'arrêter juste avant de porter le coup fatal, l'excitation, les vieilles rancœurs, le désir de décrocher la récompense, ou tout simplement d'exceller en présence du seigneur, conduisaient souvent à des effusions de sang, à des blessures, et parfois même à la mort.

Le *katana* n'était plus en usage désormais, il avait été remplacé par le *shinai*, épée en lamelles de bambou liées. D'une certaine façon, on pouvait dire que deux siècles et demi de paix avaient affaibli l'esprit guerrier. Mais, pour Hiromitsu, l'essentiel était d'en préserver les aspects positifs tout en rejetant les autres.

Trente-deux samouraïs allaient prendre part au tournoi, lequel consistait en une succession d'épreuves éliminatoires. Le vainqueur de chaque manche était autorisé à poursuivre le combat, tandis que le perdant était déclaré hors jeu. Seize hommes disputeraient la deuxième manche, huit la troisième, quatre la quatrième, jusqu'à ce qu'il ne reste plus que deux concurrents en lice. Le vainqueur remporterait un destrier de trois ans parmi les plus beaux du domaine.

Hiromitsu allait donner le signal du départ quand une sentinelle arriva en courant.

— Sire, dit l'homme hors d'haleine, le seigneur Genji et son escorte demandent l'autorisation de passer.

— Le seigneur Genji ? N'est-il pas en résidence à Edo cette année ?

— Apparemment plus.

— Mène-le jusqu'ici, il est le bienvenu.

Genji avait-il demandé la permission du shogun avant de quitter Edo ? Si tel n'était pas le cas, mieux valait pour Hiromitsu qu'il ne le sache pas ; c'est pourquoi il s'abstiendrait de lui poser la question. De toute façon, il ne pouvait refuser l'hospitalité ou le droit de passage à Genji. Ils étaient alliés de longue date, non parce qu'ils se connaissaient personnellement — ils ne se connaissaient pas — mais parce que leurs ancêtres avaient combattu ensemble à la bataille de Sekigahara. Ou tout au moins, les ancêtres paternels de Hiromitsu, car ses ancêtres maternels avaient combattu du côté des vainqueurs, les plus illustres d'entre eux étant les ancêtres du présent shogun. De sorte qu'il était également un allié des Tokugawa — situation idéale pour un homme pusillanime et dénué d'ambition comme le grand seigneur de Yamakawa. L'histoire de son clan exigeait qu'il se montrât respectueux et hospitalier vis-à-vis des deux camps, tout en lui fournissant une bonne raison de ne pas prendre parti pour l'un ou l'autre en cas de guerre civile — éventualité qui semblait de plus en plus imminente. Fort heureusement, son fief était petit et ne produisait guère de richesses. Situé à l'écart des champs de bataille probables, il ne contrôlait aucune route importante. En cas de conflit, sa neutralité n'offenserait personne.

Le visage fendu d'un large sourire, Hiromitsu alla au-devant de ses hôtes pour leur souhaiter la bienvenue. A sa grande surprise, il découvrit que les voyageurs n'étaient qu'au nombre de six, et que trois d'entre eux seulement étaient des samouraïs — escorte singulièrement réduite pour un grand seigneur voyageant aussi loin de son domaine. Deux étrangers les accompagnaient, un homme et une femme d'apparence grotesque. Ceux-ci se trouvaient très loin de la sphère limitée dans laquelle ils étaient censés aller et venir librement, et ils auraient sans doute retenu toute son attention, n'eût été la présence du dernier membre du groupe : une femme à la beauté tellement extraordinaire que Hiromitsu n'arrivait pas à en croire ses yeux.

— Bienvenue, seigneur Genji.

Tout en n'ayant jamais rencontré le grand seigneur d'Akaoka auparavant, il n'eut aucune peine à l'identifier. Il était flanqué de deux samouraïs, dont l'un était Shigeru. Hiromitsu avait reçu une missive — de toute évidence erronée — selon laquelle le célèbre guerrier avait été mis à mort par les hommes de son propre clan, dans des circonstances effroyables.

— Bienvenue à vous également, seigneur Shigeru. Vous ne pouviez tomber mieux. Nous nous apprêtions à disputer notre tournoi annuel de *iaido*.

— Je suis désolé de m'imposer en pareilles circonstances, dit Genji. Nous allons reprendre notre route sur-le-champ.

— Non, non, je vous en prie. Puisque vous êtes ici, pourquoi ne pas rester pour assister au combat ? Mes hommes n'ont pas le niveau d'excellence de vos célèbres guerriers, mais ils sont vaillants, ce qui n'est déjà pas si mal.

— Merci, seigneur Hiromitsu. Nous acceptons de bonne grâce votre hospitalité.

— Ce n'est peut-être pas prudent, observa Shigeru.

— Nous avons déjà parcouru un bon bout de chemin, dit Genji. Un peu de repos ne nous fera pas de mal.

Il se tourna vers la femme qui se trouvait derrière lui.

— Permettez-moi de vous présenter dame Mayonaka no Heiko.

— Très honoré de vous rencontrer, dame Heiko.

Le nom de la geisha était sur les lèvres de tous ceux qui s'étaient rendus à Edo l'année passée. Les descriptions qu'on lui en avait faites étaient très en dessous de la réalité.

— Votre réputation a voyagé jusqu'à cette contrée reculée, dame Heiko.

— Une réputation surfaite, sire, dit-elle d'une voix plus douce qu'un carillon.

Il la regarda bouche bée, un peu plus longtemps que ne l'exigeait la bienséance, avant de mesurer son impolitesse. Confus, il se tourna vers son chambellan et constata qu'il était lui aussi frappé de stupeur.

— Le gentilhomme étranger est Matthew Stark et la dame est Emily Gibson. Ils sont venus aider à construire la mission adjacente au monastère de Mushindo.

Hiromitsu salua poliment les étrangers.

— Vous êtes les bienvenus. Prépare des sièges pour nos hôtes, dit-il au chambellan.

— Oui, sire. Pour les étrangers également ?

— Pour toute la compagnie du seigneur Genji.

— Sire, qu'en est-il de notre règle interdisant la présence des femmes ?

— Suspendue, dit Hiromitsu en aidant Heiko à descendre de selle. Seigneur Genji, veuillez prendre ma place de juge de l'est. Le seigneur Shigeru prendra la place de mon chambellan, en tant que juge de l'ouest.

— Votre suggestion est très gracieuse, seigneur Hiromitsu, répondit Genji, mais nous préférerions assister au match en tant que simples spectateurs. Je me suis laissé dire qu'il était de tradition d'organiser des paris.

Hiromitsu éclata d'un rire joyeux.

— Excellent, tout à fait excellent. Mais vous ne seriez pas à votre avantage. Vous ignorez tout des capacités de mes hommes, de sorte que vous ne sauriez sur lequel parier.

Son humeur joviale se trouvait décuplée par la présence de Heiko. Ayant pris le saké des mains de son serviteur, la geisha était présentement en train de lui verser à boire. L'élégance de ses gestes aurait donné à l'eau des vertus enivrantes.

— J'avais songé à parier sur l'un de nos hommes, expliqua Genji, à condition que vous l'autorisiez à participer, naturellement. Je crois que la chose serait très divertissante.

L'humeur joyeuse de Hiromitsu s'évapora d'un seul coup.

— Si c'est au seigneur Shigeru que vous songez, je capitule avant même d'avoir commencé le tournoi. A eux tous, mes trente-deux hommes ne sauraient l'égaler.

— Mon oncle n'aime pas les armes de bambou, remarqua Genji. Je doute qu'il accepte de se battre au *shinai*.

— En effet, dit Shigeru. Seules les vraies lames mènent à la vérité.

— Seigneur Genji, je ne puis accepter, répondit Hiromitsu tandis qu'une expression horrifiée envahissait ses traits. Comment pourrais-je commencer la Nouvelle Année en rapportant des cadavres à des jeunes veuves et des orphelins ?

— Vous ne le pourriez pas, dit Genji, pas plus qu'il ne me viendrait à l'idée de suggérer une telle chose. Le ciel ne manquerait pas de nous punir tous si nous commettions un acte aussi barbare. Le combattant que j'avais à l'esprit n'était pas mon oncle, mais l'étranger, Stark.

— Comment ? Vous voulez plaisanter ?

— Pas du tout.

— Mes hommes y verraient un affront grave, seigneur Genji. Ils n'ont peut-être pas la réputation de vos samouraïs, mais ils n'en sont pas moins de vaillants guerriers. Comment pourrais-je leur demander de se mesurer à un aussi piètre adversaire ?

— Je ne l'aurais jamais suggéré si je ne l'avais jugé digne de relever le défi, insista Genji. Je suis prêt à donner cent *ryo* d'or de récompense à l'homme qui vaincra Stark. Et je suis prêt à parier avec vous ce que vous voudrez. Je pense que Stark va remporter le tournoi.

Hiromitsu resta sans voix. La famille Okumichi était bel et bien menacée de folie. Que devait-il faire ? Il ne pouvait décemment pas tirer avantage d'un homme fou à lier. Cent *ryo* représentaient dix fois le revenu annuel d'un soldat moyen. Mais s'il refusait il risquait d'offenser son hôte, ce qui n'était pas prudent, surtout en présence du taciturne et dangereux Shigeru, lequel était également fou à lier. Quel dilemme !

— Si Stark ne parvient pas à battre chacun des participants, dame Heiko se chargera de vous divertir à mes frais pendant une semaine lors de votre prochain passage à Edo... Cela vous agrée-t-il, madame ?

Heiko sourit à Hiromitsu, puis baissa pudiquement les yeux en s'inclinant.

— Etre payée pour tenir compagnie au seigneur Hiromitsu est une double récompense.

— Eh bien, euh... dit Hiromitsu.

Une semaine avec Heiko. Peut-être était-il présomptueux d'espérer voir fleurir entre eux une affection plus profonde qu'une simple amitié. Présomptueux mais pas impossible.

— S'il vous plaît, permettez-moi de parler à mes hommes. Il nous faut leur consentement.

— Naturellement. Pendant ce temps, étant d'un optimisme incurable, et donc certain que vous recueillerez leur approbation, je vais préparer mon candidat. Puis-je vous emprunter une paire de *shinai* ? Et vous proposer un encouragement de plus ? Qu'il gagne ou qu'il perde, chaque homme qui se mesurera à Stark recevra dix *ryo* d'or.

Des visions de lui-même et de Heiko devant les yeux, Hiromitsu s'en fut convaincre ses hommes. Au départ, ceux-ci se montrèrent réticents à l'idée de se prêter à une aussi grotesque mascarade, même contre une petite fortune en *ryo* d'or. Mais ils finirent par se laisser convaincre lorsque leur seigneur leur révéla l'enjeu du pari qu'il venait de conclure avec Genji.

— Une semaine avec dame Heiko ?

— Oui, dit Hiromitsu. Une semaine à Edo avec dame Heiko.

Ses loyaux sujets s'inclinèrent.

— Nous ne pouvons vous priver d'une aussi belle récompense, sire, notre dignité dût-elle en souffrir.

— Là où est la loyauté se trouve la dignité, répondit Hiromitsu, plein de gratitude.

Les hommes de Hiromitsu laissèrent échapper des ricanements étouffés. Toutefois, la sentinelle chargée de surveiller les visiteurs objecta :

— L'étranger est très rapide.

— Il sait se servir d'un sabre ?

— Il semblerait que le seigneur Genji lui ait donné sa première leçon.

— Il faut des années pour pouvoir maîtriser le *iaido*, dit le chambellan. Si le seigneur Genji espère enseigner son maniement à un étranger en quelques minutes, il est sans conteste le plus fou de tous les Okumichi.

Hiromitsu reprit :

— Tu as dit qu'il était rapide.

— Pas au départ, sire. Mais au cinquième coup, oui, il était rapide. Très rapide. Et très précis, aussi.

— Tu as bu, Ichiro ? dit l'un des hommes. Comment un homme pourrait-il apprendre à manier le sabre en cinq coups ?

— Silence ! ordonna le seigneur Hiromitsu. Etais-tu assez près pour entendre ce qu'ils disaient ?

— Oui, sire, mais le seigneur Genji parlait anglais avec l'étranger. Je n'ai compris que ce qu'il disait au seigneur Shigeru.

— Et que lui a-t-il dit ?

La sentinelle suivit les deux seigneurs fous parmi les bambous, en réglant ses pas sur les leurs afin de n'être pas entendue.

« Je suis sûr que tu as une bonne raison de vouloir nous tourner en ridicule, dit Shigeru.

— Stark va gagner, dit Genji.

— C'est une prophétie ? »

Genji rit mais ne répondit pas.

L'étranger dit quelque chose dans sa langue traînante de barbare. Genji lui répondit dans la même langue. Seul un mot était japonais, *iaido*. L'étranger dit une chose qui ressemblait à une question. Lui aussi employa le mot *iaido*. Genji s'immobilisa à cinq pas d'une canne de bambou haute de dix pieds et large de quatre pouces. Soudain sa main vola jusqu'à son sabre. L'acier scintilla, et la lame trancha net la tige. Un instant plus tard, la partie supérieure de la pousse se sépara du reste du tronc et tomba à terre.

— Le seigneur Genji est étonnamment doué, dit la sentinelle.
— Ainsi, la poésie, le saké et les femmes n'ont pas accaparé toute son attention au cours de ces dernières années, dit Hiromitsu. Ce n'était qu'une ruse. Son grand-père, le seigneur Kiyori, avait plus d'un tour dans son sac. Il aura initié son petit-fils aux arts de la guerre.

Lorsque le bambou tomba dans la neige, Genji dit quelque chose dans la langue de l'étranger. L'étranger lui posa une autre question. Le nom de Shigeru fut prononcé. Genji répondit.

« Que dit-il ? demanda Shigeru.
— Il demande pourquoi tu ne peux pas nous représenter dans le tournoi. Je lui ai dit que tu ne te battais jamais pour rire. »

Shigeru grommela :

« Ton coup était bien porté. La pousse est restée debout pendant un battement de cœur avant de tomber à terre.
— Quand grand-père portait un coup, dit Genji, il sectionnait le pied si précisément et si rapidement qu'il restait debout pendant cinq battements de cœur, comme s'il n'avait pas été coupé. »

L'étranger prit la parole. Une fois encore, il prononça le mot japonais de *iaido*. Il semblait protester. En réponse, Genji se posta devant une autre pousse de bambou. Sa main droite se porta sur son côté droit, là où son sabre était suspendu. La lame jaillit et sectionna la tige. Cette fois, elle resta debout pendant deux battements de cœur avant de tomber. Il se tourna vers l'étranger et parla à nouveau. Il fit un étrange mouvement de la main droite, comme pour dégainer une lame beaucoup plus courte.

« Un pistolet et une épée sont deux armes complètement différentes », dit Stark.

Genji répondit :

« Pas tant que ça. Ce sont l'un et l'autre deux extensions du bras de l'homme qui les manie. »

Otant ses sabres de sa ceinture, Genji les remplaça par l'un des *shinai* qu'il avait empruntés et donna l'autre à l'étranger. Il dit quelques mots inintelligibles, puis les deux hommes se placèrent l'un en face de l'autre.

Au premier geste que fit l'étranger, Genji dégaina son *shinai* et le frappa à la tempe droite.

La deuxième fois, ce fut Genji qui fit le premier geste. Avant que l'étranger ait eu le temps de réagir, il fut frappé de nouveau, à l'épaule droite cette fois.

La troisième fois, leurs mouvements furent presque simultanés, mais le résultat fut le même. Le *shinai* de Genji mordit l'étranger au front avant que ce dernier eût atteint Genji au cou.

A la quatrième manche, l'étranger remporta sa première victoire, un coup bien net à la tempe.

A la cinquième, il atteignit Genji avant que le seigneur ait eu le temps de dégainer entièrement son *shinai*.

— Cela ne prouve rien, dit l'un des hommes. Il n'y a guère de mérite à battre quelqu'un comme le seigneur Genji.

— De plus, dit un autre, il a sûrement fait exprès de laisser gagner l'étranger pour lui donner confiance en lui.

— C'est possible, admit la sentinelle.

Mais le ton de sa voix et l'expression de son visage disaient autre chose.

Ils s'en retournèrent à la plate-forme de combat. La sentinelle s'esquiva discrètement. En partant il les entendit échanger quelques paroles de plus.

Shigeru dit :

— Sait-il pourquoi tu fais cela ?

— Non, mais j'ai sa confiance.

— Quelle arrogance ! s'exclama l'un des hommes. Il cherche à nous humilier pour se divertir.

— Je n'en suis pas certain, dit Hiromitsu.

— Quel autre motif pourrait-il avoir ? demanda le chambellan.

— Il accomplit peut-être une prophétie.

— Sire, c'est de la folie, dit le chambellan. Il n'est pas plus prophète que vous ou moi.

— En es-tu sûr ? interrogea Hiromitsu. Non. Et moi non plus. C'est pourquoi nous devons rester prudents. Toshio, tu combattras le premier. Sois attentif.

— Oui, sire.

Le tournoi débutait généralement en position accroupie. Les concurrents se plaçaient à genoux, chacun à une extrémité de la plate-forme. Ils se saluaient puis, toujours à genoux, allaient à la rencontre l'un de l'autre. Une fois parvenus à la bonne distance, entre cinq et dix pas, ils dégainaient leurs armes et frappaient un seul coup net. L'esquive était interdite. Il n'y avait pas de deuxième chance. Le gagnant était celui qui avait dégainé le plus vite et donné le coup le plus précis.

Par égard pour l'étranger, qui était incapable de se tenir correctement à genoux, les règles furent changées afin de permettre une confrontation debout. En outre, afin d'avoir un nombre pair de concurrents, un samouraï choisi au hasard se retira.

Malgré les dires de la sentinelle, Toshio était très sûr de lui. Il était tellement occupé à toiser Stark que la lame de bambou le cueillit au cou avant même qu'il eût dégainé son *shinai*. Le deuxième combattant, quoique plus vif, ne fit pas mieux. L'étranger l'atteignit à l'épaule droite juste au moment où il faisait le geste de déployer son sabre. Le troisième fut disqualifié pour avoir dégainé trop tôt et chargé au lieu de dégainer et de frapper en un seul mouvement, ainsi que l'exigeait la règle. Piteux, le samouraï sanctionné se répandit en excuses.

— Je me suis laissé emporter par ma fougue, dit-il en pressant son front sur la plate-forme et en pleurant à chaudes larmes. J'ai perdu tout contrôle. Je suis impardonnable.

— Non, dit Hiromitsu. Tu étais sous le choc, comme nous tous. Seigneur Genji, depuis combien de temps cet étranger est-il au Japon ?

— Trois semaines.

— Il a appris l'art du *iaido* en trois semaines ?

— En cinq minutes, dit Genji. C'est la première fois qu'il tient un *shinai* à la main.

— Non pas que je mette en doute votre parole, mais cela paraît difficile à croire.

— Les étrangers ont un art semblable au nôtre. Au lieu d'épées, ils se servent d'armes à feu. Stark est un excellent tireur.

— Ah, je comprends. Nous avons eu tort de le prendre de haut sous prétexte qu'il était étranger.

— Quand nous refusons de voir autre chose que ce que nous nous attendons à voir, dit Genji, nous ne voyons que le contenu de notre esprit et non la chose qui se trouve sous nos yeux.

Genji faisait-il allusion à son don de prophétie ? C'était ce qu'il semblait à Hiromitsu. En fait, c'était un peu comme s'il était en train de lui dire qu'il savait déjà quelle serait l'issue du tournoi avant même qu'il eût été disputé. S'il était capable de prévoir une chose aussi triviale, ne serait-il pas également capable de prédire le dénouement d'une confrontation beaucoup plus vaste, comme la guerre civile toute proche ? Hiromitsu décida d'en débattre au plus tôt avec les autres grands seigneurs du district. Une chose remarquable était en train de se dérouler sous ses yeux. Peut-être s'agissait-il de bien plus qu'un simple tournoi de *iaido*.

Genji ajouta :

— Dès lors que vous ignorez tout de ces antécédents, il serait injuste de vous obliger à tenir votre pari. Je vais ôter Stark de la compétition.

— Non, seigneur Genji, le combat doit continuer. C'est très divertissant. De plus, c'est vous qui courez le plus gros risque. Pour ma part, je n'ai rien parié.

— Ni moi non plus, dit Genji, dès l'instant que l'issue était connue d'avance.

Genji était manifestement en train de revendiquer son don de double vue. C'était le moment ou jamais de le mettre à l'épreuve. Hiromitsu lança :

— Si vous le permettez, j'aimerais faire quelques substitutions pour les deux dernières manches.

— Je vous en prie.

Hiromitsu ordonna à Akechi, son commandant d'infanterie, de se mesurer à l'étranger au combat suivant. Si l'étranger triomphait, il devrait affronter son commandant de cavalerie, Masayuki. Akechi frappa l'étranger net à la cage thoracique. Mais le coup ne l'atteignit qu'après que l'étranger l'eut touché au cou. Masayuki était le meilleur sabreur du domaine de Yamakawa, et l'égal des meilleurs, à l'exception de Shigeru. S'il ne pouvait battre l'étranger, c'est que des forces surnaturelles étaient à l'œuvre. Seul le don de prophétie pouvait accomplir un tel prodige.

Masayuki et son adversaire dégainèrent au même moment. Les coups qu'ils portèrent l'un et l'autre se valaient. Masayuki toucha l'étranger au front. L'étranger toucha Masayuki à la tempe droite.

— Coups simultanés, dit le chambellan depuis son siège de juge de l'ouest.

— C'est ce qu'il m'a semblé, confirma Hiromitsu. Avez-vous une autre appréciation, seigneur Genji, seigneur Shigeru ?

— Non, dit Shigeru. Simultané.

— Dans ce cas, j'ai perdu mon pari, dit Genji.

— Nous n'avons perdu ni l'un ni l'autre. C'est un ex-aequo.

— J'ai perdu, répéta Genji, parce que j'avais dit que Stark allait gagner. Et qu'il ne l'a pas fait.

Masayuki salua l'étranger. L'étranger lui tendit la main.

— Ils se serrent la main au lieu de saluer, expliqua Genji. Il reconnaît sa défaite.

L'étranger et le samouraï échangèrent une poignée de main.

— Félicitations, Masayuki ! s'écria Genji. Vous avez gagné un magnifique destrier et cent *ryo* d'or pour vous-même, et ce qui devrait être une semaine d'exquis divertissement pour votre seigneur.

Masayuki s'inclina profondément.

— Je ne puis accepter les récompenses, seigneur Genji. L'étranger m'a touché avant que je le touche. C'est lui le vainqueur.

— En es-tu certain ? s'enquit Hiromitsu.

— Oui, sire. (Il s'inclina à nouveau. Sa fierté ne l'autorisait pas à s'arroger une victoire qui ne lui appartenait pas.) C'est lui le vainqueur.

Genji dit :

— Ce n'est nullement une faute que de faire de son mieux et d'accepter de bonne foi les résultats.

— Eh bien, commenta Hiromitsu, voilà un dénouement pour le moins surprenant. Pour moi, tout au moins, seigneur Genji.

Shigeru intervint :

— Mon neveu est rarement surpris.

— C'est ce que je me suis laissé dire, opina Hiromitsu.

— Où devons-nous faire livrer la récompense ? demanda le chambellan.

— Inutile de la faire livrer, dit Genji. Stark l'emmènera directement avec lui.

— Sire, dit le chambellan, il s'agit d'un destrier et non d'un cheval de parade. Il tuera tout homme qui n'est pas un cavalier accompli.

Genji sourit.

— Seriez-vous prêt à parier ?

Ses hôtes déclinèrent l'offre de Hiromitsu de passer la nuit dans son château. Il ne leur demanda pas pourquoi ils étaient si pressés de poursuivre leur chemin. Car, quelle que fût leur destination, il ne faisait aucun doute que Genji et son don de prescience arriveraient à destination.

Shigeru dit :

— Tu as fait un usage habile de ta réputation.

— Pour les paris et le jeu ?

— Pour la prescience et les pouvoirs surnaturels. Hiromitsu est désormais convaincu que tu as transformé un étranger en maître du *iaido* en quelques minutes, ou que tu savais d'avance, grâce à ton don de double vue, que l'impossible allait se produire et qu'il allait gagner. Excellente stratégie.

— Ce n'était qu'un pari. J'ai pensé que Stark saurait reporter son adresse de tireur sur le maniement du sabre. Tout au moins pour ce genre de combat limité. C'était un pronostic, pas une certitude.

— Et pour couronner le tout, tu as de la chance. Je t'en félicite. Tes autres aptitudes s'en trouvent décuplées.

— La chance était de notre côté, reconnut Genji. Après cela, nos poursuivants n'obtiendront guère d'aide de la part de Hiromitsu. Et plus tard, si le shogun tente de rallier le nord contre nous, je pense que tous les seigneurs appartenant au cercle de Hiromitsu feront la sourde oreille. (Il scruta du regard les montagnes environnantes.) Ne sommes-nous pas tout près du monastère de Mushindo ?

Jimbo s'inclina avec gratitude devant la source d'eau chaude. Grâce à elle, malgré la rigueur de l'hiver, des plantes aromatiques poussaient hors saison. Il s'inclina devant le vieux pin qui abritait les champignons *shiitake* des rayons du soleil, favorisant ainsi leur pousse. Il s'inclinait devant chaque champignon avant de le cueillir, en le remerciant de donner son existence pour que lui et d'autres humains puissent continuer la leur. Il y avait suffisamment de ces succulents *shiitake* pour faire un festin. Il n'en prit que la quantité nécessaire pour relever le simple repas qu'il comptait préparer pour les enfants du village. Ces champignons étaient un délice. Les petits allaient se régaler. Il s'approcha de la fontaine d'eau chaude pour cueillir des herbes aromatiques et des fleurs comestibles. Goro, le simplet, aimait manger des fleurs.

En songeant aux enfants, il marqua une pause et, ce faisant, se sentit envahi par une immense vague de chagrin et de remords. Il s'inclina pour implorer le pardon des deux enfants qui n'étaient plus de ce monde et dont les vies s'étaient achevées de façon si atroce. Il songeait à elles chaque jour et se les représentait ressuscitées au royaume de la Terre Pure, dans les bras du Seigneur Jésus-Christ ou de Kannon le Bouddha miséricordieux. Il se représentait leurs visages innocents illuminés par la joie éternelle. Mais il n'oublierait jamais l'expression de leurs visages lorsqu'elles avaient poussé leur dernier soupir. Il demanda au Christ de sauver son âme et à Kannon de l'oindre dans son amour miséricordieux.

Il rencontra Kimi, l'une des fillettes du village, tandis qu'il s'en retournait à Mushindo.

— Jimbo, regarde ! Il y a des gens qui viennent dans notre direction ! Des étrangers !

Jimbo regarda à l'endroit que Kimi lui montrait du doigt. De l'autre côté de la vallée, six cavaliers menaient leurs chevaux à flanc de montagne, le long d'un étroit sentier escarpé. Ils étaient trop éloignés pour qu'on pût les identifier. Deux d'entre eux, un homme et une femme, étaient sans la moindre hésitation des étrangers. Etaient-ce les deux missionnaires de la Véritable Parole auxquels le seigneur Genji avait fait allusion ?

Kimi émergea dans une clairière et cria de toute la force de ses petits poumons : « Hé-ho ! Hé-ho ! » en faisant de grands gestes circulaires avec ses petits bras.

Le troisième cavalier du groupe lui rendit son salut. Quelque chose dans son attitude lui rappela Genji.

— Ils nous ont vus. Allons leur dire bonjour, Jimbo.

— Ils ne viennent pas dans cette direction, Kimi. Ils ne font que passer.

— Oh, non ! Comme c'est dommage ! J'aurais tant voulu voir d'autres étrangers !

— Tu en verras. Le moment venu.

— Jimbo ! Jimbo ! Jimbo !

La puissante voix de Goro retentit en écho dans la vallée.

— Nous sommes ici, Goro ! (Kimi tourna les talons et descendit le sentier.) Je vais le chercher. Il se perd facilement.

Jimbo regarda les cavaliers jusqu'à ce qu'ils aient disparu dans la vallée suivante.

Plus loin, le sentier se scindait en trois.

— Nous allons nous séparer ici, dit Genji. Heiko, tu guideras Stark du côté du vent, le long de ces sentiers de montagne. Emily et moi, nous emprunterons les vallées. Shigeru suivra à l'arrière et se chargera d'éclaircir les rangs de nos poursuivants les plus proches. Les hommes de Kudo, selon toute vraisemblance. Celui-ci aime les tireurs embusqués, alors soyez prudents. Hidé, tu resteras ici. Tu chercheras les meilleurs endroits pour leur tendre des embuscades. Si l'un d'eux arrive jusqu'ici, retiens-le aussi longtemps que tu le pourras.

— Les femmes devraient voyager ensemble, dit Shigeru. Stark devrait t'accompagner.

— Je suis du même avis, ajouta Hidé. La prophétie dit qu'un étranger vous sauvera la vie à la Nouvelle Année. Maintenant que j'ai vu comment Stark se servait d'un *shinai* après quelques minutes d'instruction, je suis certain que c'est lui. Il ne pourra pas remplir sa mission s'il n'est pas avec vous.

— Ces contrées sont infestées de bandits et de déserteurs, objecta Genji. Deux femmes seules ne survivraient pas longtemps.

— Je ne suis pas aussi démunie que vous le pensez, sire, dit Heiko. Prêtez-moi votre petit sabre et je me charge de nous mener toutes les deux à bon port.

— Tu arriveras à bon port parce que Stark va t'y mener, rétorqua Genji. Inutile de discuter. Ma décision est prise. La Nouvelle

Année est longue. Qui saurait dire quand le sauvetage aura lieu ? Et qui saurait dire qui sera mon sauveteur ? Peut-être s'agit-il d'Emily et non de Stark. Il est bien connu que les prophéties sont difficiles à interpréter.

— L'heure n'est pas à la plaisanterie, dit Hidé. Stark vous sera d'un grand soutien en cas d'embûche. Emily ne fera qu'alourdir votre fardeau.

— Je suis un samouraï, répondit Genji, avec deux sabres et un arc. Es-tu en train de sous-entendre que je suis incapable de nous défendre, moi et ma compagne de voyage ?

— Non, sire, bien sûr que non. Il me semble simplement plus sage de limiter les risques au maximum.

— Le sujet est clos. Nous nous retrouverons à Akaoka.

Genji expliqua son plan à Stark et à Emily.

— Puis-je parler en privé à Emily ? demanda Stark.

— Je vous en prie.

Après qu'Emily et lui se furent un peu éloignés, Stark sortit le petit calibre 32 qui se trouvait dans la poche intérieure de sa veste et le lui tendit.

— Il se peut que vous en ayez besoin.

— Il sera plus utile entre vos mains. Ou alors donnez-le au seigneur Genji.

— Il ne sera peut-être pas en mesure d'assurer votre protection.

— S'il ne l'est pas, comment le serais-je ? Je n'ai jamais tenu de pistolet de ma vie.

— Vous tenez la crosse comme ceci, vous tirez le chien en arrière, puis vous pressez sur la détente. C'est tout simple.

— Ne faut-il pas savoir viser ?

— Appuyez-le contre votre cible.

Il posa le pistolet contre sa tempe.

— Pas besoin de savoir viser.

Emily avait compris. Matthew était en train de la préparer au pire. Il lui fournissait là un moyen d'échapper à un sort plus cruel que la mort. Il ignorait que ce sort, elle l'avait déjà subi. Et puis elle était chrétienne. Peut-être pas aussi zélée que son ex-fiancé, mais chrétienne tout de même. Elle ne pouvait mettre fin elle-même à ses jours, fût-ce dans les circonstances les plus atroces.

— Merci de votre sollicitude, Matthew. Mais qu'en sera-t-il de dame Heiko ? Avons-nous le droit de penser à nous avant notre prochain, en particulier quand nous avons fait le serment de le sauver au nom de Notre-Seigneur Jésus-Christ ? Comment pourrez-vous la protéger si vous me donnez votre arme ?

Stark mit pied à terre et déballa sa sacoche de selle. A l'intérieur se trouvait un chandail de laine. Il le déplia et en extirpa le revolver de calibre 44 qu'elle l'avait vu ramasser parmi les ruines du palais. A côté se trouvait un holster. Il assujettit le holster autour de sa taille, noua la lanière de cuir autour de sa cuisse, puis y ficha le gros calibre 44. Il le dégaina lentement plusieurs fois de suite afin de tester la résistance du métal contre le cuir.

Lorsqu'il lui offrit à nouveau le calibre 32, elle le prit, non pas avec l'intention de s'en servir, mais pour le rassurer. Ils avaient tous deux un long chemin à parcourir. Il était inutile qu'il se fasse du mauvais sang pour elle au cours d'une équipée qui s'annonçait semée d'embûches.

Quand Hidé aperçut le pistolet, il dit :

— Il en a deux, nous devrions lui demander de donner le deuxième au seigneur Genji.

— Aucun homme, fût-il un étranger, ne saurait être contraint de donner son arme à un autre, objecta Shigeru. Il le lui donnera s'il le veut. Mais ce n'est pas à nous d'en décider.

Sans quitter sa selle, il s'inclina devant Genji.

— Puissent nos ancêtres veiller sur toi et te protéger tout au long de ton voyage.

Il tourna bride et, d'un coup d'éperons, s'éloigna au galop. Quelques instants plus tard, il n'était plus visible.

— Je vous ai promis de vous montrer mon château, dame Heiko, et bientôt ma promesse se réalisera.

— Je l'espère, sire. Bonne route.

Stark et elle prirent la direction du nord.

— Personne ne franchira cette limite tant que je vivrai, déclara Hidé.

— Inutile de sacrifier ta vie. Simplement, retiens-les aussi longtemps que possible. Il y a peu d'hommes en qui j'aie entièrement confiance. Tu en fais partie. Je compte sur toi pour venir me rejoindre au château du Vol de Moineaux.

— Sire... dit Hidé, trop ému pour ajouter une parole.

Genji donna le signal du départ avant que le chef de sa garde personnelle fonde en larmes sous ses yeux.

La tempête dura plus longtemps que Saiki ne l'avait escompté. Cinq jours plus tard, ils étaient toujours dans la tourmente, fouettés par le vent et l'écume.

— Nous devrions arriver en vue de la terre ferme dans deux heures environ, les informa Saiki.

— Vous nous avez dit la même chose il y a deux heures, gémit Taro.

Shimoda et lui étaient exténués. Ils avaient les mains en sang à force de ramer.

Saiki plissa les paupières. Une turbulence agitait l'eau à quelque distance devant eux. Il était rare que des tourbillons se forment aussi loin des côtes. Peut-être s'agissait-il d'un récif dont la présence n'avait jamais été signalée.

— Il se peut qu'il y ait du danger droit devant, dit-il. Apprêtez-vous à virer de bord rapidement.

L'eau qui se trouvait sous la barque commença à s'enfler. Juste au moment où Saiki identifiait le responsable, celui-ci fendit les flots vingt pieds plus loin.

— Des monstres marins ! hurla Taro.

— Des baleines, dit Saiki.

Deux cétacés apparurent à la surface, une mère et son baleineau. Il n'en avait jamais vu près d'Akaoka à cette époque de l'année. Etait-ce la douceur inhabituelle qui avait poussé ceux-ci à rester au nord plus longtemps qu'à l'accoutumée ? Il leur adressa un petit salut lorsqu'ils les dépassèrent. Jadis, il les pêchait. Cette fois, il se contenterait de les regarder s'éloigner.

Soudain, l'océan explosa sous eux, brisant la barque en mille morceaux et projetant les trois hommes à l'eau. La turbulence aspira Saiki au fond de l'eau. Il se débattit pour remonter à la surface ; au même instant, ses poumons sur le point d'exploser le forcèrent à ouvrir la bouche. L'eau avait un goût bizarre. Il baissa les yeux, s'attendant à voir une plaie. A la place il vit du sang, des litres de sang. Il ne pouvait y en avoir une telle quantité dans son corps. Le sang continuait d'affluer à gros bouillons à la surface. Il sentit la chaleur du courant cramoisi l'envelopper au moment où une baleine transpercée d'un harpon émergeait à dix pieds de là. Elle posa sur lui un œil immense et menaçant.

Etait-ce une baleine ou la sinistre réincarnation de l'un des monstres marins qu'il avait tués des années auparavant ? Son âme était-elle revenue pour crier vengeance ? On n'échappait pas à son karma. L'heure était venue pour lui de payer ses crimes envers ses frères les animaux. Le Bouddha ne disait-il pas que toutes les vies se valaient ? Il allait mourir noyé dans un bain de sang, et les espoirs que son seigneur avait placés en lui allaient disparaître avec lui. Il ne lui restait plus que quelques minutes à vivre. Il n'allait pas tenir bien longtemps dans cette mer glacée. Puis il aperçut des ailerons de requins à la surface agitée de l'eau. Les fantômes des baleines qu'il avait sacrifiées allaient être satisfaits. De même qu'il les avait tuées et mangées, il allait se faire tuer et dévorer par des carnassiers attirés par l'odeur du sang.

— Là ! Il y en a un autre ! s'écria une voix d'homme.

Lorsqu'il se tourna vers lui, il vit une chaloupe qui fendait les flots dans sa direction.

La chaloupe venait de Kageshima, le village où il avait passé une grande partie de sa jeunesse. La baleine, harponnée, était en train de fuir lorsqu'elle avait renversé le bateau de Saiki. Il ne s'agissait pas d'un spectre karmique.

— Shimoda est grièvement blessé, prévint Taro.

Le pêcheur les avait repêchés en premier.

— Il a plusieurs côtes et la jambe gauche cassée.

— Il guérira, dit l'un des pêcheurs. Mon cousin a eu les deux jambes brisées, et il a survécu. Bien sûr, il ne marche plus comme avant.

— Que faites-vous si loin du rivage, à bord de cette barque minuscule ? demanda un autre.

— Ces hommes et moi-même sommes au service de Genji, grand seigneur d'Akaoka, expliqua Saiki. Il est vital que nous atteignions le Vol de Moineaux le plus tôt possible. Pouvez-vous nous conduire là-bas ?

— Impossible par ce temps, répondit l'homme qui tenait le gouvernail. (C'était le plus vieux des pêcheurs et le capitaine de la chaloupe.) Si vous êtes des samouraïs, comment se fait-il que vous n'ayez pas d'armes ?

— Ne sois pas insolent ! rétorqua Saiki. Nous les avons perdues en mer, évidemment.

— Les samouraïs ne doivent pas égarer leurs sabres.

— Silence ! Comporte-toi ainsi que te l'impose ton rang.

L'homme s'inclina, pas très profondément. Saiki entendait lui régler son compte une fois à terre.

L'un des pêcheurs, qui avait longuement dévisagé Taro, dit :

— N'êtes-vous pas l'un des hommes de l'abbé Sohaku ?

— Je te connais ?

— Je suis allé livrer du poisson séché au monastère, il y a trois mois. Vous étiez à la cuisine.

— Ah, je m'en souviens. Quelle coïncidence que nous nous rencontrions à nouveau, en pareilles circonstances !

— Etes-vous toujours le vassal de l'abbé ? demanda le capitaine.

— Bien sûr. Ainsi que mon père avant moi.

— Bien, dit le capitaine.

Saiki dit :

— De quel droit un pêcheur se permet-il de douter de la loyauté d'un samouraï ?

— Saisissez-le, ordonna le capitaine.

Plusieurs pêcheurs tombèrent à bras raccourcis sur Saiki et le ligotèrent prestement avec le câble du harpon. Ils retinrent Taro mais ne le ligotèrent pas.

Le capitaine annonça :

— L'abbé Sohaku a proclamé la régence. Notre seigneur, Fumio, est son allié. Vous avez déclaré être son vassal. Est-ce toujours le cas ?

Taro regarda Saiki.

— Je suis navré, seigneur chambellan, mais je dois tenir parole. Oui, je suis toujours vassal de l'abbé Sohaku.

Les pêcheurs relâchèrent leur étreinte.

Le capitaine pointa du menton en direction de Shimoda.

— Attachez l'autre également.

— Cela ne sera pas nécessaire, dit Taro. Il est blessé.

— Attachez-le quand même. On ne sait jamais. Même mourant, un samouraï peut être dangereux.

La nuit tombait lorsqu'ils atteignirent le rivage. Un bain et des vêtements de rechange furent mis à la disposition de Taro. Saiki et Shimoda furent jetés sans ménagement au fond d'une cahute surveillée par deux pêcheurs armés de harpons.

— Le fief est au bord de la guerre civile, dit le capitaine, qui était également l'un des anciens du village. Un tiers des sujets a refusé de prendre parti pour l'un ou l'autre camp. Les autres se sont partagés de façon égale entre Genji et Sohaku.

— Ne pourrait-on autoriser les deux autres à prendre aussi un bain ? s'enquit un homme.

Saiki le reconnut. Vingt-cinq ans plus tôt, cet homme l'avait aidé à capturer sa dernière baleine.

— Aucune importance, riposta le vieux. Ils seront bientôt morts.

Saiki interrogea :

— Comment pouvez-vous vous retourner contre un grand seigneur qui peut voir l'avenir aussi clairement que vous voyez la journée d'hier ?

— Vous nous prenez sans doute pour des paysans ignorants, seigneur samouraï, mais nous ne sommes pas idiots.

— J'ai vu de mes yeux sa capacité à prédire l'avenir, affirma Saiki.

— Vraiment ? Dans ce cas, dites-nous ce qu'il va advenir de vous.

Saiki toisa l'homme avec dédain.

— C'est mon seigneur qui détient le don de double vue, pas moi.

— Et il ne vous a jamais prédit l'avenir ?

— Je suis à son service, et non le contraire.

— Comme c'est pratique !

— Il a prédit la trahison de Sohaku et de Kudo, et m'a mandé ici pour lever une armée. Pendant ce temps, le seigneur Shigeru va régler leur sort à de nombreux traîtres.

— Le seigneur Shigeru est mort.

— Croyez ce que vous voudrez. Personnellement, j'ai assez entendu d'âneries.

Saiki ferma les yeux, apparemment indifférent au sort qui lui était réservé.

— Sire, demanda le plus vieux à Taro, est-ce vrai ou non ?

— C'est vrai, admit Taro. J'ai fait le chemin depuis le monastère de Mushindo jusqu'à Edo avec le seigneur Shigeru, et je l'ai laissé en compagnie du seigneur Genji il y a cinq jours.

Les pêcheurs se consultèrent aussitôt.

— Il faut aller demander conseil au seigneur Fumio. Si le seigneur Shigeru est vivant, il sera très risqué de combattre son neveu.

— Qui va s'en charger ?

— L'un des vieux.

— J'irai, proposa Taro. Il serait irrespectueux de faire porter un message à votre seigneur par un paysan alors qu'un samouraï est là pour s'en charger. Pendant ce temps, assurez-vous que ces deux hommes sont en sécurité et qu'aucun mal ne leur est fait.

— Merci, sire. Nous ne ferons rien tant que vous ne serez pas revenu avec les instructions de notre seigneur.

Six heures plus tard, tout le village dormait à poings fermés, y compris les deux paysans chargés de surveiller les prisonniers. Taro se faufila en silence à l'intérieur de la cahute. Il brisa le cou du premier garde, prit son harpon et le planta droit dans le cœur de son compagnon. Les deux hommes rendirent l'âme sans proférer un son.

— J'ai prêté allégeance à Sohaku, murmura Taro tout en libérant Saiki et Shimoda. J'ai également promis sur ma vie à Hidé de l'aider à veiller sur le seigneur Genji. Ce deuxième serment a la préséance.

— Je ne peux pas bouger, dit Shimoda. (Il tenait un harpon à la main.) Mais n'ayez crainte, je me battrai vaillamment avant de mourir.

Avant que Taro et lui s'enfoncent dans les bois, Saiki contempla longuement le village de pêcheurs. Il ne le reverrait plus jamais. Une fois les rebelles vaincus, il reviendrait avec des soldats et organiserait personnellement la destruction de Kageshima. Une grande partie de sa jeunesse mourrait avec lui. Il ne chercha pas à retenir ses larmes.

Cette fois, les baleines seraient vengées pour de bon.

Peu après s'être séparée du seigneur Genji, Heiko s'excusa et alla se changer. Elle ne fit aucune allusion au pistolet de Stark et ne lui demanda pas comment il s'était arrangé pour vaincre cinq samouraïs expérimentés avec une arme dont il ignorait tout quelques heures plus tôt. Il n'était pas certain d'avoir lui-même la réponse. Genji savait qu'il allait gagner. Il avait vu Stark se servir d'un pistolet une fois et en avait déduit que Stark serait capable de dégainer une épée plus vite que son adversaire. Et même s'il ne le savait pas, il était prêt à tenir le pari.

Son cheval commençait à piaffer dans la neige, impatient de reprendre la route. Stark lui flatta le col en murmurant quelques paroles apaisantes.

Quand Heiko revint, elle était méconnaissable. Son kimono coloré avait disparu, de même que son volumineux chignon. Elle portait une simple veste et un pantalon ample de samouraï, ainsi que des bottes de cavalier et un chapeau rond à large bord par-dessus ses cheveux tressés. Un sabre court était fiché dans sa ceinture. Elle ne lui avait pas posé la moindre question concernant son pistolet ou le tournoi de *iaido*, il ne lui en posa pas davantage sur sa tenue vestimentaire et son sabre.

— Le sentier que nous allons suivre est rarement emprunté, dit-elle. Il y a peu de chances pour que nous rencontrions des bandits. Ils préfèrent les routes plus passantes. Le vrai danger, c'est Sohaku. Il connaît bien ces montagnes. Il se peut qu'il ait envoyé des hommes pour nous devancer.

— Je suis prêt.

Elle sourit.

— Je le sais, Matthew. C'est pourquoi je suis certaine que nous allons atteindre notre destination sans encombre.

Ils chevauchèrent deux jours durant sans incident. Le troisième jour, Heiko arrêta son cheval et porta une main à ses lèvres pour exiger le silence. Elle mit pied à terre et tendit ses rênes à Stark, puis disparut parmi les arbres. Elle revint une heure plus tard. Répétant le même geste, elle lui fit signe de laisser les chevaux et de la suivre.

Du haut de la colline voisine, ils aperçurent trente samouraïs armés de mousquets rassemblés dans un virage. A cet endroit, la route avait été bloquée par une barricade de rondins haute de cinq pieds. Lorsqu'elle fut certaine que Stark avait vu, elle le ramena à l'endroit où se trouvaient leurs chevaux.

— C'est Sohaku, dit-elle.

— Je ne l'ai pas aperçu.

— Il veut nous faire croire qu'il a emmené le reste de ses hommes ailleurs.

— Et qu'en est-il ?

— Ils ne sont pas bien loin. Si vous vouliez franchir le barrage sans vous battre, que feriez-vous ?

— J'ai repéré un étroit sentier à flanc de coteau. Il n'est pas visible depuis la barricade. J'attendrais la nuit et je passerais par là. (Il réfléchit un instant.) Il nous faudrait abandonner les chevaux. Ce sentier n'est praticable qu'à pied.

— C'est précisément ce qu'il veut que nous fassions. Il a posté ses hommes derrière les arbres qui bordent le sentier. Même si nous arrivions à les dépasser, nous serions à pied. Il nous rattraperait avant que nous ayons pu fuir loin du danger.

Stark se remémora ce qu'il avait aperçu. Pas la moindre preuve que des hommes étaient cachés là-bas. Mais cela allait de soi, s'ils étaient habiles.

— Qu'allons-nous faire ?

— Je vous ai vu monter à cheval. Vous êtes un bon cavalier.

— Merci, vous aussi.

Heiko accueillit son compliment par un salut. Elle désigna du doigt son pistolet.

— Etes-vous bon tireur ?

— Oui.

Ce n'était pas le moment de faire de la fausse modestie. Elle ne lui aurait pas posé la question si elle avait connu la réponse.

— Même à cheval ?

— Pas aussi bon que lorsque je suis à pied et immobile.

Stark ne put réprimer le sourire qui lui venait aux lèvres. Ce petit bout de femme avait l'intention de forcer le barrage.

— Pas question de fermer l'œil, ordonna le commandant chargé de surveiller le barrage. S'ils essaient de passer, ce sera de nuit.

— Personne ne passera par ici, répliqua l'un des samouraïs. Lorsqu'ils apercevront le barrage, ils prendront le sentier dérobé, comme Sohaku l'a prévu.

— S'ils te voient dormir, ils risquent de changer d'avis. A présent, lève-toi et ouvre l'œil. (Le commandant foudroya une autre sentinelle du regard.) Toi, tu m'as entendu ? Lève-toi.

Il gifla l'homme assoupi. Le soldat s'affaissa de côté, sans vie. Le commandant regarda sa main. Elle était couverte de sang.

Un autre homme posté devant la barricade s'effondra, les deux mains agrippées à la lame étoilée fichée dans sa gorge.

— On nous attaque ! hurla le commandant en jetant des regards affolés autour de lui. Quelqu'un nous attaque, mais qui et par quel côté ?

Quelque chose dévala la colline. Le commandant leva son mousquet pour faire feu. Le corps tomba à ses pieds. C'était un de ses hommes, la gorge tranchée d'une oreille à l'autre.

— Des ninjas ! cria quelqu'un.

L'imbécile ! Il allait semer la panique. Dès que cette affaire serait réglée, il punirait le fautif. Il n'avait pas réussi à identifier la voix. Lequel de ses hommes avait une voix aussi aiguë ?

Il se retourna pour donner des ordres et distingua une personne de petite taille qui se tenait devant lui, le visage masqué. Seuls ses yeux étaient visibles. De très beaux yeux. Le commandant sentit quelque chose d'humide se répandre sur son thorax. Lorsqu'il ouvrit la bouche pour parler, le sang jaillit. En tombant à terre, il entendit un coup de feu. Différent d'un tir de mousquet. Puis un bruit de galop. Un instant plus tard, deux chevaux s'élançaient par-dessus la barricade. Le premier cavalier tirait au moyen d'un gros pistolet. Il n'y avait personne sur le deuxième cheval. Tant mieux. Ils avaient au moins réussi à en attraper un.

Avant qu'il ait pu se demander de qui il s'agissait, le sang cessa d'affluer à son cerveau.

Stark attendait au bord de la rivière, à l'endroit précis que lui avait indiqué Heiko. Quand il avait foncé sur la barricade, le cheval de Heiko à sa suite, il s'attendait à essuyer une salve de mousquet. Mais aucun des hommes de Sohaku ne tirait dans sa direction. Au moment où il avait franchi le barrage, il avait vu des hommes gisant à terre. Or il ne les avait pas tués.

Heiko émergea en silence d'entre les arbres. Comment avait-elle fait pour le rejoindre aussi vite ?

— Tout va bien ? demanda-t-elle.

— Oui, merci, et vous ?

— Une balle de mousquet m'a effleuré le bras.

Elle s'agenouilla au bord de l'eau, lava sa plaie et la pansa.

— Rien de bien méchant.

Le cheval de Heiko émit un drôle de gargouillis. Il hennit à nouveau, plus faiblement cette fois, puis tomba sur le flanc.

Stark et Heiko s'agenouillèrent auprès de l'animal. Il respirait encore, mais plus pour longtemps. Une balle lui avait transpercé l'encolure. La neige était noire de sang.

— Le destrier que vous avez gagné au combat est fort, dit Heiko. Il pourra nous porter tous les deux jusqu'à ce que je m'en procure un autre.

Elle grimpa derrière lui. Elle était tellement légère que le cheval ne sentirait pas la différence.

Qui avait tué les autres hommes à la barricade, Heiko ou lui ?
Stark se demanda si les geishas avaient toutes autant de talents.

Dès qu'il entendit le premier coup de feu, Sohaku revint à la barricade avec le gros de sa troupe. Sur les trente hommes qu'il avait laissés là-bas, dix-huit étaient morts ou sérieusement blessés.

— Nous avons été attaqués par des ninjas, dit l'un des survivants. Il en arrivait de tous les côtés.

— Combien étaient-ils ?

— On n'a pas réussi à bien les voir. C'est toujours comme ça avec les ninjas.

— Le seigneur Genji était-il avec eux ?

— Je ne l'ai pas vu. Mais il se peut qu'il ait été parmi les cavaliers qui ont sauté par-dessus la barricade. Ils sont passés à fond de train, en nous tirant dessus avec des pistolets.

— Des pistolets ?

Hidé et Shigeru avaient tous deux emporté un mousquet quand ils avaient quitté Edo en compagnie de Genji. La présence de pistolets semblait indiquer que Genji était avec eux. S'ils étaient scindés en deux ou trois groupes, ainsi que Sohaku le leur aurait conseillé s'il avait été avec eux, les armes à feu auraient suivi le seigneur.

— As-tu réussi à les compter ?

— Oui, révérend abbé. Il y en avait au moins cinq, peut-être dix.

Sohaku fit la moue. Cinq ou dix pistolets. Plus un nombre indéterminé de ninjas. Cela signifiait que Genji avait trouvé des renforts. Mais qui ? Et où ? Etait-il possible que ses alliés se soient déjà mobilisés pour lui prêter main-forte ?

— Envoie un messager à Kudo. Dis-lui de nous rejoindre.

— Sur-le-champ, révérend abbé ?

Une telle hésitation irrita Sohaku. Ses hommes n'étaient-ils donc que des mauviettes qu'une simple échauffourée suffisait à épouvanter ?

— S'il ne part pas sur-le-champ, quand partira-t-il ?

— Excusez-moi de vous faire une suggestion sans y avoir été invité, sire, mais ne serait-il pas plus prudent d'attendre demain matin ?

Sohaku suivit le sentier des yeux. Le faible éclat de la nouvelle lune donnait juste assez de lumière pour permettre à un homme d'imaginer des ombres tapies parmi les ombres. De telles illusions visuelles engendraient des faiblesses que les ninjas ne manqueraient pas d'exploiter. Il y en avait quelques-uns avec Genji. Mais n'y en avait-il pas également à l'arrière, afin de contrecarrer le plan que Sohaku avait en tête ?

Sa colère retomba.

— C'est bon. Demain matin.

— Oui, révérend abbé.

Mais quand vint l'aube, un messager arriva avant que le sien ne fût parti.

Kawakami attendait que Genji descendît des montagnes en direction de la mer intérieure. Il se demandait si Kudo avait réussi à abattre Shigeru. Cela n'avait guère d'importance, du reste. S'il était encore vivant, il ne le resterait pas bien longtemps. Parmi les deux mille hommes que commandait Kawakami, se trouvait un bataillon de cinq cents mousquetaires. Aucun homme armé d'un sabre n'aurait pu tenir tête à cinq cents mousquets, même Shigeru.

Le sort de Genji serait autrement plus cruel. Quels que pussent être ses privilèges de grand seigneur, il avait enfreint la loi en quittant Edo sans l'autorisation expresse du shogun. Une violation aussi flagrante de la loi sur la résidence alternée s'apparentait à une rébellion. Le shogun ne prenait pas les traîtres à la légère. Arrestation, jugement et condamnation allaient suivre. De nombreuses questions allaient être posées. De nombreux secrets révélés. Et on allait enfin découvrir qui savait vraiment et qui faisait semblant de savoir. Avant d'être condamné à se donner lui-même la mort, Genji serait humilié et déshonoré. Le piège que Kawakami avait mis près de deux décennies à élaborer, sans savoir que Genji serait sa victime, allait enfin se refermer. A l'époque, le grand-père, Kiyori, était le grand seigneur d'Akaoka, et le père de Genji, ce bon à rien de Yorimasa, était son héritier. C'était sur lui que Kawakami avait jeté son dévolu quand son magnifique plan avait germé, clair comme une vision, dans sa tête. Mais son intuition ne l'avait pas trompé : le fils valait largement le père. Il ne pouvait que se féliciter de sa lucidité.

— Sire, un courrier du shogun est arrivé.

— Fais-le entrer. Attends. Avons-nous reçu des nouvelles de Mukai ?

— Non, sire. Il semblerait qu'il ait quitté Edo. Personne ne sait où il est allé ni pour quelle raison.

C'était là une nouvelle pour le moins déconcertante. Non pas que Mukai eût une réelle importance. Mais il était d'ordinaire si prévisible, si calme et si présent… C'était sa principale, et peut-être sa seule vraie qualité. Un comportement aussi inattendu de sa part était pour le moins troublant, en particulier en une période de crise comme celle-ci. Kawakami ne se gênerait pas pour le lui faire remarquer la prochaine fois qu'il reverrait son aide de camp.

— Seigneur Kawakami…

Le messager mit un seul genou à terre ainsi qu'il seyait à un samouraï en campagne.

— … le Seigneur Yoshinobu vous envoie ses salutations.

Yoshinobu était le chef du Conseil du shogun. S'emparant de la lettre que lui tendait l'estafette, Kawakami la décacheta en toute hâte. La situation dans la capitale s'était peut-être aggravée au point que le Conseil avait décidé de prendre des mesures plus énergiques à l'encontre de Genji. Il s'agissait peut-être d'un ordre abolissant le clan des Okumichi et prenant effet sur-le-champ, auquel cas l'armée du shogun allait investir sans délai la fameuse forteresse du domaine d'Akaoka, le Vol de Moineaux. Dès lors que ses hommes se trouvaient déjà à mi-chemin, Kawakami serait chargé d'exécuter l'ordre.

Mais non.

La déception de Kawakami fut si grande qu'une vive douleur lui étreignit la poitrine. Le Conseil avait approuvé rétroactivement le retrait d'Edo des seigneurs et de leurs familles. Qui plus est, la loi sur la résidence alternée était suspendue jusqu'à nouvel ordre. Genji avait cessé d'être un traître. Il était un loyal seigneur respectueux des ordres du shogun.

— Le shogun songe-t-il lui aussi à quitter Edo ?

— Non, sire.

Le messager tendit une seconde lettre à Kawakami.

Le Conseil du shogun ordonnait à tous les seigneurs alliés de se préparer à un déploiement dans les plaines du Kanto et du Kansai, au cas où il serait nécessaire de repousser une invasion de la capitale impériale de Kyoto ou de la capitale shogunale d'Edo par les puissances étrangères. Le shogun mènerait l'armée du Kanto depuis le château d'Edo. A en croire Yoshinobu, cent mille samouraïs seraient bientôt prêts à combattre l'envahisseur jusqu'à la mort.

Kawakami faillit éclater de rire. Armés de sabres, de mousquets d'un autre âge et d'une poignée de canons encore plus obsolètes, les cent mille samouraïs ne seraient bientôt plus que cent mille cadavres en cas d'invasion étrangère.

— Un escadron de bâtiments de guerre a bombardé Edo et occasionné des dégâts considérables, dit Kawakami, sans enregistrer une seule perte. Que ferons-nous si les étrangers continuent à nous attaquer de la sorte ?

— Ils ne peuvent conquérir le Japon uniquement avec des bâtiments de guerre, objecta le courrier. Il faudra bien qu'ils se décident à débarquer à un moment ou à un autre. Lorsqu'ils le feront, nous les décapiterons comme nos ancêtres ont décapité les Mongols de Kubilay Khan.

Le messager faisait partie des nombreux samouraïs qui ne juraient que par le sabre et par le passé. Les étrangers disposaient de bouches à feu capables de lancer des charges explosives de la taille d'un homme à cinq milles de distance. Ils avaient des fusils-mitrailleurs qui crachaient en rafale une balle par seconde. Un seul de ces fusils avait plus d'impact que tout un bataillon de mousquetaires, et les étrangers possédaient un grand nombre de ces fusils. Ils avaient des armes d'épaule et des armes de poing dont les balles encartouchées rendaient inutile le chargement successif de la balle puis de la poudre d'amorce. Et, plus important encore, ils s'étaient entre-tués deux siècles et demi durant avec les ancêtres de ces armes mortelles pendant que les samouraïs, eux, somnolaient, bercés par la paix des Tokugawa.

Kawakami déclara :

— Nous allons affronter leurs machines de guerre avec nos sabres et notre âme guerrière, et leur montrer que nous sommes faits de chair, d'os et de sang.

— Oui, seigneur Kawakami, dit le courrier, la poitrine gonflée de fierté. Nous allons leur montrer.

Hidé avait bien préparé son embuscade. Il avait repéré une douzaine de positions idoines dans les collines qui dominaient l'intersection. Son mousquet et celui de Shigeru étaient prêts. Il allait commencer par faire feu depuis l'une des positions, puis courir jusqu'à la suivante et tirer à l'arc. A la suivante, il allait recharger les mousquets et faire de nouveau feu. Sohaku et Kudo ne se laisseraient pas aisément abuser, mais du moins parviendrait-il à semer le doute dans leur esprit, les obligeant du même coup à ralentir.

Jusque-là il n'avait vu approcher personne. Trois nuits auparavant, il lui avait semblé entendre des coups de feu apportés par le vent. Dame Heiko et Stark avaient pris cette direction. Il avait le sentiment qu'ils avaient réussi à échapper aux balles de leurs agresseurs, quels qu'ils soient. Sa confiance en Stark avait grimpé depuis le tournoi d'*iaido*. Dame Heiko était entre des mains sûres.

Ce qui n'était pas le cas du seigneur Genji. Son don de prescience aurait dû le mettre à l'abri des déboires mais, comme le disait le seigneur lui-même, les prophéties n'étaient pas toujours faciles à interpréter. Hidé aurait été infiniment plus tranquille si Stark avait accompagné le seigneur.

Hidé cessa de songer aux prophéties pour se concentrer sur ce qu'il voyait et entendait. Quelqu'un était en train de l'approcher par-derrière. Etait-il à ce point endormi qu'il avait laissé l'ennemi l'encercler sans s'en rendre compte ? Levant son mousquet, il s'apprêta à faire feu. C'était un homme seul. Mené par la bride, son cheval tirait un traîneau de fortune sur lequel reposaient deux paquets. On aurait dit des cadavres enveloppés dans des couvertures.

Hidé baissa sa garde. C'était Shigeru.

Son sang se glaça dans ses veines.

A qui appartenaient les deux corps gisant sur le traîneau ?

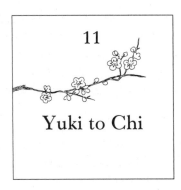

Yuki to Chi

> *D'un point de vue stratégique, je ne peux que déplorer que nous ayons perdu la bataille. Une défaite ne s'accepte jamais de gaieté de cœur. Néanmoins, d'un point de vue esthétique, on ne saurait espérer résultat plus magnifique.*
>
> *La blancheur de la neige tourbillonnant dans l'air. Le rouge du sang répandu. Existe-t-il blanc plus éclatant, rouge plus vif, neige plus froide et sang plus chaud ?*
>
> SUZUME-NO-KUMO
(1515)

Kumo commençait à s'inquiéter. Son deuxième éclaireur n'était toujours pas revenu. Voyant que le troisième ne revenait pas non plus, il ordonna la retraite. Rétrospectivement, il reconnut que c'était une erreur. Un samouraï qui va à reculons est moins confiant qu'un samouraï qui va de l'avant.

L'un des hommes qu'il avait assignés à l'arrière-garde arriva au galop.

« Sire, les autres ont disparu.

— Comment cela, disparu ?

— Nous étions tous ensemble, et l'instant d'après il n'y avait plus personne, dit-il en jetant un coup d'œil affolé par-dessus son épaule. Nous sommes traqués.

— Par Shigeru, ajouta un autre.

— Retournez à l'arrière, ordonna Kudo. Toi, toi et toi. Allez avec lui. On ne disparaît pas comme ça, par enchantement. Retrouvez-les. »

Les cavaliers qu'il avait désignés se consultèrent du regard. Aucun ne fit le moindre geste pour obéir.

Kudo allait les semoncer d'importance quand l'homme qui se trouvait à l'avant de la colonne poussa un hurlement en portant les deux mains à son visage. Une flèche saillait de son œil droit.

Shigeru aurait préféré que Kudo et ses hommes poursuivissent encore quelque temps leur lente progression : ainsi, il aurait pu liquider la moitié des effectifs pendant leur avancée et l'autre moitié au moment du repli. Ce plan comportait une symétrie qui n'était pas pour lui déplaire. Malheureusement, il dut renoncer à ce genre de considérations esthétiques.

Il scruta l'immense tour de pierre qui s'élevait au-dessus des arbres. De gigantesques cheminées crachaient des fumées nauséabondes dans les airs. Des cendres noires tombaient du ciel, tels des flocons de neige moribonds, obscurcissant le paysage. Des hommes en uniforme gris, à l'air sinistre et renfrogné, et au crâne presque rasé, émergeaient de l'édifice à bord de véhicules autopropulsés en rangées bien ordonnées. Il sentait la terre vibrer sous ses pieds. Etait-ce le rire maléfique des démons qui provoquait ces secousses ?

Les visions n'étaient encore qu'évanescentes, transparentes, et donc supportables. Mais elles gagnaient rapidement en virulence et en absurdité, elles étaient aussi plus fréquentes, et surtout plus convaincantes. Pour l'instant il était encore capable de discerner ses visions de la réalité présente. Mais cela n'allait pas durer. Il n'y avait guère que deux jours qu'il s'était séparé de Genji. A ce rythme-là, encore deux jours et il serait à nouveau le fou furieux qu'il avait été au monastère de Mushindo. En pareilles circonstances, la patience cessait d'être une vertu. La célérité s'imposait.

Les sabots de son cheval faisaient peu de bruit sur la terre tapissée de neige. Hier, Shigeru se serait fié à l'instinct de l'animal. Il aurait franchi au galop la prison de feu et tué les hommes hâves qui l'habitaient. Mais aujourd'hui, la volonté lui manquait. Il la contourna.

Il ne restait plus que seize hommes à Kudo. Ses meilleurs tireurs, probablement. Ceux-ci auraient sans doute atteint leur cible, à condition toutefois de pouvoir la tenir en joue avant de faire feu. Mais la discipline et la bravoure leur faisaient défaut.

Quatre d'entre eux seulement avaient été abattus, mais ceux qui restaient étaient déjà vaincus, fuyant à la débandade devant l'adversaire invisible. Par chance, aucun de ces hommes n'était un des samouraïs qu'il avait personnellement formés.

Shigeru tira une flèche sur un cavalier en visant la gorge. Il n'attendit pas pour s'assurer qu'il l'avait atteint. Un cri étranglé et un crépitement d'arme à feu lui indiquèrent qu'il avait fait mouche. Des balles de mousquet vrombirent à travers les arbres, sectionnant des branches. Aucune d'elles n'avait été tirée dans sa direction. Pathétique. Tout compte fait, les étrangers allaient peut-être conquérir le Japon plus vite qu'il ne l'avait prévu. Ils n'auraient aucun mal si on ne leur opposait pas une résistance plus acharnée.

Il vit Kudo qui s'efforçait de rassembler ses hommes en un cercle de défense à l'abri d'un boqueteau. Constatant que les soldats du traître continuaient à tirer à l'aveuglette, Shigeru poursuivit son chemin.

Kudo fulminait. La situation était aberrante. Quinze hommes armés de mousquets encerclés par un seul adversaire. Que cet adversaire fût Shigeru n'avait pas la moindre importance. S'ils s'étaient battus au sabre, c'eût été différent, bien sûr, mais ils disposaient d'armes à feu modernes pour combattre un vieux fou archaïque. Ils auraient pu le descendre avant même qu'il se soit approché suffisamment pour abattre l'un d'eux. Shigeru était un archer hors pair, certes, cinq cadavres étaient là pour l'attester. Mais si les hommes avaient gardé leur sang-froid, en observant la trajectoire des flèches ils auraient pu deviner où il se cachait.

Kudo tint sa position pendant près d'une heure, bien qu'il eût deviné qu'il n'y avait plus de danger immédiat. Il savait que Shigeru était déjà loin, sans doute en train de préparer un nouveau piège, mais il fit une halte afin de donner à ses hommes le temps de retrouver leur calme. Le plus grave danger était la peur panique qui les poussait à gaspiller leur avantage en nombre et en munitions.

« Devons-nous nous rendre ? dit-il calmement. Je crois que oui. Après tout, nous ne sommes que quinze contre un, munis de mousquets contre un arc, et nous sommes encerclés. C'est du moins mon impression. Comment un homme seul pourrait-il en encercler quinze ? Il y a là un mystère que j'aimerais que vous m'expliquiez. »

Les hommes échangèrent des regards penauds.

« Pardonnez-nous, seigneur Kudo. Nous nous sommes laissé abuser par la réputation de Shigeru. Vous avez raison, naturellement. Nous avons réagi comme des gamins apeurés.

— Dois-je comprendre que vous êtes prêts à redevenir des samouraïs ?

— Oui, sire. »

Les soldats s'inclinèrent.

Kudo divisa ses forces en trois groupes de cinq. Ils allaient avancer séparément, tout en restant bien en vue les uns des autres. Ils se tiendraient assez éloignés, toutefois, pour que Shigeru ne puisse tirer que sur un seul groupe à la fois, révélant du même coup sa position, et permettant ainsi aux quinze bouches à feu de le mettre en joue.

Kudo dit :

« Même si nous ne parvenons pas à l'atteindre du premier coup, nous l'aurons localisé. Nos trois détachements le traqueront ensuite comme du gibier. Ainsi nous le prendrons au piège et nous l'abattrons.

— Oui, sire.

— Celui d'entre vous qui portera le coup fatal aura l'honneur de lui trancher la tête et de la présenter ensuite à l'abbé Sohaku.

— Merci, sire. »

Kudo mena ses hommes les plus exposés, ceux qui se trouvaient à flanc de coteau, sur la gauche. Il espérait que Shigeru chercherait à les attaquer en premier. Il n'aurait pas été mécontent de loger lui-même une balle entre les deux yeux du vieux fou. Mais, dans la mesure où Shigeru était imprévisible, il y avait de fortes chances pour qu'il s'attaquât aux hommes regroupés au centre, là où le feu serait le plus nourri, auquel cas il devrait arriver par-derrière. Les yeux de Kudo regardaient devant lui mais toute son attention était centrée derrière lui. Il sentait plus qu'il ne voyait. Shigeru n'était pas le seul vrai samouraï du clan.

Un cheval sans cavalier jaillit d'entre les arbres sur leur droite.

Aucun des hommes ne fit feu.

Le cheval s'était-il enfui ou Shigeru l'avait-il relâché afin de créer une diversion ? Peu importait. Le stratagème, si toutefois il s'agissait d'un stratagème, avait échoué. Aucun homme n'avait cédé à la panique. Et maintenant Shigeru était à pied. Sans son cheval, sa vitesse et sa mobilité se trouveraient considérablement réduites. Kudo commençait à reprendre confiance.

Le soleil d'hiver était presque arrivé au bout de sa course, et toujours pas d'attaque. Shigeru attendait la nuit pour minimiser la supériorité numérique de Kudo. A découvert, divisés en trois troupes, ils seraient aisément vaincus. Mais seulement s'ils persistaient dans leur présente tactique, chose que Kudo n'avait nullement l'intention de faire.

Il scruta les alentours. A la guerre, il était bien connu que celui qui choisissait le champ de bataille s'assurait en partie la victoire. La vallée s'élargissait à cet endroit. Au milieu de la petite plaine, un tertre se dressait, formant un îlot de sept sapins se découpant sur la neige. En établissant leur campement à cet endroit pour la nuit, ils auraient une vue dégagée de tous côtés. Dans ce paysage de neige, même à la lueur blafarde de la nouvelle lune, un homme était aisément repérable. Le camouflage, principal atout de Shigeru, deviendrait impossible. C'était l'endroit idéal.

Raison de plus pour redoubler de prudence. Car tout ce qu'il avait vu, Shigeru l'avait vu lui aussi. Il s'agissait sans doute d'un piège.

« Approchez prudemment. Scrutez soigneusement les branches. Il se peut qu'il ait prévu de nous tomber dessus du haut des arbres. »

Ils avancèrent, le mousquet prêt à faire feu. Lorsqu'ils eurent atteint la base du tertre, Kudo envoya sept hommes en reconnaissance, chacun ayant l'ordre d'examiner un arbre.

« Personne, sire. »

Cependant quelque chose ne tournait pas rond. Son instinct de guerrier le lui disait. Il fit lentement le tour du tertre. Il n'y avait là nulle part où se cacher, même pour un maître du camouflage comme Shigeru. Pourtant, il flairait le danger.

« Sire... »

Songeant que l'endroit se prêtait trop aisément à une embuscade, Shigeru s'était peut-être enfoncé plus avant dans la vallée. Il y avait un peu plus bas un goulet qui eût été idéal pour un homme seul contre un grand nombre d'adversaires. Peut-être les attendait-il là-bas.

Pour finir, ne voyant aucune raison de surseoir davantage, Kudo décida : « Nous allons bivouaquer ici. Les groupes monteront la garde chacun son tour.

— Oui, sire. »

Au pied du tertre, l'odeur de sève était plus forte. Kudo s'immobilisa.

« Reculez !

— Vous l'avez aperçu, sire ? »

Kudo n'avait rien vu. Mais il avait commis une erreur et s'en était rendu compte juste à temps. Il avait regardé vers le haut. Mais pas vers le bas. Les sapins perdaient leurs aiguilles à profusion. Sur le sol, trois petits creux en étaient pleins à ras bord.

Il dégaina son sabre.

« Couvrez-moi. »

Il s'approcha de la première cavité et, d'un geste vigoureux, enfonça la pointe de son sabre dans l'épais manteau d'aiguilles de pin. Rien. Il fit ensuite de même avec la deuxième puis la troisième cavité, sans résultat.

Shigeru n'était pas perché dans un arbre. Il n'était pas tapi sous la neige. Il n'y avait nulle part où se cacher. Il ne leur avait donc pas tendu d'embuscade à cet endroit. Il était fou, certes, mais il était aussi génial. Et patient. La ruse et la patience étaient deux qualités inséparables.

« Attachez les chevaux ici. Toi, grimpe sur cet arbre et monte la garde. »

Shigeru les attendait ailleurs. Ils étaient probablement hors de danger pour la nuit. C'était du moins ce que sa raison lui indiquait.

Néanmoins, Kudo ne parvint pas à trouver le sommeil. Il s'approcha à nouveau des trois cavités remplies d'aiguilles de pin et les sonda une fois encore de la pointe de son sabre.

La sentinelle qui se trouvait dans l'arbre annonça :

« Sire, un cheval arrive dans cette direction. Mais je ne distingue pas de cavalier. »

C'était le destrier de Shigeru. Il s'approcha encore un peu, hennit puis recula, comme s'il avait voulu s'approcher davantage mais n'osait pas.

« Il veut se joindre à nos bêtes », expliqua la sentinelle.

Son hésitation était compréhensible. Les destriers se montraient méfiants en l'absence de leur maître.

En revanche, la raison pour laquelle il cherchait à s'approcher était moins évidente. Recherchait-il vraiment la compagnie d'autres chevaux ? Etait-ce pour cela qu'il arrivait dans leur direction ?

La méfiance de Kudo allait croissant. Il y avait anguille sous roche. Il s'adossa au sapin et scruta les environs.

« Es-tu certain qu'il n'y a personne avec ce cheval ?

— Il n'y a personne sur la selle, sire, et personne derrière.

— Dessous non plus ? »

La sentinelle plissa les yeux.

« Je ne crois pas, sire. La panse du cheval semble normale de profil.

— Serais-tu prêt à parier ta vie dessus ? »

La réponse du soldat ne se fit pas attendre :

« Non, sire.

— Tue-le.

— Oui, sire. »

Kudo remarqua que sa main était couverte de résine lorsqu'il l'ôta du tronc. Celui-ci était fissuré et une grande quantité de sève s'échappait d'une longue entaille qui s'était formée dans l'écorce. Avec l'âge, le vénérable sapin affaibli par la maladie et la tempête s'était fendu en deux. Lorsque la sentinelle postée parmi ses branches changea de position, le vieil arbre émit un craquement douloureux. Les arbres et les hommes n'étaient tout compte fait pas si différents, songea Kudo, apitoyé.

« Tu ferais mieux de descendre et d'aller te poster ailleurs, ordonna Kudo. Ce pauvre vieux sapin risque de ne pas pouvoir supporter le recul du mousquet.

— Oui, sire. »

Kudo examina la fente plus attentivement. Elle avait une forme insolite, presque comme… une porte !

Tout à coup le tronc explosa.

Kudo reconnut le visage féroce couvert de résine au moment où la lame s'enfonça dans sa poitrine, lui tranchant net le cœur et l'épine dorsale. Il ne resta pas assez longtemps en vie pour songer que son intuition avait été la bonne depuis le début.

Couvert de sang des pieds à la tête, Shigeru pourfendait hommes et démons à tour de bras. Des cris et des coups de feu parvenaient étouffés jusqu'à ses oreilles. C'est à peine s'il entendait autre chose que le bourdonnement assourdissant des énormes libellules métalliques tournoyant dans les airs.

Leurs yeux étaient de grands faisceaux de lumière aveuglants.

Leurs ailes circulaires tourbillonnaient sans relâche au-dessus d'eux.

Leur progéniture, de hideuses larves d'acier, passait devant lui à toute allure, comme lancée sur des rails. A travers leurs pores dilatés, il voyait des milliers de malheureux écrasés les uns contre les autres.

Des lames étincelantes décrivaient des arcs et des cercles.

Des gerbes de sang giclaient dans les airs.

Des corps mutilés jonchaient la neige.

Des hommes criaient et mouraient jusqu'à ce qu'il n'en restât plus qu'un seul qui criait à pleins poumons.

Shigeru hurla jusqu'à perdre connaissance.

Les libellules disparurent.

Il s'éveilla pour découvrir une vision de millions d'êtres humains grouillant comme des insectes. Des colonnes de pierre, de verre et d'acier se dressaient vers le ciel jusqu'aux nuages. A l'intérieur, des êtres humains pressés les uns contre les autres, comme des abeilles dans une ruche. En bas, encore des ruches, et des hordes aveugles poussant des barrières et disparaissant sous terre.

Il recula en titubant et trébucha sur le cadavre d'un cheval. Des cadavres d'hommes et de chevaux jonchaient toute la colline. Son cheval à lui se tenait à l'écart et le regardait avec suspicion.

Lorsque Shigeru leva les yeux, la vision disparut. Pour combien de temps ?

Il alla inspecter les morts. Kudo gisait, le visage tourné vers le ciel, au pied d'un sapin. Saisissant le traître par son chignon, il lui trancha la tête. Lorsqu'il aurait rejoint le Vol de Moineaux, il la planterait sur une pique et la laisserait pourrir à l'extérieur du château.

« Tu ne te sentiras pas seul, dit Shigeru à la tête. Ta femme et tes enfants te tiendront compagnie. »

Il ne lui fallut ensuite pas moins de deux heures pour apaiser son cheval et le convaincre de se laisser à nouveau monter. Prenant au nord, Shigeru partit à bride abattue, en priant le ciel pour qu'il ne fût pas trop tard.

Le feu était partout. Edo était en flammes. Obscurcissant le ciel, des cylindres ailés déversaient des caissons qui explosaient en faisceaux incandescents au-dessus de la ville.

Un vent brûlant attisé par la tempête lui coupait le souffle.

Des moribonds à demi calcinés copulaient en expirant parmi les ruines.

Agrippé aux rênes de son cheval, Shigeru se laissait guider par lui.

Encore une nuit passée loin de son neveu et il serait trop tard.

En apercevant un cavalier au loin, les sept hommes en guenilles coururent se cacher dans les fourrés. Ils étaient munis d'un attirail de guerre disparate — trois piques, quatre lances, une vieille épée à double tranchant et deux mousquets sans silex ni poudre. Ils étaient à peine sortis de l'enfance mais la peur et la privation avaient prématurément creusé leurs traits hagards, leur donnant des allures de vieillards. Sept paires d'yeux profondément enfoncées dans les orbites, des mâchoires et des dents saillant sous une peau presque dépourvue de chair, des os trop apparents sous le fin épiderme du visage.

« Si on le tue, on pourra manger son cheval », dit l'un d'eux, morose. Son compagnon le plus proche eut un reniflement de mépris.

« Comme les deux derniers ?

— Comment j'aurais pu deviner qu'ils avaient un pistolet ?

— Et quel pistolet ! dit un autre. Capable de tirer plusieurs coups à la suite sans qu'on ait à le recharger.

— Ichiro et Sanchiro, qu'ils soient dans la Terre Pure ou au royaume des démons, sont impressionnés, eux aussi. »

Le premier homme laissa échapper un petit sanglot.

« On était du même village. On avait grandi ensemble. Comment je pourrai regarder ses parents en face, maintenant ? Ou ceux de Shinichi ?

— Shinichi est mort depuis un mois. Pourquoi tu penses à lui ?

— Il aurait dû courir se cacher dans les bois avec nous, au lieu de détaler comme un lapin sur la route.

— Il avait perdu un bras.

— Et il avait le crâne fendu en deux. »

Bien qu'un mois se fût écoulé, l'incident était encore frais dans les mémoires. Il avait marqué le début d'une longue série de déconvenues. Recrutés dans leurs villages, ils s'étaient mis en route pour rejoindre le gros des troupes du seigneur Gaiho, sur les rives de la mer intérieure, quand ils s'étaient retrouvés nez à nez avec une poignée de samouraïs d'un autre fief. Ces derniers s'étaient révélés aussi féroces que peu nombreux. En quelques minutes, ils avaient réglé leur sort à dix de leurs camarades, et le reste de la troupe s'était égaillé. Voyant tous leurs officiers morts, ils n'avaient su que faire. Si bien qu'ils avaient pris la fuite. Pendant des semaines ils avaient survécu en mangeant de l'herbe comme des cerfs ou des lapins. Ils étaient fermiers, pas chasseurs. Toutes leurs tentatives pour attraper du gibier avaient échoué. Et puis, deux jours plus tôt, n'y tenant plus, ils avaient attaqué un jeune samouraï affable et son compagnon étranger pour leur voler leurs chevaux, et c'est alors qu'Ichiro et Sanchiro avaient été abattus d'un coup de pistolet.

Le premier homme palpa le chapelet de bois qu'il portait autour du cou.

« Je devrais le rapporter à sa mère et la supplier de me pardonner d'être encore vivant alors que son fils est mort.

— Ce n'est pas sa mère que tu devrais aller voir, mais sa sœur. Une pure merveille.

— Aucun de nous ne verra plus jamais ni mère ni sœur. On est des déserteurs. Toutes nos familles seront condamnées à mort par notre faute, ou vendues comme esclaves, si ce n'est déjà fait.

— Merci, c'est réconfortant.

— Celui-là n'est peut-être pas armé.

— C'est un samouraï avec deux sabres. Ce n'est pas bon signe.

— Pas forcément. Regardez, il est blessé. »

De sombres taches de sang recouvraient ses vêtements. Sa figure et ses cheveux présentaient des traces de sang coagulé. Soudain, il tira violemment sur les rênes, obligeant son cheval à s'arrêter.

« Non, non, pas par là, dit le samouraï. Ils sont trop nombreux.

— Qu'est-ce qu'il a vu ?

— Une chose qui n'existe pas. Il a perdu beaucoup de sang. Je crois qu'il est sur le point de mourir.

— Dans ce cas, la chance est enfin avec nous. Allons-y.

— Attendez. Il vient dans notre direction. On devrait le prendre par surprise.

— Derrière ces tours, dit le samouraï. Nous allons les contourner sans bruit. »

Il obligea son cheval à quitter la route. Jetant un coup d'œil inquiet par-dessus son épaule, il prit la direction du coteau caillouteux où étaient cachés les sept fuyards.

« J'en ai déjà l'eau à la bouche, dit l'un d'eux.

— Tais-toi. Prêt. A l'attaque ! »

Une ceinture lui emprisonnait les cuisses, l'empêchant de fuir du siège auquel il était attaché, tandis qu'une force mystérieuse le maintenait plaqué en arrière. Une plainte ténue et persistante emplissait ses oreilles, comme le bruit d'un vent d'altitude, mais un vent mort et non vivant. Les murs décrivaient un arc de cercle en direction d'un plafond bas, à peine plus haut que la tête d'un homme. La pièce était étroite et très longue. Il y avait des sièges comme le sien, devant et derrière lui, ainsi qu'à sa droite. Sur chacun d'eux, un prisonnier ligoté comme lui. A sa gauche, une petite fenêtre aux coins arrondis. Il ne voulait pas regarder ce qu'il y avait à l'extérieur, mais une force plus puissante que sa volonté l'obligea à tourner la tête. Il vit une ville gigantesque, brillante de lumière. Elle s'éloignait à toute allure. Soit elle sombrait dans le puits de l'enfer, soit c'était le compartiment dans lequel il se trouvait qui s'élevait dans les airs. L'un ou l'autre était impossible.

Il n'était pas encore un esclave. Mais bientôt il le serait. Les démons avaient emprisonné son esprit et le tenaient comprimé dans un étau.

Il voyait le monde à travers une bruine de sang. Un sabre dans chaque main, il ne se souciait plus de tenir les rênes. Que son cheval aille là où bon lui semblait. Il tuerait autant de démons qu'il le pourrait, puis il mourrait.

Il ne savait plus où il était. Partout, ce n'était que pierre et acier. Ici et là, quelques arbres, quelques buissons émergeant comme des mauvaises herbes. Dans la distance, des gaz délétères recrachés par d'immenses cheminées envahissaient l'atmosphère. Une foule maussade grouillait dans les rues de la ville tentaculaire. Les esclaves de maîtres invisibles. Un réseau complexe de rues au pavage parfaitement lisse s'étirait dans toutes les directions, mais cela ne facilitait nullement les déplacements. Une multitude de véhicules d'acier occupaient tout l'espace. Ils progressaient avec une lenteur insupportable tout en recrachant des fumées nauséabondes. Assurément, les gens qui se trouvaient à l'intérieur étaient en train de mourir d'asphyxie. La lumière du soleil avait du mal à transpercer la nappe grise de brouillard. Même un amoncellement de cadavres en train de brûler n'aurait pu dégager puanteur plus infecte.

Mais personne d'autre que lui ne semblait s'en apercevoir. Les gens restaient assis dans leurs engins, ou marchaient dans les rues, inhalant du poison à chaque inspiration. Ils se tenaient sagement debout sur des plates-formes, serrés corps contre corps, en rangées bien ordonnées, attendant leur tour d'être dévorés par les chenilles d'acier.

Shigeru s'arrêta. Il était enfoncé jusqu'à la taille dans la neige. Une bête reniflait à côté de lui. Il fit prestement volte-face, ses sabres brandis, prêt à repousser un nouvel assaut démoniaque. A la place, il vit son cheval, non loin de là, suivant le sillage qu'il avait tracé dans la neige avec son corps. Il regarda autour de lui. Il se trouvait à mi-hauteur d'un ravin. Il vit des congères, des arbres, rien d'autre. Les visions étaient-elles parties ? C'était trop espérer. Et pourtant, il semblait bien que si.

Mais...

Une chose suspendue à ses épaules se balançait.

Une tête humaine. Non, pas une. Huit.

Brandissant son sabre, il sectionna furieusement une à une toutes les têtes qui saillaient hors de son corps. La possession démoniaque l'avait transformé en une monstrueuse créature. La seule issue était la mort. Lâchant son *katana*, il tourna son *wakizashi* vers sa poitrine, la pointe dirigée vers le cœur.

La dernière tête alla rouler contre un petit amas de branches mortes en partie recouvertes de neige. Le visage inanimé le regardait dans les yeux. C'était Kudo. Shigeru baissa son sabre. Après avoir décapité Kudo, il avait attaché sa tête à sa selle. Mais il ne se souvenait pas de l'avoir suspendu à son épaule. Il baissa les yeux et inspecta son propre torse. Celui-ci présentait quelques entailles superficielles aux endroits où il avait frappé. Rien de plus. Il n'était pas victime d'une étrange métamorphose, comme il l'avait cru. Il saisit l'une des têtes par les cheveux. Pas de chignon. Donc pas une tête de samouraï. Un visage émacié qui ne lui disait rien. Il ne se rappelait pas avoir tué cet homme. Ni les six autres non plus.

Shigeru inspecta le ciel. Il était d'un bleu pur comme on n'en voyait qu'en hiver, à la campagne, loin de tout lieu habité. Il ne vit pas de monstrueuses libellules. Il n'entendit pas gémir de démon. Les visions s'en étaient allées. C'était la première fois qu'il connaissait une rémission spontanée après un épisode aussi violent. Peut-être que Genji n'était pas responsable de sa première guérison, mais que quelque mystérieux mécanisme interne mettait fin à son calvaire dès l'instant où il parvenait à survivre à sa crise de démence. Cet épisode avait été court en comparaison de ceux qui avaient conduit à sa détention au monastère de Mushindo. Peut-être les visions cesseraient-elles bientôt d'elles-mêmes.

Shigeru descendit la pente au pied de laquelle avait roulé la tête de Kudo.

Il y avait quelque chose de bizarre dans l'aspect de cette congère. Des branches en émergeaient çà et là de façon anarchique. Quelqu'un les avait placées à cet endroit. Dégainant son sabre, Shigeru s'approcha du monticule suspect. Il distingua une forme vaguement triangulaire. Un tireur isolé aurait pu construire une cachette comme celle-là. Mais pourquoi ici ? Il s'éloigna des lignes de mire les plus probables et commença à gratter la neige avec la pointe de son sabre. Une partie s'effrita, laissant apparaître un trou.

Le monticule était creux.

Deux corps gisaient à l'intérieur.

Suzume-no-kumo

Peux-tu être comme l'aveugle face à la peinture, le sourd face à la musique, le mort face à un banquet ?

Si tu ne le peux pas, alors jette ton katana et ton wakizashi, ton arc de six pieds, et tes flèches ornées de plumes de faucon, ton destrier, ton armure et ton nom. Tu n'as pas l'étoffe d'un samouraï. Fais-toi paysan, prêtre ou marchand.

Evite également les belles femmes. Elles sont trop dangereuses pour toi.

Suzume-no-kumo
(1777)

Emily avait préparé son mensonge avec soin. Elle allait dire au seigneur Genji que Matthew et elle s'étaient fiancés. Chez les ecclésiastiques américains de leur confession, lui expliquerait-elle, la coutume voulait que les vivants prennent la place des défunts quand la mort frappait. Son mariage avec Zephaniah aurait été un mariage de foi et non d'amour, et il en irait de même pour son mariage avec Matthew.

Emily escomptait que les différences culturelles apporteraient un semblant de crédibilité à ces propos abracadabrants. Etant donné qu'un grand nombre de coutumes japonaises lui étaient incompréhensibles, elle avait de bonnes raisons de croire que l'inverse était également vrai et que l'énormité de son stratagème ne sauterait pas aux yeux de leur hôte. Matthew avait accepté de jouer le jeu, ce qui était un bon point. Même si elle allait devoir trouver sous peu un autre prétexte pour demeurer au Japon, car pas plus qu'il n'avait l'intention de l'épouser elle n'avait l'intention de devenir sa femme. Le moment venu, poussée par la nécessité, elle finirait par trouver une idée. Bref, une chose était certaine : elle ne retournerait pas en Amérique.

Mais mentir n'était hélas pas son fort. Heureusement, personne jusqu'ici ne lui avait demandé de justifier son séjour prolongé au Japon. Quand le seigneur Genji avait annoncé qu'ils quitteraient Edo pour se rendre dans son domaine d'Akaoka, dans l'île de Shikoku, au sud, il était apparu qu'il avait l'intention d'emmener les deux missionnaires avec lui.

A présent, elle se retrouvait seule avec le jeune seigneur à la voix douce. Matthew et dame Heiko avaient emprunté un autre chemin. L'oncle, Shigeru, était retourné à l'endroit d'où ils étaient venus. Hidé était resté à l'arrière, à l'embranchement où ils s'étaient quittés. Bien que rien n'eût été dit, il était évident que leurs hôtes craignaient un poursuivant. Après le bombardement, l'un des protagonistes — la Grande-Bretagne, la France ou peut-être la Russie — avait-il envahi le Japon dans l'intention d'accroître son empire colonial ? Assurément, l'Amérique n'aurait jamais perpétré un acte aussi indigne. Ayant été jadis elle-même une colonie, l'Amérique abhorrait l'asservissement des nations indépendantes. Elle était favorable à la politique du libre-échange, permettant aux nations de commercer les unes avec les autres sans qu'aucun empire pût revendiquer la propriété exclusive d'une quelconque sphère d'influence. C'était une leçon que Zephaniah leur avait apprise et dont elle se souvenait. A l'époque, il n'était pas encore Zephaniah mais M. Cromwell. Paix à son âme.

Il faisait moins froid dans la vallée que dans les montagnes. Plus tôt dans la journée, ils avaient pris la direction du sud-ouest, ainsi que l'attestait la trajectoire du soleil dans le ciel. Ils avaient longé un cours d'eau peu profond dont le courant était juste assez fort pour ne pas geler complètement. Sous les sabots de leurs chevaux, la fine pellicule de glace qui s'était formée à la surface de la neige rendait un craquement léger.

Emily dit :

— Quel est le mot japonais pour « neige » ?

— *Yuki.*

— *Yuki.* Comme c'est joli !

— Vous risquez de changer d'avis si nous sommes obligés de prolonger notre séjour en ces contrées, dit le seigneur Genji. Il existe un petit ermitage non loin d'ici. C'est un endroit rustique et sommaire, mais ce sera toujours mieux que de camper dans les bois.

— J'ai grandi dans une ferme. Je suis habituée au manque de confort.

Il sourit, amusé.

— Oui, je vous imagine très bien. Je suppose que vous ne cultiviez pas le riz ?

— Nous faisions la culture des pommes.

Elle se tut un instant, se remémorant les jours bénis de son enfance avec son père, sa mère et ses petits frères. Elle ne voulait pas que son passé plus récent pût entacher de quelque façon ces précieux instants de bonheur.

— Un verger et une rizière sont deux choses différentes. Pourtant, il me semble que les travaux des champs se ressemblent. Quels que soient leur pays d'origine ou leur spécialité, les paysans ne sont-ils pas tous tributaires des saisons et des caprices du temps ?

— Caprices ? questionna Genji.

— Les caprices, les changements imprévisibles.

Elle lui épela le mot.

— Ah, oui. Caprices. Merci.

Il se souviendrait de ce mot. Jusqu'ici, il l'avait fait avec tous les mots nouveaux qu'il avait entendus.

— Vous apprenez vite, seigneur Genji, dit Emily, admirative. Vous avez accompli de grands progrès en l'espace de trois semaines.

— Le mérite vous en revient, Emily. Vous avez été le plus patient des professeurs.

— Un bon élève fait toujours honneur à son précepteur. Et s'il y a un professeur méritant, c'est bien Matthew.

— Pour les progrès de Heiko, oui. Pour les miens, vous êtes seule responsable. J'ai plus de mal à le comprendre que vous. Me trompé-je en disant que vos accents sont très différents ?

— Non, vous avez raison.

— Vous parlez en séparant bien les mots, comme les Japonais. Mais lui parle comme ceci, comme s'il chantait une mélopée.

Il imita l'accent traînant et nasillard de Matthew avec une telle exactitude qu'Emily éclata de rire.

— Pardonnez-moi, sire. Mais vous l'imitez si bien !

— Vous n'avez pas à vous excuser. Cependant, votre rire suscite chez moi une interrogation.

— Laquelle ?

— Au Japon, les hommes et les femmes ne parlent pas de la même façon. Un homme qui s'exprimerait comme une femme s'exposerait aux moqueries. J'espère que je ne suis pas en train de commettre une telle erreur dans votre langue.

— Oh, non, seigneur Genji. Je puis vous assurer que vous parlez comme un homme.

Elle rougit. Ce n'était pas exactement ce qu'elle avait voulu dire.

— La différence d'accent entre Matthew et moi est régionale et n'a rien à voir avec le sexe. Il est originaire du Texas, au sud, et moi de New York, au nord-est. Le contraste est assez marqué.

— Me voilà soulagé. Le ridicule est une arme particulièrement redoutable au Japon. Nombreux sont ceux qui en sont morts et nombreux ceux qui en mourront.

« Ils n'attachent guère d'importance à la vie, avait dit Zephaniah. Ils sont capables de mourir ou de donner la mort pour les prétextes les plus futiles. Si deux samouraïs marchant dans la rue entrechoquent leurs sabres par inadvertance, un duel éclate immédiatement. L'un des deux doit mourir.

— Assurément, il ne peut s'agir que d'une exagération.

— Suis-je enclin à l'exagération ?

— Non, monsieur.

— Pas monsieur. Zephaniah. N'oubliez pas : nous sommes fiancés désormais.

— Oui, Zephaniah.

— Leur sens de l'honneur et leur susceptibilité sont extrêmes. Si un samouraï estime que vous ne lui témoignez pas suffisamment de respect, il le prendra comme une insulte mortelle, une volonté de votre part de le tourner en ridicule. Si, au contraire, vous faites preuve d'une politesse excessive, le résultat sera le même. La fierté mène à la destruction, et l'arrogance à la déchéance.

— Amen, dit Emily.

— Par notre exemple, nous devons leur apprendre l'humilité, et les conduire ainsi à la rédemption.

— Oui, Zephaniah. »

Le seigneur Genji reprit :

— Ainsi, quand l'anglais sera parlé plus couramment au Japon, j'aurai la certitude de le parler correctement ?

— Sans l'ombre d'un doute.

— Merci, Emily.

— A votre service, seigneur Genji. Puis-je néanmoins apporter une correction à votre tournure ?

— Je vous en prie.

— Vous avez dit : « Quand l'anglais sera parlé plus couramment au Japon. » « Quand » laisse entendre qu'il s'agit d'un fait inéluctable. Dans le cas présent, il serait plus approprié de dire « si ».

— Il était dans mon intention de suggérer l'inéluctabilité. Mon grand-père l'a prédit.

— Vraiment ? Pardonnez-moi de parler ainsi, seigneur, mais cela me semble très improbable. Pourquoi les gens de votre peuple voudraient-ils apprendre massivement notre langue ?

— Il n'a pas dit pourquoi. Il n'en a peut-être pas vu la cause, mais simplement le résultat.

Emily n'était pas certaine qu'il avait employé le bon mot.

— « Prédire » signifie « voir à l'avance ».

— Oui.

— Assurément, il ne saurait avoir vu des événements qui n'ont pas encore eu lieu.

— Mais si.

Sa réponse lui glaça le sang. Il était en train de lui dire que son grand-père avait un don que seuls les élus de Dieu détenaient. Il blasphémait. Il était de son devoir de l'éloigner de ce terrible péché.

— Seigneur Genji, seul le Seigneur Jésus-Christ et les Prophètes de l'Ancien Testament peuvent prédire l'avenir. Notre devoir est de comprendre le sens de leurs paroles. De nouvelles prophéties ne sauraient avoir lieu. Les chrétiens ne peuvent croire en de telles choses.

— Ce n'est pas une question de croyance. Si c'était le cas, je choisirais de ne pas croire. La vie serait moins compliquée.

— Il arrive que des gens devinent certaines choses, mais il ne s'agit que de coïncidences qui donnent des allures de prophéties à leurs intuitions. Par la grâce de Dieu, seuls les Prophètes sont en mesure de prédire l'avenir.

— Je n'appelle pas cela une grâce. Pour moi, cela ressemblerait plutôt à une malédiction. Dans ma famille, nous la subissons faute de pouvoir faire autrement. Voilà tout.

Emily ne dit plus rien après cela. Que pouvait-elle rétorquer ? Il parlait comme s'il était persuadé de détenir ce don lui aussi. S'il persistait dans cette voie, il risquait non seulement d'être damné pour blasphème mais également de sombrer dans la démence. Il allait voir des signes et des présages là où il n'y en avait pas, et ses actes seraient commandés par les chimères trompeuses de son imagination. Elle devait se montrer patiente. Et diligente. Les erreurs accumulées depuis des siècles ne pouvaient disparaître en un jour, en une semaine ni même en un mois.

Une douce sensation de chaleur lui envahit la poitrine. Il y avait une raison pour que le Christ l'ait placée ici en cet instant. Cette raison lui apparaissait clairement. Elle adressa un vœu silencieux à Dieu. Elle sauverait l'âme du seigneur Genji, fût-ce au prix de sa propre vie. Que Dieu daigne répandre sur eux Sa divine grâce et Son infinie miséricorde.

Ils continuèrent leur chemin en silence.

Quand les ombres de la montagne eurent recouvert la vallée, le seigneur Genji annonça :

— Nous n'atteindrons pas l'ermitage avant la nuit si nous empruntons la route habituelle. Prenons ce chemin-ci, la distance est beaucoup plus courte. Mais nous allons devoir mener nos chevaux par la bride. Vous en sentez-vous la force ?

— Oui.

Ils bifurquèrent, laissant le cours d'eau derrière eux, et commencèrent à gravir une colline escarpée. Arrivés presque au sommet, ils débouchèrent sur une petite clairière. Soudain la mémoire d'Emily s'embrasa à la vue d'une prairie. Il y en avait une toute pareille à Apple Valley. Etait-ce une coïncidence ou le mal du pays qui donnait à ce paysage inconnu des allures de campagne de son enfance ?

— C'est parfait pour fabriquer des anges de neige, dit-elle sans le vouloir.

Les mots lui avaient échappé.

— Que sont les anges de neige ?

— Vous n'en avez jamais fait ?

— Non.

— Puis-je vous montrer ? Cela ne prendra qu'une minute.

— Je vous en prie.

Emily s'assit dans la neige aussi élégamment qu'elle le put puis elle se renversa sur le dos et écarta les bras et les jambes aussi loin qu'elle le pouvait sans exposer ses chevilles à la vue. Puis elle se mit à balayer vigoureusement la neige de ses membres écartés. Elle rit, se doutant qu'elle devait avoir l'air ridicule. Lorsqu'elle eut terminé, elle se releva avec précaution pour ne pas abîmer la forme qu'elle avait dessinée dans la neige.

— Vous voyez ?

— Peut-être faut-il avoir l'image de l'ange en tête pour le voir.

Emily ne put cacher sa déception. Son ange était pourtant fort réussi.

— Peut-être.

— Emily ?

— Oui ?

— Puis-je vous demander votre âge ?

— J'aurai dix-sept ans le mois prochain.

— Ah, dit-il comme si cela expliquait quelque chose.

Il avait dit cela sur le ton que les adultes emploient pour s'adresser à un enfant.

Piquée au vif, elle répliqua malgré elle :

— Et vous, quel âge avez-vous ?

En temps normal elle ne se serait jamais permis une telle insolence.

Le seigneur Genji n'eut pas la possibilité de lui répondre.

Des hommes avaient jailli d'entre les arbres. En poussant des cris de guerre, ils s'élancèrent sur lui et le frappèrent à coups de lance et d'épieu. Il dégaina aussitôt son sabre et parvint à repousser le premier attaquant, mais les deux qui se trouvaient derrière lui le lardèrent de coups de lame. Le cercle autour de lui se rétrécit.

Emily, abasourdie, resta pétrifiée.

Leurs agresseurs poussèrent des cris de triomphe quand Genji s'effondra dans la neige rouge de sang.

— Genji ! hurla Emily.

En entendant son nom, les hommes s'arrêtèrent net. Tous reculèrent — ils étaient neuf au total —, une expression de terreur sur le visage. Elle les entendit répéter le nom de Genji, et un autre nom qu'elle connaissait déjà.

— Oh, non, c'est le neveu du seigneur Shigeru.

— Catastrophe ! Pour une fois que nous arrivons à surprendre un samouraï, il s'avère que c'est le seigneur Genji !

— Le cheval d'un seigneur est aussi goûteux qu'un autre.

— Shigeru va nous traquer. Et il prendra son temps pour nous tuer. J'ai entendu dire qu'il aimait torturer ses victimes.

— Il nous faut ces chevaux. Il y a dans cette croupe de quoi faire plus d'un repas. J'en ai assez d'avoir le ventre vide.

— Plutôt avoir le ventre vide que mourir.

— C'est vrai. Implorons son pardon et partons.

— Regardez.

La femme étrangère se tenait penchée au-dessus du seigneur qui gisait dans la neige, et elle murmurait des paroles dans son affreuse langue sans grâce.

— Nous ne pouvons plus faire marche arrière à présent. C'est trop tard.

— Et si nous abusions de la femme avant de la tuer ?

— Que dis-tu ? Nous ne sommes pas des assassins.

— Bien sûr que si. Alors autant aller jusqu'au bout. On ne peut nous trancher la tête qu'une seule fois.

— N'êtes-vous pas curieux de voir à quoi elle ressemble ? J'ai entendu dire qu'elles avaient le corps couvert de poils drus comme des soies de sanglier.

— Moi, j'ai entendu dire qu'il y avait de la fourrure de vison sur leurs parties intimes.

Les hommes la dévisagèrent.

— Attendez. Il faut s'assurer que le seigneur est bien mort. Les samouraïs sont d'étranges créatures. Tant qu'il lui reste un souffle de vie, il peut encore tuer.

— Il est mort. Regardez. Elle lui parle et il ne répond pas.

— Ne prenons pas de risques. Tranchons-lui la gorge.

Emily ne savait que faire. Genji avait été blessé à la poitrine et au dos, et saignait abondamment. Il fallait arrêter l'hémorragie au plus vite, sans quoi il mourrait. Mais à travers les vêtements il était difficile à Emily de localiser les plaies et d'en déterminer la gravité. Il fallait qu'elle le déshabille. Mais alors ne risquait-il pas de mourir de froid ? Elle se trouvait face à un terrible dilemme. Si elle ne faisait rien, il mourrait à coup sûr.

Lorsqu'elle avait crié le nom de Genji, les bandits s'étaient figés puis écartés.

À présent, ils étaient en pleine discussion. De temps à autre, ils regardaient dans la direction de Genji. Le nom de Shigeru avait été prononcé à plusieurs reprises. Quatre d'entre eux semblaient d'avis de se retirer, mais leur chef avait montré Genji du doigt en disant quelque chose. Sans doute avait-il réussi à les convaincre, puisque les hommes étaient restés.

« Peut-être se repentent-ils de leurs actions, se dit-elle, et vont-ils nous offrir leur aide pour se faire pardonner. »

Genji respirait toujours mais ne parlait pas.

« Nous sommes tous entre les mains du Seigneur Jésus-Christ. »

Leur discussion terminée, les hommes s'approchèrent. Elle pensa qu'ils venaient lui porter secours. Du moins l'espérait-elle. Puis elle vit qu'ils dégainaient des couteaux.

Lui faisant un bouclier de son corps, Emily serra Genji contre sa poitrine. Les brigands se mirent à crier sans qu'elle puisse dire s'ils s'adressaient à elle. L'un d'eux lui empoigna le bras tandis que ses compagnons arrachaient Genji à son étreinte. Son agresseur la poussa en arrière pour la renverser sur le dos, et commença à relever ses jupes. Le chef lui cria quelque chose, l'homme se retourna et lui cria quelque chose en retour.

Ce fut alors qu'elle se souvint du revolver de Matthew.

Profitant du fait que l'homme lui tournait le dos, elle s'empara du revolver, abaissa le chien ainsi que Matthew le lui avait montré, puis le plaça sous le menton de son agresseur et appuya sur la détente.

Une gerbe de sang et de chair gicla dans les airs avant de retomber sur les hommes qui tenaient Genji.

Elle abaissa à nouveau le chien, plaça le canon contre la poitrine de l'homme le plus proche et fit feu. Lorsque l'homme tomba à la renverse, ses compagnons avaient déjà pris la fuite, dévalant la colline comme des lapins. Elle tira deux fois encore dans le dos des fuyards mais rata son coup à chaque fois.

Qu'allait-elle faire avec un homme grièvement blessé, un revolver armé de deux balles, et deux chevaux ? Des brigands rôdaient non loin de là qui risquaient de revenir achever leur macabre besogne. Elle ne savait ni où elle était ni où se trouvait l'ermitage. Elle eût été incapable de retourner sur ses pas jusqu'au carrefour où était posté Hidé ou d'aller de l'avant en direction d'Akaoka. Et, même si elle l'avait pu, Genji n'était pas en état de voyager. Si elle ne faisait rien, ils mourraient tous deux de froid.

Elle tira Genji jusque sous les arbres, mais ceux-ci étaient épars et n'offraient pas la protection qu'elle avait escomptée contre le vent et la neige qui avait recommencé à tomber. Il leur fallait un meilleur abri.

Dans un ravin proche elle aperçut un creux qui lui semblait convenir. Rassemblant toutes ses forces, elle essaya de le traîner jusque-là, en vain. Il allait lui falloir construire un abri autour d'eux, ici même.

Pour la première nuit qu'ils avaient passée hors d'Edo, Hidé et Heiko avaient bâti des refuges à l'aide de branchages. Elle allait faire de même.

Un Noël qu'elle s'était plainte du froid à sa mère, celle-ci lui avait parlé des Esquimaux qui vivaient dans le Grand Nord, au pays de l'hiver sans fin. Leurs maisons étaient constituées de glace, et pourtant il faisait chaud à l'intérieur. Leurs parois gelées formaient un rempart contre l'air froid du dehors et retenaient à l'intérieur la chaleur produite par le corps humain. Sa mère avait dessiné la maison de glace circulaire, à l'extérieur de laquelle des enfants esquimaux à la face ronde s'amusaient à fabriquer des bonshommes de neige. Etait-ce la vérité ou juste un conte de fées ? Elle le saurait bientôt.

Pour couper les branches, elle les plia selon un certain angle, ainsi qu'elle avait vu faire Hidé. En vain. Elle ignorait tout de la façon de se servir d'un sabre. Elle décida d'utiliser des branchages qui se trouvaient déjà à terre. Ensuite elle étala son châle par-dessus comme un auvent qu'elle recouvrit de neige pour faire un toit. Puis elle combla de neige les vides qui se trouvaient au pied de la structure. Celle-ci était biscornue et non pas ronde comme celle que sa mère avait dessinée. Mais elle offrait tout de même un abri acceptable.

Elle pénétra à l'intérieur et scella l'entrée avec de la neige, en ménageant une ouverture juste assez grande pour laisser passer l'air. Faisait-il plus chaud dedans ? Elle en avait l'impression. Sans être à proprement parler confortable, la cabane leur permettait de s'abriter du vent.

Elle examina les plaies de Genji. Il portait une entaille à la poitrine qui exposait ses côtes à la vue et deux autres plus profondes dans le dos. Un jet de sang s'en échappait à chaque battement de cœur. Otant son jupon, elle le déchira en bandelettes dont elle lui enveloppa le torse. Lorsqu'elle voulut le rhabiller, ses vêtements raidis par le sang gelé crissèrent. Elle se souvint qu'il y avait des couvertures dans le paquetage que portaient les chevaux. Ayant recouvert Genji avec son manteau, elle sortit les chercher.

Les chevaux n'étaient visibles nulle part. Il y avait des traces dans la neige mais elle n'était pas certaine qu'il s'agissait d'empreintes de sabots. La neige continuait de tomber, estompant les sillons. Tout en récitant une prière silencieuse, elle se mit à les suivre. Oui. Il y en avait un. A son grand soulagement, c'était la jument placide qu'elle avait montée, et non l'étalon fougueux de Genji.

— Cannelle, ici.

Cannelle était le nom du cheval qu'elle montait à Apple Valley. Il avait une robe aux reflets roux comme celui-ci. Elle fit claquer sa langue et tendit la main, paume ouverte.

Mais la jument hennit et s'éloigna. Avait-elle flairé l'odeur du sang sur ses vêtements ?

— N'aie pas peur, tout va bien, dit-elle de sa voix la plus douce en approchant de l'animal qui reculait.

Elle lui parlait tout en continuant d'avancer, jusqu'à ce que la distance entre elles se rétrécît.

— Tout doux, Cannelle. Tout doux.

La bride était presque à portée de sa main quand elle entendit un étrange grognement dans son dos. Elle plongea aussitôt une main dans sa poche, mais le pistolet n'y était pas. Il était dans le manteau dont elle avait recouvert Genji. Elle se retourna, s'attendant à voir un loup. C'était le destrier de Genji qui, la tête baissée, piaffait dans la neige. La jument bondit hors d'atteinte.

Emily recula tout doucement, craignant de faire un geste qui inciterait l'étalon à charger. Elle n'essaya pas de lui parler : elle doutait qu'il se laissât amadouer par des paroles. Elle n'était plus qu'à dix mètres de lui quand il tressaillit brusquement et partit au galop. La jument avait atteint le sommet de la colline. L'étalon de Genji s'élança à sa poursuite.

Le soulagement d'Emily ne fut que de courte durée. Elle avait suivi la jument sans prêter attention à la direction qu'elle prenait.

A présent, elle avait beau regarder de tous côtés, elle ne distinguait la cabane nulle part. Elle n'apercevait même plus le ravin. Elle était perdue.

La neige continuait à tomber dru, comme si toute la masse des nuages s'était abattue sur la terre en même temps.

La neige en fondant transperçait ses habits. Elle ne sentait plus ses mains ni ses pieds. Genji et elle allaient bientôt mourir. Les larmes gelaient sur ses joues. Elle ne craignait pas la mort, mais le sort de Genji lui crevait le cœur. Il allait périr dans ce lieu sauvage, abandonné de tous, sans personne pour lui tenir la main ou prononcer des paroles réconfortantes lorsque son âme irait au purgatoire, là où échouaient sans exception toutes les âmes des non-baptisés. Elle avait promis à Dieu de sauver son âme et n'avait pas tenu parole.

Elle se laissa tomber à terre et pleura.

Non, il ne fallait pas se laisser abattre.

Elle avait promis à Dieu. Tant qu'il y aurait une étincelle de vie dans le corps qu'Il lui avait donné, elle ferait tout son possible pour tenir sa promesse. Elle ne pleurerait pas par chagrin mais parce qu'elle s'apitoyait sur son sort. C'était là le pire des péchés d'orgueil.

A cause de la neige, on n'y voyait pas à dix pas. Elle n'avait aucun repère auquel se fier, mis à part ses pieds qui lui indiquaient l'inclinaison de la montagne. Si seulement elle arrivait à se souvenir si elle était descendue ou montée pour attraper la jument, elle pourrait sans doute retrouver son chemin.

Elle était descendue.

Il lui semblait que la jument avait suivi la pente. Ce qui voulait dire que l'abri se trouvait en amont. Il ne pouvait pas être bien loin. Elle avait marché très lentement. Elle fit un pas dans l'épais manteau neigeux, puis un deuxième, un troisième. Elle suivit le mouvement ascendant de ses pieds. Au quatrième pas, son pied s'enfonça profondément dans la neige, sans trouver le moindre point d'appui. D'un seul coup, elle bascula dans un précipice invisible. Entraînée par son élan, elle dévala la colline la tête la première et ne s'arrêta que lorsqu'elle buta contre un obstacle.

La cabane !

Elle avait failli prendre la mauvaise direction. Si elle n'était pas tombée au fond du ravin, elle aurait erré dans la tempête jusqu'à ce que le froid l'emporte vers le repos éternel. La neige fraîche, en recouvrant le refuge, en avait arrondi les angles. A présent il ressemblait davantage à l'igloo esquimau que sa mère avait dessiné pour elle. Elle déblaya la neige qui bouchait l'entrée et se glissa à l'intérieur.

Genji était toujours vivant. Il respirait à peine, à intervalles prolongés. Sa peau glacée était presque bleue. Si elle n'arrivait pas à le réchauffer un tant soit peu, il mourrait dans quelques minutes. Elle n'avait pas de couvertures et ne savait comment allumer un feu. Sa mère lui avait dit que les Indiens frottaient deux bâtons l'un contre l'autre. Mais elle doutait que ce fût aussi simple. Non, la seule chaleur qu'elle pouvait lui offrir était la chaleur de son corps.

Quel était le plus grand péché ? Coucher avec un homme qui n'était pas son mari, ou rester là sans rien faire alors qu'il était en train de mourir ? Le commandement était « Tu ne tueras point ». Assurément, il s'agissait là d'une priorité. De plus, elle n'allait pas coucher avec lui au sens biblique du terme. Il s'agissait d'une tentative de sauvetage, non d'un acte de fornication, de luxure ou d'adultère.

Emily s'étendit à gauche de Genji, du côté opposé à la blessure qu'il portait à la cage thoracique. Son manteau le recouvrait et elle était entièrement habillée. Elle ne « couchait » nullement avec lui. Mais elle ne le réchauffait guère non plus car la chaleur de son corps était arrêtée par l'épaisseur de ses vêtements, qui formaient une barrière entre eux.

Elle ferma les yeux pour prier. Elle demanda à Dieu de regarder au fond de son cœur afin de s'assurer de la pureté de sa conduite. Elle lui demanda de lui pardonner si son jugement était erroné. S'il pouvait sauver une vie, que ce soit celle de Genji, car elle était baptisée et lui ne l'était point.

Elle se débarrassa en hâte de ses vêtements, ne gardant que ses pantalons. Elle lui ôta également les siens, ne lui laissant que son pagne et prenant soin de ne pas poser les yeux sur ce qu'elle ne devait pas voir. Ayant étendu son kimono taché de sang sur les aiguilles de pin, elle plaça son propre manteau par-dessus en guise de matelas, puis y allongea Genji. Après quoi elle couvrit son corps avec le sien aussi complètement qu'elle le pouvait sans l'écraser. Les saignements s'étaient arrêtés, mais sous l'effet de son poids les plaies risquaient de se rouvrir. Avec le reste de leurs vêtements, elle confectionna une sorte de cocon douillet dont elle les enveloppa tous deux.

La peau de Genji était devenue froide et raide. Il avait même cessé de trembler. Le serrer entre ses bras était comme tenir un bloc de glace. Au lieu de le réchauffer, elle avait l'impression qu'elle allait se transformer en glaçon. Mais la chaleur contenue au plus profond de sa chair finit par avoir raison du froid.

Elle vit une goutte de sueur perler au-dessus de la lèvre supérieure de Genji tandis que sa respiration se faisait plus profonde.

Elle s'endormit, un sourire aux lèvres.

Genji s'éveilla, aveugle et fiévreux, le corps transpercé par une douleur lancinante. Il était ligoté et pouvait à peine bouger. Quelqu'un pesait de tout son poids sur lui, le clouant au sol.

Il se cabra et, pivotant, inversa la position de son assaillant. A présent il avait le dessus.

— Où sommes-nous ?

Il était prisonnier. De cela, il était certain. Mais de qui ?

Une voix étrange, à la diction confuse, lui répondit. C'était une voix de femme qu'il avait déjà entendue. Dans un rêve, ou lors d'une vision.

— Dame Shizuka ?

Etait-elle avec lui, retenue prisonnière elle aussi ?

Elle parla à nouveau. A nouveau il ne comprit rien de ce qu'elle disait. Elle essaya de se dégager, mais il resserra son étreinte et elle s'arrêta aussitôt. Sa voix avait des accents apaisants. Elle était en train de lui expliquer quelque chose.

— Je ne comprends pas ce que vous dites, marmonna Genji.

Dame Shizuka, si c'était bien elle, continuait de murmurer dans son langage secret. Pourquoi était-il aveugle ? Parce qu'on lui avait arraché les yeux ? Ou l'avait-on jeté dans un cachot souterrain, loin de la lumière du jour ? Cette femme était-elle un instrument de torture imaginé par ses bourreaux ? Kawakami. L'Œil Collé du shogun. Ce genre de procédé lui ressemblait. Il songea à Heiko. Mais non, la femme qui se trouvait sous lui n'était pas Heiko. Sans quoi il aurait compris ce qu'elle lui disait.

— Heiko ?

La voix parla à nouveau, plus vivement cette fois, mais elle était toujours aussi incompréhensible. A l'exception de deux mots :

« Genji » et « Heiko. » Cette femme le connaissait. La voix lui était familière mais pas le corps. Elle était plus grande que Heiko. Ou en donnait l'impression, tout au moins. Genji n'était plus sûr de rien. Il errait entre conscience et inconscience. Chaque fois qu'il s'éveillait, il voyait un peu plus clair. Les murs luisaient, irradiant de la lumière. Au lieu de cheveux, des filaments d'or recouvraient la tête de la femme. Ses yeux étaient un gouffre bleu, comme le ciel. Quelque chose brillait à son cou. Une chose qu'il avait déjà vue dans une autre vision.

Le jeune homme enfonce profondément son sabre dans le thorax de Genji...

A chaque pulsation le sang jaillit hors de sa poitrine...

Une femme à la beauté extraordinaire dit :

« Vous serez toujours mon prince resplendissant. »

Sa beauté n'est pas entièrement japonaise. Il ne la reconnaît pas, mais la vue de son visage lui étreint de cœur. Il la connaît. Ou la connaîtra. C'est dame Shizuka.

Souriant à travers ses larmes, elle dit :

« J'ai fini la traduction hier. Je me demande si nous devrions lui garder son titre japonais ou le traduire également en anglais. Qu'en pensez-vous ?

— Anglais », dit Genji, qui voudrait lui demander en quoi consiste cette traduction.

Dame Shizuka ne le comprend pas.

« En anglais, très bien... Elle serait fière de nous. »

Fière ? Qui serait fière ? Il n'a pas la force de le lui demander. A son long cou parfaitement lisse il voit briller quelque chose.

C'était ce qu'il voyait autour du cou de cette femme.

Un petit pendentif pas plus grand que le pouce, gravé d'une croix ornée d'une fleur stylisée, un lis peut-être.

— Seigneur Genji ?

Il était de nouveau inconscient.

Elle ramena doucement son bras sous la couverture et referma le cocon. Il n'aurait pas moins chaud sur elle que dessous. Du sang s'échappait de la plaie qu'il portait à la poitrine, ruisselant sur ses seins. Le pansement dans son dos était également trempé. Les efforts qu'il avait déployés avaient rouvert les plaies. Si elle essayait encore de le faire bouger, il risquait de se réveiller, de recommencer à se battre contre les fantômes de son délire et d'aggraver son état.

Leur nouvelle position était embarrassante, déconcertante. Mais tant qu'il dormait, cela n'avait pas d'importance. Chaque fois qu'il s'éveillait, malgré son état délirant, elle éprouvait une gêne certaine. Ils ne faisaient pourtant rien de mal, ils n'avaient l'un et l'autre aucune mauvaise intention. Mais qu'il se trouve allongé sur elle était dérangeant. Leur position aurait pu être mal interprétée. Enfin, il n'y avait personne pour les observer et donc personne pour tirer des conclusions erronées.

Le déplacer eût été risqué. Mieux valait donner l'apparence du péché que de le commettre, et surtout mieux valait ne pas risquer d'aggraver son état.

Elle commençait à somnoler quand l'aurore éclaira la coupole de neige qui leur servait de toit, et ne tarda pas à sombrer à son tour dans le sommeil.

La neige continua de tomber encore longtemps ce jour-là.

— Une heure de plus passée ainsi et ils seraient morts, dit Shigeru. Elle avait pratiqué une ouverture dans l'abri pour laisser passer l'air, mais la neige l'avait recouverte. Ils étaient en train de suffoquer.

Hidé regarda vers le feu autour duquel le seigneur Genji et Emily étaient assoupis. Il avait pansé les plaies de son maître, puis les avait nourris tous les deux. Ils survivraient.

Shigeru montra le calibre 32 à Hidé.

— Il contient quatre cartouches vides et deux pleines. Je crois qu'elle s'en est servie pour repousser les agresseurs de Genji.

Qui sait ? Il y avait peut-être des cadavres enfouis sous la neige à proximité.

Il ne dit pas dans quelle position il les avait retrouvés, Genji et la femme quasiment nus, étendus ensemble sous une pile de vêtements. Il n'était pas certain que la femme eût tiré au pistolet et sauvé ainsi la vie de Genji. Mais il savait qu'elle l'avait sauvé grâce à la chaleur de son corps. Sans elle, avec tout le sang qu'il avait perdu, il serait mort de froid.

— Seigneur Shigeru, dit Hidé, les yeux écarquillés, vous vous rendez compte de ce qui est arrivé ?

— Oui. La prophétie s'est réalisée. Un étranger rencontré à la Nouvelle Année a sauvé la vie du seigneur Genji.

IV

UN
PONT
ENTRE
LA VIE
ET LA
MORT

13
La Vallée des pommiers

Les sages disent que la joie et le chagrin ne font qu'un. Est-ce parce qu'en trouvant la première nous trouvons également le second ?

Suzume-no-kumo
(1861)

— Je suis un piètre samouraï, dit Genji.

— Sire, comment pouvez-vous parler ainsi alors que vous avez survécu à des circonstances fort périlleuses ? protesta Saiki.

Genji se reposait dans la chambre du maître du château du Vol de Moineaux. Son grand-père l'avait occupée jadis, et son imposante présence était encore palpable. Saiki et Hidé étaient agenouillés à son chevet. Allongé sur le côté, Genji attendait que le Dr Ozawa eût fini de panser ses blessures.

— Tu as traversé la tempête, subi les attaques d'une baleine, été capturé par des traîtres, voilà ce que j'appelle des circonstances périlleuses.

Genji grimaça lorsque le médecin lui ôta son vieux bandage, arrachant du même coup une croûte de sang séché. Les deux samouraïs se penchèrent d'instinct vers lui comme pour lui venir en aide.

— Je suis désolé, sire, dit le Dr Ozawa. J'ai été maladroit.

Genji balaya d'un geste ses scrupules.

— J'ai été pris au dépourvu par une bande de déserteurs dépenaillés, défendu par Emily et sauvé par mon oncle. Il ne s'agit pas à proprement parler d'un fait d'armes digne d'être raconté lors de ma prochaine fête d'anniversaire.

— Les blessures que vous avez subies auraient tué un homme moins robuste que vous, répondit Saiki. Grâce à votre esprit combatif, vous avez survécu. Qu'y a-t-il de plus important que l'esprit combatif chez un samouraï ?

— Une once de présence d'esprit.

Hidé, n'y tenant plus, pressa son front contre terre et demeura prostré. Il ne s'estimait pas digne de son maître. Bien qu'il ne proférât aucun son, les spasmes qui secouaient ses épaules en disaient long sur son chagrin.

— Hidé ! Qu'y a-t-il ? dit Genji. Relève-toi, je te prie.

— Tout est ma faute ! Par ma négligence vous avez failli perdre la vie.

— Comment peux-tu t'accuser de négligence alors que tu n'étais même pas là ?

— J'aurais dû y être. En tant que commandant en chef de votre garde personnelle, je n'aurais jamais dû vous laisser courir pareil danger. Je suis impardonnable.

— Tu as lourdement insisté quand l'occasion s'est présentée, dit Genji. C'est moi qui t'ai ordonné de rester à l'arrière, malgré tes protestations et celles de Shigeru. Je ne t'ai pas laissé le choix.

— J'aurais pu vous suivre à votre insu.

— Hidé, relève-toi et cesse ces enfantillages. Je suis le seul responsable dans cette affaire. Je suis tellement habitué à être entouré de serviteurs compétents et loyaux que je suis devenu incapable d'assurer ma propre protection. S'il y a quelqu'un ici qui devrait pleurer de honte, c'est moi.

— Je suis d'accord avec Hidé, dit Saiki. Vous avez été blessé par sa faute. Il aurait dû passer outre à votre ordre et continuer son chemin à votre insu pour vous protéger. Une telle désobéissance lui aurait valu de se suicider ensuite, naturellement, mais du moins aurait-il assuré votre protection ainsi que l'exigeait son rang.

— Et que se serait-il passé si Kudo et ses hommes s'étaient avancés jusqu'au carrefour ? Personne n'aurait été là pour les arrêter.

— Le seigneur Shigeru les a tous tués, dit Saiki. Il n'était pas nécessaire que Hidé monte la garde.

— Nous l'ignorions sur le moment, répliqua Genji, et qui sait ce qui se serait passé si Hidé avait agi de cette façon ? La prophétie n'aurait pu se réaliser, et vous seriez en train de veiller ma dépouille à l'heure qu'il est, au lieu de m'enseigner la sagesse de la désobéissance.

Hidé releva la tête.

Saiki resta sans voix.

Genji sourit. Quand tout allait à vau-l'eau, il lui restait toujours le recours d'invoquer la prophétie. Une excuse des plus commodes.

Le Dr Ozawa dit :

— Vos plaies sont propres, sire. Elles ne présentent aucun signe d'infection. Etrangement, vous n'avez pas souffert d'engelures. Je n'arrive pas à m'expliquer comment une telle chose est possible. Le seigneur Shigeru a dit qu'il vous avait retrouvé enfoui sous un monticule de neige.

— Je n'étais pas seul, répondit Genji. Ma compagne de voyage avait entendu parler des coutumes esquimaudes. Elle a mis ses connaissances à profit.

— Qu'est-ce que l'« esquimau » ? demanda le praticien. Une science médicale étrangère ?

— Une science, sans aucun doute, dit Genji.

— Avec votre permission, j'aimerais m'entretenir avec elle de cette technique esquimaude. Dame Heiko pourrait peut-être nous servir d'interprète ?

— Je suis sûr que vous trouverez beaucoup d'intérêt à vous entretenir avec elle, dit Genji.

Une telle discussion promettait d'être divertissante et il aurait aimé être présent. Car Emily disait toujours la vérité. Mentir, selon elle, était un péché contre le Christ. La jeune femme, gênée, embarrassée, aurait sans doute cherché ses mots pour essayer d'expliquer ce qui s'était passé sans être trop explicite. Il imagina la scène et éclata de rire.

— Sire ?

— Je suis simplement content de constater que je suis en voie de guérison. Merci pour vos soins, Dr Ozawa.

— Ne faites pas d'efforts dans l'immédiat. Une rechute serait dangereuse.

Genji se leva du lit. En temps normal, il aurait attendu, impassible, que ses serviteurs l'aident à endosser ses habits. Mais il était furieux contre lui-même et contre l'incompétence dont il avait fait preuve dans les bois ; il insista pour s'habiller tout seul.

— Je ne suis peut-être pas un grand sabreur, dit-il, mais je suis inégalable quand il s'agit de faire un nœud.

— C'était votre première vraie bataille, dit Saiki. Vous ferez mieux la prochaine fois.

— Ou pire ?

— Vous êtes trop sévère avec vous-même, insista Saiki. A l'époque où les émeutes ont éclaté, à l'ouest du domaine — vous n'étiez pas encore né —, j'ai vu couler le sang pour la première fois. J'ai honte de l'avouer, mais j'ai vomi et souillé mon pagne. Simultanément.

— Non ! s'exclama Genji. Pas toi ?

— Si, hélas, dit Saiki.

Genji rit et Hidé l'imita. Saiki rit aussi. Il avait omis de mentionner qu'il n'avait que treize ans à l'époque, et que le sang répandu était celui de deux fermiers armés jusqu'aux dents qu'il venait de tuer avec son premier vrai *katana*. Il était content de voir que son anecdote avait égayé Genji. Une légère égratignure à son amour-propre était un petit prix à payer.

— Oh, je vous prie de m'excuser, dit Emily en paraissant sur le seuil de la chambre. Ai-je interrompu une conférence ?

Elle avait revêtu une robe semblable à celle qu'elle portait auparavant, mais celle-ci était en soie au lieu de coton. Ses jupons, ses pantalons et ses bas étaient également en soie. Ses vieux habits étaient hors d'usage après l'épisode survenu dans les bois. Les couturières du château les avaient pris comme modèles pour lui en confectionner de nouveaux. Emily aurait préféré de la cotonnade, plus modeste, plutôt que de la soie. Mais refuser des présents qui lui étaient offerts de si bon cœur eût été indigne, si bien que, pour la première fois de sa vie, elle était vêtue de soie de la tête aux pieds. Même son manteau capitonné, trop ample et sans forme, avait été reproduit dans la même étoffe luxueuse.

— Nous étions en train de conclure, lui répondit Genji. Laissez-nous encore une minute ou deux. Mais je vous en prie, entrez.

— Dame Emily, dit Saiki. (Lui et Hidé s'inclinèrent profondément à son entrée.) Je suis heureux de vous voir parmi nous et en bonne santé.

Genji remarqua la politesse extrême avec laquelle Saiki s'adressait à elle. Elle était désormais « dame Emily » et non plus la « femme étrangère ». L'accomplissement de la prophétie avait considérablement rehaussé son prestige. Genji s'en réjouit. Seule dans un pays étranger, veuve avant même d'avoir été mariée, la pauvre fille n'avait pas la vie facile. Un peu de gentillesse ne pouvait que l'aider à surmonter son chagrin.

Genji dit :

— Il exprime sa joie de vous trouver en bonne santé.

— S'il vous plaît, remerciez M. Saiki pour moi. Je suis heureuse de le trouver également en bonne santé.

— Elle te remercie de ta sollicitude, Saiki, et elle est heureuse de te retrouver sain et sauf. Y a-t-il un autre point que tu souhaiterais aborder ?

— Non, sire. La rébellion contre vous a été écrasée. Tous ceux qui ont survécu seront punis. Le seigneur Shigeru s'est déjà chargé des cas les plus délicats. J'emmènerai cent hommes avec moi demain matin, au village de Kageshima, et nous en finirons une fois pour toutes.

— Je crois qu'exécuter les anciens du village devrait suffire, commenta Genji. Tu adresseras une sévère admonestation aux autres, pour leur rappeler qu'ils ont un devoir de loyauté non seulement envers leur chef immédiat, mais également envers le grand seigneur du domaine.

— Ce n'est pas la procédure habituelle, sire.

— Je le sais.

— En faisant preuve de clémence, vous risquez de donner l'impression que vous manquez de fermeté.

— A quoi bon faire couler le sang inutilement ? Il y aura bien assez de morts comme cela dans les jours à venir. Si nous devons tuer, concentrons nos efforts sur nos ennemis et non sur nos propres paysans.

— Bien, sire.

Saiki et Hidé se retirèrent. Une fois sur le seuil, Hidé déclara :

— Je vais aller préparer les chevaux.

Genji allait lui rétorquer qu'ils ne comptaient pas aller bien loin et que sa présence ne serait pas nécessaire mais, en voyant la détermination sur les traits de Hidé, il se ravisa. Il était clair qu'il faudrait un certain temps avant qu'il puisse à nouveau sortir sans escorte.

— Très bien, Hidé.

Emily lui demanda :

— Etes-vous certain que vous pouvez monter à cheval, sire ?

— Nous irons au pas, dit Genji. Pas de galop. Tout ira bien.

— Pourquoi ne ferions-nous pas une promenade à pied, tout simplement ? Je n'ai pas encore vu grand-chose du château. Mais le peu que j'en ai vu m'a beaucoup plu.

— Vous le visiterez, c'est promis. Mais aujourd'hui, nous allons prendre les chevaux. Il y a une chose que j'aimerais vous montrer.

— De quoi s'agit-il ?

— Venez avec moi et vous le saurez.

Emily rit.

— Une surprise ? J'adorais les surprises quand j'étais enfant. Mais, au fait, ne pensez-vous pas que Matthew pourrait venir avec nous ?

— Il s'entraîne. Ecoutez.

Un bruit de tir atténué résonnait au loin.

— De toute façon, la chose que je veux vous montrer ne le concerne pas.

— Sire, je suis sur des charbons ardents.

— Pas pour longtemps.

La dernière tête appartenait à un bambin d'un an à peine. Shigeru la ficha sur une pique, avec les autres, à l'extérieur de la grille du château. L'hiver au domaine d'Akaoka était moins rude que dans les montagnes de l'île de Honshu. Le visage de Kudo était déjà dans un état de décomposition avancé et méconnaissable. Les autres étaient plus frais, leur récente agonie animait encore leurs traits. L'épouse de Kudo, ses deux concubines, ses cinq enfants, sa mère, son frère, ses beaux-frères et ses belles-sœurs, oncles, tantes, cousins, neveux et nièces. Cinquante-neuf têtes au total.

La famille de Kudo avait cessé d'être.

Heiko s'inclina et s'approcha de lui.

— Une tâche bien ingrate, seigneur Shigeru.

— Mais nécessaire.

— Je n'en doute pas. La rivière du karma coule inexorablement.

— Puis-je vous être d'une quelconque utilité, dame Heiko ?

— Je l'espère. Sous peu, le seigneur Genji va sortir du château pour une brève excursion en compagnie de dame Emily. Ils passeront par ici, naturellement.

— Naturellement. Le seigneur emprunte toujours l'entrée principale du château.

— Cet étalage macabre risque de choquer profondément dame Emily.

— Vraiment ? (Shigeru jeta un coup d'œil à l'alignement parfait de piques bordant la route face au sud.) Pour quelle raison ? Il me semble que tout est en ordre.

— Dame Emily est d'une nature particulièrement sensible, expliqua Heiko en choisissant ses mots avec soin. De plus, étant étrangère, elle n'entend rien au principe du karma. La présence d'enfants, en particulier, risque de la perturber. Je crains qu'elle ne puisse pas continuer son chemin avec notre maître.

— Et que suggérez-vous ?

— Otez les têtes.

— Je ne vois pas comment je pourrais faire une chose pareille. Il s'agit là d'une tradition ancestrale, selon laquelle la tête des traîtres doit être exhibée à l'extérieur du château jusqu'à ce que la chair pourrisse et que les charognards aient nettoyé les crânes.

— Une tradition qui mérite de se perpétuer… Mais ne pourrait-on envisager de la modifier légèrement, juste pour une fois ? Ne pourrait-on temporairement exhiber ces trophées à l'extérieur de la maison du seigneur Kudo ?

— Le traître n'est pas un seigneur, il n'a désormais plus de nom.

— Je vous demande pardon, dit Heiko en s'inclinant. Je voulais dire à l'extérieur de l'ancienne résidence du traître.

— Je m'apprêtais à m'y rendre pour y mettre le feu et la réduire en cendres.

Heiko blêmit.

— Pas avec les domestiques à l'intérieur ?

Shigeru sourit gravement.

— C'était mon intention. Mais dans sa suprême mansuétude et son excessive clémence, notre seigneur a ordonné qu'ils soient vendus comme esclaves à la place.

Heiko laissa échapper un soupir de soulagement.

— Dans ce cas, puis-je faire une suggestion ?

— Il m'avait semblé que vous l'aviez déjà faite.

— Avec votre permission, seigneur Shigeru, puis-je suggérer que vous brûliez la maison, ainsi que vous en aviez l'intention, et que vous placiez ensuite ces restes sur les ruines ? Ne serait-ce pas là une solution satisfaisante ?

Shigeru se représenta mentalement la scène : cinquante-neuf têtes fichées sur des piques émergeant des restes fumants de la trahison.

— Très bien, dame Heiko.

— Merci, seigneur Shigeru.

Elle ne s'attarda pas à le regarder faire.

En sortant du château, Genji, Emily et Hidé rencontrèrent Stark et Taro qui s'en revenaient.

— Vous n'épuisez donc jamais votre stock de munitions, Matthew ? s'étonna Emily.

Elle montait à califourchon et non pas en amazone, Genji ayant réussi à la persuader d'enfiler une paire de pantalons amples appelés *hakama* comme ceux qu'il portait lui-même. Il lui avait affirmé qu'ils étaient tout à fait décents pour une femme. Elle s'était rappelé que Zephaniah lui avait conseillé de suivre les coutumes japonaises dans la mesure où celles-ci n'étaient pas en contradiction avec la morale chrétienne. Les *hakama* semblaient inoffensifs. Ils étaient si amples qu'ils ressemblaient plus à une jupe qu'à un pantalon.

— J'ai fabriqué un moule afin de pouvoir couler moi-même des balles, dit Stark. Et nos hôtes ont de la poudre à canon en quantité.

Il tendit une main dans laquelle se trouvaient des cartouches déjà utilisées.

— Elles peuvent servir plusieurs fois.

— J'espère que vous vous conduirez en véritable soldat chrétien, dit Emily. Et que vous vous battrez uniquement au nom de la justice.

— Ma mission est juste, répliqua Stark. De cela, vous pouvez être sûre.

Taro demanda à Hidé :

— Où allez-vous ?

— Pas très loin. Si tu es disponible, viens avec nous.

— Entendu. M. Stark doit rencontrer dame Heiko. Elle lui sera plus utile que moi, étant donné qu'elle parle sa langue.

Hidé et Taro se mirent en route, chevauchant à quelque distance derrière leur maître et la dame.

Dans leur fief, si près du château, il était peu probable qu'ils fassent de mauvaises rencontres. Néanmoins, Hidé restait vigilant.

— Est-ce un bon tireur ?

— Excellent, dit Taro. Je n'aurais jamais cru qu'une telle chose était possible. Il dégaine et fait feu plus vite qu'aucun maître de *iaido* ne pourrait dégainer un sabre. Encore plus vite que Shigeru lui-même.

— Je te l'avais dit.

— Je sais, mais je croyais que tu blaguais. Son tir est étonnamment précis. A vingt pas, neuf fois sur dix, il fait mouche du premier coup, et ne rate jamais sa cible au deuxième coup. Je me demande pourquoi il s'entraîne avec autant d'acharnement. Il n'y a personne au Japon qui puisse se mesurer à lui.

— C'est un soldat, comme nous, expliqua Hidé. Et la guerre approche. C'est une raison suffisante, non ?

Emily observait Genji de près. Au premier signe de faiblesse, elle insisterait pour qu'ils rebroussent chemin. Pour l'instant, il semblait se porter comme un charme. Le retour dans son domaine lui avait fait le plus grand bien. Le climat ici était beaucoup plus clément qu'à Edo. Là-bas, il régnait un froid mordant, mais ici l'hiver ressemblait davantage au printemps.

— Le climat est-il toujours aussi doux à Akaoka ?

— Il est rare qu'il gèle, répondit Genji. Les pratiques esquimaudes ne sont pas d'une grande utilité.

— Sire, de grâce…

— Mais peut-être que, s'il neigeait, la natalité s'en porterait mieux…

Emily détourna les yeux, les joues en feu.

Genji éclata de rire.

— Je suis désolé, Emily. C'est plus fort que moi.

— Vous m'aviez promis de ne plus jamais en parler.

— Je vous ai promis de ne pas en parler devant les autres, mais pas quand je suis seul avec vous.

— Seigneur Genji, une telle conduite n'est pas digne d'un gentleman.

— Gentleman ?

— Un gentilhomme, autrement dit un homme courtois et respectueux des convenances, dit-elle en posant sur lui un regard qu'elle s'efforça de rendre sévère.

— Ma conduite est impardonnable. Je vous prie d'accepter mes plus humbles excuses.

— Je le ferai à condition que vous cessiez de sourire.

— Vous souriez, vous aussi.

— C'est une grimace, et non un sourire.

— Grimace ?

Cette fois, elle refusa de lui donner une explication.

Ils poursuivirent leur chemin en silence. Chaque fois qu'elle lui jetait un coup d'œil à la dérobée, elle voyait le même petit sourire narquois sur ses lèvres. Même si elle n'arrivait pas vraiment à lui en vouloir, se comporter comme si de rien n'était eût constitué une erreur. Compte tenu de la nature de leurs relations, ce genre de plaisanteries étaient on ne peut plus déplacées. Elle était une missionnaire et lui le seigneur qui finançait sa mission. Point.

Elle s'arrêta et se retourna pour contempler le Vol de Moineaux. La première fois qu'elle l'avait vu, sa déception avait été immense. Ça, une forteresse ? Mais où étaient les hautes murailles et les tours de guet ? Où étaient les parapets, les remparts, les créneaux, les meurtrières, le pont-levis, les douves ? La seule partie solide était la base, en pierres simplement empilées, au-dessus de laquelle s'élevaient des pagodes de bois et de stuc surmontées de tuiles. Les châteaux forts étaient les résidences des chevaliers. Or elle ne pouvait pas se représenter Ivanhoé, en armure et la lance au poing, émergeant d'un lieu semblable. Ainsi, au Japon, les critères esthétiques étaient tout aussi différents pour les châteaux que pour les femmes. Mais si dans un cas cette différence s'était avérée bénéfique, dans l'autre cela avait été une amère déception.

Comme sa vision des choses avait changé en l'espace de deux semaines ! Le Vol de Moineaux semblait si léger à l'œil que ses sept étages donnaient l'impression de flotter au-dessus d'une falaise escarpée dominant l'océan. Sa base de pierre s'élevait gracieusement, formant une parabole concave, pour soutenir des murs de stuc blancs comme des nuages d'été. Coiffant le tout, des toits aux volutes compliquées étaient recouverts de tuiles de terre cuite grise. Vu d'ici, à quelque deux miles de distance, avec un petit effort d'imagination, elle pouvait se représenter les tuiles comme autant de moineaux prêts à prendre leur essor. Il y avait dans ce château une élégance éthérée qui, par contraste, conférait aux bâtisses massives de ses rêves d'enfant une allure triste.

— Etes-vous très fâchée, Emily ? questionna Genji.

Elle sourit et secoua la tête.

— Non, simplement il y a certaines choses au sujet desquelles on ne devrait pas plaisanter.

— Vous avez raison. Je ne recommencerai plus.

Ils avaient atteint le pied d'un petit tertre. Avant de le gravir, Emily crut discerner une odeur familière. Elle chassa aussitôt cette illusion olfactive, qu'elle mit sur le compte du mal du pays. Un instant plus tard, elle aperçut une petite vallée, et la tête se mit à lui tourner. L'air commençait à lui manquer, comme si elle avait atteint le sommet d'une montagne.

— Une pommeraie, dit-elle d'une voix à peine audible.

Ce n'était qu'un verger d'une centaine d'arbres au plus. Mais lorsqu'ils furent descendus parmi eux, elle eut l'impression qu'il y en avait des milliers. Se dressant sur ses étriers, elle tendit le bras et cueillit un beau fruit écarlate.

— On dirait des MacIntosh, s'étonna Emily. Ou une variété similaire. Nous les cultivions à la ferme.

— Il se peut que ce soient les mêmes, quand bien même elles portent un autre nom ici. Les pommes sont-elles originaires d'Amérique ?

— Non, ce sont les colons européens qui les ont apportées avec eux. Un homme surnommé Johnny Appleseed a passé sa vie à les planter du nord au sud du pays. C'est du moins ce qu'on m'a raconté. Mais il ne s'agit peut-être que d'un conte pour enfants et non d'une histoire vraie.

— Souvent, les deux sont liés.

Il tendit une main pour saisir une branche, mais eut un haut-le-corps et baissa le bras. Ses blessures encore fraîches entravaient ses mouvements.

— Enfant, je grimpais dans ces arbres pour m'entretenir avec des compagnons imaginaires, lui confia-t-il.

— Moi aussi, je grimpais aux arbres, dit Emily, et je jouais avec mes deux frères.

— Des frères imaginaires ?

— Non, des vrais. Tom et Walt.

— Sont-ils missionnaires, eux aussi ?

— Non, ils sont morts enfants.

— Et vos parents ?

— Ils sont morts aussi.

— Dans ce cas nous sommes tous deux orphelins.

Levant la tête vers l'une des branches, il poursuivit :

— Je suppose que vous ne seriez plus capable de grimper aux arbres aujourd'hui ?

— Je vous demande pardon ?

— Les arbres. Vous seriez encore capable d'y grimper ? Si je n'étais pas blessé, je grimperais tout là-haut sans difficulté.

— Je pourrais en faire autant, affirma Emily.

— Naturellement.

— Vous avez l'air d'en douter, seigneur Genji.

— C'est que vous n'avez pas l'air de quelqu'un de très agile.

— Dois-je le prendre comme un défi ?

Ses frères et elle se lançaient constamment des défis. La dernière fois qu'elle était montée dans un arbre, elle avait sauté sur un coup de tête dans l'arbre voisin. La branche sur laquelle elle avait atterri s'était cassée et affaissée. Par chance, elle y était restée agrippée, évitant de justesse de se rompre bras et jambes.

« Je suis désolée d'avoir cassé la branche, papa.

— Mieux vaut la branche que toi. Mais ne recommence plus.

— Bien, papa.

— Tu es très belle, Emily. Mais tu le seras beaucoup moins avec une patte folle ou le dos voûté.

— Oui, papa. »

A sa grande joie, il ne cessait de lui répéter qu'elle était belle. Mais à présent ce mot n'avait plus la même résonance pour elle.

Emily ôta son manteau et le déposa sur le pommeau de sa selle. Saisissant la branche qui se trouvait au-dessus d'elle, elle se hissa sur ses étriers et, prenant son élan en se balançant d'avant en arrière, elle jeta d'abord une jambe par-dessus la branche, puis l'autre. Elle pivota sur elle-même et s'assit jambes pendantes, un sourire de triomphe aux lèvres.

Genji s'inclina profondément.

— Pardonnez-moi d'avoir mis votre parole en doute. Vous êtes très agile, en vérité. Quand je serai guéri, il faudra que nous fassions une compétition.

— Quel en sera l'enjeu ?

— L'enjeu ?

— Le prix que le perdant devra donner au gagnant, expliqua-t-elle.

— Si vous gagnez, je vous donnerai ce verger.

— Oh, non, c'est beaucoup trop. Ce n'est qu'un simple pari, pas un jeu d'argent.

— Très bien, dans ce cas, que vous perdiez ou gagniez, je vous donnerai ce verger. Vous pourrez me donner quelque chose en échange. Dès lors, ce ne sera plus un jeu d'argent, n'est-ce pas ?

— Je ne peux accepter un cadeau aussi somptueux. De toute façon, même si j'acceptais, je n'aurais jamais les moyens de l'entretenir.

— Je vous en donnerai également les moyens. Les trois villages de cette vallée plus un autre.

— Non, je ne puis accepter. Ma mission est de répandre la parole de Dieu, pas de m'enrichir.

Genji désigna d'un geste le tertre qu'ils avaient gravi pour pénétrer dans la vallée.

— Vous pourrez construire une église ici. N'est-ce pas pour cela que vous êtes au Japon ?

— Je croyais que la terre sur laquelle nous allions bâtir notre mission se trouvait dans une autre province.

— Vous pourriez aussi bien la construire ici. Je vous garantis que votre église sera toujours pleine.

Emily rit malgré elle. Il allait tenir sa promesse en mandant des messagers dans les villages voisins. Les paysans allaient tomber à genoux, presser leur front contre terre et écouter les ordres de leur maître. Après cela, chaque dimanche, ils allaient affluer dans l'église ainsi qu'ils en auraient reçu l'ordre. Ils allaient écouter un sermon traduit par un interprète auquel ils n'entendraient goutte. Et quand le baptême leur serait proposé, chaque homme, chaque femme et chaque enfant viendrait docilement le recevoir.

— Vous ne pouvez pas forcer les gens à croire en Dieu, sire. Il faut qu'ils regardent au fond de leur cœur et découvrent par eux-mêmes la vérité.

— Je vous promets que je viendrai à l'église et que je regarderai au fond de mon cœur.

— Seigneur Genji…

Elle ne savait que dire.

— Vous m'avez sauvé la vie. Il est normal que je vous témoigne ma gratitude.

— Je pourrais vous rétorquer que vous avez sauvé la mienne. Ni vous ni moi n'aurions survécu l'un sans l'autre.

— Dans ce cas, vous me devez vous aussi un cadeau. Je vous donne la Vallée des pommiers. Et vous, que me donnerez-vous ?

Emily dut s'adosser au tronc de l'arbre pour ne pas tomber.

— La Vallée des pommiers ?

— C'est ainsi que ma mère l'appelait. *Ringo-no-tani*. Dans votre langue : la Vallée des pommiers. (Il souriait toujours mais l'expression de son regard avait changé.) Ma mère était originaire du nord du Japon. Le domaine de son père était réputé pour ses pommes. Elle était très jeune, à peine sortie de l'enfance, quand elle s'est mariée. Sa mère et ses sœurs lui manquaient. Ses compagnes de jeu lui manquaient tout autant que les arbres auxquels elle grimpait étant enfant, et les fruits qu'elle croquait assise sur une branche. Les couronnes de fleurs de pommier dont elle ornait ses cheveux lui manquaient. C'est pour elle que mon père eut l'idée de planter ce verger. Il espérait qu'il l'aiderait à oublier son chagrin, et peut-être même un jour à retrouver sa joie de vivre.

— Est-ce arrivé ?

— Quand les jeunes plants ont été là, elle était folle de bonheur. Elle en a même mis quelques-uns en terre elle-même. Mais malheureusement elle n'a jamais vu les fleurs ou les fruits. Elle est morte cet hiver-là, en donnant le jour à ma sœur, qui est morte elle aussi.

— Je suis désolée.

— Les sages disent que le chagrin et la joie ne font qu'un. Quand je viens ici, je comprends ce que cela veut dire.

Les feuilles et les branches dissimulaient à la vue les hautes montagnes alentour. La proximité de l'océan était masquée par le parfum des pommes. Perchée dans l'arbre, les jambes pendantes, Emily sentit sa concentration se dissiper. Elle baissa les yeux sur Genji, campé sur son cheval de bataille. Cette vision d'un samouraï au beau milieu de son verger la fit rire.

Son rire la ramena brutalement à la réalité.

Sur le chemin du retour, elle pleura.

— Ma maison se trouve dans la Vallée des pommiers, expliqua Emily. Une autre Vallée des pommiers.

Au bout d'un moment, Genji dit :

— Ce verger était déjà le vôtre avant même que vous l'ayez vu.

— Dame Emily est plutôt agile pour une personne de sa corpulence, dit Taro à Hidé.

Ils l'avaient vue s'agripper à une branche et se hisser dans un pommier.

— Elle est moins corpulente qu'il n'y paraît, précisa Hidé. Lorsque les deux traîtres se sont donné la mort, elle s'est évanouie entre les bras du maître. Il l'a rattrapée sans effort. Ses proportions sont différentes de celles auxquelles nous sommes habitués, c'est pourquoi nous avons l'impression qu'elle est grande.

— Maintenant que je la vois sous cet angle, je suis d'accord avec toi, répondit Taro en s'efforçant de la regarder avec d'autres yeux.

Grâce à dame Emily, la prophétie du seigneur Kiyori s'était réalisée. C'est pourquoi il eût été malvenu de la trouver grande, laide ou disgracieuse. La loyauté exigeait d'eux qu'ils la perçoivent sous son meilleur jour.

— En fait, elle possède une certaine élégance. Pour une étrangère.

— Sans doute, dit Hidé. Je regrette de l'avoir méjugée par le passé. Je suppose que dans son propre pays, où les canons esthétiques sont différents, c'est une beauté, comme dame Heiko chez nous.

Taro avait beau faire, il était incapable de tomber d'accord avec son ami. A la rigueur, au prix d'un effort, il pouvait admettre qu'elle eût un certain attrait pour ses compatriotes étrangers, certains d'entre eux tout au moins. Mais de là à la comparer à Heiko… Que pouvait-il répondre ? Son habileté résidait dans le maniement du sabre et de l'arc, pas dans l'art du langage.

— Peut-être, à condition toutefois qu'une telle comparaison soit possible, reprit Taro. Dame Heiko est une geisha de la plus haute catégorie, et dame Emily… (Il luttait vaillamment, cherchant une formulation sans risques.) Y a-t-il des geishas dans le pays de dame Emily ?

— Je ne crois pas, dit Hidé, qui, de toute évidence, avait lui aussi du mal à trouver ses mots.

Son front plissé indiquait chez lui un effort de réflexion inhabituel.

— C'est ce que j'ai cru comprendre, dit Taro. Dans ce cas, est-il approprié de parler de dame Emily et de dame Heiko dans les mêmes termes ?

— Nullement, concéda Hidé, soulagé. Je me suis mal exprimé. Mon admiration pour elle est telle que je me suis laissé aller à l'exagération. Ce qui n'est pas lui rendre service.

— C'est vrai, admit Taro dont la voix avait retrouvé son enthousiasme. Ses qualités sont tellement apparentes qu'il n'est pas besoin de les exagérer.

— De toute façon, peut-on accorder de l'importance à un sujet aussi superficiel que la beauté d'une étrangère ? argua Hidé, aiguillant la conversation vers un terrain moins hasardeux. Ce qui compte, c'est la beauté intérieure. Et, à cet égard, dame Emily est insurpassable.

— Tu as mis le doigt sur un point essentiel. La vraie beauté est intérieure.

Les deux samouraïs échangèrent un sourire, tout en continuant de monter la garde autour de leur seigneur et de dame Emily. A eux deux, ils avaient réussi à résoudre un problème épineux. A présent, ils savaient quoi penser d'une personne importante mais qui ne cadrait pas avec l'ordre habituel.

Heiko remarqua :
— Vous n'avez pas fait le compte rendu détaillé de notre expédition au seigneur Genji ?

Stark répondit :
— Il ne me l'a pas demandé.

Ils étaient assis dans des fauteuils, dans l'une des pièces donnant sur les jardins intérieurs du château. Celle-ci avait été meublée de façon à satisfaire aux besoins d'Emily et de Stark. Six fauteuils, quatre tables, un large sofa, un secrétaire et deux commodes occupaient tout l'espace. Les étrangers n'étaient pas comme les Japonais. Ce qui était bon pour eux était mauvais pour les Japonais, et vice versa. Tel était le principe qu'avaient adopté les domestiques de Genji pour mettre à l'aise leurs honorables convives. Ils avaient consacré tout leur zèle à faire le contraire de ce qu'ils auraient fait pour leur seigneur. Alors que ce dernier aimait avoir autour de lui beaucoup d'espace et peu d'objets, les invités, eux, aimaient avoir beaucoup de meubles et peu d'espace. Les domestiques s'étaient donné beaucoup de mal pour créer un environnement différent de celui qu'ils eussent tenu pour confortable. Et ils s'étaient surpassés.

— J'ai l'intention de le lui raconter moi-même, dit Heiko. Aujourd'hui.

— Votre secret vous appartient, répondit Stark. En ce qui me concerne, je ne dirai rien.

— Je vous remercie de votre discrétion. J'en suis touchée. Les secrets sont impossibles à garder. Je sais que vous ne direz rien, mais les échos de l'échauffourée de la barricade arriveront tôt ou tard jusqu'aux oreilles du seigneur Genji. Et il saura la vérité.

— Est-ce un problème ?

— Oui.

— Il ignore que vous avez d'autres compétences ?

— Oui.

— Dans ce cas, pourquoi en avoir usé ? demanda Stark. Nous aurions pu essayer de nous faufiler ni vu ni connu, et, au cas où nous aurions été surpris, je me serai servi de mon pistolet. Les sabres ne peuvent rien contre une arme à feu.

— Je ne voulais pas vous mettre inutilement en danger. Avant de mourir, le grand-père du seigneur Genji a fait une prophétie. Il a dit qu'à la Nouvelle Année un étranger sauverait la vie du seigneur Genji. J'étais certaine qu'il s'agissait de vous.

— Si ç'avait été le cas, mes jours n'auraient pas été en danger. Il aurait fallu que je survive pour que la prophétie puisse s'accomplir. Si j'avais été tué, c'est que je n'aurais pas été celui que vous attendiez.

— Les prophéties ne sont pas toujours fiables. En dépit de nos efforts, il arrive que le dénouement soit différent de celui escompté. Si vous aviez été l'étranger en question, mais aviez été abattu avant de pouvoir accomplir la prophétie, un autre étranger aurait pu prendre votre place. Mais pas le bon. Le seigneur Genji aurait survécu, ainsi que la prophétie l'avait prédit. Mais peut-être aurait-il été estropié ou paralysé.

— Vraiment ? s'écria Stark, qui ne croyait pas un mot de tout cela mais qui avait senti qu'elle avait besoin de parler et était disposé à l'écouter. Et comment le grand-père du seigneur Genji en est-il venu à prédire l'avenir ?

— Il est né avec le don de double vue. Il a eu de nombreuses visions au cours de son existence.

— Toutes ses prédictions se sont-elles accomplies ?

— Toutes.

— Pourquoi n'a-t-il pas fait savoir à son entourage qu'il s'agissait d'Emily ?

— Les visions sont toujours incomplètes. Bien que la vie soit préordonnée, son déroulement précis dépend de nos actions. Le karma passé détermine la première, le karma présent le second.

— Le karma ?

— Le mot « destin » est peut-être celui qui conviendrait le mieux dans votre langue, mais un destin qui changerait constamment.

— Le destin est le destin. Il est ce qu'il est et ne change jamais. Simplement, nous ne le voyons pas tant que nous ne lui sommes pas directement confrontés.

Quand il se trouvait dans les environs d'El Paso, il arrivait à Stark de faire une halte chez Manual Cruz, lequel prétendait disposer des douze meilleures filles du Texas, même si Stark n'en avait jamais dénombré plus de huit ; il n'avait pas non plus remarqué qu'elles fussent meilleures ou pires que les autres filles de la ville, sans parler de l'Etat.

« Ça s'appelle de la licence poétique, dit Cruz. Ça vous réveille un bonhomme et ça vous le met de bonne humeur. Si c'est bon pour lui, c'est bon pour les affaires.

— La licence poétique ? Connais pas.

— Tu es venu pour prendre une leçon sur les subtilités du langage, ou pour t'offrir une cuite et tirer un coup ?

— Je suis venu tirer une pute, répondit Stark. J'ai pas besoin des à-côtés.

— Alors, comme ça, on a l'esprit pinailleur ? » railla Ethan.

Ethan était le fils adoptif de Cruz. Il gardait son revolver bas sur la hanche, comme Stark, et avait le même port d'épaules décontracté. Un de ces quatre, Ethan finirait par découvrir qu'il était Matthew Stark, le célèbre tireur, et lui dirait : « Sors si t'es un homme. » Ou bien il s'apercevrait que Stark et lui officiaient dans la même branche et suggérerait une association. L'un ou l'autre. Un de ces quatre.

Cruz rit.

« C'est bon. Va voir les filles et fais ton choix. »

Si Stark fréquentait le bobinard de Cruz, ce n'était pas à cause de la qualité de sa marchandise, mais parce qu'il se trouvait en périphérie de la ville. Les villes lui nouaient la gorge et il ne s'y rendait que contraint et forcé.

Si l'emplacement du claque était ce qui l'attirait là-bas, c'était aussi ce qui l'en tenait éloigné la plupart du temps : il ne supportait pas l'odeur infecte de la porcherie voisine. A cet égard, du reste, il semblait appartenir à une minorité. Cruz avait toujours plus de clients les jours où le vent soufflait en direction du bar que l'inverse, ce qui ne dérangeait pas Stark. La chose qu'il détestait le plus au monde, après l'odeur des cochons, était la compagnie de soiffards lubriques. Il s'assurait toujours d'où venait le vent quand il mettait les pieds à El Paso, afin de n'avoir pas à supporter l'un ou l'autre.

Il n'était pas du genre sentimental. Il n'avait pas de fille préférée. Il avait vingt ans et avait ajouté trois morts à sa liste depuis qu'il avait abattu Jimmy So Fast. Si bien qu'il n'était pas certain d'atteindre ses vingt et un ans. Personne n'avait cherché à avoir sa peau depuis plus d'un an, mais il n'était pas idiot au point de croire que cela allait durer éternellement. Il paya quatre dollars à Cruz et entraîna la première fille qui lui tomba sous la main à l'étage.

Cette fois, il s'agissait de Mary Anne.

Elle n'avait rien de spécial, si ce n'est qu'elle était la plus vieille et même la plus vieille de toutes les filles avec qui il était allé jusque-là. Mais aussi la plus gentille. Lorsqu'il s'était répandu sur sa cuisse avant même de l'avoir pénétrée, elle l'avait calmé, l'avait tenu serré contre elle en lui disant de se reposer un peu. Tout allait bien, il pourrait recommencer sans avoir à payer quatre dollars de plus. Il lui répondit qu'il avait toujours du mal à se contenir la première fois qu'il revenait en ville ; parce qu'il couchait rarement avec des femmes. Elle lui dit de se taire et le tint tendrement entre ses bras jusqu'à ce qu'il fût à nouveau prêt.

Sans doute s'était-il endormi après cela, car la première chose qu'il fit ensuite fut d'ouvrir les yeux. Une lampe brûlait faiblement sur la table. Mary Anne dormait à côté de lui. Comme le vent soufflait dans la mauvaise direction, les clients ne se bousculaient pas au portillon. Et Mary Anne n'était nullement pressée de retourner s'asseoir sur une chaise de bois dans le bar désert.

Il avait envie de pisser. Il se retourna pour se lever quand il vit deux gamines debout à côté de lui. La plus petite des deux, qui n'avait pas plus de quatre ou cinq ans, était en train de sucer son pouce. L'autre, qui devait avoir deux ans de plus, avait passé un bras protecteur autour des épaules de sa cadette. A leur air de famille, il devina qu'elles étaient sœurs et, pour la même raison, qui était leur mère. Une tringle courait d'un bout à l'autre de la chambre ; le drap qui servait de séparation avait été tiré quand il s'était mis au lit avec Mary Anne. A présent il était ouvert, laissant voir le petit lit de l'autre côté.

« Bonjour, les filles, dit Stark tout en cherchant quoi leur dire pour les inciter à se retourner pendant qu'il enfilait son pantalon.

— On savait pas qu'y avait quelqu'un, dit l'aînée. Y avait pas de bruit.

— Je vais partir dès que je me serai rhabillé », promit Stark.

La cadette alla chercher son pantalon sur la chaise et le lui apporta.

« Merci.

— De rien », dit la plus âgée des deux.

Il se tourna vers Mary Anne, pensant que le bruit de la conversation l'avait réveillée, mais, manque de chance, elle dormait à poings fermés.

« On était en train de dormir, expliqua l'aînée, mais Louise s'est réveillée en disant qu'elle avait soif. Alors j'allais lui chercher un verre d'eau.

— C'est gentil à toi, dit Stark, de t'occuper de ta petite sœur.

— Même quand on dort pas, personne ne sait qu'on est là. On fait pas de bruit pour que maman puisse faire son travail.

— Vous vous cachez toujours derrière le rideau ?

— Oh, non ! On pourrait pas rester enfermées là-dedans tout le temps, répondit-elle en riant. C'est trop petit. On va chez Mme Crenshaw, sauf le samedi et le dimanche. Le dimanche, on va au catéchisme.

— Et comment se fait-il que vous ne soyez pas chez Mme Crenshaw ?

— Parce qu'on est samedi, pardi, et que c'est le soir. »

Cette fois, les deux fillettes éclatèrent de rire.

« Tu sais même pas quel jour on est ?

— Becky, Louise, qu'est-ce que vous faites là ? »

Mary Anne souleva sa tête ensommeillée de l'oreiller.

« Louise a soif, m'man.

— Eh bien donne-lui à boire et retournez vous coucher.

— Salut, dit Stark en se levant et en enfilant son pantalon dès qu'elles furent sorties dans le couloir. Elles ne vont tout de même pas descendre au bar ?

— Si. Il n'y a que là qu'on trouve de l'eau.
— Tu devrais en avoir une cruche dans ta chambre. A côté de leur lit.
— Elles n'en veulent pas. »

Mary Anne se retourna dans le lit, en remontant le drap pudiquement jusque sur son cou, et le regarda s'habiller.

« Elles sont persuadées que l'odeur des cochons entre dans l'eau et la fait tourner. »

Stark n'avait pas envie de se mêler de ce qui ne le regardait pas, mais il ne put s'empêcher de remarquer :

« Ce n'est pas un endroit pour des enfants.
— Pour moi non plus, dit Mary Anne. Mais elles sont là et moi aussi. Remarque, ça pourrait être pire. Cruz accepte qu'elles restent avec moi, et puis personne ne les embête. C'est déjà ça. Il ne supporte pas les pédophiles.
— C'est quoi, un pédophile ?
— Un type qui prend plaisir à violer des enfants. »

Stark se rappela l'orphelinat et l'expression de surprise dans les yeux morts du surveillant quand il lui avait fendu le crâne d'un coup de marteau.

« Moi non plus, j'aime pas les pédophiles.
— Tu n'es pas obligé de partir, lorsqu'elles auront bu leur verre d'eau elles vont se rendormir.
— J'entends des voix, prévint Stark en écoutant les rires qui montaient du bar. Des clients.
— Il y a suffisamment de filles en bas pour s'en occuper. »

Mary Anne inspira profondément.

« Je n'ai pas envie de travailler quand le vent vient de l'est. Il fait trop bon respirer et puis il n'y a jamais beaucoup de clients. »

Stark sortit quatre autres dollars de sa poche et les posa sur la table à côté de la lampe.

« Je te l'ai dit, tu n'as pas besoin de payer deux fois. Après tout, tu n'as eu qu'un seul tour. »

Elle lui sourit, pas comme une fille qui se moquait de lui ou qui cherchait à lui faire cracher son fric, mais avec gentillesse.

« Je suis en route pour le Mexique, je vais exploiter une mine », annonça-t-il.

En fait, il était en route pour le Missouri, où il allait braquer des banques. Mais il voulait laisser une bonne impression.

« Je serai de retour au printemps.

— Je serai là », dit Mary Anne.

C'était la première fois que Stark mentait à une fille. Avant cela, il n'avait jamais essayé. Pourquoi cherchait-il à faire bonne impression sur Mary Anne ? Parce que c'était une mère de famille ? Il n'y avait pourtant pas de quoi en faire un plat. Sa propre mère, dont il ignorait tout, l'avait abandonné sur les marches d'une église à Columbus, Ohio, enveloppé dans une couverture et rien d'autre, même pas un nom. Il avait choisi Matthew parce que c'était le premier nom d'apôtre qui figurait sur la liste. En revanche, il ne se rappelait plus comment il avait choisi Stark. En tout cas, il n'avait pas de tendresse particulière pour les mères. Alors c'était peut-être tout simplement parce que Mary Anne était gentille et qu'elle avait un beau sourire. Ou parce que Becky et Louise étaient deux mômes adorables qui n'avaient rien à faire dans un lupanar. Non, toutes ces raisons n'avaient aucun sens. Stark n'aimait pas les enfants, d'ailleurs il n'avait aucun souvenir de sa propre enfance.

C'était la première fois qu'il mentait à une pute et la première fois qu'il disait à une pute qu'il reviendrait la voir. Encore un mensonge.

Sauf que ce qu'il croyait être son second mensonge se réalisa. Tout le temps qu'il était au Missouri, il ne cessa de penser à Mary Anne, Becky et Louise. Il pensait à elles au moment où il attaqua la banque de Joplin et manqua se faire brûler la cervelle par un péquenot armé d'un pistolet. Par chance, le pistolet s'enraya et Stark réussit à toucher le type à la jambe. Il ne récolta pas un sou, mais au moins il s'en était tiré indemne. Le cul-terreux de Joplin lui filait toujours le train quand il atteignit le sud du Texas. Il faut dire que ces types du Missouri étaient rancuniers comme pas deux. Il ne leur avait pas fauché un rond, mais ils le pourchassaient à deux Etats de là. C'était pendant cette longue course-poursuite qu'il avait pris sa décision. Il allait retourner voir Mary Anne et essayer de comprendre pourquoi il pensait tout le temps à elle et à ses deux petites.

« Qu'est-ce que je te disais ? s'exclama Cruz quand Stark poussa la porte du saloon. Pas vrai que la licence poétique, ça vous requinque un bonhomme ? Le vent souffle dans la mauvaise direction pour toi, et pourtant tu vois la vie en rose. Quand je dis que mes filles sont les meilleures du Texas, c'est pas des blagues.

— Où est Mary Anne ? interrogea Stark.

— Dis-moi, mais c'est une première ! Alors, comme ça, tu veux voir quelqu'un en particulier ?

— Où est-elle ?

— Tu avais dit au printemps, lança Mary Anne depuis le sommet de l'escalier. On est encore en hiver. Ton filon, il était à sec ou quoi ? »

Elle lui adressa un de ses gentils sourires et il comprit pourquoi il était revenu. Il était amoureux.

« Quel filon ? s'étonna Stark.

— La mine d'or, au Mexique. »

Le problème, quand on baratinait, c'est qu'on ne se souvenait pas toujours de ce qu'on avait dit. Il était plus simple de dire la vérité. Il la lui dirait dès qu'il serait seul avec elle.

« Tu es prise ?

— Je suis en train de mettre les filles au lit. Elles dormiront dans quelques minutes. Tu pourras monter.

— Pas pour la nuit, dit Cruz en inspirant bruyamment. Rien de tel que l'odeur des cochons pour remplir un bordel. Les douze meilleures vont avoir du pain sur la planche ce soir.

— Je paye d'avance pour la nuit complète, dit Stark. Combien ? »

Cruz plissa les yeux. A l'intérieur de son crâne défoncé, sa cervelle bouillonnait.

« Y a pas que le manque d'ambiance, y a aussi le manque à gagner quand y a que toi là-haut, au lieu d'un tas de types qui font la queue dans l'escalier.

— J'ai dit combien ?

— Dix dollars. »

Stark sortit dix pièces en argent — une partie des gains réalisés sur d'autres braquages, plus lucratifs qu'au Missouri — et les flanqua sous le nez de Cruz.

« Jésus, Marie, Joseph, dit le tenancier en s'assurant que les pièces étaient de vrais dollars sonnants et trébuchants. T'aurais pas dévalisé une banque, des fois ?

— T'as vu ma tête mise à prix quelque part ?

— Pas encore. »

Stark monta rejoindre Mary Anne. Les filles étaient au lit mais ne dormaient pas encore. Des bruits de fornication fusaient de tous côtés à travers les cloisons. Mais elles n'avaient pas l'air d'y prêter attention.

« Bonjour, m'sieur », dit Becky.

Comme toujours, Louise resta muette.

« Bonjour, Becky. Bonjour, Louise.

— Eh, vous vous souvenez de nos noms ?

— Bien sûr.

— Et vous, c'est comment ?

— Steve.

— Bonjour, Steve.

— Becky, dit Mary Anne, ce n'est pas poli d'appeler un adulte par son petit nom. Tu dois dire monsieur... C'est quoi, ton nom de famille ?

— Matthews.

— Tu dois dire monsieur Matthews.

— Bonjour, m'sieur Matthews.

— Bonjour.

— Bonne nuit, monsieur Matthews.

— Bonne nuit. »

Mary Anne allait tirer le drap de séparation quand Stark dit : « C'est pas la peine. »

Elle lui décocha un drôle de regard.

« On va juste parler, rien d'autre.

— Tu veux dire que tu as payé dix dollars juste pour causer ?

— Exact. Ça t'ennuie ?

— Non, sauf si t'as une idée tordue derrière la tête.

— Tordue comment ?

— Comme de dire des cochonneries et d'obliger les filles à écouter ou à regarder pendant qu'on fait des choses.

— Non mais, tu me prends pour qui ?

— Je sais pas. On est au bordel. Je suis une pute. T'as payé dix dollars et tu dis que tu veux parler. Alors je me pose des questions, forcément.

— Je t'aime », dit Stark.

Les mots lui avaient échappé avant même qu'il ait pu réagir. Il aurait préféré tourner un peu plus longtemps autour du pot. Mais maintenant ce ne serait plus nécessaire.

« Allons bon ! »

Il avait cru que Mary Anne allait être contente, ou tout au moins surprise. Mais elle avait l'air déçue et soudain très lasse.

Vexé par sa réaction, il reprit :

« Je suppose que tu te l'entends répéter à tout bout de champ par tes nombreux admirateurs.

— Plus souvent que tu ne crois. Mais ce n'est pas des admirateurs. Juste des hommes en manque de tendresse et perdus dans leurs rêves. Ce n'est pas moi qu'ils veulent, ni Becky ou Louise. C'est eux-mêmes, mais sous un jour différent. Ça ne dure jamais. Parce qu'ils se mettent très vite à paniquer et à m'en vouloir parce que les choses ne sont pas comme ils voudraient. J'ai survécu. Ça te passera, à toi aussi. »

Elle s'approcha du lit et souleva un coin du matelas. Du petit rouleau de billets qui se trouvait là, elle préleva la moitié et remit le reste à sa place. Puis elle lui prit la main et y déposa dix dollars. Après quoi elle tira le rideau de séparation entre eux et les filles, et conduisit Stark jusqu'au lit.

« Elles dormiront dans cinq minutes. Après ça, on va s'amuser un peu, toi et moi, et puis tu retourneras au Mexique. »

Les larmes dans ses yeux ne l'empêchaient pas de sourire.

« C'est très gentil de ta part, Steve. Mais tu ne sais pas ce que tu dis. Tu es trop jeune.

— Ce n'est pas à toi de me dire ce que je ressens. C'est à moi. »

Et c'est ce qu'il fit.

Il lui parla de l'orphelinat, du coup de marteau sur la tête d'Elias Egan ; il lui parla du jeu de poker, du Volcanic qui s'était enrayé et de Jimmy So Fast ; et des trois cow-boys qu'il avait descendus. Il lui parla des banques du Missouri et des relais de poste du Kansas, avant le Missouri ; des vols de chevaux et de bétail au Mexique avant les relais de poste du Kansas. Il lui parla de l'argent qu'il avait mis de côté sans savoir pourquoi.

« J'ai failli me faire descendre à Joplin parce que j'étais en train de penser à ce que j'allais faire avec le fric, et j'étais tellement surpris que j'ai même pas vu le cul-terreux qui était en train d'essayer de débloquer son flingue.

— Je parie que tu étais en train de penser à toutes les jolies choses que tu aurais pu acheter si tu avais eu une femme à qui les offrir, dit Mary Anne, l'air las, comme quelqu'un qui entend la même histoire pour la énième fois.

— Non. Je pensais que j'aimerais avoir un ranch au Texas. Je me demandais si c'était plus dur d'élever un troupeau que de le voler. Je pensais que j'allais construire une cabane en rondins, qui ne soit ni trop froide en hiver ni trop chaude en été. Quand on a passé sa vie à la belle étoile, c'est le genre de chose qui vous fait envie.

— Sûrement.

— J'ai pensé à un endroit où je suis passé il y a deux étés, au nord d'Ashville, et où je pourrais construire mon ranch. Quand j'ai pensé à la cabane, je t'ai vue à l'intérieur, en train de faire mijoter un ragoût de bœuf, du bœuf provenant de notre troupeau, et dehors j'ai vu Becky et Louise en train de jouer sous les arbres et de boire l'eau fraîche du puits. »

Stark étira le bras et prit la main de Mary Anne dans la sienne.

Toujours souriante malgré sa tristesse, elle essaya de se dégager.

« Y aura pas un seul cochon pour nous gâcher le paysage », ajouta-t-il.

Elle ne chercha plus à s'écarter. Elle le regarda longuement au fond des yeux puis vint se lover entre ses bras.

Le lendemain matin, elle dit :

« Ethan est bon tireur. Quand il reviendra, il se lancera à nos trousses, même si Cruz accepte de me laisser partir, ce qu'il ne fera pas, de toute façon.

— Cruz te laissera partir. Et Ethan ne saura jamais où nous retrouver.

— Il a avec lui un sauvage du Pacifique grand comme deux hommes et qui sait flairer une piste comme un Indien.

— S'ils nous retrouvent, je te garantis qu'ils le regretteront.

— Ah, oui ? Parce que tu as plein d'amis au Texas ?

— Tu as déjà entendu parler de Matthew Stark ?

— Comme tout le monde. Ça y est, je me souviens. C'est lui qui a tué Jimmy So Fast, pas toi. Je me disais aussi que ton histoire me rappelait quelque chose.

— Matthew Stark, c'est moi. »

Mary Anne savait que Matthew Stark était le meilleur tireur à l'ouest du Texas, un géant balafré et cruel qui battait les filles à mort et les sautait ensuite. Elle ne put s'empêcher de rire, car de deux choses l'une, ou ce petit mignon essayait de lui faire prendre des vessies pour des lanternes, ou il était fou à lier. Puis elle se mit à pleurer parce qu'il était hors de question que ses filles et elle suivent un cinglé. Il fallut presque une heure à Stark pour la convaincre que sa réputation et lui avaient pris deux directions opposées. S'il lui avait avoué qui il était, c'était pour qu'elle se sente en confiance et cesse de s'inquiéter au sujet d'Ethan. Mais voilà qu'il avait failli la perdre.

Il attendit que Mary Anne, Becky et Louise aient fini d'emballer leurs maigres possessions dans une vieille malle rafistolée avec des bouts de ficelle. Puis il vérifia ses deux flingues et descendit au rez-de-chaussée.

« Bah, le moins qu'on puisse dire, c'est que t'as pas l'air frais pour un gars qui a passé toute la nuit au lit, observa Cruz.

— Il faut qu'on parle affaires, toi et moi », déclara Stark en s'asseyant face à Cruz à la table de jeu.

Le proxénète se trouvait exactement au même endroit que la veille au soir, avec cette seule différence qu'il était seul, en train de s'envoyer une côte de porc, et non pas en train de plumer trois pigeons au poker.

« Le vent souffle toujours du même côté. C'est toujours dix dollars la nuit.

— Il n'y aura plus de nuits pour elle. Elle se tire.

— Bien sûr. Si tu as cinq cents dollars... c'est ce qu'elle me doit. Tu paies et elle est à toi. Mais elle reviendra, ça, tu peux en être sûr, dès que tu auras repris tes esprits, mon gars. »

Stark avait plus de cinq cents dollars de côté, mais il en avait besoin pour acheter son ranch dans les collines.

« Je t'en donne cent. »

Voyant Cruz tiquer, il suivit son regard et aperçut le barman qui sortait de derrière le zinc armé d'un canon double. Il plongea sur la gauche de Cruz juste au moment où le coup partait, pulvérisant la table, qui vola en éclats. Sa première balle traversa l'épaule droite du barman, la seconde sa cuisse droite. L'homme lâcha son flingue et s'effondra à terre, sa main valide cherchant à arrêter le sang qui jaillissait à gros bouillons de ses plaies. Lorsqu'il regarda Cruz, il vit un gros calibre pointé dans sa direction. Stark tira. La grosse balle du calibre 44 l'atteignit en pleine figure, déchiquetant la cicatrice laissée par la hache avant de ressortir de l'autre côté du crâne.

Il y avait des gars qui ne savaient pas s'arrêter. Mais Stark, lui, savait. Il n'attaqua plus jamais de banque et ne retourna plus jamais au bordel après cela. Il décida également de ne plus tuer personne, et sans doute aurait-il tenu parole s'il avait eu le choix.

Tout le temps que dura sa confession, Heiko garda les mains posées à plat devant elle et la tête baissée. Elle n'avait pas le courage de regarder Genji en face. Que devait-il penser de la traîtresse qui prétendait l'aimer alors même qu'elle attendait que l'ordre lui fût donné de l'assassiner ? Le silence suivant ses aveux était presque insoutenable. Seule sa fierté l'empêcha d'éclater en sanglots. Il eût été indigne d'en appeler à sa compassion. Elle ne laissa pas une seule larme lui échapper. Genji allait la mettre à mort ou, dans sa bonté d'âme, la condamner simplement à l'exil. Quelle que fût la punition qu'il choisirait, aujourd'hui était le dernier jour qu'elle passait sur terre. Si elle ressortait vivante du château, elle savait ce qu'elle ferait.

Elle se rendrait au cap Muroto.

Six siècles plus tôt, Hironobu, le premier grand seigneur d'Akaoka, ancêtre de Genji, avait gagné la bataille dans les bois qui s'y trouvaient et y avait établi son fief. Aujourd'hui, un petit temple bouddhiste détenu par une obscure secte zen se dressait au sommet de la falaise dominant la mer ; neuf cent quatre-vingt-dix-neuf marches menaient du rivage au temple. Elle s'arrêterait à chacune d'elles pour jurer son amour éternel à Genji. Elle implorerait Amaterasu-o-mikami, la déesse du Soleil, de baigner de ses rayons sa longue et fructueuse existence. Elle supplierait Kannon, le Bouddha miséricordieux, de voir la sincérité de son cœur et de l'admettre avec lui au sein de Sukhavati, la Terre Pure, par-delà toutes les souffrances.

Une fois au sommet, elle remercierait les dieux et les bouddhas de lui avoir accordé dix-neuf ans de vie sur terre, et ses parents morts depuis longtemps de l'avoir mise au monde, Kuma de l'avoir protégée et élevée, et Genji de lui avoir donné un amour dont elle n'était pas digne. Puis, du haut de la falaise, elle se jetterait dans le Grand Vide, sans peur, sans regrets, sans larmes.

— Comment t'y serais-tu prise ? demanda Genji.

— Sire ? dit Heiko sans relever la tête.

— Pour m'assassiner. Quelle technique aurais-tu employée ?

— Sire, je vous en conjure, croyez-moi. Je n'aurais jamais rien fait qui puisse vous nuire.

— Hidé !

La porte coulissa aussitôt.

— Oui, sire.

Rien dans les traits de Hidé ne laissait supposer qu'il avait surpris la moindre bribe de leur conversation. Néanmoins, sa main était posée sur le pommeau de son sabre.

— Demande à Hanako d'apporter du saké.
— Oui, sire.

Heiko savait que le samouraï ne se chargerait pas lui-même de la commission. Il enverrait Taro à sa place et continuerait de monter la garde, prêt à faire irruption à la moindre alerte. Il ne laisserait jamais son seigneur en tête à tête avec une femme ninja.

Genji allait lui offrir la libation purificatrice rituelle avant de prononcer sa sentence. Une telle bienveillance fendait le cœur de Heiko. Elle éprouvait de plus en plus de mal à contenir ses larmes.

— Je suppose que tu l'aurais fait de nuit, pendant mon sommeil. C'est la façon la plus humaine.

Heiko était incapable de parler. Si elle prononçait un seul mot, son émotion éclaterait au grand jour. Tremblante, silencieuse, elle garda les yeux rivés sur le tatami.

— Sire... dit Hanako depuis l'autre côté de la porte.
— Entre.

Hanako avait les yeux rouges et gonflés. Elle s'inclina puis approcha avec un plateau sur lequel se trouvaient un flacon de saké et une seule coupe. Evidemment. Car Genji ne boirait pas avec Heiko. Elle boirait seule, en se repentant et en se préparant à recevoir la sentence.

Hanako s'inclina profondément devant Genji. Puis elle se tourna et s'inclina tout aussi profondément devant Heiko. Ce faisant, elle laissa échapper un sanglot. Un tremblement agita ses épaules. Elle pleurait à chaudes larmes.

— Dame Heiko, murmura-t-elle en sanglotant à nouveau.
— Je te remercie de ton amitié, dit Heiko. Orphelines l'une et l'autre, le destin a fait de nous des sœurs, momentanément.

Incapable de se contrôler plus longtemps, Hanako se releva et sortit précipitamment de la pièce.

— Les étrangers pleurent-ils aussi facilement que les Japonais ? demanda Genji. J'en doute. Sans quoi, à la place de la science, ils auraient inventé le kabuki, comme nous.

Il regarda le plateau.

— Elle n'a apporté qu'une seule coupe. Où avait-elle la tête ? Bah, tant pis.

A la surprise de Heiko, il saisit la coupe et la lui tendit pour qu'elle la remplisse. Elle le regarda, stupéfaite.

Genji dit :

— Je le préfère chaud plutôt que froid, pas toi ?

N'ayant d'autre choix, Heiko prit le flacon et remplit la tasse. Il but et la lui tendit.

— Sire, dit-elle sans faire un geste pour prendre la tasse.
— Qu'y a-t-il ?
— Je ne peux pas boire dans la même coupe que vous.
— Et pourquoi ?
— Le condamné ne peut toucher ce qui a touché les lèvres du seigneur.
— Le condamné ? Que veux-tu dire ?

Il s'empara de sa main et y plaça la coupe.

— Sire, protesta Heiko, je ne peux pas. Mes crimes n'en seraient que plus atroces.
— Quels crimes ? Suis-je mort ? Mutilé ? Mes secrets les plus intimes ont-ils été divulgués à mes ennemis ?
— Je ne vous ai pas révélé ma vraie nature, sire.

Genji soupira :
— Me crois-tu à ce point stupide ?
— Sire…
— La plus belle geisha de tout Edo choisit comme amant l'un des seigneurs les moins influents du royaume. Elle le fait parce qu'il est beau, charmant et plein d'esprit. Naturellement. Quelle autre raison aurait-elle ? Sot comme je le suis, il ne me serait jamais venu à l'esprit qu'il puisse s'agir d'un subterfuge.

Genji leva le flacon. Heiko fut obligée de lui tendre la coupe, de crainte que le saké ne se répande sur la natte.

— Je savais que tu étais au service d'Œil Collé. Il n'y avait pas d'autre possibilité. L'homme me voue une rancune sans bornes. Je savais, et j'ai toujours pensé que tu savais que je savais. Nous ne sommes ni des enfants ni des étrangers. Chez nous la feinte est aussi naturelle que de dire bonjour. Sinon, comment aurions-nous pu en arriver là ?

Il lui fit signe de boire. Elle était trop abasourdie pour lui désobéir. Il lui reprit la coupe des mains et elle le servit à son tour.

— Vous ne pouvez laisser ma trahison impunie. Sans quoi vos vassaux perdront tout respect pour vous.
— Est-ce que je mérite une punition ?
— Vous, sire ? Non, bien sûr que non. Vous n'avez rien fait de mal.
— Dans ce cas, pourquoi devrais-je me punir ?
— Vous ne le devez pas. C'est moi qui dois l'être.

— Vraiment ? Très bien. Dans ce cas, que suggères-tu ?
— Ce n'est pas à moi de décider.
— Je t'ordonne de me faire une suggestion.
Heiko s'inclina.
— La peine capitale ou l'exil, il n'y a pas d'autre choix, sire.
— D'un côté, tu es une geisha et ma maîtresse. De l'autre, tu es une ninja et un agent de la police secrète du shogun. Ne pourrions-nous arriver à un compromis ? Nous vivons dans un monde où les doubles allégeances sont légion. Ce n'est pas la pureté mais la façon dont nous parvenons à maintenir un équilibre qui témoigne de notre caractère. Je ne vois aucune faute ni de ton côté ni du mien. Nous sommes donc tous deux pardonnés.
— Sire, vous ne pouvez m'absoudre avec une telle légèreté.
Genji prit ses deux mains dans les siennes. Elle essaya de se dégager mais il refusa de la lâcher.
— Heiko, regarde-moi.
Elle garda les yeux baissés.
— Les punitions que tu suggères me seraient intolérables. Est-ce juste ?
Elle ne répondit pas. Il la relâcha.
— Ainsi donc, ton amour pour moi est si faible que tu préfères la mort ?
— Kuma et moi étions les deux seuls ninjas survivants de notre clan, dit Heiko. En continuant à vivre, je briserais mon serment. Je le déshonorerais et me déshonorerais moi-même.
— Si tu meurs, je mourrai moi aussi, tout en continuant de vivre un semblant de vie sans joie. Dois-je me condamner moi-même à un tel sort ?
— Il n'y a rien d'autre que nous puissions faire. Notre karma en a décidé ainsi.
— Vraiment ? Qui d'autre dans le château est au courant, à part Stark ?
— Tout le monde, à l'heure qu'il est. Les rumeurs voyagent rapidement.
— Je veux dire officiellement.
— Seulement vous, sire.
— Dans ce cas, il reste une solution. (Il réfléchit quelques instants en silence). Tu n'as fait que feindre de travailler pour l'Œil Collé. Du début à la fin, tu m'as tenu au courant de ses agissements. Même encore maintenant, nous sommes en train de mettre

au point un plan pour que tu continues à faire parvenir des informations erronées à Kawakami, afin d'endormir ses doutes. Le moment venu, nous lui tendrons un piège et le pousserons à commettre une erreur fatale.

— C'est trop énorme. Jamais personne n'y croira.

— Peu importe qu'on nous croie ou non, dès l'instant que les gens font semblant d'y croire, comme nous le ferons nous-mêmes. Hidé, Taro !

De chaque côté de la pièce, les portes s'ouvrirent simultanément.

— Sire ?

— Le temps est venu pour moi de vous révéler mon stratagème le plus secret. Entrez et fermez les portes derrière vous.

— Oui, sire.

Quand Genji leur eut fait ses révélations, Hidé et Taro s'inclinèrent profondément devant Heiko.

Taro dit :

— Nous vous remercions, dame Heiko, d'avoir mis ainsi votre vie en grand danger. Nous triomphe final sera dû en grande partie à votre courage.

Hidé dit :

— Je vais prier les dieux et les bouddhas pour qu'ils daignent m'accorder ne serait-ce qu'une petite parcelle de votre mérite.

Les hommes parlaient d'une voix assurée. Mais les larmes coulaient abondamment de leurs yeux, bien qu'ils fissent comme si de rien n'était.

— Y aurait-il des samouraïs ou des geishas sans le kabuki ? demanda Genji. Ne sommes-nous pas tous de fervents amateurs de mélodrame ?

Lorsqu'elle le regarda, Heiko vit des larmes dans ses yeux et cette vision lui ôta tous ses moyens.

— Genji, dit-elle, la gorge nouée, aveuglée par ses propres larmes.

14

Sekigahara

Pour passer à l'attaque, attends le moment propice, tel le rocher imperturbable reposant au bord d'un gouffre de dix mille pieds.

Quand le moment se présente, disparais dans la mêlée comme le rocher dégringolant dans l'abîme...

SUZUME-NO-KUMO
(1344)

Sohaku avait espéré que son allié parviendrait à éliminer Shigeru. Il l'avait espéré mais ne fut nullement surpris d'apprendre que Kudo avait échoué. En revanche, il fut stupéfait de découvrir qu'il y avait des ninjas dans le camp de Genji. Du temps où il était commandant en chef de l'armée d'Akaoka, aux côtés de Kudo et de Saiki, jamais aucun ninja n'avait rallié la bannière du moineau et de la flèche, du moins à sa connaissance, car, si une telle alliance avait existé, Kudo s'en serait aperçu et l'en aurait avisé. Et si Saiki l'avait su, cela se serait vu sur son visage. Le seigneur Kiyori avait beau être un vieux renard, il n'aurait jamais pu les berner tous les trois. Sans compter que, s'il avait conclu un pacte avec les ninjas, celui-ci se serait immédiatement dissous à sa mort. Les ninjas avaient pour principe de ne traiter que d'homme à homme.

Or le domaine de prédilection de Genji était le saké et les geishas, et non pas les espions et les assassins. Comment aurait-il pu prendre des ninjas à son service alors qu'il ne savait même pas où les trouver ? Et quel ninja aurait accepté de pactiser avec un écervelé pareil ? A moins qu'il n'eût réussi à les convaincre de son prétendu don de prophétie. Non, les ninjas étaient des gens beaucoup trop terre à terre pour se laisser mystifier.

Restait donc un seul candidat, malheureusement. Kawakami. Le bruit courait que des ninjas opéraient pour le compte de la police secrète du shogun. L'Œil Collé avait-il prévu depuis le début d'éliminer Sohaku et Kudo pour affaiblir Genji ? Peut-être n'avait-il jamais eu l'intention d'accepter de les accueillir dans son camp. Kudo aurait pu mourir dans une embuscade tendue par Kawakami dans les montagnes. Non, la chose semblait hautement improbable : si Kawakami avait eu l'intention de les trahir, il aurait laissé Kudo tuer Shigeru, et Sohaku capturer Genji afin de les éliminer ensuite tous les trois.

Aucune de ces hypothèses ne semblait plausible. Il fallait donc que Sohaku tirât cette situation au clair le plus vite possible, sous peine de voir échouer son plan. Il ne disposait plus que de quatre-vingts hommes. Les vassaux qu'il comptait à Akaoka étaient morts et les autres avaient changé de camp. Tant qu'il ne saurait pas avec certitude quelles étaient les intentions de Kawakami, il ne prendrait pas le risque de retourner à Edo et de se faire arrêter pour être soumis à l'interrogatoire.

Du moins sa famille était-elle à l'abri. Quand il était devenu abbé, tous les siens étaient partis s'installer dans le fief de son beau-père, à Kyushu, la plus méridionale des quatre îles principales du Japon, ce qui les mettait à l'abri des foudres de Shigeru.

Abandonnant tout espoir et toute crainte, il lui fallait chercher l'apaisement au plus profond de lui-même. Après quoi la solution finirait par se présenter d'elle-même. Pour cela, il n'existait qu'un seul endroit où aller.

Le monastère de Mushindo.

Kawakami contemplait en ruminant les bâtiments de guerre anglais et français amarrés dans la baie d'Edo. Une telle arrogance était inconcevable. Deux semaines auparavant, ils avaient bombardé la ville. Et voilà qu'ils mouillaient dans la baie d'Edo aussi tranquillement que si rien ne s'était passé. Pire, même, ils se comportaient comme s'ils avaient été outragés.

Certains seigneurs du Sud avaient tiré sur des navires marchands étrangers dans le détroit de Kuroshima. En représailles, les

Britanniques et les Français avaient réduit leurs forteresses en poussière, mis le cap sur la baie d'Edo et détruit les palais des seigneurs fautifs. Leur tir étant aussi approximatif que leur discernement, ils avaient pilonné allègrement la totalité du quartier de Tsukiji. Après quoi, au lieu de faire amende honorable, ils avaient exigé des indemnités pour les dommages subis par leurs navires marchands, des excuses publiques de la part des seigneurs incriminés et la promesse solennelle que de tels actes ne se reproduiraient plus.

Mais aucun de ces événements n'était aussi démoralisant que les nouvelles qu'il avait reçues du front. Quand les soldats britanniques avaient débarqué, la bravoure des samouraïs postés à Kuroshima s'était évaporée. Face à une armée disciplinée, dotée d'armes à feu et d'artillerie lourde, ils avaient pris leurs jambes à leur cou, terrorisés. Six siècles auparavant, leurs ancêtres avaient vaillamment repoussé les hordes mongoles de Kubilay Khan et voilà qu'à présent ils détalaient comme des lièvres sans même chercher à se battre. C'était un jour de honte pour la longue histoire de leur nation guerrière.

Quant au shogun, il avait été incapable de prendre une décision énergique. Certaines têtes brûlées s'étaient prononcées en faveur d'une déclaration de guerre contre toutes les nations étrangères, sans exception. D'autres, plus pusillanimes, mais pas nécessairement plus raisonnables, préconisaient l'acceptation immédiate et sans condition des exigences des étrangers. Le consensus était nécessaire si l'on voulait éviter une scission du pouvoir. Pour y parvenir, le shogun avait pris des dispositions sans précédent. Au lieu de statuer par lui-même et de publier une déclaration, il avait convié tous les grands seigneurs — y compris ceux qui n'étaient pas ses alliés — à se rendre à Edo pour une réunion extraordinaire, en vue de chercher ensemble une solution au conflit. En somme, il proposait un partage du pouvoir avec ses ennemis héréditaires, à savoir les clans qui depuis la défaite de Sekigahara n'avaient cessé de vouloir se venger des Tokugawa. Les jalons d'une réconciliation historique étaient posés.

Une telle perspective rendait Kawakami malade, parce que cela signifiait la fin de ses plans patiemment élaborés en vue d'anéantir les arrogants Okumichi. Pire, en ces heures d'incertitude, leur réputation de visionnaires risquait de rehausser encore leur prestige aux yeux de l'opinion. Kawakami s'imaginait sans mal ce qui adviendrait alors.

Genji assisterait à la conférence. Il ferait quelque déclaration échevelée que le shogun prendrait pour un conseil avisé. On passerait à l'action. Et par quelque heureuse coïncidence, comme il s'en produisait fréquemment quand il était question des seigneurs d'Akaoka, le résultat serait meilleur que prévu. Le shogun, dont le pouvoir était affaibli et qui se raccrochait à la plus petite miette d'espoir, déciderait de nommer Genji au sein de son Conseil. Kawakami n'avait pas besoin d'être prophète pour deviner la suite. Ce revanchard de Genji trouverait un moyen de persuader le shogun de condamner Kawakami au suicide rituel. Sa vie durant, il avait fidèlement servi le shogun. Mais, si son maître devait choisir, il ne faisait aucun doute qu'il opterait pour Genji. A sa place, et s'il avait partagé les vues du shogun, il aurait décidé la même chose. Les chefs de la police étaient aisément remplaçables, pas les prophètes. Pouvait-on imaginer retournement de situation plus atroce ?

Mais patience. Rien de tout cela ne s'était encore produit et ne se produirait si Genji ne parvenait pas à atteindre Edo. Il restait encore une chance à Kawakami. Il lui faudrait agir en secret, Genji n'étant plus un hors-la-loi ; il ne l'était d'ailleurs plus depuis que la loi sur la résidence alternée avait été suspendue avec effet rétroactif.

Sohaku lui avait fait savoir qu'il se retirait temporairement au monastère de Mushindo. Sur le coup, la nouvelle avait irrité Kawakami. Mais à présent il y voyait une occasion inespérée. Pour retourner à Edo, Genji passerait entre le monastère de Mushindo et le village de Yamanaka. Kawakami arriverait dans le village au moment opportun, ainsi que ses vassaux, quelque six cents hommes au total, armés de mousquets napoléoniens dont ils connaissaient parfaitement le maniement. Oui, tout bien considéré, la situation n'était peut-être pas aussi désespérée qu'elle en avait l'air.

Son autre souci, quoique mineur celui-là, était l'absence mystérieuse de Mukai, son aide de camp. Kawakami avait dépêché trois messagers dans son petit fief du Nord. Aucun n'était revenu. Etrange, très étrange même. Quelque affaire familiale l'avait attiré là-bas et absorbé au point de lui faire oublier de donner signe de vie ? Kawakami connaissait la femme de Mukai pour l'avoir rencontrée à diverses occasions lors de fastidieuses réunions officielles. Elle était presque aussi ordinaire et dénuée de charme que son époux. Il en allait de même pour ses deux concubines, qui ne semblaient être là que parce qu'il était d'usage qu'un seigneur de son rang eût au moins deux maîtresses. Mais aucune passion ne semblait exister entre eux.

Tôt ou tard, Mukai allait revenir avec une explication on ne pouvait plus rationnelle à son absence prolongée. Peut-être avait-il interprété bêtement la permission de quitter Edo comme un ordre. C'était le genre de décision qu'il aurait prise s'il n'avait eu Kawakami pour le guider.

Mais peu importait. Pour l'heure, d'autres affaires plus pressantes réclamaient l'attention du chef de la police. Ses agents continuaient d'espionner le domaine d'Akaoka. Heiko partageait toujours le lit de Genji. L'occasion qu'il attendait n'allait pas tarder à se présenter.

— Je vous déconseille fortement ce voyage, dit Saiki. Mais, si vous l'entreprenez malgré tout, je vous suggère de vous entourer d'une armée suffisante. Pas moins de mille hommes. Deux mille serait préférable. Enfin, il serait sage que vous voyagiez en compagnie d'un autre seigneur au moins, de préférence quelqu'un de neutre, ayant une allégeance dans les deux camps. Cela devrait diminuer les risques d'échauffourée en cours de route.

— Je te remercie de ta sollicitude, répondit Genji. En d'autres circonstances, le danger serait certainement aussi grand que tu le crains. Mais je me rends à Edo sur l'invitation du shogun. Cela devrait me garantir un voyage sans encombre.

— Il y a dix ans, cela aurait été vrai, intervint Shigeru. Mais le shogun n'est plus le maître du royaume. Les navires étrangers ont bombardé sa capitale en toute impunité. Il est de plus en plus fréquent que ses vassaux passent outre à ses instructions, comme les seigneurs hors-la-loi. Dans de nombreux fiefs, l'autorité des grands seigneurs est elle-même contestée. Saiki a raison. Vous ne devriez pas y aller, sire.

Genji se tourna vers Hidé.

— Qu'en penses-tu ?

— Il ne m'appartient pas de décider si vous devez y aller ou non, sire. Mais si vous souhaitez partir, tout comme le seigneur

Saiki, je vous encouragerai à prendre une escorte suffisante. Un millier d'hommes devrait suffire, si vous choisissez les meilleurs.

Genji secoua la tête.

— Si je me rends à Edo à la tête d'une armée de mille hommes, le shogun y verra, à juste titre, un acte d'agression.

— Vous n'avez qu'à l'informer à l'avance, suggéra Saiki. Dites-lui que vous ferez stationner vos hommes à l'extérieur de la ville, dans la plaine de Kanto, au cas où le shogun souhaiterait allier ses forces aux vôtres pour combattre les étrangers. Nous pourrions prendre le monastère de Mushindo comme base.

— En tout état de cause, nous y ferons une halte, indiqua Genji. Emily aimerait se rendre compte par elle-même de l'état d'avancement des travaux de la mission. Savez-vous s'ils ont commencé ?

— Je n'en ai pas la moindre idée, sire, avoua Saiki en ravalant son irritation.

Quoique très reconnaissant à dame Emily d'avoir sauvé la vie de Genji, il trouvait intolérable que son travail de missionnaire pût prendre le pas sur des considérations beaucoup plus importantes.

— Avez-vous l'intention d'autoriser dame Emily à vous accompagner à Edo ?

— Oui.

— Dans ce cas, je dois ajouter une quatrième recommandation, dit Saiki. Je vous déconseille vivement de l'emmener avec vous.

— Le palais de la Grue Silencieuse est en train d'être reconstruit, répliqua Genji. Emily doit en superviser certains aménagements qui requièrent sa présence sur place.

Saiki grinça des dents.

— L'architecture fait-elle partie de ses talents ?

— Non. Mais nos architectes ont besoin de la consulter au sujet de la chapelle.

— La chapelle ?

— J'ai donné ordre qu'une petite chapelle chrétienne soit incluse dans les nouveaux plans du palais.

— Quoi ? s'écria Saiki, abasourdi.

Shigeru éclata de rire. A la surprise générale, car il n'avait pas le rire facile.

— Pourquoi une telle appréhension, Saiki ? Il y a mille ans, le bouddhisme aussi était une religion étrangère, qui fut apportée au Japon par les missionnaires chinois et coréens. A présent il est aussi japonais que nous. Dans mille ans, on dira la même chose du christianisme apporté par ces nouveaux étrangers.

Saiki rétorqua :

— Je ne vous savais pas d'une nature aussi optimiste, sire.

— C'est que j'apprends de mon neveu à mesure que nous faisons route ensemble.

— Vous pensez qu'il est prudent d'autoriser une femme à se joindre à une expédition aussi risquée ?

— Pas une femme, rectifia Shigeru, mais plusieurs. Dame Heiko et Hanako seront du voyage, elles aussi.

Saiki se retint d'afficher la moindre consternation et se contenta de reprendre :

— Ma cinquième recommandation est que nous préparions ce voyage avec tout le sérieux qu'il mérite.

— Heiko s'ennuie d'Edo, dit Genji, et Hidé se doit de saisir toutes les occasions d'assurer sa descendance.

— Le plus grand danger n'est pas derrière nous, déclara Saiki, qu'un raisonnement aussi frivole mettait hors de lui. Le plus grand danger est à venir.

— Et quand il sera là, nous l'affronterons courageusement, conclut Genji. En attendant, gardons-nous de nous inquiéter inutilement.

Saiki s'inclina. L'ironie du sort voulait qu'ils aient survécu à de grands périls pour mourir bêtement lors d'un banal voyage à Edo. Telle était la nature du karma. C'est pourquoi il s'inclina devant le karma tout autant que devant son seigneur lorsqu'il répondit :

— Je vous ai entendu, sire, et vous obéirai.

— Merci, Saiki.

— Combien d'hommes dois-je préparer ?

— Oh, vingt ou trente devraient suffire. Nous ne resterons pas longtemps à Edo.

— Nos éclaireurs nous font savoir que Sohaku se trouve à Mushindo, dit Hidé. S'il a joint ses forces à celles de Kawakami, une escorte de mille hommes, ainsi que le suggère le seigneur Saiki, ne sera pas de trop.

— Mushindo sera libéré des traîtres longtemps avant la venue de Genji, assura Shigeru. Le félon n'aura bientôt plus sous ses ordres qu'une armée de fantômes faméliques.

— Je n'arrive pas à en croire mes yeux, dit Emily. D'abord un verger de pommes et maintenant ceci.

Stark et elle se trouvaient parmi un jardin de roses d'hiver. Il y en avait des blanches et des rouges, et de toutes les nuances possibles de rose, du plus pâle au plus foncé.

— Ce jardin est à la hauteur de sa réputation, observa Stark.

Emily posa sur lui un regard interrogateur.

— Heiko m'a dit que l'autre nom de ce château était l'Ecrin de Roses.

— Ecrin de Roses, dit Emily. Vol de Moineaux. Quels noms poétiques pour décrire une forteresse vouée à la guerre !

— La guerre est la poésie des samouraïs.

— Eh bien, Matthew, vous semblez avoir acquis une grande connaissance des samouraïs au cours de votre récent périple avec Heiko.

— Nous avons eu quelques occasions de parler, dit-il, laconique.

Mieux valait ne pas se montrer bavard. Heiko lui avait dit qu'elle avouerait tout à Genji. Peut-être le ferait-elle, peut-être pas. Mais c'était son problème, pas le sien. Hanako les avait menés dans ce jardin de roses quand Emily avait exprimé le souhait de prendre l'air. La surabondance de fauteuils, tables, bureaux et lampes de sa chambre la rendait claustrophobe, et le salon qu'elle partageait avec Stark lui faisait le même effet. Les domestiques avaient disposé pour eux dans le jardin les imposants sofas de velours sur lesquels ils étaient assis présentement. Emily songea qu'elle allait devoir expliquer ce qu'étaient les meubles de jardin au seigneur Genji, qui semblait tout aussi désireux de connaître la civilisation que la langue américaine.

— Elle me semble d'une constitution extrêmement délicate, reprit Emily. Les privations du voyage ont dû l'épuiser.

— Elle s'est bien débrouillée, dit Stark en s'efforçant d'amener la conversation sur un autre terrain. Vous et le seigneur Genji avez eu bien plus de déboires que nous. A en croire les rumeurs, vous seriez un ange descendu du ciel pour lui sauver la vie.

Emily détourna les yeux et fixa son attention sur un buisson de roses à quelques pas de là, tandis qu'une vive rougeur lui montait aux joues.

— Oh, les rumeurs... Les gens parlent sans savoir. Il suffit que quelqu'un lance une idée et la rumeur fait boule de neige.

— Heiko ne me semble pas être du genre à colporter des ragots. Elle m'a dit que le seigneur Shigeru vous avait trouvée en compagnie de Genji dans une cabane que vous aviez construite de vos mains. Avez-vous réellement construit un igloo ?

— Ce n'était qu'une cabane de branchages recouverte de neige.

— Elle a dit que vous aviez réussi à réchauffer le seigneur Genji grâce à une technique de survie esquimaude.

— Je n'ai jamais rencontré d'Esquimaux de ma vie, précisa Emily sur un ton qu'elle voulait catégorique.

— C'est bien ce qu'il me semblait. Elle aura sans doute mal compris les propos du seigneur Genji. Ou peut-être est-ce moi qui ne l'ai pas comprise. Eh bien, comment avez-vous fait ?

— Fait quoi ?

— Pour survivre. Vous êtes restés deux jours entiers abandonnés du monde, pris dans une tempête de neige. Vous avez bien fait quelque chose pour ne pas mourir de froid ?

— La cabane nous a permis de nous abriter du vent. (Elle ne pouvait pas mentir mais ne pouvait pas non plus, Dieu lui vienne en aide, raconter toute la vérité. C'eût été beaucoup trop embarrassant.) Les parois de la cabane, même fragiles, nous ont permis de nous isoler de la neige et du vent, de sorte qu'à l'intérieur la température était sensiblement plus élevée qu'à l'extérieur.

— C'est bon à savoir, si jamais nous nous retrouvons dans une situation analogue.

— Je doute que cela se produise. (Elle tendit la main et toucha une rose d'un rouge éclatant.) Je me demande comment se nomme cette variété.

Genji dit :

— American Beauty.

Emily tourna la tête et l'aperçut à quelque distance. Son air goguenard lui indiqua qu'il était là depuis assez longtemps pour avoir surpris au moins une partie de la conversation. Devant son air déconfit, il adopta aussitôt une expression plus sérieuse. S'approchant de la fleur qu'elle avait touchée, il dégaina son petit sabre et en effleura la tige. La rose se détacha du buisson et tomba dans sa main. Après en avoir ôté les épines à petits coups de sabre, il s'inclina et offrit à Emily la rose rendue inoffensive.

— Merci, sire.

— C'est un nom étrange pour une fleur japonaise, dit Stark.

— Elle ne s'appelle comme cela qu'ici, dit Genji. L'un de mes ancêtres avait eu… (Il allait dire « une vision », mais, se rappelant combien Emily avait été troublée par ce terme, il dit à la place :) … un rêve. Le lendemain matin, il fit savoir publiquement que les roses les plus belles du château seraient désormais appelées American Beauty.

Emily songea que cette explication ressemblait à s'y méprendre à l'une de ces visions prophétiques qu'il prétendait avoir eues. Cependant, sa curiosité était piquée au vif. Elle demanda :

— Et de quoi avait-il rêvé au juste ?

— Il n'a jamais révélé la nature exacte de son rêve. Ce jour-là, il a conclu une alliance militaire avec le clan Takeda. Il se trouvait avec eux quand ils ont attaqué les palissades de Nagashino, lors de la charge de cavalerie la plus célèbre de l'histoire de notre nation. Il est mort, ainsi que des milliers d'autres cavaliers, dans l'incendie provoqué par le tir en masse des mousquets de l'ennemi. Après cela, aucune armée n'a plus donné la charge de cette façon.

— Est-ce son rêve qui l'a conduit à commettre une telle folie ?

— Oui. Avant l'attaque, il a dit à ses guerriers qu'ils n'avaient aucune crainte à avoir. L'arrivée de la rose American Beauty à l'intérieur des murs du Vol de Moineaux était le signe de la victoire imminente du clan. Son rêve, disait-il, le garantissait.

Malgré elle, Emily protesta :

— Mais enfin, c'était un acte de pure folie.

Confuse, elle se répandit aussitôt en excuses.

— Je vous demande pardon, sire, j'ai parlé sans réfléchir.

— Il a essayé de forcer la réalité pour l'accorder avec son rêve. Cela arrive fréquemment avec les fous. Hélas, il s'agit là d'une erreur qui se reproduit souvent dans ma famille. Son successeur a choisi de consigner par écrit ses propos afin qu'ils servent de leçon aux générations futures.

— Sage décision, dit Emily, s'efforçant de rattraper sa maladresse.

— Qui eût été encore plus sage s'il s'en était souvenu lui-même, poursuivit Genji. Ses propres rêves l'ont incité à s'allier aux ennemis des Tokugawa lors de la bataille de Sekigahara. Il fut tué, et notre clan presque entièrement anéanti. Quant à nous, nous sommes aujourd'hui considérés comme les ennemis les plus farouches du shogun.

Emily se sentait tiraillée entre sympathie et désapprobation. Une expression contrariée se peignit sur son visage lorsqu'elle répondit :

— Voilà qui semble prouver que ces rêves ne sont que des chimères. C'est écrit dans la Bible. Les prophéties ne sont pas destinées à ceux qui ne croient pas, mais à ceux qui croient.

— C'est possible. D'une façon ou d'une autre, cela ne me dérange guère. Je rêve beaucoup moins que mes prédécesseurs.

Au moment où sa langue, ses lèvres, ses poumons et son larynx formaient ces mots, le monde autour de lui s'évapora, et Genji se retrouva transporté ailleurs.

Une brise légère rafraîchit sa peau fiévreuse.

Des fleurs blanches couvrent les branches au-dessus de sa tête, emplissant l'air d'un parfum exquis.

La Vallée des pommiers est en fleur.

Ce doit être le printemps.

La beauté du paysage lui étreint la poitrine et lui fait monter les larmes aux yeux. Il est heureux, et pourtant il est en proie à des sentiments contradictoires. Pour quelle raison ? Le futur Genji le sait peut-être, lui. Mais le visionnaire ne sait rien. Tout comme la première fois, il est dans la peau de quelqu'un qui n'existe pas encore. Les mains qui tiennent les rênes de son cheval ne sont guère différentes de celles qui ont offert la rose à Emily. Si ce jour-ci est distant du temps présent, il n'est pas devenu un vieil homme, néanmoins.

Genji laisse son cheval aller où bon lui semble. Il n'a pas de destination. Il attend. Quoi ? Impatient, il descend de cheval et se met à faire les cent pas. Levant les yeux, il aperçoit la branche sur laquelle Emily s'est assise lorsqu'il lui a offert cette vallée. Ce même jour, Heiko lui a avoué la vérité. Il sourit en pensant à la belle geisha qui en sait plus qu'elle ne le devrait et à la candide étrangère qui ne sait que ce qu'elle a envie de savoir.

En songeant à elles, il se rappelle une fois de plus à quel point la vision prophétique est limitée et, par là même, cruelle.

Il sent vibrer la terre avant d'entendre le galop d'un cheval. Lorsqu'il lève les yeux vers l'entrée de la vallée, il aperçoit une bâtisse au toit pentu, ornée d'un clocher surmonté d'une croix blanche. Hidé passe devant la chapelle d'Emily, au grand galop.

Sans attendre qu'il vienne jusqu'à lui pour lui délivrer le message, Genji saute sur son cheval et pique des deux en direction du Vol de Moineaux.

Tous les serviteurs se sont réunis dans la cour. Ils s'inclinent à son arrivée. Il s'élance à l'intérieur du château. Au bout du corridor, il entend les cris d'un nouveau-né qui lui parviennent de sa propre chambre à coucher. Il se hâte de s'y rendre.

Une servante lui présente le bébé. Mais c'est l'état de santé de la mère qui l'inquiète, et non celui de l'enfant. Il ne lui accorde qu'un rapide coup d'œil. Avant qu'il ait eu le temps de pénétrer dans la chambre, le Dr Ozawa en sort et referme la porte derrière lui.

« Comment va-t-elle ?

— L'accouchement a été difficile, dit le Dr Ozawa, le visage grave.

— Est-elle tirée d'affaire ? » demande Genji.

Le Dr Ozawa secoue la tête et s'incline profondément.

« Je suis navré, sire. »

A ces paroles, une violente émotion s'empare de Genji. Il tombe à genoux.

Le Dr Ozawa s'agenouille également.

« Vous êtes père, seigneur Genji. »

Brisé par le chagrin, Genji n'oppose aucune résistance quand on place le nouveau-né entre ses bras. Quelque chose scintille à son cou. Malgré les larmes qui lui brouillent la vue, il reconnaît l'objet. Il l'a déjà vu deux fois auparavant.

Une fois dans une vision.

Une fois sous un monticule de neige.

Un petit pendentif en argent orné d'une croix blasonnée d'une fleur stylisée, un lis peut-être ?

Le Dr Ozawa déclara d'un ton sévère :

— Je vous avais mis en garde contre le surmenage, sire.

Genji était allongé dans une chambre donnant sur le jardin de roses. Il n'avait pas souvenance d'être entré ici, mais se rappelait en revanche avoir perdu connaissance.

— Je ne faisais que parler.

— Dans ce cas, vous parlez trop. Parlez moins, sire, je vous en conjure.

Genji s'assit dans le lit.

— Je me sens très bien.

— Les gens bien portants ne perdent pas connaissance sans raison.

— Une vision, dit Genji.

— Ah ! (Le Dr Ozawa se tourna vers la porte.) Hanako !

La porte coulissa et Hanako passa la tête à l'intérieur, l'air soucieux.

— Oui, docteur.

Elle sourit à Genji et s'inclina.

— Apporte du thé, ordonna le praticien.

— Je préférerais du saké, dit Genji.

— Du thé, réitéra le médecin.

— Oui, docteur, acquiesça Hanako avant de disparaître.

— Vous la raconterai-je ?

— Si vous le souhaitez, répondit le Dr Ozawa.

Il était le médecin du clan depuis près de quarante ans ; Kiyori et Shigeru avaient été ses patients avant Genji. Leurs visions n'avaient pas de secrets pour lui.

— Je doute de pouvoir vous aider à l'interpréter, ajouta-t-il. Je n'y suis jamais parvenu.

— Il y a un début à tout.

— Pas nécessairement, sire. Il arrive même qu'il n'y ait pas de début du tout.

Genji lui décrivit ce qu'il avait vu en y mettant le plus de détails possible. Il attendit que le Dr Ozawa prît la parole, mais ce dernier resta assis à boire son thé en silence.

— Pas plus que la première je n'arrive à la déchiffrer, poursuivit Genji. Qui est la mère de l'enfant ? C'est sans doute la dame Shizuka de ma première vision. L'enfant porte le médaillon de sa mère. Mais, dans la première vision, dame Shizuka était vivante, alors que j'étais mourant, et dans celle-ci c'est l'inverse qui se produit. Il s'agit là d'une contradiction insurmontable.

— Apparemment.

— Croyez-vous que j'aie vu ce qui allait se produire ou ce qui pourrait se produire ?

— Tout ce que votre grand-père a vu s'est réalisé, déclara le Dr Ozawa en sirotant son thé. Néanmoins, je sais qu'il ne m'a pas tout dit. Rien de ce que votre oncle m'a raconté ne s'est réalisé. A ce jour. Votre situation, sire, est différente. Vous avez déjà eu deux visions et n'en aurez qu'une autre. Après quoi c'en sera fini des prophéties pour vous, ce qui est une situation plus enviable que celles de Kiyori ou de Shigeru. Vous n'êtes ni trop lucide ni trop peu. En fait, vous l'êtes juste assez pour rester sur vos gardes.

— Vous n'avez pas répondu à ma question.

— Comment le pourrais-je ? Que sais-je de l'avenir ? Je suis médecin, pas prophète.

— Une telle neutralité ne m'est guère utile. J'ai besoin d'être conseillé.

— J'hésite à vous offrir mon opinion et plus encore à vous conseiller.

— J'aimerais néanmoins que vous le fassiez.

— Dans ce cas, vous devriez parler à une femme.

— Oui, dit Genji, mais laquelle ?

— C'est évident.

— Ah ? Dites-le-moi, je vous prie.

Le Dr Ozawa s'inclina.

— Cela devait être évident pour vous, sire. C'est vous qui avez eu la vision.

Heiko l'écouta sans l'interrompre. Quand il eut fini, elle resta silencieuse. Genji comprit pourquoi. Ce ne devait pas être facile pour elle d'apprendre qu'il allait engendrer un enfant avec une autre femme. Mais qui ? Elle était la seule en qui il eût confiance.

— Une seule chose est évidente, dit-il. Avant que cela puisse se produire, il faut que dame Shizuka rencontre Emily, puisque le pendentif qu'elle porte, celui qu'elle donne à notre enfant, est celui d'Emily. A part cela, je suis perplexe.

— Ne m'avez-vous pas parlé une fois d'un maître étranger et d'une lame ? Son nom m'échappe.

— Ah, tu veux parler de l'épée de Damoclès ?

— Ce nom ne me dit rien, répondit Heiko en essayant de se souvenir. Son nom était voisin de celui du maître zen Hakuin Zenji. Hakuo. Hokuo…

— Tu veux parler du principe du rasoir d'Occam ?

— Oui, c'est cela.

— Eh bien, qu'en est-il ?

— Quand vous dites qu'une seule chose vous semble évidente, vous n'appliquez pas le principe du rasoir d'Occam.

— Je vois que tu maîtrises le mode de pensée occidental.

— Il n'y a pas grand-chose à maîtriser. Si j'ai bonne mémoire, selon le rasoir d'Occam, lorsqu'on est confronté à plusieurs possibilités, celle qui requiert l'explication la plus simple est généralement la bonne. Vous n'avez pas choisi la plus simple.

— Je me suis limité à la partie de la vision qui trouvait une explication. En quoi n'ai-je pas appliqué le principe d'Occam ?

— Vous partez du principe que dame Shizuka, que vous n'avez pas encore rencontrée, sera la mère. Que le médaillon lui sera donné d'une façon ou d'une autre par Emily, et qu'elle le remettra ensuite à l'enfant. Il y a une explication plus simple.

— Je ne vois pas laquelle.

Heiko dit :

— L'enfant recevra le médaillon directement des mains d'Emily.

— Pourquoi Emily donnerait-elle son pendentif à mon enfant ?

— Parce que ce sera également son enfant.

Genji eut un haut-le-corps.

— C'est ridicule. Et même insultant. Et nullement en accord avec le principe de simplification. Pour qu'elle soit la mère de mon enfant, il faudrait d'abord que nous couchions ensemble. Or je ne vois pour ma part aucun moyen simple d'en arriver là.

— L'amour tend à simplifier les situations les plus complexes et les plus délicates…

— Je ne suis pas amoureux d'Emily, pas plus qu'elle n'est amoureuse de moi.

— Peut-être pas encore, sire.

— Jamais, dit Genji.

— Et qu'éprouvez-vous pour elle ?

— Je n'éprouve rien, au sens où tu l'entends.

— Je vous ai vu rire avec elle, insista Heiko, et elle sourit fréquemment en votre compagnie.

— Nous avons frôlé la mort ensemble, si bien qu'il existe entre nous un lien qui n'existait pas auparavant. Un lien d'amitié, pas d'amour.

— La trouvez-vous toujours aussi repoussante et dénuée de charme ?

— Pas repoussante. Mais seulement parce que je me suis habitué à son apparence. « Sans charme » serait également excessif.

Genji se rappela la façon dont elle s'était allongée dans la neige en agitant les bras et les jambes pour dessiner un ange. Il la revit se hissant sans la moindre hésitation au sommet du pommier.

— A sa manière, elle est douée d'une certaine grâce.

— Vous parlez d'elle comme de quelqu'un pour qui vous avez de l'affection.

— Je reconnais que j'ai pour elle de l'estime. Mais la marge est grande entre l'estime et l'amour.

— Il y a un mois, il vous fallait faire un gros effort sur vous-même pour ne serait-ce que regarder dans sa direction. A présent, vous l'estimez. L'amour ne semble donc pas complètement inconcevable.

— Il y a une différence notable entre les deux. L'attirance physique.

— Qu'elle ne suscite pas ?

— Je t'en prie.

— Bien sûr, il y a une explication encore plus simple, dit Heiko.

— Et j'espère plus plaisante, répliqua Genji.

— Il n'y a que vous qui puissiez en juger, sire.

Heiko baissa les yeux sur ses mains crispées sur ses genoux.

— Il n'est pas nécessaire que de nouvelles circonstances vous amènent à dormir avec Emily dès l'instant que la chose s'est déjà produite.

— Heiko, je n'ai jamais partagé la couche d'Emily.

— En êtes-vous certain ?

— Je ne te mentirais pas.

— Je sais.

— Dans ce cas, que dis-tu ?

— Vous étiez délirant quand Shigeru vous a retrouvés.

— Je n'étais plus délirant mais inconscient.

— Vous et Emily êtes restés à l'intérieur d'un abri recouvert de neige pendant un jour et une nuit avant d'être découverts.

Elle leva les yeux et les plongea dans les siens.

— Sire, vous souvenez-vous précisément de la façon dont vous vous êtes réchauffés l'un l'autre ?

— Je suis heureuse de vous trouver en pleine forme, dit Emily. Nous étions tous très inquiets. Je vous en prie, asseyez-vous.

— Merci.

Genji était en proie à une grande agitation intérieure. Il était donc normal que son corps fût en accord avec ses sentiments, chose qui se produisit dès qu'il eut accepté le fauteuil étranger qui lui était offert. Dès qu'il se fut assis, sa colonne vertébrale dévia de son axe, et ses organes internes comprimés, entravant le flux naturel du *ki*, provoquèrent une dangereuse accumulation de toxines. A présent, son inconfort était extrême.

— Dame Heiko m'a dit que vous souhaitiez me parler.

— Vous a-t-elle dit pourquoi ?

— Elle m'a simplement laissé entendre qu'il s'agissait d'un sujet délicat.

Emily le dévisagea un instant.

— Il aurait peut-être mieux valu que je me rende dans vos appartements et non pas le contraire. Peut-être n'êtes-vous pas tout à fait remis de vos blessures.

— N'ayez crainte. J'ai été victime d'une faiblesse passagère. Mais je suis remis, à présent.

— J'allais prendre le thé, dit Emily en s'approchant de la table sur laquelle reposait un service à thé anglais. Vous joindrez-vous à moi ? Heiko a eu la gentillesse de me procurer du thé anglais.

— Merci, dit-il sans trop savoir comment aborder le sujet.

Qu'y avait-il de plus humiliant pour un homme que de devoir demander à une femme — une femme qu'il ne connaissait pas très bien, au demeurant, et une étrangère par-dessus le marché — s'il avait ou non couché avec elle, car il était incapable de s'en souvenir ?

Emily s'empara d'un petit pichet et commença par verser un liquide épais et blanc dans les tasses. Puis elle ajouta du thé noir dont le parfum entêtant ne parvenait pas à occulter le fait que les feuilles avaient été fermentées. Pour finir, elle ajouta du sucre et remua.

A la première gorgée, un grand sourire illumina son visage.

— Cela fait si longtemps ! s'écria-t-elle. J'avais oublié comme c'est délicieux.

Genji goûta l'étrange mixture. Dès qu'elle entra en contact avec ses papilles, il eut un haut-le-cœur. La politesse l'empêcha de faire ce que l'instinct lui commandait : recracher aussitôt l'infâme breuvage. Le goût écœurant du sucre, la forte odeur de bergamote et la présence inattendue de graisse animale agressaient ses sens de façon insupportable. Il comprit trop tard que le liquide blanc n'était autre que du lait sorti des grotesques mamelles d'une vache.

— Quelque chose vous déplaît, sire ?

Le liquide infect qui lui emplissait la bouche l'empêcha de répondre. Prenant sur lui-même, il l'avala d'un trait.

— Je suis simplement surpris par le goût. Notre thé est beaucoup moins parfumé.

— En effet, il y a une nette différence de goût. On a du mal à croire qu'il s'agisse de la même plante.

Ils parlèrent des différences et des ressemblances assez longtemps pour que Genji pût reposer sa tasse sans y tremper à nouveau les lèvres.

Incapable d'aborder de but en blanc le sujet qui l'avait amené, Genji chercha un moyen détourné.

— Quand nous étions tous deux dans le refuge de neige, j'ai remarqué quelque chose…

Les joues d'Emily s'empourprèrent d'un seul coup. Elle baissa les yeux sur sa tasse.

— Seigneur Genji, je vous serais infiniment reconnaissante de ne plus jamais aborder ce sujet à l'avenir.

— Je comprends votre gêne, Emily, je vous assure.

— Excusez-moi d'en douter, sire. (Elle releva brièvement ses étranges yeux bleus et lui décocha un regard plein de désapprobation.) Il me semble au contraire que vous prenez un malin plaisir à y faire allusion.

— Excusez-moi, dit-il en s'inclinant.

A présent, il se trouvait aussi embarrassé qu'elle par cette situation. Il comprit que ses sentiments ne pouvaient guère être éloignés des siens.

— Jusque-là, je n'ai pas pris votre embarras au sérieux et j'en suis désolé.

— Si vos regrets sont sincères, je vous demanderai de clore ce sujet une fois pour toutes.

— Je vous promets de vous obéir par la suite. Mais, malheureusement, il est important que nous en parlions une dernière fois.

— Dans ce cas, vous admettrez que je ne puisse prendre vos excuses au sérieux.

Genji ne voyait qu'un seul moyen de prouver sa sincérité. C'était une chose qu'il faisait chaque jour devant l'autel de ses ancêtres. Il ne l'avait jamais faite devant quiconque à l'extérieur du palais du shogun, et n'avait jamais imaginé le faire un jour devant une étrangère. Il s'agenouilla et se prosterna face contre terre.

— Si je vous le demande, c'est parce que je le dois.

A la vue du grand seigneur se prosternant ainsi devant elle, Emily sentit des larmes de honte lui monter aux yeux. Lequel des deux était le plus capricieux ? Le plus arrogant ? Le plus vaniteux ? C'était écrit dans le Livre de Job : « Me condamneras-tu, toi qui es peut-être vertueux ? » Elle tomba elle aussi à genoux et prit ses mains dans les siennes.

— Pardonnez ma vanité. Et, je vous en prie, posez-moi la question qui vous tient à cœur.

Abasourdi, Genji resta un instant sans voix. Jamais personne n'avait osé le toucher ainsi. En fait, ses gardes du corps eussent-ils été présents que la tête d'Emily serait en train de rouler à terre. Toucher un grand seigneur sans sa permission était une offense capitale.

— La faute est mienne, protesta Genji. Ne vous jetez pas la pierre.

— Je le dois. Qu'y a-t-il de plus insidieux et de plus dangereux que l'orgueil ?

Plusieurs minutes s'écoulèrent avant qu'ils regagnent leurs fauteuils pour reprendre leur conversation.

— Il se peut que ce ne soit rien, juste une hallucination sous l'emprise du délire, dit Genji. Dans la neige, il m'a semblé voir un bijou à votre cou.

Emily passa une main à l'intérieur de son col. Elle en ressortit une fine chaîne d'argent au bout de laquelle pendait un médaillon d'argent orné d'une croix et d'une fleur stylisée.

— Vous voulez parler de ceci ?

— Oui. Qu'y a-t-il sur la croix ?

— C'est ce qu'on appelle une fleur de lis. Les rois de France en avaient fait leur symbole. La famille de ma mère était d'origine française. La fleur de lis est là pour le rappeler.

Elle ouvrit le boîtier et se pencha en avant pour lui en montrer le contenu. C'était le portrait en miniature d'une jeune femme dont la ressemblance avec Emily était frappante.

— C'est la mère de ma mère quand elle avait dix-sept ans.

— Un âge que vous allez bientôt atteindre.

— C'est exact. Comment le savez-vous ?

— Je vous l'ai demandé quand vous faisiez l'ange dans la neige.

— Ah, mais oui. (Elle sourit.) Mon ange de neige ne vous avait d'ailleurs guère impressionné.

— Une erreur de ma part, et non un manque de talent de la vôtre.

Emily se rassit en poussant un soupir de soulagement.

— Ce n'était pas si grave. Je m'attendais à... à vrai dire, je ne sais pas à quoi je m'attendais, mais je craignais que vous n'abordiez un sujet plus scabreux.

Le moment était venu de poser la question la plus embarrassante.

— Je n'ai pas tout à fait terminé...

— Dans ce cas, continuez. Je suis prête.

Il songea qu'elle n'avait pas l'air prête du tout, mais, faute de pouvoir faire marche arrière, il décida de continuer.

— Je n'ai que des souvenirs fragmentaires de ce qui s'est passé après que j'ai été blessé. Je me revois allongé avec vous. Nous étions nus, n'est-ce pas ?

— En effet.

— Avons-nous fait plus que dormir ensemble ?

— Que voulez-vous dire ?

— Avons-nous fait l'amour ?

Choquée, Emily détourna les yeux, les joues écarlates. Comment osait-il insinuer une chose pareille ?

Bien que la chose ne semblât pas possible, ses joues s'empourprèrent davantage.

— Il est capital que je sache, insista-t-il.

Mais elle était incapable de le regarder ou de lui répondre.

Pour finir, voyant qu'elle restait muette, Genji se leva.

— J'oublierai cette conversation et les événements qui nous y ont conduits, dit-il.

Il fit coulisser la porte et sortit dans le couloir. Il allait la refermer quand elle dit :

— Nous avons mêlé la chaleur de nos corps, pour survivre. Rien de plus. Nous n'avons pas... (dire les choses de façon aussi explicite était un supplice) ... Nous n'avons pas fait l'amour.

Genji s'inclina profondément.

— Votre honnêteté me touche infiniment.

Il se retira sans éprouver le soulagement qu'il était venu chercher. Emily n'était pas encore enceinte. Et dame Shizuka restait une inconnue. Ce qui était une bonne chose. Mais ses espoirs déclinaient rapidement. L'autre possibilité mentionnée par Heiko — qu'il allait tomber amoureux d'Emily — n'était plus aussi improbable. Durant sa visite chez Emily, lorsqu'il avait parlé de leur séjour dans la cabane et s'était rappelé ce qu'il avait vu et ressenti, tandis qu'il voyait l'expression d'innocence se peindre sur ses traits, quelque chose d'inattendu s'était produit.

Il s'était senti troublé dans ses sens.

—Je persiste à croire que le seigneur Genji et le seigneur Shigeru vont mener notre clan à sa perte, dit Sohaku. C'est pourquoi je ne regrette pas la résolution que j'ai prise.

Il avait mené soixante-dix-neuf samouraïs hors des montagnes jusqu'au monastère de Mushindo. Les soixante qui étaient encore avec lui se tenaient assis en rangs dans la salle de méditation. Les autres avaient pris la fuite avant la réunion. Et Sohaku était convaincu que d'autres ne tarderaient pas à les imiter. Les événements conspiraient contre lui.

Il n'avait pas réussi à éliminer les deux derniers héritiers du clan Okumichi.

A l'heure qu'il était, la tête de Kudo était en train de pourrir au bout d'une pique à l'extérieur du Vol de Moineaux. Et l'abrogation de la loi sur la résidence alternée proclamée par le shogun faisait de Sohaku, et non pas de Genji, un hors-la-loi.

Kawakami était convaincu que leur plan pouvait encore réussir. En tant que chef de la police secrète et grand seigneur de Hino, il pouvait se permettre de tenir ce genre de propos. Il était inamovible et le savait. Sohaku n'avait pas la même chance. Il ne lui restait qu'une solution : essayer de porter un dernier coup. Peu importait que le résultat fût un triomphe ou une défaite. La seule chose qui comptait désormais était la manière dont il allait mourir, et quel souvenir sa famille et ses ennemis garderaient de lui. Il avait été jadis commandant d'un des meilleurs régiments de cavalerie du Japon. Il préférait mourir au combat plutôt que devoir commettre le suicide rituel.

A en croire ses éclaireurs, Genji avait quitté Akaoka pour se rendre à Edo avec une escorte d'à peine trente samouraïs. Sohaku disposait du double d'hommes. Mais il risquait de ne pas pouvoir les garder bien longtemps et doutait qu'il en demeurât une dizaine quand il reviendrait du temple.

Sohaku continua :

— Demain matin, je vais affronter le seigneur Genji dans la bataille. Vous êtes dorénavant libérés de votre vœu de loyauté envers moi. Je vous conseille vivement de chercher la réconciliation avec lui ou d'entrer au service d'un autre seigneur.

— Du vent que tout cela ! rugit un homme en colère depuis le quatrième rang. Libérés de notre vœu ou non, nous n'en restons pas moins liés par nos actions passées. La réconciliation est impossible. Et quel seigneur acceptera de prendre des traîtres à son service ?

— Silence ! lui ordonna un de ses camarades. Tu connaissais les risques que tu courais. Accepte ton sort en homme.

— Accepte le tien, riposta le samouraï en colère.

Une lame étincela. Le sang jaillit des artères sectionnées de l'homme qui l'avait semoncé. L'agresseur se tailla un chemin entre les trois rangées qui le séparaient de Sohaku.

Celui-ci ne se leva pas et ne dégaina pas son sabre.

L'homme était presque sur lui quand un autre samouraï le prit à revers.

— Pardonnez-lui, révérend abbé. Sa famille n'a pas réussi à fuir Akaoka à temps.

— Il n'y a rien à pardonner, dit Sohaku. Chacun de vous doit décider par lui-même. Je vais laisser mes sabres ici et me retirer dans le pavillon de méditation pendant une heure. Puis je reviendrai. S'il y en a parmi vous qui souhaitent m'accompagner à la bataille, qu'ils m'attendent ici.

Aucun ne répondit à son invitation à s'approcher et à le tuer. Quand il regagna la grande salle une heure plus tard, il constata que le corps avait été ôté. Tous les autres étaient à leur place. Il allait disposer de cinquante-neuf hommes contre les trente de Genji.

Sohaku s'inclina devant ses loyaux serviteurs.

— Je n'ai pas de mots pour exprimer ma gratitude, dit-il.

Les braves et les condamnés lui retournèrent son salut.

— C'est nous qui vous sommes reconnaissants, dit un homme du premier rang. Nous n'aurions pu servir seigneur plus méritant.

— Le révérend abbé refuse de coordonner son attaque avec la vôtre, dit le messager. Il sortira en force du monastère à l'aube.

Kawakami avait compris. Sohaku savait qu'il était condamné à mourir quoi qu'il arrivât, et avait choisi de périr l'épée à la main sans se soucier de savoir si la campagne serait une réussite ou un échec.

— Remercie le révérend abbé de m'avoir informé de sa décision. Dis-lui que je prierai les dieux pour qu'il soit victorieux.

— Oui, sire.

Kawakami et ses six cents hommes étaient postés dans le village de Yamanaka. De tous ses soldats, cent seulement étaient armés de sabres. Ils étaient là pour protéger les mousquetaires, en cas de corps-à-corps avec l'ennemi. Mais il ne serait peut-être pas nécessaire d'en arriver là : bien que les effectifs de Sohaku fussent deux fois plus nombreux que ceux de Genji — à condition toutefois qu'il parvînt à garder tous ses hommes, ce dont Kawakami doutait —, son attaque semblait vouée à l'échec. Et ce pour la bonne raison qu'il voulait se battre pour afficher sa bravoure et non pour gagner la bataille. Etant un cavalier hors pair, il parviendrait sans doute à intercepter Genji au col de Mié. Là-bas, le terrain pentu se prêtait à une charge en aval des deux côtés. En revanche, s'ils avaient dû affronter l'armée de Kawakami, ses hommes et lui auraient été anéantis avant même d'avoir pu répandre une seule goutte de sang. Mais les hommes du clan Okumichi n'étaient pas des mousquetaires. A l'instar des samouraïs de Sohaku, c'étaient des guerriers démodés, d'un autre âge. Ils répondraient en chargeant, et les deux camps se livreraient un corps-à-corps acharné avec des *katana* et des *wakizashi*, des *yumi* et des *yari*, des *naginata* et des *tanto*, les armes farouches de leurs vaillants ancêtres.

Tous étaient de toute façon condamnés à disparaître. Sohaku trouverait la mort au col de Mié. Genji et Shigeru à Mushindo, où ils se rendraient après avoir battu Sohaku. Kawakami, naturellement, s'y trouverait déjà, les attendant de pied ferme. Il emporterait les deux têtes des derniers seigneurs Okumichi avec lui au sanctuaire de ses ancêtres, dans son fief de Hino.

Après six cents ans, la bataille de Sekigahara allait enfin se conclure.

Au cours des longs entretiens que Genji avait eus avec Shigeru, ce dernier lui avait raconté ses visions. Les événements qu'il lui avait décrits étaient tellement étranges qu'ils ne pouvaient appartenir qu'à un avenir lointain, si tant est qu'une telle chose fût possible. Il était question de systèmes de communication à très grande distance, d'engins volants, d'air irrespirable, d'eau imbuvable. La mer intérieure, aujourd'hui si fertile, se remplirait de poissons morts, et ses rivages seraient peuplés de malheureux atteints de difformités. La population serait si dense que les gens s'entasseraient les uns contre les autres à l'intérieur de voitures longues d'un kilomètre. On trouverait partout un grand nombre d'étrangers et non pas uniquement dans des zones circonscrites autour d'Edo et de Nagasaki. Les guerres seraient si brutales et si vastes que des cités entières s'envoleraient en fumée en l'espace d'une seule nuit.

Genji décida de coucher par écrit les propos de Shigeru dans les annales familiales afin de les transmettre à la postérité ; dans l'immédiat, ils n'étaient d'aucune utilité. Il avait espéré qu'ils l'aideraient à clarifier ses propres visions. En vain. Si ce n'est dans un seul domaine, guère réjouissant.

Dans la vision qu'il avait eue de sa propre mort, Genji avait constaté une chose que Shigeru voyait dans toutes les siennes : les hommes ne portaient plus de chignons, de sabres ou de kimonos. Les samouraïs avaient disparu. C'était inconcevable, mais cela allait se produire du vivant de Genji.

Il regarda les hommes qui l'entouraient. Etait-il possible que dans quelques années — ainsi que semblait le croire Shigeru — le Japon soit entièrement conquis par les étrangers, et chacun d'eux anéanti ?

Hidé et Taro chevauchaient à ses côtés. Hidé annonça :

— Sire, nous approchons du col de Mié.

— Pensez-vous que nous courions un réel danger là-bas ?

— Oui, sire, répondit Taro. J'ai servi cinq ans durant sous les ordres de l'abbé Sohaku. Il est friand de ce genre de terrain. Il peut lancer une attaque fulgurante des deux côtés de la vallée.

— Très bien, dit Genji. Ordonne à Heiko et Hanako de rester à l'arrière avec Emily et Matthew.

— Oui, sire. Combien d'hommes dois-je affecter à leur défense ?

— Aucun. Si Sohaku nous guette, il les laissera tranquilles. Il n'y a que mon oncle et moi-même qui l'intéressions.

— Oui, sire.

Genji se tourna vers Saiki.

— Tu n'as pas donné ton avis ?

— Vos instructions me semblent être les bonnes. Je n'ai rien à ajouter.

Saiki était serein. Ce qui devait advenir adviendrait. Il ne savait pas s'il vivrait ou mourrait. Mais il savait qu'il se comporterait en loyal sujet et cela lui suffisait.

Heiko n'accueillit pas de gaieté de cœur les instructions de Genji mais elle s'y conforma malgré tout ; elle en avait fait la promesse, afin d'obtenir son rachat.

« Tu ne seras désormais rien de plus qu'une geisha. Tu ne pourras plus user de tes autres talents pour combattre Sohaku ou Kawakami. Est-ce clair ?

— Pour Sohaku, je l'admets, mais pas pour l'Œil Collé. Il doit être éliminé à la première occasion.

— Je ne t'ai pas demandé ton avis. Le promets-tu, oui ou non ? »

Il n'y avait pas la moindre note d'humour dans sa voix.

« Oui, sire. Je le promets. »

Si bien qu'elle n'avait eu d'autre choix que de revêtir un kimono d'une grande beauté, certes, mais qui entraverait ses mouvements en cas d'attaque, et de monter une jument aussi docile que celle d'Emily. Naturellement, elle ne portait aucune arme, hormis ses mains nues, s'entend.

— Dame Heiko, dit Hanako.

— Oui.

— En cas de besoin, j'ai mis deux lames de jet dans ma sacoche de droite, et un petit sabre dans celle de gauche.

— Le seigneur Genji m'a interdit de porter des armes.

— Ce n'est pas vous qui les portez, dame Heiko, c'est moi.

Heiko s'inclina en signe de gratitude.

— Espérons que nous n'en aurons pas besoin.

Emily dit à Stark :

— Que ferez-vous si l'homme que vous recherchez n'est pas au monastère ?

— Je poursuivrai mes recherches.

— Et s'il a péri dans l'épidémie ?

— Il est toujours vivant.

Par l'intermédiaire de Heiko, il avait parlé avec Taro du moine étranger qui demeurait à Mushindo. Les Japonais l'appelaient Jimbo, ce qui était un diminutif de Jim Bohannan, son nom américain. Le mot japonais pour moine étant *bozu*, il s'agissait d'un calembour. Mais, quel que fût le nom dont l'homme s'était affublé, la description correspondait en tout point à celle d'Ethan Cruz.

— Qu'est-ce qu'un calembour ? demanda Stark.

— C'est un jeu de mots, expliqua Heiko, une combinaison de sons qui peut avoir plusieurs sens.

— Oh, je vois.

Heiko et Stark se regardèrent et éclatèrent de rire.

Stark dit :

— Il va falloir que vous m'appreniez ma propre langue avant de m'enseigner le japonais.

— Je ne sais pas en quoi ce Jimbo vous a offensé, intervint Emily, mais la vengeance est un fruit amer. Le pardon est infiniment préférable. « Si tu pardonnes ses fautes à ton prochain, le Père éternel te pardonnera les tiennes. »

— Amen, dit Stark.

— Shigeru n'est pas avec eux, indiqua l'éclaireur.

— Naturellement, dit Sohaku. Il nous tourne autour, attendant de nous prendre au piège quand nous tendrons l'embuscade qu'il a prévue.

Il rit, et son lieutenant rit avec lui. Comme tous les hommes promis à la mort, ils étaient légèrement euphoriques d'avoir encore les pieds sur terre et n'éprouvaient plus la moindre appréhension. L'un d'eux sortit son mousquet de son étui, le regarda comme s'il ne l'avait jamais vu, puis le laissa tomber à terre. D'autres hommes l'imitèrent jusqu'à ce qu'ils fussent tous débarrassés de leurs mousquets. Sohaku se tourna vers les cinq rangs de cavaliers derrière lui.

— Vous êtes prêts ?

Un samouraï se dressa sur ses étriers, leva sa lance et cria à pleins poumons :

— Dix mille ans !

Bientôt, le cri fut repris par tous ses camarades. Les hommes qui riaient un instant plus tôt pleuraient à présent, en poussant le même cri à l'unisson.

— Dix mille ans !

— Dix mille ans !

— Dix mille ans !

Sohaku tira son sabre et, éperonnant son cheval, partit à la charge.

Emily entendit les grands cris qui résonnaient plus loin sur la route.

« Banzaï ! Banzaï ! Banzaï ! »

— Ne dirait-on pas que quelqu'un vient au-devant du seigneur Genji ? demanda-t-elle.

— Si, répondit Heiko.

— Que signifie « Banzaï » ?

— C'est une façon ancienne de dire « dix mille ans ». Le sens précis n'est pas aisé à expliquer. C'est une façon d'exprimer sincérité et dévouement. Une manière de dire qu'on est prêt à échanger l'éternité contre un seul instant.

— Ah, alors ce sont les alliés du seigneur Genji, conclut Emily.

— Non, dit Heiko. Ce sont ses ennemis héréditaires.

Stark dégaina ses deux armes et piqua des deux pour rattraper Genji.

Lorsqu'ils pénétrèrent dans le col, les hommes de Sohaku ne subirent pas un corps-à-corps comme ils s'y attendaient, mais essuyèrent un tir de mousquets. Un quart d'entre eux tombèrent, beaucoup parce que leurs chevaux avaient été touchés. Suivant leur commandant, les autres firent volte-face et se lancèrent à l'assaut du coteau planté d'arbres où étaient embusqués les mousquetaires. Deux autres salves meurtrières éclatèrent, fauchant leurs rangs. Alors les hommes de Genji remontèrent à cheval et sortirent du bois pour donner la charge. Sohaku fonça droit sur Genji, abattant les deux premiers hommes qui se trouvaient sur son chemin. Le suivant, Masahiro, était un samouraï qu'il avait lui-même formé, et bien formé. Ce dernier détourna la lame pointée sur lui et chargea le cheval de Sohaku avec le sien, brisant net le genou de l'abbé. Privé d'une de ses jambes, celui-ci parvint non sans mal à se dresser sur ses étriers pour esquiver le coup mortel que Masahiro cherchait à lui porter.

Stark approcha de Genji, un revolver dans chaque main, et tira sur les attaquants les plus proches. Il fit feu onze fois de suite. Neuf des hommes de Sohaku tombèrent de leurs selles, morts. Si les coups vigoureux de Masahiro n'avaient obligé Sohaku à se tenir à distance, la douzième balle de Stark l'aurait atteint en plein cœur. L'abbé vit Stark pointer son gros revolver dans sa direction puis aperçut un petit nuage de fumée. Curieusement, il n'entendit rien. Un coup invisible, énorme, l'atteignit au côté gauche. Puis une sensation de légèreté lui donna l'impression d'être soulevé vers le ciel. Il s'affaissa sur le cou de son cheval, tout en luttant pour ne pas perdre connaissance et se maintenir en selle.

— Révérend abbé ! dit un de ses hommes en saisissant les rênes de son cheval. Tenez bon !

Le cheval galopait sous lui. Quelle honte de mourir d'une balle de revolver sans avoir pu croiser le fer ne serait-ce qu'une seule fois avec un seigneur Okumichi…

Dès qu'il entendit le cri de guerre des hommes de Sohaku, Shigeru comprit qu'il avait commis une erreur. Il n'y avait aucun soldat embusqué. Il s'élança vers le sommet de la colline juste à temps pour voir la charge. Quand il rejoignit la troupe, tout était fini.

Saiki dit :

— Nous n'avons perdu que six hommes. Sohaku a foncé droit sur notre ligne de feu.

— C'était une reconstitution de la bataille de Nagashino, dit Genji. Une tactique qui a déjà échoué il y a trois siècles.

— Cela lui convenait, dit Shigeru en descendant de cheval pour aller inspecter les cadavres qui gisaient à terre.

— Il n'est pas ici, dit Saiki. Après que M. Stark l'a touché d'une balle, un de ses hommes l'a emmené.

— Et vous l'avez laissé faire ?

— Je n'étais pas en train d'attendre les bras ballants, maugréa Saiki. Des affaires plus urgentes requéraient mon attention.

Shigeru ne se donna même pas la peine de répondre. Enfourchant aussitôt son cheval, il piqua des deux en direction du monastère de Mushindo.

— Votre tactique s'est révélée très efficace, sire, poursuivit Saiki.

— Tu ne sembles pas aussi heureux que tes paroles le laissent entendre, observa Genji.

— Je suis un vieil homme, j'ai de vieilles habitudes. Participer à une bataille dont les armes à feu sortent victorieuses ne m'apporte aucune joie.

— Même si tu es du côté des vainqueurs ?

Saiki se décida enfin à sourire.

— Mieux vaut être du côté des vainqueurs. Cela, oui, je le reconnais de bon cœur.

Il ne fallut pas bien longtemps pour régler le sort des blessés du camp ennemi. Par égard pour Emily, Genji interdit les décapitations et ordonna que les corps fussent aussitôt recouverts.

Il songea que Shigeru ne tarderait pas à retrouver Sohaku et qu'il serait déjà là quand il atteindrait le monastère de Mushindo. Son ex-commandant de cavalerie semblait avoir été blessé mortellement par Stark. Il ne pouvait être allé bien loin. Mais, lorsque Genji arriva en vue du mur d'enceinte du monastère, il ne vit nulle part trace de son oncle. Apparemment Sohaku avait survécu, obligeant Shigeru à pousser plus avant ses recherches.

Saiki conseilla :

— Sire, attendez ici, je vous prie, jusqu'à ce que nous nous soyons assurés qu'aucun piège ne nous a été tendu.

Il partit en reconnaissance avec Masahiro.

— Votre tir est d'une précision tout à fait remarquable, dit Genji à Stark. Les hommes comme vous ne doivent pas être nombreux en Amérique.

Une énorme détonation empêcha Stark de lui répondre.

La salle de méditation explosa, tandis que des débris volaient dans toutes les directions, tuant net plusieurs de leurs hommes. Une grosse poutre s'effondra juste devant le cheval de Genji, lui brisant les deux antérieurs et projetant à terre le cavalier et la bête. Presque au même moment, un gigantesque tir de mousquets éclata dans les bois alentour.

Tirant Emily à bas de sa selle, Heiko la recouvrit avec son propre corps pour la protéger. Si la missionnaire était appelée à donner le jour à l'héritier de Genji, il ne fallait pas qu'elle fût blessée. Autour d'elles, hommes et chevaux tombaient comme des mouches. Leurs cadavres absorbaient les balles qui continuaient de crépiter de toutes parts, empêchant Heiko de relever la tête pour voir ce qu'il était advenu de Genji et de Stark. Elle implora silencieusement Amida Bouddha de répandre sur eux sa bienveillance.

Comme une réponse à sa supplique, des voix sortirent des bois.

— Cessez le feu ! Cessez le feu !

Les tirs cessèrent. Une autre voix cria :

— Seigneur Genji ! Le seigneur Kawakami vous invite à vous approcher afin de discuter des termes de votre reddition !

Heiko vit Taro et Hidé qui tiraient Genji de dessous la masse de son cheval mort. Il dit quelque chose à Hidé. Le chef des gardes du corps rit et s'inclina devant son maître, puis lança :

— Le seigneur Genji invite le seigneur Kawakami à s'approcher afin de discuter des termes de *sa* reddition !

S'attendant à essuyer une deuxième salve, tous les survivants de la suite de Genji se plaquèrent au sol. Mais, après quelques instants de silence, une réponse leur parvint depuis les bois.

— Seigneur Genji ! Vous êtes encerclé par six cents hommes ! Il y a des femmes et des étrangers avec vous ! Le seigneur Kawakami vous promet qu'il leur laissera la vie sauve si vous acceptez de le rencontrer !

Hidé dit :

— C'est un piège grossier !

Genji rétorqua :

— Peut-être pas. Il n'a pas besoin de nous tendre un piège. Nous sommes déjà à sa merci. Il lui suffit de resserrer les rangs des mousquets qui nous encerclent et nous sommes morts.

— Sire, implora Hidé, vous ne pouvez accepter son invitation.

— Mais si. Il est de toute évidence désireux de me dire une chose qui lui tient tellement à cœur qu'il est prêt à repousser le moment où il aura le plaisir de me tuer.

— Sire, intervint Taro, une fois que vous serez entre ses mains, il ne vous lâchera plus.

— Vraiment ? Est-ce là ce que tu vois dans l'avenir ?

Cela coupa court à toute protestation, ainsi que Genji l'avait escompté, comme chaque fois qu'il était question de prophétie.

Sa profonde satisfaction exigeait de Kawakami qu'il fît durer le plaisir. Il désigna d'un geste les divers mets et boissons que son adjudant avait disposés devant Genji.

— Ne prendrez-vous pas quelques rafraîchissements, seigneur Genji ?

— Je vous remercie de votre hospitalité, seigneur Kawakami, mais non.

Kawakami s'inclina pour signaler à son hôte qu'il n'était pas offensé par son refus.

Genji enchaîna :

— J'avoue que je ne saisis pas la raison de cette rencontre. Nos positions respectives me semblent définitives. Mes lieutenants pensent que vous avez l'intention de me retenir prisonnier.

— J'ai donné ma parole qu'il n'en serait rien et j'ai l'intention de la tenir. Je voulais vous voir avant que vous ne soyez mort, ce qui, comme nous le savons l'un et l'autre, est imminent et inéluctable, afin que tout soit définitivement clair entre nous.

— Vous parlez comme les étrangers. La clarté et le définitif, c'est ce qu'ils recherchent, et ce qu'ils trouveront. Mais nous sommes infiniment plus subtils. L'ambiguïté est l'essence même de notre culture. C'est pourquoi rien ne sera jamais clair entre nous, ni définitif, quel que soit celui qui mourra ou vivra ici aujourd'hui.

— A vous entendre, on pourrait croire qu'il subsiste un doute sur la question.

Genji s'inclina.

— Je l'ai dit par politesse. Il n'y a évidemment aucun doute.

Kawakami décida de ne pas se laisser atteindre par les insinuations outrageuses de Genji ou par son sourire persistant. Il lui rendit son sourire et poursuivit la conversation sur un ton amical.

— Naturellement, je ne conçois pas la pérennité. Je ne suis ni un enfant, ni un imbécile, ni un étranger pour croire à de telles sornettes. Je veux clarifier ce qui peut l'être, et achever ce qui peut l'être. Mon motif principal est que, en procédant ainsi, je vais avoir le plaisir de démythifier une fois pour toutes vos prétendus dons de prophétie.

— Ces dons étant par eux-mêmes d'une nature ambiguë, il est regrettable pour vous que cet aspect de votre prétendu triomphe ne puisse jamais se réaliser.

— Je vous en prie, gardez votre commisération pour ceux qui en auront besoin, pendant que vous êtes encore en mesure de la dispenser.

Kawakami fit un geste accompagné d'un regard. Son adjudant s'approcha avec une boîte en bois de sapin enveloppée de soie blanche, s'inclina, puis la posa entre Genji et Kawakami.

— Permettez-moi de vous honorer de ce présent.

— Dès lors que je n'ai rien à vous offrir en retour, je ne puis l'accepter.

— En l'acceptant, vous me ferez un cadeau d'égale valeur, dit Kawakami.

Genji savait ce que contenait la boîte, non pas à cause d'une quelconque vision, mais à cause de l'expression sur le visage de Kawakami. Avec un salut qu'il ne destinait pas tant à son hôte qu'à l'inéluctabilité du sort, il prit la boîte, en dénoua le ruban de soie et l'ouvrit.

Shigeru chevauchait sans hâte en direction du monastère de Mushindo. Il était détendu, son visage n'exprimait pas la moindre anxiété, mais ses sens étaient en alerte. Il savait qu'il finirait par retrouver Sohaku et par l'éliminer sans trop de difficulté. Prendre Kawakami, en revanche, était une autre affaire. L'attaque de Sohaku — une charge de cavalerie frontale sans le soutien d'un corps d'infanterie — n'était de toute évidence pas une stratégie imaginée par Kawakami. Ce qui signifiait qu'un piège infiniment plus retors et dangereux les attendait ailleurs. L'Œil Collé n'aurait jamais mené l'attaque de front, quel que soit son avantage numérique en hommes et en armes. Le guet-apens lui ressemblait davantage. Des tireurs isolés, embusqués à bonne distance de façon à ne courir aucun risque.

Il descendit dans la vallée qui se trouvait en aval du monastère, pénétra dans un boqueteau... et disparut.

— Où est-il ? demanda le premier tireur.
— Parle moins fort, chuchota le second. Shigeru a des oreilles de sorcière.
— Mais où est-il allé ?
— Calme-toi, dit le troisième. Pense à la récompense qui nous attend si nous ramenons sa tête.
— Là-bas. J'ai vu quelque chose bouger entre les arbres.
— Où ça ?
— Là-bas.
— Ah, oui, je le vois.

Le premier tireur poussa un soupir de soulagement.

— Attends un peu. Je n'aperçois que son cheval.

— Quoi ?

Les trois hommes se penchèrent en avant.

— Je ne vois pas de cheval.

— Là. Non, ce n'est qu'une ombre.

— Moi, je décanille d'ici, dit le premier homme. Un homme mort n'a que faire d'un pont d'or.

— Arrête, imbécile. Où qu'il soit, il est trop loin pour pouvoir nous atteindre. Il faut d'abord qu'il franchisse cette clairière. Il sera facile de le prendre en joue.

Le deuxième tireur se releva et rattrapa le premier qui avait pris ses jambes à son cou.

— Puisque c'est si facile, tu n'as qu'à t'en charger.

— Idiot !

Mais le troisième tireur se leva à son tour et se mit à détaler derrière le second.

— Il s'est passé quelque chose. Regardez, dit l'un des trois tireurs embusqués en deuxième ligne en voyant ses camarades abandonner leur poste au sommet de la colline.

— Tais-toi, siffla le chef, et baisse-toi.

L'homme fit ce qu'on lui ordonnait. Mais, au lieu de surveiller la vallée, il jetait des coups d'œil affolés autour de lui.

Trois postes de tireurs. Plus que deux maintenant que l'un d'eux avait été déserté. Shigeru continua d'attendre. Quelques minutes plus tard, les autres tireurs prenaient eux aussi la fuite.

Shigeru se renfrogna. Un tel manque de discipline était véritablement intolérable, même chez l'ennemi.

Il se remit en route.

« Père. »

C'était une voix d'enfant. Celle de son fils.

— Nobuyoshi ?

Pas de réponse.

Il regarda dans toutes les directions mais ne vit rien. Pour une fois, il aurait voulu avoir une vision, si celle-ci lui permettait d'apercevoir Nobuyoshi, ne serait-ce que brièvement, même sous les traits d'une goule dégoulinante de sang, portant sa tête entre ses bras, et abreuvant Shigeru de blasphèmes.

— Nobuyoshi ?

Il s'exhortait à voir l'invisible, ainsi qu'il l'avait fait si souvent par le passé, contre sa volonté. Ne pouvait-il pour une fois, une seule fois, décider d'avoir une vision ? Mais il ne distinguait que des arbres et le ciel d'hiver. Nulle vision, nulle hallucination, nulle rencontre avec les morts. La voix, l'avait-il vraiment entendue ?

— Seigneur Shigeru. Faites-moi l'honneur...

Sohaku se trouvait sur le sentier, à cheval, un samouraï à son côté. Perdu dans ses pensées, Shigeru avait failli le heurter. Sohaku ne présentait pas la moindre trace de blessure par balle. Son armure était intacte, il se tenait droit et sa voix était sonore.

— Non. Je suis ici pour prendre ta tête. Rien d'autre.

Sohaku rit.

— Vous serez déçu. Elles sont surévaluées. La mienne, en tout cas, ne m'a guère été utile. Et la tienne, Yoshi ?

— La mienne non plus, hélas, révérend abbé.

Shigeru lança son cheval à la charge. Une fraction de seconde plus tard, Sohaku et Yoshi l'imitaient. Juste au moment où ils allaient se heurter, Sohaku se pencha sur l'encolure de sa monture et donna un coup de sabre vers le haut, en direction de Shigeru. Yoshi frappa vers le bas. Shigeru para les deux attaques ; déviant le coup de Sohaku et esquivant celui de Yoshi, il fendit la cuisse de ce dernier, rompant l'artère fémorale. Yoshi tomba de sa selle, tandis que Shigeru faisait faire demi-tour à son cheval. Sohaku, ralenti par son genou cassé, ne fut pas assez rapide. Shigeru chargeait sur sa gauche avant même qu'il ait eu le temps de faire volte-face. Sohaku pivota sur sa selle et bloqua le coup descendant du *katana* de Shigeru. Mais ce dernier avait brandi son *wakizashi*. D'un coup net, il sectionna le bras droit de Sohaku à hauteur de l'épaule.

Le sang gicla. Avait-on jamais vu rouge plus éclatant ?

Sa main tenait toujours son sabre, si ce n'est que maintenant son sabre, sa main et son bras gisaient à quelque distance de là, aux pieds de son cheval.

Il se sentait flotter dans l'air, la terre en haut, le ciel en bas.

Le visage de Shigeru lui apparut, éclaboussé de sang, empreint d'angoisse. Un élan de sympathie qu'il ne pouvait exprimer avec des mots s'empara de Sohaku.

En fendant l'air, la larme courbe scintilla au soleil. Il reconnut sa ligne élégante, son tranchant ornementé, la couleur presque blanche de l'acier. Il n'y avait que deux sabres pareils à ceux-ci dans tout le royaume. Le *katana* et le *wakizashi* appelés les Serres du Moineau.

Un corps décapité tomba sous lui. Il lui manquait un bras. Il portait son armure. C'était sans importance.

Sohaku disparut dans la lumière éclatante de la compassion d'Amida Bouddha.

Shigeru souleva la tête de Sohaku et le regarda face à face. S'il eut la moindre pensée pour tous les amis et parents qu'il avait récemment passés au fil de l'épée, celle-ci ne fut que de courte durée.

— Feu !

Treize balles de mousquets fendirent l'air dans sa direction et atteignirent leur cible, sans toutefois parvenir à lui infliger une blessure mortelle. Shigeru se releva de terre. Son *katana* tomba de sa main droite paralysée. Les balles lui avaient broyé l'avant-bras et le coude. Il courut en direction des arbres, à l'opposé des tirs. Il avait presque atteint le bosquet quand une vingtaine de mousquetaires embusqués de ce côté émergèrent devant lui et firent feu à bout portant.

Il tomba pour la deuxième fois. Il tenta de se relever, mais fut incapable de bouger ne serait-ce qu'un doigt. Il ne fut pas surpris de trouver Kawakami qui le regardait en le toisant de toute sa hauteur.

— Coupe-lui la tête, ordonna Kawakami.

— Il est encore vivant, sire.

— Dans ce cas, attends. Amène-les ici. Et montre-les-lui.

L'adjudant tendit les Serres de Moineau vers Shigeru afin qu'il pût les voir.

— Regardez, je vous prie, seigneur Shigeru.

Deux hommes l'aidèrent à se redresser tandis qu'un troisième, muni d'une lourde hache, frappait à la fois le *katana* et le *wakizashi* pour les briser.

— Parfait, dit Kawakami. A présent, coupe-lui la tête.

Une expression de triomphe sur le visage, le chef de la police se posta bien en vue de Shigeru. Quelle satisfaction de songer que ce serait la dernière chose que le grand guerrier verrait avant de quitter sa misérable existence !

Mais la vision de Shigeru était déjà ailleurs.

« Père ! » s'écria Nobuyoshi en s'élançant vers lui.

Il n'y avait ni sang, ni décapitation, ni blasphèmes cette fois. Le petit garçon riait en tirant un cerf-volant en forme de papillon derrière lui.

« Regardez, c'est mon cousin Genji qui l'a fabriqué !

— Nobuyoshi », dit Shigeru en souriant.

Kawakami avait préparé la tête de Shigeru avec un souci pointilleux de l'étiquette. Les yeux étaient fermés, le visage nettoyé ne présentait pas la moindre expression de chagrin ou de souffrance, la chevelure était immaculée, et l'encens au bois de santal masquait presque entièrement l'odeur de sang et de décomposition naissante.

— Merci, seigneur Kawakami, dit Genji. Votre générosité m'étonne. Je croyais que vous aviez l'intention d'en faire présent à vos ancêtres.

— Oh, mais je n'y manquerai pas, seigneur Genji. N'ayez crainte. Quand vous serez mort, je récupérerai votre tête et la sienne.

— Puis-je savoir où se trouve le corps ? Quand je rentrerai au Vol de Moineaux, j'aimerais procéder à une crémation dans les règles.

Kawakami rit, bien qu'il n'eût pas le cœur à plaisanter. Son hôte n'avait pas eu la réaction d'horreur escomptée. Si Genji avait une chance de survie, c'était grâce à son oncle. C'est pourquoi la vision de la tête de Shigeru aurait dû l'ébranler. Il fit signe à son adjudant, qui referma le coffret et l'enveloppa à nouveau de soie.

— Malheureusement, le corps, de même que celui de l'abbé Sohaku, se trouvait dans la chambre de méditation. Vous pouvez considérer que la crémation a déjà eu lieu.

— Merci une fois encore pour votre hospitalité.

Genji s'inclina pour se retirer.

— Je vous en prie, ne vous sauvez pas. Il y a encore un sujet dont j'aimerais m'entretenir avec vous.

Genji se rassit. Un petit sourire goguenard, terriblement irritant, continuait de jouer sur ses lèvres. Mais pas pour longtemps, songea Kawakami en s'efforçant de ravaler sa colère. Il ne voulait pas que des émotions négatives puissent gâcher la scène qui allait suivre et dont il se souviendrait avec délectation pendant de nombreuses années.

Il commença :

— Je me suis laissé dire que vous aviez eu la bonne fortune de vous attirer l'affection de la plus belle des geishas, dame Mayonaka no Heiko.

— Apparemment.

— Oui, apparemment. Car l'apparence et la réalité sont souvent éloignées l'une de l'autre. Ce qui ressemble à de l'amour n'est peut-être que de la haine ou, pire même, une ruse destinée à tromper et à détourner l'attention. Ce qui ressemble à la beauté n'est peut-être que de la laideur, une laideur si profonde qu'elle est inimaginable.

Il marqua une pause, espérant quelque saillie mordante de la part de Genji, mais ce dernier resta coi.

— Parfois, ce qui paraît être est différent de ce qui est vraiment. Heiko, par exemple, a l'apparence d'une belle geisha, et elle l'est. Elle est également une ninja.

Une fois encore, il fit une pause. Une fois encore, Genji resta silencieux.

— En doutez-vous ?

— Non, seigneur Kawakami. Je ne doute pas que vous disiez la vérité.

— Vous n'avez pas l'air surpris.

— Comme vous l'avez vous-même souligné, il est plus prudent de ne pas attacher trop d'importance aux apparences.

— Seigneur Genji, faites-moi la grâce de feindre de croire que je possède un minimum d'intelligence. Manifestement, vous êtes informé de son double jeu.

— Pour les besoins de la discussion, disons que oui. (Genji marqua une pause et leva sur Kawakami un regard teinté d'anxiété.) Mais il y a autre chose, naturellement.

— Naturellement. Dès lors que vous savez qu'elle est ninja, vous savez sans doute qu'elle est à mon service.

— J'en viendrai effectivement à cette conclusion.

— Et je savais, naturellement, que vous finiriez par découvrir le pot aux roses avant longtemps. (Kawakami ne chercha pas à dissimuler la satisfaction qu'il éprouvait intérieurement.) Comme tous les gens intelligents — et vous êtes supérieurement intelligent, seigneur Genji, personne ne peut le nier —, vous avez tendance à sous-estimer l'intelligence des autres. Me croyiez-vous assez sot pour m'imaginer que le secret de Heiko resterait secret ?

— Je dois reconnaître qu'une telle pensée m'a effleuré. Je vois à présent que je m'étais trompé.

— Au-delà de ce que vous pourriez croire. Vous avez pensé que j'avais mis Heiko dans votre lit afin qu'elle puisse vous espionner et, le cas échéant, vous supprimer au moment que j'aurais jugé opportun. Ce qui n'est pas tout à fait déraisonnable, dans la mesure où Heiko elle-même pensait que telle était sa mission. Mais peut-être avez-vous tous deux abordé ce sujet en détail entre-temps ?

Kawakami offrit à Genji l'occasion de lui répondre, mais celui-ci ne dit rien.

— Comment aurais-je pu avoir de tels desseins ? Pour mener à bien un tel plan, il eût fallu qu'Heiko fût particulièrement fourbe et perfide. Aucune beauté physique, fût-elle extraordinaire, n'aurait pu dissimuler de telles tares aux yeux d'un homme aussi clairvoyant que vous. Au contraire, mon vrai dessein exigeait une femme tout à fait différente. Une femme à la sensibilité, à la passion et à la sincérité sans bornes. Autrement dit une femme comme Heiko. Tel un père soucieux du bonheur de sa fille, je ne voulais qu'une chose : qu'elle trouve l'amour.

Kawakami marqua une nouvelle pause pour savourer l'instant. La stupeur qui se lisait sur les traits de Genji avait quelque chose d'enivrant.

— Oserai-je espérer qu'elle l'a trouvé ?

Kawakami n'était pas encore grand seigneur de Hino — titre détenu par son oncle à l'époque — quand il avait pris en grippe Yorimasa, le fils de Kiyori, grand seigneur d'Akaoka. A tort ou à raison, il avait le sentiment que celui-ci cherchait à l'humilier. La chose en soi était sans importance, mais elle reflétait le sentiment de haine qui s'était installé depuis la bataille de Sekigahara. Kawakami ne supportait pas qu'un ivrogne opiomane fût estimé pour les dons de double vue prétendument transmis de père en fils dans sa famille. Kawakami, lui, savait que la vraie clairvoyance s'appuyait sur des faits tangibles que les gens cherchaient à garder secrets. Pour acquérir ce don, il fallait de la diligence, du talent et une aptitude naturelle cultivée avec soin. La magie transmise par hérédité n'avait rien à faire là-dedans.

Il prit le temps de réfléchir à la meilleure façon d'assouvir sa vengeance. Un duel était hors de question. Même ivre, Yorimasa était plus habile au sabre que Kawakami ne le serait jamais, même au meilleur de sa forme. Et si par miracle il parvenait à avoir le dessus, il lui faudrait alors affronter le frère cadet de Yorimasa, Shigeru, dont la réputation était déjà en train d'égaler celle du légendaire Musashi. Le vaincre n'était pas seulement improbable mais impossible.

Commanditer un assassinat lui semblait plus raisonnable. Le clan Kawakami avait, par quelque accident de l'histoire dont les origines s'étaient perdues dans la nuit des temps, conclu un pacte avec un petit clan de ninjas. Mais Kawakami n'éprouvait pas la moindre joie à l'idée de voir disparaître Yorimasa d'une façon aussi discrète. Peu importait que les autres sachent qui était responsable de sa mort. Mais Yorimasa, lui, devait le savoir ; sans quoi, où était la satisfaction ?

La solution lui apparut un jour qu'il accompagnait Riogy, le proxénète, dans sa tournée des villages situés sur le pourtour du domaine de Hino. Son intérêt pour les geishas avait secrètement conduit Kawakami à investir dans plusieurs maisons closes de renom. Ainsi il assouvissait non pas sa luxure, mais sa curiosité ; les geishas glanaient des informations qu'elles étaient seules à détenir.

« D'aucuns, qui se disent connaisseurs, prétendent que ce sont les manières qui priment chez une fille, dit Ryogi. C'est le point de vue de la vieille école de Kyoto... Le point de vue des aveugles. La beauté, sire, est infiniment plus importante. Les manières peuvent s'apprendre. Mais la beauté est là, ou elle n'y est pas. On ne peut forcer une femme à être belle. »

Kawakami acquiesça d'un hochement de tête, même s'il n'était pas d'accord, parce que c'était la réponse qui lui demandait le moins d'effort. S'il passait du temps avec Ryogi, ce n'était pas à cause de sa brillante conversation. Le vieux maquereau était grossier, cruel et stupide. Il goûtait les plaisirs les plus abjects et était répugnant à tous les égards, y compris du point de vue de l'hygiène corporelle. Il n'avait qu'une seule qualité, l'étonnante capacité de repérer les petites filles qui allaient devenir de grandes beautés. Mais, comme il était méprisé de tous, il n'avait jamais réussi à faire admettre aucune de ses protégées dans une maison de geishas où elle aurait pu espérer acquérir de bonnes manières. Quand leur extraordinaire beauté finissait par se révéler, toutes finissaient dans les bordels les plus sordides du Monde Flottant. C'est ainsi que Ryogi avait attiré l'attention de Kawakami. Ce dernier avait à plusieurs occasions aperçu des visages à la beauté extraordinaire derrière les barreaux de bois des pires bordels d'Edo. Après s'être renseigné, il avait découvert deux choses. D'une part, qu'aucune de ces femmes, prématurément usées par les mauvais traitements, ne convenait pour l'usage auquel il les destinait. Et, d'autre part, que chacune d'elles avait été vendue au tenancier par un seul et même homme.

Dans l'espoir de découvrir son secret, Kawakami avait décidé d'accompagner Ryogi dans sa tournée. Jusqu'ici, ses propres efforts s'étaient révélés infructueux. Les trois petites filles qu'il avait sélectionnées lui-même dans des villages étaient assez jolies, mais il avait été incapable de déceler les signes avant-coureurs de la vraie beauté dont Ryogi lui avait parlé.

« Merci pour la leçon », dit Kawakami en faisant signe à son assistant de payer son dû au proxénète.

Ryogi prit l'argent avec une courbette obséquieuse.

« N'y a-t-il pas d'autres villages dans la vallée ? Je vois de la fumée. Et il me semble sentir également quelque chose.

— *Eta* », dit Kawakami.

Eta, les hors-castes héréditaires qui se chargeaient de toutes les basses besognes et étaient méprisés de tous, y compris des paysans les plus humbles.

« Des bouchers ? demanda Ryogi, reniflant l'air comme un chien.

— Des tanneurs, dit Kawakami en faisant faire demi-tour à son cheval pour reprendre la direction du château, loin de la répugnante odeur que le vent apportait dans sa direction.

— Je vais aller jeter un coup d'œil, répondit Ryogi. On ne peut jamais prévoir où la beauté se cache, pas vrai ? »

Kawakami était sur le point de lui souhaiter bon vent quand il se ravisa. Pour connaître ce que les autres ignoraient, il fallait parfois aller là où personne ne voulait se rendre.

« Dans ce cas, je vais vous accompagner un moment.

— Sire, se récria le chef de sa garde du corps, vous risquez de vous souiller en pénétrant dans un village de hors-castes. Comment pourrait-il y avoir de la beauté parmi ceux qui écorchent les bêtes et tannent les peaux ?

— Et si tel était le cas, renchérit un autre, quel homme pourrait surmonter son dégoût en sa présence ?

— Peu importe, nous allons suivre notre guide. »

Dès qu'il vit l'enfant, une fillette de trois ans environ, Kawakami comprit. Il n'eut pas besoin de Ryogi pour le lui indiquer, même si celui-ci ne s'en priva pas.

« Elle va faire des ravages parmi les hommes, dit Ryogi. Avant d'être usée par eux. Qui sont ses parents, ses frères et sœurs ? »

Tous les hors-castes réunis continuaient de presser leurs fronts contre terre. Personne ne disait mot. La présence de Kawakami les terrorisait. Jamais un samouraï, et encore moins un seigneur, n'était entré dans leur village.

Kawakami ordonna :

« Répondez.

— Seigneur… »

Un homme et une femme s'avancèrent en rampant sur les mains et les genoux, sans lever les yeux. Deux garçons et une fillette, entre cinq et huit ans, les imitèrent.

« Toi, femme, lève la tête. »

Elle obtempéra, en proie à une hésitation visible, mais garda les yeux baissés. Son visage était étonnamment beau, bien qu'elle ne fût plus dans la fleur de l'âge, et sa silhouette avait une certaine grâce. Si Kawakami n'avait pas su qui elle était, il n'aurait pas deviné sa vile extraction.

« Pas mal, dit Ryogi. Mais la mère n'est rien, comparée à ce que deviendra sa fille. »

Sur un signe de Kawakami, l'un des gardes du corps jeta plusieurs pièces à terre. La petite fut hissée sur l'une des trois rosses que Ryogi avait attachées derrière son cheval, et le petit groupe s'ébranla.

De retour au château de Hino, Kawakami paya grassement Ryogi pour l'excellence de ses conseils. Le proxénète se mit en route pour Edo dès le lendemain matin, emportant avec lui ses quatre nouveaux échantillons de marchandise humaine. Ce soir-là, il fit halte dans une auberge. Voyant qu'il ne venait pas déjeuner, le tenancier se rendit dans sa chambre. Il trouva Ryogi la gorge tranchée d'une oreille à l'autre. Trois des fillettes avaient subi le même sort. La quatrième avait disparu.

Ainsi qu'il en avait reçu l'ordre, Kuma l'Ours avait emporté la fillette *eta* dans le village où résidait le clan de ninjas dont il était issu.

« Comment t'appelles-tu ?
— Mitsuko.
— Je suis ton oncle Kuma.
— C'est pas vrai. Je n'ai pas d'oncle Kuma.
— Si. Mais tu ne l'as jamais su, voilà tout.
— Où est ma maman ?
— Je suis désolé, Mitsuko. Il y a eu un terrible accident. Ta maman, ton papa, tes frères et sœurs sont tous morts.
— Non ! »

— Vous avez déjà rencontré Kuma, dit Kawakami, bien que dans des circonstances exceptionnelles. Votre ami étranger, Stark, l'a tué d'une balle juste après le bombardement d'Edo. Vous vous en souvenez ?
— Oui.
— Naturellement, Mitsuko — vous ne la connaissez que sous son nom de geisha, bien sûr — n'est pas orpheline.

Il fit signe à son adjudant de lui verser du saké. L'occasion méritait d'être arrosée avec autre chose que du thé, même s'il était seul à boire.

— Ses deux parents sont toujours en vie, ainsi que ses deux frères et sa sœur aînée. Il y a une ressemblance frappante entre eux. En particulier entre Mitsuko, sa mère et sa sœur. Elle est d'autant plus prononcée maintenant qu'elle est adulte. Naturellement, la rude condition de vie des *eta* a laissé des traces. Vous êtes sûr que vous ne prendrez pas un peu de saké, seigneur Genji ? Il est vraiment de la meilleure qualité, je vous assure.

Assurément, Genji ne pouvait pas ne pas avoir remarqué l'emphase avec laquelle il avait prononcé le mot « vraiment ».

— Non, merci.
— N'avez-vous rien à dire, sire, quelque trait d'esprit ou quelque sage parole ?
— Non.

— Dommage que vous n'ayez pu prédire ceci.

— Non, dit Genji. Mes sentiments ne sont nullement affectés par vos calomnies.

— Vos sentiments ? ricana Kawakami. Ils devraient être le cadet de vos soucis. Un grand seigneur partageant sa couche avec une *eta*, progéniture impure d'équarrisseurs dégénérés et puants. Dommage que vous ne puissiez survivre pour essuyer la vindicte populaire que cette nouvelle ne manquera pas de susciter quand elle sera rendue publique. Elle entachera définitivement la réputation de votre clan, même après sa complète extinction. La seule chose regrettable — ou souhaitable, selon le point de vue de chacun — est que vous et Heiko n'ayez pas eu d'enfants, ou ne vous soyez pas mariés. Malheureusement, la pression exercée par les nations étrangères a quelque peu bouleversé le cours des choses. Les événements ont tendance à s'accélérer quand ils sont là, ne trouvez-vous pas ?

— Personne ne croira jamais à une allégation aussi ridicule !

— Vraiment ? Si l'on met la mère et la fille côte à côte, je vous garantis qu'il ne subsistera pas le moindre doute.

— Cela n'arrivera pas.

— Oh ! l'auriez-vous vu en rêve ?

Genji sourit, d'un sourire sans joie et moins assuré cette fois, mais qui provoqua malgré tout l'irritation de Kawakami.

— J'ai vu ce qui était nécessaire, et entendu de même. Avec votre permission, je ne vous imposerai pas ma présence plus longtemps.

L'adjudant et les gardes du corps de Kawakami le regardèrent, prêts à en finir avec Genji. Mais l'ordre ne vint pas. « Laissons-le d'abord retourner vers Heiko et la regarder en face », songea Kawakami, aux yeux de qui un tel supplice valait mieux que la mort immédiate de Genji.

La patience elle aussi avait son charme.

Jamais jusqu'ici Genji n'avait ressenti la douloureuse limitation de la prophétie avec une telle acuité. Si désespérée que puisse lui paraître sa situation, il savait qu'il ne mourrait pas ici. Il lui fallait continuer à vivre pour être assassiné en un autre lieu, à un autre moment, et pour faire la connaissance de dame Shizuka, qui pleurerait sur son sort, et aussi pour avoir sa troisième et dernière vision. Mais à quoi lui servait sa prescience dès lors qu'il était tombé dans le pire des pièges sans même s'en rendre compte ?

Eta.

Il pouvait essayer de faire bonne figure devant Kawakami, mais non face à lui-même. La révélation des origines de Heiko l'avait anéanti.

Eta.

De sa vie, Genji n'avait pas posé une seule fois les yeux sur l'un d'eux. Bouchers, tanneurs, éboueurs, fossoyeurs, croque-morts.

Heiko en faisait partie.

Eta.

Il refoula une vague de nausée.

— Sire, vous ne vous sentez pas bien ?

Depuis le retour de Genji, Hidé avait attendu que son maître brise le silence. Enfin, craignant qu'il n'eût été empoisonné par ce fourbe de Kawakami, il avait pris la parole.

— J'ai de mauvaises nouvelles, annonça Genji.

Pendant son absence, ses hommes avaient construit un rempart en empilant les carcasses des chevaux morts autour de leur minuscule bastion. Du moins l'épaisseur des dépouilles protégeait-elle leur position des balles ennemies. Genji aurait été davantage en mesure d'apprécier l'ingéniosité de ses hommes si l'amoncellement de cadavres ne lui avait rappelé ce qu'il venait d'apprendre. Il ne regarda aucun de ses compagnons réunis autour de lui : s'il le faisait, il serait également obligé de regarder Heiko, sous peine qu'elle ne remarque son trouble. Or il ne se sentait pas le courage de la regarder en face. Il gardait les yeux baissés sur la caissette de sapin enveloppée de soie.

— Le seigneur Shigeru est mort.

Les hommes laissèrent échapper un haut-le-corps qui lui indiqua qu'ils avaient espéré la même chose que lui. Ils avaient escompté que Shigeru arriverait à la dernière minute et que, miraculeusement, il viendrait à bout des centaines d'ennemis qui les encerclaient. Shigeru, et lui seul, eût été capable d'un tel exploit.

— En êtes-vous sûr, sire ? interrogea Hidé. Kawakami a plus d'un tour dans son sac. Se peut-il qu'il vous ait abusé ?

Genji s'inclina avec respect devant la boîte et commença à la déballer. Ce faisant, il entendit Heiko chuchoter quelque chose à Emily, qui baissa aussitôt les yeux. La gentillesse de Heiko le bouleversa, et il eut honte de sa propre incapacité à la considérer autrement que sous son jour le moins favorable.

Tous retinrent leur souffle quand il ouvrit la boîte. Plusieurs hommes se mirent à sangloter. Bientôt, ils étaient tous en larmes. Les onze samouraïs qui avaient survécu à la charge de Sohaku et à l'embuscade de Kawakami, et dont certains étaient grièvement blessés, avaient tous été formés par Shigeru. Rigoureux, exigeant, implacable, sans merci, il avait été l'un des derniers grands maîtres des arts de la guerre. Aucun membre du clan n'avait été plus craint, haï ou révéré. Sa disparition était un coup terrible pour l'éthique guerrière qu'il avait aidé à forger dans le cœur de chacun de ces hommes.

Incapable de contenir son émotion, Emily dit à Heiko d'une voix étranglée :

— Une telle cruauté est-elle nécessaire ? La mort en soi n'est-elle pas suffisamment terrible ?

— La mort n'est pas terrible du tout, répondit Heiko. Seul le déshonneur l'est. Faire présent de la tête du seigneur Shigeru à son propre clan est la pire insulte que Kawakami ait pu imaginer. C'est pour cela que ces hommes pleurent. Ils ont été incapables d'épargner cette humiliation au seigneur Shigeru. C'est leur propre déshonneur qui les accable le plus.

Stark avait profité du cessez-le-feu pour récupérer ses deux sacoches de selle. Il avait deux six-coups chargés, quarante balles de calibre 44, et dix-huit de calibre 32. Quand viendrait la nuit, il s'esquiverait pour se faufiler à l'intérieur du monastère. Avec un peu de chance, il survivrait assez longtemps pour retrouver Ethan Cruz et le tuer. A condition que l'explosion ne s'en soit pas déjà chargée.

— Hidé, dis à dame Heiko et à dame Emily qu'elles doivent partir, ordonna Genji. Le seigneur Kawakami a promis de leur laisser la vie sauve. M. Stark peut également s'en aller s'il le souhaite.

— Oui, sire.

Hidé alla avertir Heiko.

Leur redoute de fortune n'étant pas bien grande, Heiko, qui ne se trouvait qu'à dix pas de Genji, avait entendu son ordre. Elle se demanda pourquoi il n'était pas venu lui parler directement. Depuis son retour, il n'avait pas regardé une seule fois dans sa direction. Kawakami lui avait-il fait des révélations qui avaient ébranlé sa confiance en elle ? Sans doute, mais, quelle qu'en fût la teneur, Genji ne les aurait pas crues. Il ne pouvait pas douter de son amour pour lui.

Avant que Hidé eût ouvert la bouche, Heiko déclara :

— Je ne partirai pas.

— Madame, vous n'avez pas le choix, objecta Hidé. C'est un ordre du seigneur Genji.

Heiko dégaina promptement son poignard et le plaça contre sa gorge. Un seul geste et elle se tranchait la jugulaire. Elle répéta :

— Je ne partirai pas.

Emily, abasourdie, s'exclama :

— Heiko !

Mais Heiko l'ignora.

Stark, qui se trouvait juste derrière elle, songea à lui saisir le bras. Mais à peine eut-il cette pensée qu'elle tourna la tête d'une façon qui le fit renoncer. Elle était prête et il ne serait jamais assez rapide pour arrêter son geste.

Hidé regarda Genji.

— Sire...

Genji savait que Kawakami ne tuerait pas Heiko s'il pouvait l'éviter. Elle serait exhibée en compagnie de ses parents, comme preuve finale et éclatante de son triomphe. Son humiliation serait pire encore que la mort de Genji. Il pouvait lui épargner ce supplice, il lui suffisait d'insister pour qu'elle parte. Il savait qu'elle n'hésiterait pas une seconde à se trancher la gorge. Mais il ne pouvait s'y résoudre. Quels que fussent ses autres sentiments à son égard, il n'en éprouvait pas moins de l'amour pour elle. Il ne voulait pas être l'instrument de sa mort. Il restait encore de l'espoir. Sa vision lui promettait la vie. Peut-être qu'en vivant il pourrait protéger Heiko.

Genji finit par la regarder. Il s'inclina profondément devant elle.

— J'espère me montrer digne d'un attachement aussi loyal.

Heiko baissa son poignard et lui rendit son salut.

— L'attachement n'a rien à voir avec la loyauté ou la valeur, sire.

Malgré lui, Genji rit.

— Vraiment ? Dans ce cas, ma dette envers toi est immense.

— C'est exact, répliqua Heiko sur le ton d'une vraie geisha. Comment pourriez-vous jamais la payer ?

A présent, les hommes riaient, eux aussi. Le seigneur et la dame affichaient une telle insouciance ! Comment auraient-ils pu ne pas suivre leur exemple ? Les larmes furent essuyées.

Emily dit :

— Heiko, qu'avez-vous fait ?

— Une démonstration, dit Heiko. Parfois, les mots ne suffisent pas pour convaincre un samouraï.

Genji reprit :

— Emily, Matthew, vous êtes libres de partir. Mon adversaire a promis de vous laisser tranquilles.

— Libres d'aller où ? s'enquit Stark.

— Je suppose qu'il vous emmènera sous bonne garde jusqu'à la résidence du consul américain à Edo. De là, vous pourrez prendre le premier bateau pour l'Amérique.

— Ma destination n'est pas l'Amérique, s'indigna Stark. (De son calibre 44, il désigna au loin le monastère de Mushindo.) C'est là que je veux aller.

Emily ajouta :

— Je crois vous avoir déjà dit que ma mission était ici, au Japon, seigneur Genji.

— Nous sommes encerclés par plusieurs centaines de soldats, réitéra Genji. Dans quelques minutes, ils vont tout mettre en œuvre pour nous tuer avec des armes à feu et des sabres. Etes-vous sûrs de vouloir rester ?

— Je serai là où Dieu veut que je sois, dit Emily.

Stark sourit et arma le chien de ses deux revolvers.

Genji s'inclina puis se tourna vers ses hommes.

— Le seigneur Kawakami a l'intention de reprendre la tête de mon oncle quand il viendra chercher la mienne. Je n'ai pas l'intention de lui donner satisfaction, ni pour l'une ni pour l'autre.

— Nous allons prendre la sienne, décida Hidé. Et nous la laisserons pourrir à l'extérieur des murs de son château en feu.

— Oui ! s'exclamèrent plusieurs voix à l'unisson.

— Pourquoi attendre ? Prenons-la tout de suite !

— Arrêtez ! ordonna Genji juste à temps pour empêcher une poignée d'hommes de s'élancer au-devant des mousquets meurtriers de Kawakami. Il y a quelque temps, j'ai eu une vision qui clarifie le moment présent. Ce n'est pas la fin.

Il n'ajouta pas que sa vision n'indiquait nullement que quelqu'un d'autre que lui allait survivre. Ses paroles eurent l'effet escompté. Il vit que ses hommes reprenaient confiance.

— Naturellement, si l'un de vous tient à se suicider, il a l'autorisation de donner la charge.

Etait-ce une coïncidence ou la colère de Kawakami, au même moment les mousquets de l'ennemi crépitèrent. Une salve après l'autre, les balles de mousquet déchiquetaient la muraille de chair avec une telle force que les parties les plus touchées tombèrent en lambeaux. Les balles fendaient l'air en sifflant au-dessus de leurs têtes.

Les visions qu'il avait eues étaient-elles de vraies visions ? Genji en doutait. Il songeait que sa tête et celle de son oncle seraient bientôt suspendues à la selle de Kawakami — ou plutôt, l'Œil Collé étant d'un tempérament pointilleux, à celle de son adjudant. Mais il se souvint d'une règle que son grand-père lui avait enseignée.

Il fallait toujours considérer qu'une vision se réalise d'une manière imprévue. Hidé vit le sourire de Genji et sa confiance s'en trouva décuplée, bien que la situation semblât se détériorer à une vitesse alarmante. La plupart des carcasses déchiquetées par les balles commençaient à tomber en pièces et à se liquéfier. Un membre antérieur se détacha, vola par-dessus l'épaule de Hidé avant d'atterrir dans une gerbe de boue sanglante. Les occupants du cercle de cadavres en charpie étaient couverts de sang des pieds à la tête. Une vision du royaume d'enfer était en train de se matérialiser sous leurs yeux. Et pourtant Genji souriait. Le poing de Hidé se resserra sur son sabre. Plus que jamais, il était certain de leur victoire. Même si la façon d'y parvenir restait un mystère.

— Dans la mesure du possible, dit Kawakami à son adjudant, prenez Genji et Heiko vivants. Et, dans tous les cas, n'abîmez pas le visage de la femme.

— Oui, sire. Mais il se peut qu'ils soient déjà morts et défigurés à l'heure qu'il est. Nous avons tiré plusieurs centaines de balles.

— Nous n'avons fait que tuer et tuer encore des chevaux morts. Ils attendent que nous venions les débusquer nous-mêmes. Alors ils se battront. Cessez le feu et prenez vos sabres.

— Oui, sire.

— Tu garderas tes dix meilleurs tireurs et leur ordonneras d'abattre Stark dès qu'il se montrera.

— Oui, sire.

Kawakami resta à bonne distance, comme toujours, pour observer la suite des opérations. Ses hommes empilèrent leurs mousquets et s'emparèrent de sabres. Jadis, ils auraient agi avec fougue. Mais plus maintenant. Ils croyaient désormais à la supériorité des armes à feu. Kawakami aussi. Non pas parce que ses six cents bouches à feu l'avaient emporté sur les dix ou vingt sabres de Genji. Cela ne prouvait rien. Mais parce que les mousquets avaient abattu sans la moindre difficulté l'invincible Shigeru. Un garçon de ferme armé d'un mousquet aurait pu en faire autant. Avec deux semaines d'entraînement, n'importe quel paysan muni d'une arme à feu pouvait battre un samouraï qui avait passé des années à perfectionner le maniement du sabre. Il n'y avait pas de discussion possible, sauf pour les traditionalistes qui refusaient obstinément le changement.

De nouvelles tactiques devaient être développées. Ou apprises des étrangers. Il ne fallait pas être un grand stratège pour défendre une position à l'aide de mousquets ou repousser une embuscade. L'attaque, en revanche, était plus problématique, en particulier face à un adversaire utilisant la même arme. La nécessité de cesser le feu pour pouvoir recharger semblait un obstacle insurmontable face à une attaque nourrie de l'ennemi. Comment les étrangers procédaient-ils ? Kawakami était déterminé à l'apprendre. Quand il en aurait fini avec Genji, il concentrerait toute son énergie sur la stratégie des armes à feu. Peut-être les étrangers avaient-ils un maître de guerre semblable à Sun Tzu. Si c'était le cas, Kawakami étudierait sa version de l'*Art de la guerre*. Le shogunat des Tokugawa donnait des signes de faiblesse. Bientôt, ils seraient destitués, mais pas comme au temps jadis, par des samouraïs munis de sabres. Le nouveau shogun accéderait au pouvoir par la force des mousquets. Ce pourrait être lui. Pourquoi pas ? Si les vieilles règles ne s'appliquaient plus à la guerre, elles ne s'appliquaient pas davantage au respect de la hiérarchie traditionnelle. La force des armes primerait sur le lignage.

Les armes à feu. Il lui en fallait d'autres. Plus perfectionnées. Plus grosses. Des canons. Des navires de guerre.

Mais chaque chose en son temps. Et d'abord, Genji.

Kawakami s'approcha, prudent. Les hommes de Genji, si peu nombreux fussent-ils, disposaient eux aussi de mousquets. Il ne manquerait plus qu'il se fasse abattre alors même qu'il était sur le point de savourer sa plus grande victoire ! Il prit soin de laisser une rangée d'arbres entre lui et l'ennemi.

— Pourquoi ont-ils cessé le feu ? demanda Hidé.
— Ma tête, dit Genji. Pour venir la chercher, il leur faut se battre au sabre.

Taro jeta un coup d'œil circonspect par-dessus le rempart de carcasses.

— Ils arrivent.

Genji regarda ses hommes. Tous étaient armés d'un sabre. Des mousquets mis au rebut gisaient dans la gadoue sanglante. L'efficacité eût voulu qu'ils accueillent l'ennemi par une salve de tirs avant de prendre les sabres. Mais ils n'avaient que faire de l'efficacité, ils étaient avant tout des samouraïs. En cet instant décisif de vie et de mort, seul le sabre comptait.

Genji dégaina le sien. Peut-être serait-il le dernier Okumichi, et en tant que tel les visions qu'il avait eues étaient alors erronées. Il n'y aurait pas d'assassinat à l'avenir. Pas de dame Shizuka, pas d'héritier ni de troisième vision. Tout cela n'avait été qu'un rêve. Il regarda Heiko et vit qu'elle le regardait. Ils se sourirent en même temps. Non, ce n'était pas qu'un rêve.

— Tenez-vous prêts à passer à l'attaque, dit Genji.

Ainsi mourait un vrai samouraï. En se fondant dans la bataille. Tel un rocher s'abîmant du haut d'une immense falaise dans le vide infini.

— Prêts...

Une salve de mousquets tirée depuis le mur d'enceinte du monastère de Mushindo engloutit le reste de ses paroles. La moitié de la première rangée des hommes de Kawakami tomba. L'avance se transforma aussitôt en débandade. Pris de panique, les soldats qui cherchaient à fuir Mushindo s'égaillaient en tous sens. Une deuxième volée éclata, fauchant à nouveau les hommes de Kawakami.

Genji vit les canons de quarante mousquets au sommet de la muraille. Qui étaient ces hommes ? Il n'eut pas le temps de se perdre en conjectures. Une nouvelle attaque fut lancée, à l'arrière des positions de Kawakami, cette fois. Il sentit la terre vibrer sous ses pieds. Un galop de chevaux.

— La cavalerie ! cria Hidé. Quelqu'un attaque Kawakami !

— Des renforts ! s'exclama Taro.

— Comment est-ce possible ? s'étonna Hidé. D'ici, il faut trois jours à un bon cavalier pour rejoindre notre fief.

— Regardez, dit Taro, ils reviennent.

Les hommes de Kawakami, qui cherchaient désespérément à fuir la charge de cavalerie, filaient comme des lièvres en direction de Mushindo. Les tirs de mousquet en fauchèrent un grand nombre puis, lorsque les mousquetaires rechargèrent, la débandade reprit de plus belle. Genji et ses hommes durent se battre comme des diables pour ne pas être submergés par les fuyards. De tous côtés, les lames fendaient l'air. Le sang des hommes mourants et des chevaux morts se mêlait dans la boue. Genji entendit Stark faire feu douze fois, puis plus rien.

Pas le temps de recharger. Saisissant un sabre, Stark le brandit à deux mains et l'abaissa comme une hache, pourfendant les corps, brisant des crânes, hachant des membres.

Au centre du cercle, Heiko et Hanako, avec Emily entre elles, distribuaient des coups de poignard à tous ceux qui s'approchaient un peu trop.

Hidé était occupé à repousser plusieurs adversaires. L'un des hommes de Kawakami fonça sur lui par-derrière, le sabre brandi.

— Hidé ! hurla Hanako en s'élançant entre eux.

La lame s'abattit sur son bras gauche, le sectionnant à hauteur du coude.

Les cavaliers surgirent du bois. Des bannières improvisées à l'emblème du moineau et des flèches flottaient au bout de leurs porte-étendards. Se taillant un chemin à coups de sabre à travers la horde de fuyards, ils s'élancèrent vers Genji en criant son nom.

— Genji !

— Genji !

— Genji !

Heiko demanda d'une voix surprise :

— Qui est-ce, sire ? Le voyez-vous ?

— Oui, je le vois, dit Genji, mais je n'en crois pas mes yeux.

— J'avais donné ordre de cesser le feu, rugit Kawakami, furieux.

— Ce ne sont pas nos mousquets, sire. Les tirs proviennent du monastère.

— Impossible. Tous ceux qui étaient là-bas ont été tués par l'explosion.

— Le seigneur Genji a peut-être reçu des renforts, suggéra l'adjudant en jetant des coups d'œil craintifs par-dessus son épaule. Dès le début, je trouvais bizarre qu'il voyage avec une escorte aussi petite. Il s'agit peut-être d'un piège, sire.

— Impossible. Si tel avait été le cas, Genji n'aurait jamais accepté de me rencontrer. Il n'aurait jamais couru un tel risque s'il avait eu le choix.

Kawakami observait ses hommes qui battaient en retraite dans une folle débandade.

— Nos forces se dirigent dans la mauvaise direction.

— Le tir de mousquets a semé la confusion, expliqua l'adjudant.

— Dans ce cas, vas-y et rétablis l'ordre.

— Oui, sire.

Mais l'adjudant ne fit pas un geste pour presser son cheval.

Kawakami allait l'abreuver d'injures quand il fut interrompu par une clameur qui venait de l'arrière.

— Genji !

— Genji !

— Genji !

Au cri de guerre du clan Okumichi, une troupe de samouraïs à cheval chargea sur l'arrière sans défense de Kawakami. Dépourvus de chevaux, leurs armes mises au rebut et hors d'atteinte, les hommes de Kawakami, pris en étau entre les tirs de mousquet et la charge de cavalerie, se dispersèrent dans une panique totale. Un grand nombre jetèrent leurs sabres à terre et s'enfuirent en courant vers la seule issue possible, la route d'Edo. Balles, sabres et coups de sabot les tuaient un à un en cours de route.

Kawakami et son adjudant se retrouvèrent encerclés avant d'avoir pu s'enfuir. Comme ils n'opposaient guère de résistance, leur capture s'effectua en douceur.

— Attendez, dit Kawakami. Je vous suis plus précieux vivant que mort. Je suis le seigneur Kawakami.

Son sens de l'étiquette demeurait intact. Ce n'était qu'un contretemps, pas une véritable défaite.

— Malgré vos bannières, vous n'êtes pas des samouraïs du clan Okumichi. Qui est votre maître ? Menez-moi à lui.

Quinze ans durant, Mukai avait été le loyal et humble assistant du chef de la police secrète du shogun. Il exécutait ce que son maître, Kawakami, lui ordonnait, sans trop accorder d'importance à l'angoisse permanente et au peu de satisfaction que lui rapportait ce travail. Son but n'était pas de goûter les joies de l'existence mais de vénérer ses supérieurs hiérarchiques et de maintenir la discipline parmi ses subalternes.

Il était presque trop tard quand il avait compris qu'une telle existence ressemblait plus à la mort qu'à la vie.

La vraie vie était là.

La force animale brute du cheval de bataille qui chargeait sous lui n'était rien comparée à l'énergie vitale qui bouillonnait dans ses veines.

— Genji !
— Genji !
— Genji !

C'est en proie à une extase presque douloureuse que Mukai, telle l'incarnation vivante du Dieu de Lumière, menait la charge à la rescousse de Genji. Son amour lui avait ouvert des perspectives qu'il n'avait jusque-là pas osé imaginer. Agir par amour l'avait à jamais libéré. La joie qu'il en éprouvait était égoïste, individuelle et absolue. Il n'avait que faire du devoir, de la famille, de la hiérarchie, de l'histoire, de la tradition, des obligations, de l'apparence ou de la honte. Il n'y avait rien en lui, sinon de l'amour, et il n'y avait d'autre monde que celui qui l'unissait à Genji.

Cent quatre-vingts loyaux sujets avaient accepté de le suivre dans cette équipée désespérée depuis son petit fief du Nord. Ils avaient été convaincus par la prophétie du seigneur Genji qui leur promettait la victoire. Genji n'avait jamais, à la connaissance de Mukai, formulé une telle prophétie. Mukai leur avait menti, simplement. Et très habilement. L'amour lui avait mystérieusement fait don de l'éloquence qui lui faisait défaut. Ses sujets, habitués à voir leur seigneur balourd, effacé et taciturne, étaient tombés sous le charme.

A présent, la bannière du moineau et des flèches flottait au-dessus de sa tête comme dans ses rêves. Mukai était au-delà de la peur ou de l'espoir, de la vie ou de la mort, du passé ou de l'avenir. Il frappait les hommes qui obstruaient son passage, avec une fougue joyeuse.

— Genji !

Il criait le nom de son amour comme une déclaration, un cri de guerre, un mantra sacré.

Affolés par le crépitement des balles et le piétinement des sabots, les hommes de Kawakami fuyaient en masse pour essayer de trouver refuge dans le camp de Genji. Cette avalanche de samouraïs en déroute risquait d'aboutir au résultat que Kawakami n'avait pas obtenu avec son plan d'attaque. Genji et ses hommes étaient sur le point d'être engloutis par la mêlée.

Etait-il venu de si loin pour arriver trop tard ? Mukai pesta contre son manque de clairvoyance. S'il avait été doué d'un esprit militaire, il aurait su où aller et serait arrivé depuis plusieurs jours déjà. Il pesta aussi contre son piètre sens de l'orientation, lequel l'avait conduit à emprunter le mauvais chemin à plusieurs reprises alors qu'ils faisaient route dans les montagnes. Une meilleure connaissance des étoiles, des vents, des migrations saisonnières des oiseaux lui aurait fait gagner de précieuses heures en lui évitant de prendre à l'est au lieu de l'ouest. Il pesta encore contre les quinze ans qu'il avait passés entre les murs aveugles de la salle d'interrogatoire ; un homme de terrain aurait connu la topographie des lieux.

Non ! Ils ne mourraient pas loin l'un de l'autre, une fois que l'amour et le destin les auraient rapprochés. Laissant derrière lui gardes et hommes, il fonça tête baissée dans la masse bouillonnante de soldats et de sabres.

Genji !

Frappant furieusement de gauche et de droite sur toutes les têtes qu'il voyait, il se fraya un chemin jusqu'à la position de Genji. La multitude de sabres ennemis eut tôt fait de mettre son cheval à terre. Mais c'est à peine s'il sentait les coups d'étrier et de sabre qui lui transperçaient le corps. Genji. Il fallait qu'il atteigne Genji. Il continua à se frayer un chemin à pied.

—Seigneur Mukai ! Attendez !

Ses hommes arrivaient à sa suite, essayant de le rattraper.

—Genji !

—Mukai !

Il sauta par-dessus le rempart de chevaux érigé autour du camp de Genji.

—Sire, dit-il en s'inclinant, je suis venu comme promis.

—Attention ! cria Genji en levant son sabre pour dévier un coup qui arrivait dans le dos de Mukai. Nous nous dispenserons des courtoisies d'usage dans l'immédiat. Laisse-moi simplement te dire combien je suis surpris et heureux de te voir, Mukai !

— Sire, dit Mukai.

Tout comme l'amour lui avait fait don de l'éloquence, il la lui reprit.

— Sire.

C'est tout ce qu'il parvint à dire.

Genji était trempé de sang des pieds à la tête. Le sien, celui de ses ennemis ou de ses chevaux, Mukai n'aurait su le dire. Quelle importance ? En cet instant précieux et fatal, réuni avec Genji pour se battre à ses côtés envers et contre tous, tout sens de soi ou de l'autre disparaissait. Il n'y avait plus ni sujet ni objet. Qu'est-ce qui était lui et qu'est-ce qui ne l'était pas ? Non seulement il était incapable de trouver une réponse, mais la question elle-même lui semblait dénuée de sens.

— Sire.

L'espace d'un court instant, il lui sembla que la fin était proche. Les hommes de Kawakami étaient trop nombreux et ceux de Genji trop clairsemés. Pour chaque homme abattu, il en surgissait trois autres. Puis, juste au moment où le cercle des sabres se resserrait autour d'eux pour l'assaut final, une autre salve éclata depuis les murailles, et toute résistance cessa. Aussitôt, comme si un ordre silencieux leur avait été transmis, les hommes de Kawakami lâchèrent leurs armes et se jetèrent à terre.

C'était fini.

— Vous triomphez, sire, dit Mukai.

— Non, répondit Genji. C'est toi, et toi seul, qui as remporté la victoire, Mukai.

Mukai sourit, d'un sourire si éclatant qu'il eut l'impression que son corps tout entier rayonnait.

— Mukai !

Genji le rattrapa entre ses bras tandis qu'il s'effondrait.

— Seigneur !

Ses sujets s'étaient approchés. Il leur fit signe de reculer sans quitter Mukai un seul instant des yeux.

— Où es-tu blessé ? demanda Genji.

Mukai n'avait que faire de ses blessures. Il voulait dire à Genji que ses rêves s'étaient réalisés, pas seulement pour les visionnaires, mais pour les hommes ordinaires comme lui-même, à condition qu'ils fussent sincères. Il voulait lui dire qu'il avait rêvé de cet instant avec une parfaite acuité — le sang, l'étreinte, la mort, l'absence de peur, et surtout l'éternelle, la transcendante et extatique sensation d'unité par-delà toute limitation de la perception, de la définition, de l'entendement.

Puis vint le moment où cela même cessa de lui importer. Seul demeurait son sourire.

— Sire !

Ces hommes de Mukai regardèrent, consternés, le corps de leur maître gisant à terre. Il leur avait dit que Genji avait prédit la victoire. Il n'avait pas parlé de sa propre mort.

— Le seigneur Mukai est mort, dit Genji.

— Seigneur Genji, que devons-nous faire ? Sans le seigneur Mukai, nous n'avons plus de maître. Le shogun risque de confisquer son fief.

— Vous êtes les loyaux sujets du plus loyal et dévoué des amis, dit Genji. Ceux qui le souhaitent peuvent entrer à mon service.

— Dans ce cas, nous sommes dorénavant vos vassaux, seigneur Genji, déclarèrent les lieutenants de Mukai en s'inclinant devant leur nouveau maître. Nous attendons vos ordres.

— Eh bien, commenta Kawakami, voilà qui est touchant. Un jour peut-être cette scène figurera dans une pièce de kabuki consacrée à la vie du seigneur Genji.

Il les toisa du haut de sa selle, sûr de lui comme à son habitude. Intimidé par son rang, les hommes de Mukai qui l'accompagnaient le traitaient davantage en hôte qu'en prisonnier. Son adjudant et lui offraient un contraste frappant avec les autres ; leurs habits impeccables ne présentaient pas la moindre trace de souillure.

— Descends de cheval, ordonna Genji.

Kawakami fronça les sourcils.

— Je vous conseille de ne pas vous laisser emporter par votre enthousiasme. Le seul changement, pour l'heure, est une amélioration de vos chances de survie.

Il ne savait pas manier un sabre. Son talent était ailleurs. Son talent était précisément celui que les Okumichi étaient censés être seuls à posséder : la connaissance. Et c'était cette connaissance qui allait lui permettre de remporter la victoire ultime.

— Si vous négociez intelligemment, vous pouvez espérer en tirer des bénéfices significatifs. Puis-je suggérer... ?

Empoignant Kawakami par le bras, Genji le jeta à terre.

Toussant et crachant, Kawakami se releva, la face couverte de boue sanglante.

La lame de Genji décrivit un arc au-dessus de Kawakami, puis s'abattit sur sa nuque, la sectionnant presque entièrement. La tête de l'homme s'affaissa entre ses épaules, retenue par un cordon de moelle épinière. Le sang gicla un instant dans les airs, puis cessa tandis que la pression artérielle chutait d'un coup. Le corps tomba en avant, la tête toujours entre les épaules, une expression de stupeur dans les yeux tournés vers le ciel.

Genji regarda l'adjudant. Il se trouvait dans la tente quand Kawakami avait parlé des origines de Heiko.

— Seigneur Genji, dit l'adjudant.

— Tuez-le, ordonna Genji.

Les deux hommes qui se trouvaient de part et d'autre du soldat le frappèrent immédiatement. Le corps s'affaissa sur le sol en trois parties — la tête, l'épaule droite, puis le tronc.

Genji regarda le reste des vaincus, environ trois cents soldats, tous des hommes du rang, peu susceptibles d'avoir été mis dans le secret d'une information importante. Kawakami aimait par-dessus tout savoir ce que les autres ignoraient. L'adjudant, lui, savait. Et probablement Mukai, aussi. Qui d'autre ? Sa femme ? Ses concubines ? D'autres geishas ? Même en menant une expédition punitive à travers tout le pays, il ne pourrait tous les éliminer. Maintenant que Kawakami n'était plus, cela ne serait sans doute pas nécessaire. Il était peu probable que d'autres que lui osent faire de telles allégations sans apporter la moindre preuve tangible. Là était la clé, naturellement. La preuve tangible.

Genji dit :

— Assurez-vous qu'il ne reste plus d'explosifs dans le monastère. Quand ce sera fait, préparez le bain.

— Et les prisonniers, sire ?

— Relâchez-les. Sans leurs armes.

— Oui, sire.

Il s'occuperait des preuves dès que possible, mais pour l'heure il devait se rendre à la réunion du shogun.

Par miracle, Saiki n'avait pas été tué lors de l'explosion massive du monastère. Il gisait sans connaissance quand les mousquetaires de Mukai l'avaient retrouvé, enseveli sous les restes de Masahiro et de son cheval. A présent, il reposait, épuisé, dans la litière qui l'emmenait à Edo. Ses oreilles continuaient de bourdonner et il n'entendait plus rien. Mais ce qui le contrariait le plus, c'était qu'il n'avait pu assister à la décapitation de Kawakami. Il aurait aimé voir cela. Quand il aurait recouvré l'ouïe, il demanderait à Hidé de lui en faire le récit détaillé.

Ethan Cruz n'était pas dans le monastère. Mais il était forcément quelque part, et vivant. Stark se retourna pour jeter un dernier coup d'œil à l'enceinte. C'était la deuxième fois qu'il passait par ici. Il se souvenait du chemin. Il trouverait le moyen d'y revenir, une fois à Edo.

Et il retrouverait Cruz.

Emily ne sentait pas la selle qui se trouvait sous elle. C'est à peine si elle sentait son propre corps. Bien qu'elle eût les yeux ouverts, rien de ce qu'elle voyait ne s'imprimait dans son cerveau.

Elle était en état de choc.

Tout ce sang.

Tous ces morts.

Elle essaya de réciter quelque verset réconfortant de la Bible. Mais rien ne lui vint à l'esprit.

Au moment précis où il semblait qu'ils allaient tous mourir, les yeux de Genji avaient rencontré les siens, et il lui avait souri comme toujours. Depuis, il avait recommencé à l'ignorer tout en prenant soin de n'en laisser rien voir. Mais Heiko, elle, savait. Sentir les nuances et la subtilité faisait partie de ses talents.

Que lui avait dit Kawakami lors de leur entrevue ?

Depuis la litière où elle reposait, Hanako leva les yeux vers Hidé. Elle était immensément fière de lui. A chaque nouvel obstacle, il gagnait en maturité, en bravoure, en concentration. Même sa manière de monter à cheval avait changé. S'il continuait ainsi, il deviendrait sous peu un grand samouraï. Il ne lui manquerait plus dès lors qu'une épouse digne de son rang.

Elle dit :

— Je te libère de tes vœux de mariage.

Puis elle détourna la tête. Aucune larme ne jaillit de ses yeux, et sa respiration calme et contrôlée ne laissait rien voir de sa détresse.

Hidé dit à Taro, qui chevauchait à côté de lui :

— Elle délire.

Hanako reprit :

— Je ne suis plus digne d'être ta femme.

Taro dit à Hidé :

— Oui, elle délire, cela ne fait aucun doute. Même le plus brave des guerriers, quand il est grièvement blessé, peut se mettre à délirer et à tenir des propos incohérents. Le choc et l'hémorragie, je suppose.

Hanako insista :

— Tu as besoin d'une compagne qui ne soit pas mutilée, qui puisse marcher derrière toi sans t'attirer la honte et les moqueries.

Hidé et Taro continuèrent de l'ignorer. Hidé poursuivit :

— Tu as vu comment elle s'est jetée droit sur le sabre ?

— Admirable. J'avais déjà assisté à de telles actions au théâtre, mais jamais dans la vie.

— Chaque fois que je verrai sa manche vide, je me rappellerai ce qu'il lui en a coûté de me sauver la vie et je lui en serai infiniment reconnaissant.

— Je ne pourrai plus porter de plateau, intervint Hanako, ni tenir correctement une théière ou un flacon de saké. Qui pourrait supporter de se faire servir par une femme amputée d'un bras ?

— Heureusement, il lui reste son bras droit, remarqua Taro. Qui sait si un jour tu n'auras pas à nouveau besoin d'elle pour te défendre ?

— Tu as raison, acquiesça Hidé. Et puis un bras est largement suffisant pour porter un bébé et lui donner le sein, ou tenir un enfant par la main pour lui apprendre à marcher.

Incapable de contenir plus longtemps son émotion, Hanako se mit à trembler. Des larmes chaudes d'amour et de gratitude jaillirent de ses yeux. Elle voulut remercier Hidé pour sa constance, mais aucun mot ne parvint à se frayer un chemin parmi ses sanglots.

Taro s'excusa d'une révérence et alla se poster à l'arrière du cortège. Là, tout en chevauchant parmi les anciens vassaux de Mukai, il laissa libre cours à ses larmes.

Pour une fois, Hidé ne pleura pas. Grâce à la maîtrise de soi qu'il avait acquise au combat, il parvint à refouler ses larmes et aucun cri ne jaillit de son corps. Son chagrin pour Hanako était profond, mais ce n'était rien en comparaison du respect qu'il vouait à son courage ou de l'amour toujours grandissant qu'il éprouvait pour elle.

Les rigueurs de la guerre, les joies de l'amour n'étaient en vérité qu'une seule et même chose.

Assis bien droit sur sa selle, Hidé chevauchait fièrement vers Edo.

15

El Paso

Les mots peuvent blesser. Le silence peut guérir. Savoir quand parler et quand se taire, voilà la clé de la sagesse.

La connaissance peut être une entrave. L'ignorance, une libération. Savoir quand savoir et quand rester dans l'ignorance est la sagesse des prophètes.

Libérée des mots, du silence, de la connaissance ou de l'ignorance, la lame tranche net. C'est la sagesse des guerriers.

SUZUME-NO-KUMO
(1434)

Jimbo scruta le potager. Le simple fait de le regarder avec gratitude et respect était déjà en soi une nourriture. Le vieil abbé Zengen lui avait raconté que certains adeptes étaient allés si loin sur la voie de la sagesse qu'ils pouvaient se passer de nourriture. Ils vivaient de l'air qu'ils respiraient, des images qui s'offraient à leurs yeux et de la méditation pure. Il n'y avait pas cru, à l'époque. Mais, à présent, il se disait que ce n'était peut-être pas si absurde.

De temps à autre, Jimbo s'accordait une pause et pensait à Stark. Il savait que son adversaire de jadis finirait par le retrouver. Il ignorait quand. Mais cela arriverait tôt ou tard. Etait-il avec le petit groupe de samouraïs et d'étrangers qui était passé par Mushindo trois semaines plus tôt ? A quoi bon se perdre en conjectures ? Deux choses étaient sûres : Stark viendrait le chercher et il essaierait de le tuer. Ce n'était pas pour sa propre vie qu'il craignait, il avait cessé de s'en préoccuper depuis longtemps déjà. Ou peut-être pas si longtemps que ça, tout compte fait. La vie de Stark était ce qui lui posait problème. Car, même s'il tuait Jimbo, son angoisse ne diminuerait pas pour autant. Sa soif de vengeance le poussait à commettre un crime après l'autre. La mort de Jimbo ne réussirait qu'à augmenter ses souffrances et à alourdir le poids de son mauvais karma. Mais que faire ? S'il lui montrait qu'il était devenu un autre homme, un homme qui recherchait la paix intérieure, libéré de la haine, Stark parviendrait-il, lui aussi, à trouver la voie ? Jimbo allait se présenter à lui sans peur et implorer son pardon. Si Stark ne le lui accordait pas, il était prêt à mourir.

Il ne chercherait pas à se battre.

Il ne tuerait point.

Jamais plus il ne lèverait la main pour commettre un acte de violence.

Un léger tressaillement parmi les feuilles de moutarde attira son regard. Otant soigneusement le minuscule scarabée, il le déposa sur la terre. L'insecte déguerpit en agitant fébrilement ses deux antennes dans toutes les directions. Le scarabée ne le voyait pas. La vie de l'insecte, bien qu'aussi réelle et fragile que la sienne, se déroulait sur une autre échelle. Il s'inclina respectueusement devant la créature sensible et continua à cueillir son souper.

Les fourrés derrière lui frissonnèrent. Il reconnut les petits mouvements rapides. C'était Kimi, la fillette du village voisin.

— Jimbo, tu es tellement silencieux que je n'avais même pas remarqué que tu étais là. Un peu plus, et je te marchais dessus.

— Je te remercie de ne pas l'avoir fait.

Kimi se mit à rire.

— Tu es drôle. As-tu vu Goro ? Il y a une heure qu'il est parti à ta recherche. Je crains qu'il ne se soit encore une fois égaré.

Jimbo et Kimi se figèrent tous deux et tendirent l'oreille.

— Je ne l'entends pas appeler ton nom, remarqua l'enfant. Si ça se trouve, il s'est perdu dans la vallée voisine.

— Va le chercher, je t'en prie. Quand il se perd, il s'énerve. Et quand il s'énerve, il fait n'importe quoi.

— Et il finit par se blesser. Si je le retrouve avant que tu aies commencé ta méditation du soir, nous viendrons te voir.

— Entendu.

— Au revoir, Jimbo.

Elle s'inclina, joignant les mains en *gassho*, le geste bouddhique signifiant paix et respect. Elle avait été la première des enfants du village à imiter le salut de Jimbo, et à présent, suivant l'exemple de Kimi, les autres faisaient de même.

— Au revoir, Kimi, dit Jimbo en lui rendant son *gassho*.

Au moment où Jimbo atteignit les grilles de Mushindo, deux cavaliers arrivèrent par l'ouest. Il reconnut l'ancien moine Yoshi, galopant devant. Le deuxième homme, affalé sur son cheval, avait grand-peine à se tenir en selle. C'était le révérend abbé Sohaku.

Les deux hommes étaient grièvement blessés, Sohaku plus encore que Yoshi.

— Aide-moi à le panser, dit Yoshi. Vite, sans quoi il va perdre tout son sang.

— Je m'en occupe, répondit Jimbo. Occupe-toi de toi. Tu as été blessé par arme blanche et par balle.

— Ça ? s'écria Yoshi en montrant ses blessures. Ce n'est rien !

Une balle de gros calibre avait atteint Sohaku à la cage thoracique et lui avait transpercé le poumon gauche avant de ressortir dans le dos en faisant un trou de la taille du poing. C'était un miracle qu'il fût encore vivant.

— Eh bien, Jimbo, dit Sohaku, quelles sont les paroles de sagesse que tu peux dire à un mort ?

— Rien de spécial. Ne sommes-nous pas tous amenés à mourir un jour ?

Sohaku eut un rire bref, qui s'interrompit lorsqu'un jet de sang s'échappa de sa bouche. Il observa :

— Tu parles de plus en plus comme le vieux Zengen.

— Révérend abbé, il faut vous allonger.

— Pas le temps. Panse-moi. (Il se tourna vers Yoshi.) Va à l'armurerie et rapporte-moi une nouvelle armure.

— Oui, révérend abbé.

Jimbo objecta :

— Vous n'aurez pas besoin d'armure pour aller là où vous allez.

— Tu te trompes. Je vais me battre. J'ai besoin d'une armure pour me soutenir, sans quoi je n'arriverai jamais là-bas.

— Abbé Sohaku, vous ne livrerez plus jamais bataille.

— Je refuse de mourir par balle.

Jimbo ferma la plaie du mieux qu'il put avec un cataplasme de plantes médicinales, puis emmaillota le torse de Sohaku avec une bande de soie. L'hémorragie externe avait cessé. Mais rien ne pouvait arrêter l'épanchement interne, à part la mort.

Yoshi aida Sohaku à endosser sa nouvelle armure puis en noua les liens. Son torse, ses reins et ses cuisses étaient à présent gainés de plaques de métal, de bois laqué et de cuir. Il prit le casque, mais refusa le col d'acier destiné à protéger sa gorge et son cou, et le masque laqué pour sa figure.

— Révérend abbé, dit Yoshi, vous risquez la décapitation.

— D'après toi, qui est à nos trousses ?

— Le seigneur Shigeru.

— Même en admettant que je sois au mieux de ma forme, que le vent et la lumière me soient favorables, que tous les dieux me sourient, crois-tu que je pourrais le vaincre ?

— Si toutes ces conditions étaient réunies, peut-être.

— Et, blessé comme je le suis, quelles sont mes chances ?

— Aucune, révérend abbé.

— Exactement. C'est pourquoi je préfère lui offrir l'occasion d'en finir proprement.

— Que vous partiez ou que vous restiez, insista Jimbo, la mort sera l'issue. Alors pourquoi ne restez-vous pas pour mourir en paix ?

— Dorénavant, toutes mes dettes se résument à une seule. Ce que je dois au seigneur Genji, ce que je dois à mes ancêtres et ce que je me dois à moi-même : la mort au combat.

Sohaku plia la jambe selon l'angle qui convenait pour tenir en selle, puis Yoshi le sangla dans cette position avec des lanières de cuir. Après quoi il amena Sohaku à son cheval et le hissa sur la selle.

— Comment se fait-il que vous combattiez contre le seigneur Genji ? s'enquit Jimbo.

— Ses prétendues prophéties mènent le clan à la ruine. J'ai cru pouvoir sauver la situation en l'évinçant. J'ai échoué. A présent, j'ai le devoir de me faire pardonner.

Jimbo ne dit rien.

Sohaku sourit.

— Tu penses que le suicide rituel est de circonstance, et tu as raison. Mais ce cas particulier exige qu'il y ait un combat. Il est toujours plus satisfaisant de pourfendre soi-même un ennemi que de le trouver déjà mort, occis de sa propre main. La sincérité de mon repentir exige que je fasse au mieux pour ceux à qui je veux demander pardon.

— Je comprends, répondit Jimbo, même si je ne suis pas d'accord. Si vous devez mourir, mieux vaut le faire sans lever la main pour commettre un acte de violence. Votre karma s'en trouvera allégé.

— Tu te trompes, Jimbo. C'est mon karma qui exige que j'aille au combat.

Sohaku s'inclina. L'effort lui arracha un rictus de douleur.

— Recommande-moi à ton Dieu ou à Bouddha quand il te rappellera à lui. S'il existe.

— Pourquoi vas-tu dans les montagnes pour méditer ? demanda Kimi. Je croyais qu'il y avait un pavillon de méditation au monastère.

— Jimbo ! s'écria Goro en souriant gaiement.

— J'ai besoin de rester un instant à l'écart du monde, dit Jimbo.

— Tu vas y rester longtemps ?

— Jimbo, Jimbo, Jimbo !

— Non, pas longtemps.

— Dans ce cas, on va t'attendre ici.

— Tes parents vont s'inquiéter.

Kimi rit.

— Mes parents ont onze enfants !

— Dans ce cas, je te verrai à mon retour, dit Jimbo.

Il joignit les mains en *gassho*. Kimi fit de même.

— Jimbo, Jimbo, Jimbo ! dit Goro.

Le refuge de montagne où Jimbo se livrait à la méditation était un semblant de hutte constituée de vieilles branches assemblées de bric et de broc. Il y avait plus de ciel que de toit au-dessus de sa tête, et les murs, qui ne cachaient pas grand-chose des arbres alentour, n'arrêtaient guère le vent ou la pluie. C'était l'abbé Zengen qui l'avait construite, et elle n'était pas sans rappeler les esquisses que le vieux maître réalisait d'un seul trait de pinceau : montagnes, animaux ou personnages. Ce qui n'y était pas représenté était plus évident que le sujet lui-même.

Les paroles de Sohaku taraudaient Jimbo.

« C'est mon karma qui exige que j'aille au combat », avait-il dit.

Etait-ce aussi le karma de Jimbo ? Il n'était plus l'homme qu'il avait été. De cela, il était certain. En revanche, il n'était pas absolument certain de s'être libéré du passé. Avait-il, comme il le croyait, atteint le non-moi, et agissait-il dès lors uniquement pour mener Stark vers sa propre libération ? Ou s'agissait-il d'un subterfuge, fruit d'un subtil et insidieux sentiment d'orgueil qui le liait encore plus étroitement à ses illusions ?

La respiration de Jimbo se fit de plus en plus profonde. Inspiration et expiration devinrent imperceptibles. Le contenu de son esprit et le contenu du monde ne se distinguèrent bientôt plus. Il pénétra dans le vaste vide au moment où le vaste vide pénétra en lui.

Mary Anne sortit de la cabane, un sourire radieux aux lèvres. Elle s'attendait à voir Stark. Quand elle aperçut Cruz, elle fit volte-face et courut se réfugier à l'intérieur.

Cruz l'empoigna avant qu'elle eût le temps de pointer son pistolet sur lui et lui assena un coup de crosse à la tempe. Les deux petites se mirent à pousser des hurlements en se blottissant l'une contre l'autre.

Quand Tom, Peck et Haylow entrèrent à leur tour, Cruz avait déjà arraché tous ses vêtements à Mary Anne.

« Qu'est-ce qu'on fait des deux mômes ? demanda Tom.

— Emmène-les dehors, dit Haylow. Vaut mieux qu'elles voient pas ça.

— Mets-les à poil aussi », ordonna Cruz.

Mary Anne n'était qu'à demi consciente. Il la plaqua contre le mur, lui étira les mains au-dessus de la tête et lui ficha un couteau dans chaque paume, la clouant sur place. Elle se réveilla en hurlant.

« Jésus, Marie, Joseph, dit Peck, par tous les saints, par la Mère de Dieu et par la Sainte Trinité !

— Ethan ! » s'écria Tom.

Haylow tenait les deux fillettes serrées contre la masse imposante de son corps pour les protéger.

« J'ai dit : A poil, réitéra Cruz.

— Pas les mômes, protesta Tom. Elles ont rien fait.

— Elles sont venues au monde, dit Cruz. Tu vas faire ce que je te dis, oui ou merde ? »

Tom et Peck échangèrent un coup d'œil puis regardèrent Cruz. Ses épaules étaient détendues, sa main était tout près de son flingue.

Peck répondit :

« Tu sais bien qu'on fait toujours ce que tu dis.

— J'avais pas remarqué. »

Les joues de Haylow étaient inondées de larmes. Il se tut. Il ne fit pas un bruit. Il envoya un vigoureux crochet à la mâchoire de la plus âgée des deux, puis fit de même avec la cadette. La force du coup de poing souleva de terre les deux fillettes, qui retombèrent ensuite pesamment. Elles étaient peut-être vivantes. Mais elles étaient comme mortes. Il déshabilla la plus jeune avec délicatesse, pendant que Tom et Peck faisaient de même avec l'aînée.

« Non, non, non ! » hurlait Mary Anne.

Empoignant l'aînée par les cheveux, Cruz la tint sous le nez de Mary Anne.

« Comment elle s'appelle ? »

Mary Anne criait et pleurait.

Cruz dit à Peck :

« Passe-moi ton surin. »

Peck obtempéra. Cruz posa la lame sur la gorge de la fillette.

« J'ai dit : Comment elle s'appelle ?

— Becky, dit Mary Anne. Becky. Pitié, oh, pitié... »

Cruz planta la lame dans l'estomac de la gamine, puis l'éventra d'un seul coup, du bas jusqu'en haut. Laissant tomber le petit cadavre aux pieds de la mère, il alla chercher la plus jeune.

Tom sortit en courant de la cabane.

Peck tomba sur ses fesses et recula en rampant jusqu'à ce qu'il bute contre le mur.

Ne pouvant aller plus loin, il détourna les yeux et vomit tripes et boyaux.

Haylow, figé sur place, chialait comme une Madeleine.

« Comment elle s'appelle ? dit Cruz.

— Oh, mon Dieu, non ! » dit Mary Anne.

Cruz déposa la fillette inanimée sur la table et s'empara de la hache qui se trouvait à côté du poêle.

« Louise ! hurla Mary Anne comme si son prénom avait pu lui sauver la vie. Louise ! » Cruz frappa si fort qu'il fendit la table en deux. La tête coupée de la gamine tomba à terre et roula jusqu'au pied du lit. Il regarda Mary Anne dans les yeux et dit le plus tranquillement du monde :

« Et maintenant, à ton tour. »

Mais elle criait trop fort pour entendre le son de sa voix.

Jimbo ignorait combien de temps il était resté là à méditer. Quand il ouvrit les yeux, la lumière était la même que quand il les avait fermés. S'était-il passé un moment, ou plusieurs jours ? Quand il remua, le givre qui s'était formé sur ses habits craqua. Ses genoux étaient raides et douloureux lorsqu'il les déplia pour abandonner la position du lotus. Plus qu'un moment. Deux ou trois jours au moins. Il quitta la cabane et s'approcha des galets qui bordaient la rivière. En période de crue, comme cela arrivait tous les dix ans environ, ces galets étaient submergés par les eaux. Pour l'instant, ils étaient à sec. Jimbo en déblaya plusieurs jusqu'à ce qu'il aperçût la toile cirée. Etirant la main, il saisit le ballot. Devait-il l'ouvrir ici, dans la campagne, ou attendre d'être de retour à Mushindo ? Non, il savait où. Il retourna dans la cabane.

Dans la cahute qui n'était qu'un fantôme de cahute, l'homme qui n'était que le fantôme d'Ethan Cruz reprit l'apparence de ce qu'il avait été jadis.

D'abord son chapeau, tout fripé et déformé. Avec deux brindilles, il confectionna une forme, puis mouilla l'étoffe avec de la neige qu'il fit fondre entre ses mains. Demain matin, cela aurait à nouveau l'air d'un chapeau, ou presque.

Vinrent ensuite sa chemise, son pantalon, sa veste et ses bottes. Ils exhalaient une vieille odeur de transpiration et de moisi. Il les enfila.

Restaient les canons et la crosse de son canon. Il le réassembla. Dans un autre paquet de toile cirée se trouvaient six cartouches. Il chargea l'arme et jeta les cartouches en surnombre. Il n'aurait pas besoin de recharger.

Enfin le holster, et dedans le colt calibre 32 que Manual Cruz lui avait donné dans une vie antérieure.

« Alors comme ça, t'as fait la transhumance, p'tit gars ?

— Oui, m'sieur. J'ai été cow-boy.

— C'est ce que je me suis laissé dire, et autre chose aussi, te concernant. T'aurais pas oublié un détail, des fois ?

— Je suis pas sûr de comprendre ce que vous voulez dire, m'sieur.

— Laisse tomber le *monsieur*, Ethan. Le détail, et tu le sais très bien, c'est que le bétail en question, tu l'avais obtenu par des moyens punis de pendaison.

— Ils ne peuvent me pendre qu'une fois. Le vol de bétail est puni de mort, et s'ils veulent vraiment ma peau, ils vont rappliquer sous peu. Sans parler des deux pékins que j'ai abattus ici même. Ça aussi, c'est puni de mort.

— Bah, tu m'as tout l'air d'être un voleur de bétail, un gangster et un fin tireur, p'tit gars. »

Ethan s'attendait qu'il lui fasse la morale. Mais Cruz dit :

« J'suis fier de toi, p'tit gars. Avec toi, j'ai comme qui dirait l'impression que ma vie a trouvé un sens. En tout cas, je te déconseille d'aller te fourvoyer dans le commerce des putes. »

Cruz lui tendit la main.

« Je suis le père d'Ethan Cruz, enfin, disons son beau-père ou quelque chose de ce genre. Parfois, il arrive que la roue se mette à tourner dans le bon sens. »

Cette nuit-là, Cruz donna à Ethan le colt calibre 36 qu'il portait sur lui.

« Y en a qui préfèrent le modèle de l'armée calibre 44. Parce que les balles sont plus grosses, ils s'imaginent qu'ils ont plus de chance de dégommer l'adversaire. Mais le calibre 36 a un gros avantage pour celui qui a la volonté de perfectionner son tir. Il pèse une livre de moins que le 44. On le dégaine d'autant plus vite. Un jour, quand tu verras ton ennemi mordre la poussière, tu auras une pensée affectueuse pour moi.

— Mais si vous en avez b'soin ? Il vous servira à rien si c'est moi qui l'ai.

— Besoin pour quoi faire ? Je me bats jamais en duel. »

Cruz lui montra son derringer.

« Ça suffit amplement. Un vieux maquereau qui joue au poker, lorsqu'il descend un mec, c'est à bout portant. »

Quand Jimbo revint au monastère, il ne rencontra qu'un tas de ruines. Un énorme cratère occupait le centre à l'endroit où se trouvait la salle de méditation. Les restes de bûchers funéraires s'empilaient un peu partout. Seuls le mur d'enceinte, la maison de bain, la hutte de méditation de l'abbé et le cachot de fortune que les hommes de Sohaku avaient bâti pour y enfermer Shigeru étaient encore debout.

La plupart des enfants du village voisin étaient là. Ils jouaient parmi les décombres en cherchant à identifier les restes carbonisés.

— Regardez, un os.

— Non, pas un os. Un morceau de bois.

— Moi, je dis que c'est un bras. Regarde le bout arrondi.

— Quelle horreur ! Jette ça.

— Attention. Voilà un étranger.

— C'est celui qui accompagnait le seigneur Genji. Il a deux revolvers.

— Non, ce n'est pas lui.

— Vite, courez ! Il va nous tuer !

— Jimbo, dit Goro en souriant et en s'approchant nonchalamment de l'homme. Jimbo, Jimbo.

— Non, Goro. N'y va pas. Ce n'est pas Jimbo. Viens, allons-nous-en, vite.

Kimi dit :

— Si, c'est Jimbo.

Elle courut à sa rencontre, les yeux écarquillés de surprise.

— Pourquoi es-tu habillé ainsi ?

— J'ai quelque chose à faire.

Il inspecta le cratère. On aurait dit que toute la poudre de l'armurerie avait sauté d'un coup.

— Qu'est-il arrivé ?

— Il y a eu une grande bataille pendant ton absence...

— Des centaines de samouraïs tués...

— Le seigneur Genji, capturé...

— Jimbo, Jimbo, Jimbo...

— ... la tête de Shigeru dans une boîte...

— ... des mousquets sur les remparts...

— ... une charge de samouraïs à cheval...

— ... couverts de sang de la tête aux pieds...

Les bribes d'informations qui lui parvenaient de tous côtés n'étaient pas toujours très claires. Il crut néanmoins comprendre que le seigneur Genji était venu avec un étranger du nom de Su-ta-ku, qui avait survécu à la bataille. Dès que les hostilités avaient cessé, il était parti fouiller les ruines du monastère de Mushindo à la recherche de Jimbo. Une dame d'une incroyable beauté, sans doute une célèbre geisha, avait demandé à Kimi où se trouvait Jimbo, et Kimi avait répondu à la dame qu'il était parti méditer dans la montagne. La dame avait alors parlé à Su-ta-ku dans sa langue. Kimi ignorait ce qu'elle lui avait dit.

Pour mettre fin aux questions pressantes des enfants, Jimbo raconta sa séance de méditation : la transpiration se transformant en givre sur ses habits, la visite de trois anges envoyés par Maitreya, le Bouddha des Temps Futurs, proclamant le bonheur éternel des enfants du village, car tous devaient renaître à Sukhavati, la Terre Pure d'Amida, le Bouddha de la Lumineuse Miséricorde.

Ce soir-là, après le départ des enfants, il fit le tour du monastère en ruine. Stark était venu ici. Il allait revenir. Jimbo était-il meilleur tireur que Stark ? Jadis, peut-être. Mais plus maintenant. Il y avait un bail qu'il n'avait pas touché une arme, alors que Stark avait probablement continué de s'entraîner. Il allait le descendre avant même qu'il ait le temps de dégainer.

Non, c'eût été trop facile. Jimbo allait le prendre par surprise. Stark, furieux et ébranlé, ne se montrerait pas assez prudent. Une embuscade et le tour était joué.

De retour à Edo, il fallut plusieurs jours à Emily pour se remettre de ses émotions. Pour ce faire, Genji l'encouragea à prendre part aux plans d'édification de la chapelle dont devait se doter le palais nouvellement reconstruit de la Grue Silencieuse. Mais des cercles noirs continuaient de creuser ses yeux et elle n'avait toujours pas retrouvé sa bonne humeur. Il allait falloir du temps pour que l'horrible carnage auquel elle avait assisté s'estompe de sa mémoire. Cependant, elle s'efforçait de sourire.

— Faut-il vraiment que vous retourniez au monastère ? demanda-t-elle à Stark.

— Oui, Emily, il le faut.

Elle considéra un instant le calibre 44 qui ballottait sur sa hanche et le calibre 32 passé dans sa ceinture, mais ne posa aucune question.

— Vous reviendrez ?

— J'en ai l'intention.

Jetant subitement les bras autour de son cou, Emily le serra contre son cœur. Il sentit ses larmes chaudes ruisseler.

— Soyez prudent, Matthew. Promettez-moi d'être prudent.
— Je vous le promets.

Genji nomma Taro à la tête d'un détachement de cinq samouraïs pour servir d'escorte à Stark. Ils avaient ordre de le laisser entrer seul à l'intérieur du monastère de Mushindo lorsqu'ils auraient atteint le village. Stark ne parlant pas japonais et aucun de ses compagnons ne parlant anglais, ils firent la route en silence.

Stark, qui ne se sentait pas disposé à faire la conversation, s'en réjouit. Mais il fut bientôt assailli par les souvenirs. Sa haine pour Cruz n'était pas aussi forte que son amour pour Mary Anne.

Mary Anne dit :
« — C'est le plus beau jour de ma vie, Matthew.
— Pour moi aussi », répondit-il.

Mary Anne, Becky, Louise et lui se tenaient à l'ombre des charmes, à l'orée des terres qu'ils avaient légalement acquises.

« — J'avais pensé construire la cabane à cet endroit. Et là-bas, faire un jardin. Avec des fleurs et des légumes. Et mettre les bêtes de ce côté-ci. »

Becky demanda :
« Et les cochons, où on va les mettre ?
— Pas de cochons », rétorqua Stark.

Becky cligna des yeux, incrédule.
« Pas de cochons, dit-elle à Louise.
— Pas de cochons », répéta Louise.

Mary Anne regarda Stark.
« Ça alors, c'est la première fois que je l'entends parler !
— Pas de cochons ? » demanda Stark.

Mary Anne hocha la tête.
« Pas de cochons, dit-elle.
— Pas de cochons, répéta Louise.
— Pas de cochons », dit Becky en riant.

Et ils éclatèrent de rire. Ils riaient si fort qu'ils étaient pliés en deux. Plus tard, ils allèrent s'asseoir sous les charmes, le sourire aux lèvres. Ils n'arrêtaient pas de sourire.

Louise n'était jamais devenue très loquace après cela, contrairement à Becky, qui avait la langue bien pendue. Mais il lui arrivait tout de même de dire un mot de temps en temps. Parfois en voyant un nuage, ou en sentant le vent ou l'absence de vent, elle se mettait à parler. Parfois, elle conversait brièvement avec un arbre, ou un cerf qui passait par là. Et quand elle était heureuse, ce qui était fréquent, Stark l'entendait marmonner toute seule : « Pas de cochons. »

S'il continuait à penser à elles, ses souvenirs risquaient de ralentir sa main et de raidir ses épaules le moment venu, et Cruz l'abattrait en moins de deux. Il le savait, mais c'était plus fort que lui. Il avait l'impression de les avoir là, sous ses yeux, en train de parler et de rire.

Après avoir attaché son cheval à un arbre, Stark prit la direction du monastère, son calibre 32 dans la main gauche et le 44 dans la droite. Il n'y allait pas pour disputer un concours de rapidité. Ou un tournoi de *iaido*. Il y allait pour débusquer Cruz et l'abattre. Un point, c'est tout. Il lui fallait ouvrir l'œil. Cruz pouvait être embusqué n'importe où. Stark aurait donné cher pour avoir un canon scié.

A la suite de Kimi, la petite troupe de gamins escalada le mur de derrière de Mushindo.

— Ne faites pas de bruit, murmura-t-elle. Sinon on va se faire attraper.

L'une des petites filles qui se trouvaient là mit une main sur la bouche de Goro.

— Silence.

Goro hocha la tête. Il mit la main devant sa bouche quand la fillette ôta la sienne, puis ils allèrent se cacher derrière les poutres effondrées de la salle de méditation pour observer la hutte de l'abbé. Le nouvel étranger arrivait du village. Jimbo était probablement dans la hutte, en train de méditer. Quand l'étranger s'approcherait, Jimbo sortirait pour le saluer. Ils étaient habillés de la même façon. Que comptaient-ils faire ? Aucun doute, ils avaient prévu de faire quelque chose ensemble.

Tapi dans l'ombre d'un arbre, Jimbo, immobile, regardait Stark approcher du monastère. Il était de dos, à environ vingt mètres, un revolver dans chaque main. Quand Stark eut franchi le portail, Jimbo déposa silencieusement son revolver. Il en avait déjà ôté les cartouches pour les mettre dans ses poches. Il se mit à suivre Stark.

Une fois à l'intérieur du monastère, Stark avança de biais en longeant de dos le mur d'enceinte. Il lui sembla entendre remuer quelque chose parmi les décombres. Cruz, peut-être ? A moins qu'il ne fût à l'intérieur de la hutte, de la maison de bains ou du cachot. Ou derrière. Ou dessous. Ou caché quelque part dans l'ombre. Il vérifia une dernière fois ses revolvers. Les deux étaient armés. S'éloignant du mur, il s'approcha des ruines. Quelqu'un se trouvait là. Cruz, à tous les coups. Stark espérait que Cruz, s'il était effectivement là, n'aurait que des revolvers, comme lui. S'il avait une carabine ou, pire, un canon scié, il abattrait Stark avant même qu'il ait eu le temps de dire ouf.

Stark continua d'avancer. Il n'avait pas le choix.

— Pas un pas de plus, Stark.

Stark sentit le contact froid de l'acier sur sa nuque.

— Lâche tes flingues ou t'es mort.

Jimbo savait que Stark ne lâcherait jamais ses flingues. Pas maintenant. Pas après l'avoir traqué si longtemps et être venu de si loin pour le retrouver. Pas même maintenant que Cruz — car il était persuadé que c'était Cruz — tenait son revolver pointé contre sa nuque et non pas l'inverse. Pas même si cela signifiait qu'il allait mourir. Il était venu chercher la mort. S'il ne trouvait pas celle de Cruz, la sienne ferait l'affaire.

— N'importe qui d'autre que toi aurait lâché ses flingues, dit Jimbo. Je vais te faire sauter la cervelle.

Stark fit exactement ce que Jimbo attendait. Il plongea de côté et, tout en roulant sur lui-même, fit feu des deux mains sans même prendre le temps de viser. Jimbo l'avait dans sa ligne de mire depuis le début. Son cœur battait calmement, sa main ne tremblait pas, sa vision n'était pas déformée par l'émotion. Il pointa la gueule de son calibre 32 légèrement à droite de Stark et fit feu une fraction de seconde avant que la grosse balle calibre 44 de Stark ne l'atteigne en pleine poitrine.

— Jimbo !

Cette fois, ce n'était pas Goro, mais Kimi. Horrifiée, elle bondit sur ses pieds et s'élança en courant vers Jimbo. Les autres enfants l'imitèrent, Goro la main toujours posée sur sa bouche. Mais quand Stark se releva, ils se figèrent et tombèrent à genoux en se prosternant respectueusement. Dans le village, les samouraïs du seigneur Genji avaient dit à tout le monde que Stark était l'équivalent d'un seigneur et devait en conséquence être traité comme tel. Ils gardèrent le front pressé contre terre, même lorsqu'ils s'enlacèrent les uns les autres en pleurant à chaudes larmes.

Jimbo n'apercevait que le ciel, il n'éprouvait pas la moindre sensation physique. Tout d'abord, il crut qu'il était en train de dériver hors de son enveloppe charnelle et qu'il avait atteint le moment qui précède la dissolution de la conscience dans le grand vide universel. Puis il vit Stark.

Stark se tenait au-dessus de Cruz, le dominant de toute sa hauteur. Il donnait l'impression d'avoir passé sa vie entière à le chercher. Il l'avait enfin trouvé, et abattu. Les yeux qui regardaient Stark étaient clairs. Ses traits ne présentaient aucun signe de souffrance.

Jimbo aurait voulu dire à Stark que sa femme et ses filles n'avaient pas souffert. Qu'il les avait abattues dès qu'il les avait trouvées et qu'elles étaient mortes sur le coup. C'était ce qu'il aurait voulu lui dire, mais la balle qui lui avait transpercé le cœur et le poumon droit l'avait laissé sans voix. C'était aussi bien ainsi. Car, s'il lui avait menti, ç'aurait été plus par compassion pour lui-même que pour Stark. Et Stark n'était pas venu pour parler, il était venu réclamer vengeance et l'avait obtenue. A présent, c'était à Stark de savoir ce qu'il voulait vraiment. Jimbo, lui, souhaitait la grâce de Dieu pour Stark, et la compassion du Bouddha, et la protection et la bienveillance des dix mille dieux. Il aurait aimé lui sourire, mais il savait que son geste serait mal interprété, si bien qu'il garda son sourire pour lui, au fond de son cœur.

Stark pointa son calibre 44 sur l'œil gauche de Cruz et le 32 sur l'œil droit, et tira trois fois de suite avec le premier, et quatre fois avec le second. Il aurait continué s'il avait eu plus de cartouches. Mais après avoir tiré trois coups d'un côté et quatre de l'autre, ses percuteurs se mirent à frapper dans le vide. Quand il cessa enfin d'armer et de tirer à vide, il considéra le visage réduit à une bouillie d'os et de débris sanguinolents. Il rengaina son 44, remit son 32 dans sa ceinture puis s'éloigna.

Les enfants restèrent prosternés, le front contre terre, jusqu'à ce que Stark eût disparu. Puis ils s'élancèrent vers Jimbo, mais s'arrêtèrent net à la vue de ce qui restait de lui.

Seul Goro continua d'avancer. Il tomba à genoux à côté de Jimbo en se lamentant. Il agitait les bras au-dessus du corps comme pour étreindre une chose qui avait cessé d'être.

Kimi vint s'agenouiller à son côté et lui passa un bras autour des épaules. Avec un entêtement farouche, elle s'efforça de faire coïncider le souvenir qu'elle avait gardé de Jimbo avec cette face méconnaissable.

— Ne pleure pas, Goro, dit-elle, bien qu'elle fût elle-même en larmes. Ce n'est plus Jimbo que tu vois. Il est parti à Sukhavati, la Terre Pure, et lorsque nous irons là-bas, il sera là pour nous accueillir, et ainsi nous n'aurons pas peur. Tout sera merveilleux à Sukhavati.

Elle en était certaine, parce que Jimbo le lui avait dit et que Jimbo disait toujours la vérité. Elle le croyait, mais elle n'était pas encore à Sukhavati. Elle était sur cette terre de chagrin et de souffrances, et ici-bas tout n'était pas merveilleux.

Jimbo était mort.

Goro et elle tombèrent dans les bras l'un de l'autre en pleurant.

Stark remonta à cheval. Il entendait pleurer des enfants à l'intérieur du monastère.

Il les entendait mais ne ressentait rien.

Il ne se sentait ni mieux ni moins bien qu'avant.

Il éperonna son cheval et reprit son chemin.

« Or la terre était vide et vague, et les ténèbres couvraient l'abîme. »

V

LE JOUR DE L'AN

La première lune après le solstice d'hiver de la seizième année du règne de l'empereur Komei

16
La Grue Silencieuse

> *Sur son lit de mort, le seigneur Yakuo reçut la visite du père Vierra.*
>
> *Le père Vierra lui demanda quel était son plus grand regret.*
>
> *Le seigneur Yakuo sourit.*
>
> *Obstiné, comme savent l'être les prêtres chrétiens, le père Vierra lui demanda si c'était une chose qu'il avait faite ou au contraire une chose qu'il avait omis de faire.*
>
> *Le seigneur Yakuo répondit que les regrets étaient l'élixir des poètes. Il avait vécu la vie rude d'un guerrier illettré et mourrait comme tel.*
>
> *Voyant le sourire sur les lèvres du seigneur Yakuo, le père Vierra lui demanda s'il regrettait d'avoir été guerrier plutôt que poète.*
>
> *Le seigneur Yakuo continua de sourire mais ne répondit rien.*
>
> *Pendant que le père Vierra posait des questions, le seigneur Yakuo fit son entrée dans la Terre Pure.*
>
> SUZUME-NO-KUMO
(1615)

— Une année entière s'est écoulée, dit Emily. Je n'arrive pas à y croire.

— Plus d'une année, répondit Genji. Vous êtes arrivée le jour du Nouvel An chrétien, qui est célébré trois semaines avant le nôtre.

— Mais oui, vous avez raison. Je n'ai pas vu le temps passer.

— C'est parce que vous vous êtes consacrée corps et âme à la fête de Noël des enfants, observa Heiko.

— Zephaniah aurait été heureux de voir tous ces petits chrétiens en herbe, ajouta Stark.

Ils étaient assis dans le vaste salon donnant sur la cour intérieure de la Grue Silencieuse. On avait apporté un tel soin à la reconstruction du palais que chaque arbre, chaque buisson, chaque galet du jardin semblait exactement à la même place qu'auparavant. Seule la perspective de l'angle nord-est se trouvait quelque peu modifiée par la présence d'un clocher surmonté d'une petite croix blanche. Les architectes de Genji avaient accompli des prouesses. Conformément aux vœux d'Emily, une chapelle se dressait désormais dans l'enceinte du palais, sans pour autant s'afficher outrageusement à la vue des passants. La croix, visible d'à peu près partout quand on se trouvait à l'intérieur du palais, demeurait invisible de l'extérieur. Un habile agencement de murs et de grands arbres feuillus avait permis de réaliser ce tour de force.

La chapelle ne servait ni aux sermons ni aux services religieux habituels. Emily n'était pas un pasteur. Elle était beaucoup trop timide pour cela, et pas assez sûre d'elle pour affirmer que sa foi était la seule vraie. Depuis un an qu'elle était ici, elle avait vu un si grand nombre d'actes de charité, de compassion, de dévouement et autres vertus qu'on disait chrétiennes qu'elle s'était mise à douter de l'exclusivité des desseins du Seigneur.

— Les voies du Seigneur sont impénétrables, dit-elle pour elle-même avant d'ajouter un silencieux « amen ».

Au lieu de sermons, elle faisait le catéchisme à des enfants pleins de curiosité. Leurs parents, souvent adeptes de la religion bouddhiste et de la Voie des dieux, ne semblaient élever aucune objection. Comment une seule personne pouvait-elle croire à trois religions à la fois ? C'était là l'un des nombreux mystères auxquels Emily s'était retrouvée confrontée en débarquant au Japon.

Les histoires et paraboles qu'elle contait, et que Heiko traduisait, recevaient l'approbation pleine et entière du parterre de jeunes enfants qui ne cessait de s'agrandir. Récemment, des mères de famille s'étaient jointes à l'auditoire. Jusque-là, aucun homme n'était encore venu. Genji avait proposé d'être le premier mais elle avait refusé. S'il venait, ses vassaux viendraient eux aussi, avec leurs épouses, concubines et enfants, non parce qu'ils avaient soif de la parole de Dieu, mais parce qu'ils s'y sentiraient obligés.

Les samouraïs étaient tous des disciples de la secte zen, une religion sans sermons et apparemment sans doctrine, qui ne semblait prôner autre chose que le sérieux, l'austérité et le silence. Etait-ce seulement une religion ? Elle avait une fois demandé à Genji de le lui expliquer, mais il avait ri.

— Il n'y a pas grand-chose à expliquer. Pour moi, c'est une sorte d'exercice. Je suis trop paresseux pour suivre à la lettre tous les préceptes.

— Mais que doit-on faire au juste ?

Il s'assit dans une position de contorsionniste appelée lotus, jambes croisées en tailleur, chaque pied sur la cuisse opposée, et ferma les yeux.

— Et qu'êtes-vous en train de faire ? Je n'ai pas l'impression que vous fassiez grand-chose.

— Je relâche les tensions, dit Genji.

— Vous relâchez les tensions ? Comment cela ?

— D'abord les tensions physiques. Puis les tensions mentales. Et ensuite tout le reste.

— Dans quel but ?

— Vous êtes trop occidentale, vous ne raisonnez qu'en termes de but. Les moyens sont la fin. Vous vous asseyez. Et vous relâchez les tensions.

— Et ensuite ?

— Ensuite rien.

— Je ne comprends pas.

Genji sourit, décroisa les jambes et précisa :

— Le vieux Zengen aurait dit que c'était un bon début. Mais je ne suis pas un bon exemple. Je n'ai jamais réussi à aller au-delà de la première étape. Et, bien souvent, je n'arrive même pas jusque-là. Quand le révérend abbé Tokuken reviendra de la montagne, il vous expliquera. C'était le meilleur disciple du vieux Zengen. Cela dit, mieux vaut ne pas trop y compter. Il se peut que, ayant atteint la lucidité parfaite, il ne soit même plus capable de parler.

— Vous dites des choses tellement incohérentes, parfois ! Plus les idées sont claires, plus il est facile de les exprimer, au contraire, et de transmettre la connaissance. C'est pour cela que Dieu nous a donné la parole.

— Une fois, Zengen m'a dit : « La plus grande lucidité réside dans le silence profond. » En fait, ce sont ces paroles qui ont incité Tokuken à se retirer dans la montagne. Il les a entendues, et le lendemain il a plié bagage.

— Quand était-ce ?

— Il y a cinq ou six ans. Peut-être sept.

Emily sourit en elle-même. Elle aurait pu passer le reste de sa vie au Japon sans parvenir à en percer les mystères. La jeune femme leva les yeux et vit que Genji lui souriait. Comprendre n'était peut-être pas si important, au fond. Peut-être qu'aimer était la seule chose qui comptait vraiment.

— Bonjour, sire.

Hidé s'inclina sur le seuil du salon. Derrière lui, Hanako, qui portait leur bébé, s'inclina elle aussi.

— Lui avez-vous donné un nom ? s'enquit Genji.

— Oui, sire. Nous voudrions l'appeler Iwao.

— Un nom bien choisi, approuva Genji. « Fort comme le roc ». Puisse-t-il l'être, comme son père.

Hidé s'inclina, gêné du compliment.

— Le père n'est guère plus éveillé qu'une pierre. Espérons que le fils le sera davantage.

— Puis-je le prendre dans mes bras ? demanda Heiko.

— Je vous en prie, dit Hanako.

Elle s'approcha avec tant d'aisance et de grâce qu'on ne remarquait pas qu'il lui manquait un bras. En fait, on sentait chez elle une grande délicatesse de mouvement. Heiko songea qu'elle avait gagné en féminité.

Heiko s'exclama :

— Quel beau garçon ! Il va briser bien des cœurs quand il sera grand.

— Oh, non ! se récria Hanako. Je ne le permettrai pas. Il tombera amoureux une seule fois et restera fidèle jusqu'à la fin de sa vie. Il ne brisera pas un seul cœur.

— Hidé, fais venir le chroniqueur du clan, veux-tu ? dit Genji. Ton fils est apparemment appelé à devenir le premier et le dernier de son espèce.

— Vous pouvez rire, protesta Hanako en riant elle aussi, mais je ne connais rien de plus beau qu'un cœur simple et honnête.

— C'est parce que tu as eu de la chance, souligna Heiko. Tu as gagné l'affection de l'un d'eux.

— Pas du tout, objecta Hidé. Je suis par nature paresseux, menteur et dissipé. Si ma conduite s'est amendée, c'est parce que je n'ai plus la liberté de faire n'importe quoi.

— Pas de problème, dit Genji. Un seul mot de toi et je dissous instantanément le plus mal assorti des mariages.

Hidé et Hanako échangèrent un regard plein de tendresse.

Hidé reprit :

— Je crains qu'il ne soit trop tard. Je me suis habitué à ma captivité.

Stark dit à Emily :

— Puis-je vous souhaiter dès maintenant un joyeux anniversaire, Emily ? Je ne serai pas là pour le fêter avec vous.

— Merci, Matthew, répondit Emily, surprise qu'il s'en fût souvenu. Merci du fond du cœur. Le temps passe si vite, je ne serai bientôt plus qu'une vieille fille.

Elle avait dit cela avec grâce, non pas pour susciter un compliment ou une protestation de sa part, mais comme si elle avait eu hâte qu'il en fût ainsi, au contraire. Plus belle était une femme, plus grande était la perte à chaque changement de saison. Ici, au Japon, elle n'était pas du tout considérée comme une beauté, si bien qu'elle n'avait rien à perdre ou à gagner.

Heiko intervint :

— Vous avez encore du chemin à parcourir avant d'être une vieille fille. Une femme de dix-huit ans ne fait qu'entrer dans la fleur de l'âge.

— Nous avons un dicton, dit Genji. Même le thé bon marché est délicieux à la première gorgée. Même la fille d'une sorcière est belle à dix-huit ans.

Emily rit.

— Eh bien, seigneur Genji, voilà un curieux compliment.

— En vérité, sire… dit Heiko.

— Je suppose qu'il ne s'applique pas exactement à la situation présente.

Heiko vit à la façon dont Emily regardait Genji, à son sourire et à son teint rayonnant, qu'elle n'était nullement blessée.

— Puis-je ? demanda Hanako.

— Certainement, dit Heiko en lui rendant son fils.

— Jusqu'où irez-vous ? questionna Hanako.

— Rien n'a encore été décidé, répondit Heiko. San Francisco, peut-être, dans un premier temps. Tout au moins jusqu'à ce que la guerre civile ait cessé en Amérique.

— Quelle aventure passionnante… et effrayante ! Je n'arrive pas à m'imaginer la vie ailleurs qu'au Japon.

— Moi non plus, dit Heiko. Mais heureusement, l'expérience remplacera l'imagination.

— Quel honneur, reprit Hanako, d'avoir été choisie pour être les yeux et les oreilles du seigneur Genji de l'autre côté de l'océan…

— Oui, dit Heiko. C'est un grand honneur, en effet.

« L'Amérique ? Pourquoi dois-je aller en Amérique ?

— Parce qu'il n'y a personne d'autre en qui je puisse avoir entièrement confiance.

— Donc, sire, la confiance que vous me vouez me vaut d'être exilée ?

— Ce n'est pas un exil.

— Je suis obligée de quitter mon pays natal, de traverser la mer pour me rendre chez des barbares dont les mœurs me sont inconnues. Si ce n'est pas un exil, qu'est-ce ?

— Une préparation pour l'avenir. J'ai eu une vision. D'ici peu, tout va radicalement changer. L'anarchie, les émeutes vont mettre à bas les traditions séculaires. Il nous faut trouver un refuge. Il t'incombe de trouver ce refuge.

— Genji, si vous ne m'aimez plus, dites-le-moi. Il n'est pas nécessaire d'avoir recours à un stratagème aussi compliqué.

— Je t'aime. Je t'aimerai toujours.

— Vos paroles et vos actes ne sont pas en harmonie. Un homme qui aime une femme ne l'envoie pas à l'autre bout du monde.

— Il le fait s'il a l'intention de venir la rejoindre.

— Vous ne quitterez jamais le Japon, c'est impossible. Vous êtes un grand seigneur. Vous serez même peut-être appelé à devenir shogun un jour. Vous ne pouvez partir.

— Pourtant, l'impossible s'est déjà produit, dit Genji, et a été prédit génération après génération par le clan Okumichi. Cela peut paraître impossible, et pourtant… Tu iras en Amérique, et un jour je viendrai te rejoindre.

— Quand ?

— Je l'ignore encore. Peut-être une prochaine vision m'en informera-t-elle.

— Je ne vous crois pas.

— Après toutes les épreuves que nous avons traversées ensemble, comment peux-tu douter de moi ? Pourquoi te demanderais-je de partir, si ce n'était pas vrai ? Pourquoi chargerais-je Stark de te guider et de te protéger ? Pourquoi te confierais-je une fortune en or ? Heiko, si étrange que cela puisse paraître, l'explication que je t'ai donnée est la bonne. C'est une preuve de mon amour et non le contraire. »

Elle s'était résignée. Que faire d'autre ? Elle le croyait quand il lui disait qu'il l'aimait encore. Elle le voyait à son regard et le sentait dans ses gestes. Mais elle savait qu'il lui mentait, même si elle ignorait pourquoi.

Depuis son entretien avec Kawakami, avant la bataille au monastère de Mushindo, quelque chose avait changé. Que lui avait dit Kawakami ? Genji prétendait qu'il ne lui avait rien dit de spécial, qu'il l'avait invité à le rencontrer uniquement pour le tourner en ridicule. Mais il y avait autre chose. Kawakami lui avait révélé un secret. Mais lequel ?

Emily interrogea :

— Matthew, n'êtes-vous pas originaire du Texas ?

— En effet.

— Dans ce cas, vous allez prendre part à la guerre quand vous serez de retour ?

— Il ne pourra pas se battre, dit Genji. Pas au début, en tout cas. Il faut d'abord qu'il fonde notre société d'import-export, dont il deviendra ensuite le gérant.

— Je n'irai pas me battre, de toute façon, répliqua Stark. J'ai grandi dans l'Ohio et j'ai vécu ma vie d'adulte au Texas. Comment pourrais-je prendre les armes contre l'un ou l'autre ?

— Je me réjouis que vous ne vous battiez pas en faveur des esclavagistes, dit Emily.

— Seigneur, annonça un samouraï en s'agenouillant sur le seuil, un messager est arrivé du port. La marée commence à se retirer. Le navire doit bientôt lever l'ancre.

— La vapeur libérera peut-être les bateaux, dit Genji, mais pas nos cœurs. Tout comme le soleil et la lune, nous sommes à jamais liés à l'attraction de la mer.

— N'est-ce pas plutôt le contraire ? dit Emily. N'est-ce pas la mer qui est soumise à l'attraction du soleil et de la lune ?

— Pour nous, c'est l'inverse, dit Genji. Et il en sera toujours ainsi.

Heiko, Hanako et Emily versèrent le saké pour les hommes. Puis Genji, Hidé et Stark versèrent le saké pour les femmes et ils levèrent leurs coupes ensemble pour la dernière fois.

— Que la marée du matin vous mène à bon port, dit Genji en regardant Heiko, et que la marée du souvenir vous ramène jusqu'à nous.

17

Les étrangers

Dieux ou bouddhas, ancêtres ou fantômes, anges ou démons, aucun d'eux ne peut vivre ou mourir à ta place. Ni la prescience ni la voyance ne pourront te montrer la voie.
Cela, je l'ai appris.
Le reste, à charge pour toi de le découvrir.

SUZUME-NO-KUMO
(1860)

Emily et Genji se tenaient devant la fenêtre dominant la baie d'Edo. On distinguait encore, à peine, *L'Etoile de Bethléem* au bout de l'horizon.

— Elle va beaucoup vous manquer, n'est-ce pas ? dit Emily.

— Je sais que là où elle va elle trouvera le bonheur, dit Genji. Et je m'en réjouis pour elle.

Les trente hommes de Genji étaient vêtus de noir, anonymes comme des ninjas. Il reconnut Hidé et Taro parce qu'il les connaissait bien, et plusieurs autres parce qu'il connaissait leurs chevaux. Il sourit derrière le foulard qui lui masquait le visage. Que fallait-il penser d'un chef qui connaissait mieux ses chevaux que ses hommes ? Du bien, peut-être, si ce chef était un cavalier. Peut-être...

— Il y a un raccourci pour sortir du village, dit-il. Ne l'obstruez pas. Laissez-les venir à vous. Surveillez bien les collines alentour, de crainte que l'un d'eux ne cherche à fuir. Quarante et un hommes et garçons, et soixante-huit femmes et filles. Il me les faut tous. Me suis-je bien fait comprendre ?

— Oui, sire.

Les hommes s'inclinèrent. Personne ne demanda pourquoi ils étaient masqués. Personne ne chercha à savoir ce qui poussait leur maître à venir mener une attaque contre ce misérable village *eta*. Ils étaient là pour prendre d'assaut le village et liquider tous ses habitants jusqu'au dernier. Point. C'est pourquoi ils acquiescèrent en s'inclinant.

— Allons-y.

Le sabre au poing, Hidé et quinze hommes donnèrent la charge. La plupart des villageois, que les premiers rayons du soleil n'avaient pas encore tirés du sommeil, furent réveillés en sursaut par un tonnerre de sabots. Certains étaient déjà debout, en train de vaquer aux premières corvées de la journée. Ils furent instantanément abattus, de même que tous ceux qui sortirent des maisons à ce moment-là. Quand ils eurent atteint l'autre extrémité du village, les hommes de Hidé mirent pied à terre et revinrent sur leurs pas, passant au fil de l'épée tout ce qui se trouvait sur leur passage. Une partie des samouraïs s'enfoncèrent dans le hameau, tandis que les autres formaient un cercle à l'extérieur pour intercepter ceux qui cherchaient à fuir.

Tout comme ses hommes, Genji tuait sans la moindre hésitation. Il tuait des malheureux qui se défendaient avec des fourches ou tentaient de fuir. Il entrait dans chaque hutte l'une après l'autre, massacrait des enfants encore endormis dans leurs berceaux et des mères qui tentaient de protéger leurs nourrissons. Mais il avait beau scruter les visages, il ne trouvait pas ce qu'il était venu chercher.

Peut-être Kawakami lui avait-il menti, auquel cas une telle hécatombe était injuste. Mais Genji savait que le préjudice serait infiniment plus grand si Kawakami avait dit la vérité. L'espoir de trouver ce qu'il était venu chercher lui redonna courage lorsqu'il pénétra dans la dernière hutte du village. Hidé l'avait devancé. Le samouraï regardait médusé une femme et sa fille qui se serraient l'une contre l'autre, terrorisées. Entre elles, un nouveau-né gazouillait, inconscient du danger. Un jeune homme armé d'un fléau se tenait bravement devant elles, leur faisant un rempart avec son corps. Un homme d'âge mûr, le chef de famille, gisait mort à leurs pieds.

— Sire, dit Hidé en regardant tour à tour les femmes et Genji d'un œil épouvanté.

Genji ne pouvait se résoudre à lever les yeux. Le regard de Hidé lui disait ce qu'il allait voir. Il examina l'homme qui gisait à terre. Sa bouche ne présentait-elle pas la même moue volontaire que celle de Heiko ? Il lui sembla que si.

En entendant quelqu'un entrer derrière lui, il sursauta.

— Sire, dit Taro avec dans la voix la même expression choquée que Hidé.

Genji s'obligea à lever les yeux et vit sa propre damnation.

Quoique floue et marquée par l'âge et les épreuves de la vie, la ressemblance de la vieille femme avec Heiko était frappante. La jeune femme qui s'agrippait à elle était de toute évidence sa fille. Sa beauté rustique, la fraîcheur de sa jeunesse s'apparentaient à la beauté plus grande et plus subtile à laquelle Genji était habitué. Le courageux jeune homme armé d'un fléau devait être son mari, et le nourrisson leur enfant. La mère, la sœur, la nièce et le beau-frère de Heiko. Et le vieillard, à terre, son père. Ailleurs, quelque part au milieu de ce carnage, il savait qu'il retrouverait ses deux frères.

— Sire, répéta Taro.

Genji dit :

— Que personne d'autre n'entre ici.

— Bien, sire, acquiesça Taro, puis il ressortit aussitôt.

— Tu peux aller le rejoindre, dit Genji à Hidé.

Mais ce dernier refusa d'obtempérer.

— Sors ! lui ordonna Genji.

Il ne voulait pas qu'il fût témoin de son crime.

Lui seul devait supporter le poids de cette infamie pour l'éternité.

Mais Hidé s'obstina.

— Non, sire.

Et, sur ces mots, il immola le jeune homme d'un coup net. Puis, sans laisser le temps à Genji de réagir, il leva son sabre et abattit coup sur coup les deux femmes, après quoi, sans la moindre hésitation, il trancha la gorge du bébé.

— Taro ! appela Hidé.

Taro entra.

— Oui ?

— Reconduis le seigneur Genji jusqu'à son cheval et raccompagne-le jusqu'à notre cachette. Les hommes et moi allons nous charger du reste.

Taro s'inclina.

Genji sortit en titubant dans la lumière du matin. Il ne savait plus ce qu'il faisait ni où il allait.

— Sire… murmura Taro en essayant de l'entraîner vers son cheval.

— Non, dit Genji en regardant Hidé, qui examinait un à un tous les cadavres, en scrutant soigneusement leurs traits.

Il désigna d'un geste les corps de deux jeunes gens. Genji devina qu'il s'agissait des frères de Heiko. Ils furent traînés jusque dans la hutte que Genji venait de quitter et à laquelle on mit ensuite le feu. Ce n'est qu'après avoir dénombré tous les cadavres qu'ils se remirent en selle, laissant derrière eux un village en flammes.

La faute de Genji était-elle moins grande parce que Hidé s'était chargé de la tuerie à sa place ? Non. Le sabre était celui de Hidé, mais l'intention était celle de Genji. Et qu'avait-il accompli ? Sans doute la preuve vivante avait-elle disparu. Mais cela ne signifiait pas pour autant que le secret resterait entier. D'autres gens, dans d'autres villages, étaient peut-être au courant. Certains intimes de Kawakami, qui avaient survécu, avaient peut-être recueilli des confidences au-dessus d'une coupe de saké. Tuer les parents de Heiko était une mesure de précaution nécessaire, mais insuffisante pour garder le secret intact, à moins de tuer la moitié de la nation. Il n'y avait qu'un endroit où Heiko serait en sécurité : hors du Japon. La vérité ne la poursuivrait jamais au-delà des mers, et, même dans ce cas, elle ne l'atteindrait pas.

En Amérique, rares étaient les gens à connaître l'existence du Japon, et plus rares encore, ceux qui savaient ce qu'était un *eta*.

Genji s'ennuyait de Heiko, manifestement, mais n'en laissait rien paraître. Le même petit sourire continuait de jouer sur ses lèvres. Y avait-il une ombre de chagrin dans ses yeux ? Sans doute.

Emily éprouva un léger pincement. Etait-ce de la jalousie ? Elle espérait que non. Heiko avait été sa meilleure amie, une amie sincère. Et elle allait lui manquer, même si elle savait que sa présence ici n'aurait fait qu'aggraver son désarroi. L'amour, même simple et évident, comme c'était le cas pour Hidé et Hanako, était une chose complexe et qui le devenait plus encore lorsque deux femmes étaient amoureuses du même homme, et que de surcroît les deux femmes étaient amies. Non pas qu'il y eût entre elles la moindre rivalité, ou que Genji et Heiko eussent deviné la nature de ses sentiments. Emily savait qu'elle ne comptait pas. Elle était une étrangère, grotesque, difforme, très difficile à regarder. L'amour qu'elle éprouvait ne serait donc jamais réciproque. Mais elle était malgré tout libre de l'aimer en secret, et cela lui suffisait. Ou peut-être pas. Peut-être qu'en dépit des souffrances que sa beauté lui avait causées jadis, en Amérique, elle regrettait de n'être plus celle qu'elle avait été, afin que Genji puisse lui aussi la trouver belle.

— Comment pouvez-vous en être aussi certain ? demanda Emily. Tout le monde n'est peut-être pas destiné à connaître le bonheur.

— C'est juste une impression.

— Une impression. Vous ne prétendez tout de même pas avoir rêvé qu'elle serait heureuse ?

— Non. Je ne ferai plus de rêves comme ceux auxquels vous faites allusion.

— Vous êtes sincère ?

La question d'Emily était on ne peut plus sérieuse : s'il renonçait à affirmer qu'il possédait le don de prophétie, il ferait un pas en direction du salut éternel.

— Eh bien, dit Genji, juste un seul. Le permettrez-vous ?

Emily se renfrogna et détourna les yeux.

— Ce n'est pas à moi de permettre ou non, seigneur Genji, et vous le savez très bien. Et puis cessez de sourire ainsi. Blasphémer est un péché.

Genji ne cessa pas de sourire. Mais il se tut et, après une minute de silence, Emily regretta la sévérité de ses propos. L'attitude du seigneur envers la religion était à tout le moins désinvolte. Si tous les futurs candidats à la foi chrétienne étaient comme lui, il ne faudrait pas bien longtemps pour que la Véritable Parole devienne une secte bouddhiste ou un avatar de la Voie des dieux. Etrangement, cette attitude passive et inconséquente la dérangeait moins qu'elle n'aurait dû. Quand elle songeait à Genji, la religion cessait d'être sa principale préoccupation.

— La voyez-vous encore ? demanda Genji.

— Oui, il me semble apercevoir une tache blanche à l'horizon. Une voile de *L'Etoile de Bethléem*. Ou peut-être une gerbe d'écume soulevée par le vent.

Quand était-elle tombée amoureuse de lui, et pourquoi ? Comment avait-elle pu se laisser aller à un sentiment aussi déraisonnable et désespérément voué à l'échec ?

— Sire, dit Taro en s'inclinant sur le seuil de la pièce.
— Oui ?
— Je suis au regret de vous informer qu'il y a eu un incident ce matin à Yokohama.
— Quel genre d'incident ?
— Les hommes du seigneur Gaiho ont fait des remarques désobligeantes auxquelles nos hommes se sont sentis obligés de répondre.
— Par des remarques ?
— Non, sire. Avec leurs épées. Cinq des nôtres ont été touchés, mais aucun grièvement.
— Cinq ? Nos hommes ont-ils perdu la main en si peu de temps ?
— Non, sire.
Taro ajouta :
— Sept des vassaux du seigneur Gaiho sont retournés à la source, et le même nombre ne devrait pas tarder à les suivre grâce aux blessures que nous leur avons infligées.
— Qui a mené l'enquête ?
— Moi, sire. Immédiatement après l'altercation.
— Ainsi, tu te trouvais à Yokohama. Mais tu es arrivé trop tard pour empêcher l'affrontement.
— Non, sire. (Taro s'inclina profondément.) J'étais là quand tout a commencé. C'est moi qui ai frappé le premier.
Genji fronça les sourcils.
— Voilà qui est contrariant. Les signes de désordre, en particulier devant les étrangers, ne sont guère du goût du shogun. Tu le sais, j'imagine ?
— Oui, sire.
— Et tu sais qu'il y a une forte concentration d'étrangers, résidents ou visiteurs à Yokohama.
— Oui, sire.
— Eh bien ?
— Les insultes qui nous ont été adressées étaient intolérables. (Le regard de Taro se posa brièvement sur Emily.) Il me semble que nous avons réagi comme il le fallait.

— Je vois, dit Genji. Bien, tu as sans doute raison. Tu me feras un rapport détaillé plus tard. En attendant, va informer le seigneur Saiki. Nous allons certainement recevoir une semonce du shogun. Qu'il prépare une réponse écrite.

— Oui, sire.

— N'oublie pas que tu dois parler à haute et intelligible voix. Le seigneur Saiki est un peu dur d'oreille depuis l'explosion du monastère de Mushindo.

— Oui, sire, dit Taro avec un sourire. A l'instigation de Hidé, nous avons commencé à compléter nos rapports oraux par des rapports écrits.

— Excellent. Mes compliments à Hidé. Au fait, Taro, merci d'avoir défendu l'honneur de la dame.

— C'est tout naturel, sire.

Taro s'inclina respectueusement en direction d'Emily.

— Elle est l'étrangère de la prophétie.

Lorsqu'il fut parti, Emily demanda :

— Pourquoi s'est-il incliné devant moi ?

— Il l'a fait, vraiment ?

— Mais oui. C'est du moins ce qu'il m'a semblé.

— C'est qu'il devait être content de vous voir.

— Je ne crois pas, rétorqua Emily, dont l'instinct lui soufflait qu'elle avait été le sujet de leur conversation.

Elle n'avait pas entendu prononcer son nom — Eh-meh-ri — mais Taro l'avait regardée à plusieurs reprises, alors que Genji avait au contraire évité de le faire.

— Vous ai-je causé des ennuis ?

— Comment le pourriez-vous ? protesta Genji avec un sourire désarmant. Vous n'avez rien fait pour cela, que je sache...

— Ma seule présence est en soi source de conflit.

— Allons, Emily, ce n'est pas vrai, et vous le savez fort bien.

— S'il vous plaît, cessez de me traiter comme une enfant.

— Je ne vous considère pas comme une enfant.

— Je sais que les sentiments anti-étrangers sont exacerbés. J'ai peur de devenir un fardeau pour vous. Je vous en prie, dites-moi ce qui s'est passé...

En voyant son expression si confiante et sincère, Genji soupira. Il éprouvait beaucoup de mal à lui mentir, même s'il le faisait pour son bien.

— Des ignorants, vassaux d'un seigneur ennemi, ont fait des remarques désobligeantes. Il s'est ensuivi une petite altercation. Certains de nos hommes ont été blessés, mais aucun gravement, selon Taro.

— Et les autres ?

— Ils sont moins nombreux cet après-midi qu'ils ne l'étaient ce matin.

— Oh, non ! dit Emily en cachant sa figure dans ses mains. C'est comme si je leur avais donné moi-même la mort.

Genji vint s'asseoir à côté d'elle, en ayant soin de s'installer au bord du fauteuil, ainsi qu'il avait appris à le faire, au lieu de se renverser contre le dossier comme au début. Ainsi ses organes internes demeuraient à leur place, au lieu de se retrouver comprimés les uns contre les autres. Il posa les mains sur ses épaules.

— Vous êtes trop sévère avec vous-même, Emily.

A son contact, elle éclata en sanglots.

— Vraiment ? Pourtant, si je n'étais pas là, personne n'aurait rien dit à mon sujet, et vos hommes ne se seraient pas sentis obligés de riposter. Comment pourrais-je croire que je ne suis pas responsable ?

— Si vous n'étiez pas là, nous trouverions d'autres raisons de nous entre-tuer, comme nous l'avons toujours fait.

— Non. Je ne saurais me consoler avec ce genre de mensonges.

Au prix d'un gros effort elle ravala ses larmes, sans pouvoir cependant s'arrêter de trembler. Puis elle le regarda droit dans les yeux :

— Il vaut mieux pour vous que je ne reste pas.

Genji la considéra un instant d'un air songeur, puis hocha la tête et conclut :

— Vous avez raison. Comment ai-je pu être aussi aveugle ? La solution est pourtant évidente, limpide même. Il faut que vous partiez sur-le-champ pour nous empêcher de commettre d'autres actes de violence. Vous ne devez pas seulement quitter le palais, ou Edo, mais le Japon. Si j'avais vu la vérité plus tôt, vous auriez levé l'ancre ce matin même avec Heiko et Matthew. Mais peu importe. Je vais de ce pas prendre les dispositions pour que vous embarquiez sur le prochain vapeur. Vous serez à Honolulu avant eux, et vous pourrez faire ensemble le reste de la traversée jusqu'à San Francisco. Dès que vous serez partie, la paix reviendra.

Il se leva et s'approcha d'un pas décidé de la porte. Une fois sur le seuil, il s'arrêta et se tourna vers elle. Elle lui décocha un regard stupéfait. Genji éclata de rire.

— Ne voyez-vous pas l'absurdité de votre raisonnement ? Il y a mille ans que nous nous entre-tuons au Japon. Parce qu'un homme a marché sur l'ombre d'un autre dans la rue. Parce qu'une geisha a servi le saké à l'un avant de servir l'autre. Parce que l'ancêtre de celui-ci a trahi l'ancêtre de celui-là, dix générations auparavant. Si nous ne nous battions pas pour la couleur de vos yeux, nous trouverions d'autres prétextes, croyez-moi.

Ses paroles eurent sur Emily un tout autre effet que celui escompté. Elle cligna plusieurs fois des paupières, puis fondit en larmes.

Entre deux sanglots déchirants, elle murmura :

— J'ai été si heureuse, ici…

— Vous n'en avez pas l'air.

— Sire !

Hanako se prosterna sur le seuil.

— Ah, Hanako, entre, je te prie. Je ne sais plus quoi faire.

Dès qu'elle entendit prononcer le nom de Hanako, Emily releva la tête. Puis elle s'élança vers elle. Genji voulut se rapprocher, mais Hanako lui fit signe de s'abstenir.

— Je vais m'occuper d'elle, dit Hanako en entraînant la jeune femme au loin.

Genji resta figé, perplexe. Tout cela était incompréhensible. Il se laissa tomber dans le fauteuil, se releva aussitôt, s'approcha de la fenêtre puis, voyant qu'il était incapable de fixer son attention sur quoi que ce fût, s'affala sur un coussin à terre. Peut-être la méditation l'aiderait-elle à y voir plus clair. Mais il ne put chasser le tumulte des pensées qui l'assaillaient. S'il ne parvenait pas à relâcher la tension qui nouait chacun de ses muscles, comment pouvait-il espérer contrôler son esprit ? Il se releva et recommença à tourner en rond.

Quand Heiko lui avait suggéré qu'Emily aurait pu être la mère de son enfant — supposition absurde, à l'époque —, il avait argué que l'absence de désir entre eux était un obstacle insurmontable. Un homme n'avait pas besoin d'aimer une femme pour avoir un enfant avec elle. Mais l'attirance sexuelle était indispensable. Or il n'en éprouvait aucune.

Et voilà que, subitement, sans raison, c'était là.

La perception qu'il avait d'elle n'avait pas changé ; il avait beau faire, il ne pouvait ignorer cette poitrine volumineuse, cette taille comprimée en un cercle minuscule qui ne pouvait que contrarier la circulation naturelle du *chi*, ce torse anormalement court et ces jambes anormalement longues, ces hanches trop larges, ces fesses exagérément rondes et protubérantes. Il ne pouvait pas se représenter un corps aux proportions aussi excessives à l'intérieur d'un kimono. Et, quand bien même il eût été possible d'en aplatir les rondeurs ou de les atténuer, quelles couleurs auraient pu s'harmoniser avec cette hideuse chevelure dorée ? Non, l'élégance était hors de sa portée.

Sans parler de sa taille. Emily était aussi grande que lui, contrairement à Heiko, qu'il dominait d'une tête, comme il se devait, et qui était obligée de lever les yeux pour le regarder. Emily, elle, le regardait en face, plongeant dans ses yeux ses prunelles d'un bleu étourdissant.

Et pourtant, il s'était mis à la désirer, non pas à cause de ses attributs physiques — il n'avait tout de même pas complètement perdu la raison — mais en dépit de ceux-ci. Elle avait si bon cœur qu'elle voyait le bien en toute chose et était aveugle au mal. Elle était tellement innocente, tellement peu encline à mentir ou à tricher qu'à son contact il avait senti peu à peu son cœur s'ouvrir. Avec elle, il se sentait en confiance et pouvait être lui-même, tout simplement, et dire sans ambages ce qu'il avait sur le cœur. S'il la désirait, c'était parce qu'il avait appris à l'aimer malgré son apparence physique. Et s'il l'aimait, c'était parce que, en sa présence, il était un autre homme.

Il l'aimait.

Lorsqu'il l'avait compris, il avait ressenti un choc. Comment était-ce arrivé ? Son don de prophétie aurait dû le mettre sur ses gardes, l'avertir de ce qui se préparait. Mais non. Il avait beau regarder en arrière, il n'arrivait pas à voir quand ni comment c'était arrivé.

Lorsqu'il avait enfin reconnu que l'impossible était en train de se produire, il avait continué d'espérer que l'interprétation de Heiko était erronée : qu'il désirât ou non l'étrangère, ce qui était certain, c'est qu'elle ne le désirait pas. Emily était d'abord et avant tout une missionnaire chrétienne dont le seul souci était de répandre la parole de son dieu. Une barrière avait sauté, mais une autre, plus colossale encore que sa propre résistance, demeurait entre eux.

Et puis, celle-ci aussi avait fini par s'effondrer. Emily avait beau faire, elle ne parvenait pas à cacher les sentiments qu'elle éprouvait pour lui. Le dernier espoir de Genji avait été Stark. Après la disparition du révérend Cromwell, Stark s'était proposé comme futur époux. Mais cet espoir s'était à son tour envolé en fumée quand Stark avait décidé de rentrer en Amérique. Dès lors que Jimbo — qu'il avait connu à l'époque où il se faisait appeler Ethan Cruz — était mort, il n'y avait plus rien qui le retienne au Japon, même s'il s'était attardé quelques mois après cela pour achever de construire la mission. Car, s'il n'y avait rien pour le retenir au Japon, rien non plus ne le pressait de retourner en Amérique. Toujours est-il qu'il avait décidé de partir et qu'il l'avait fait, ce matin même.

Une seule chose désormais le séparait d'Emily, et cette chose était qu'elle ignorait les sentiments qu'il éprouvait pour elle. Il savait en outre qu'elle ne ferait jamais le premier pas. Elle était beaucoup trop chaste pour cela. Cependant, il savait que ses propres résistances finiraient par céder, et que ce jour-là celles d'Emily céderaient également. Il le savait parce qu'il avait enfin réussi à percer à jour le sens de la première prophétie.

Jusque-là, il avait continué d'espérer que rien ne se passerait entre la missionnaire et lui. Sans quoi la deuxième prophétie, signifiant qu'elle allait mourir en couches, se réaliserait. Or, plus l'amour grandirait entre eux, plus le dénouement fatal se rapprocherait. Etait-il possible que la vie fût aussi cruelle ?

Oui, elle pouvait l'être. Il l'avait découvert quand l'identité de dame Shizuka lui avait été révélée, non pas en songe, mais lors d'un accès de lucidité fulgurante ; il avait alors compris que le dénouement tragique était inéluctable.

— Sire, dit Hanako en se prosternant sur le seuil.
— Comment va-t-elle ?
— Beaucoup mieux.
— Est-elle en état de venir me rejoindre ?
— Je crois qu'il serait préférable que vous alliez la voir, sire.
— Très bien.

Tandis que Hanako menait Genji à travers le dédale de corridors qui conduisait à la chambre d'Emily, ce dernier demanda :
— Qu'en penses-tu ?
— Je ne puis me permettre de vous conseiller, sire.
— Non, bien sûr. Aucune femme ne se le permettrait.
Hanako rendit son sourire à Genji et s'inclina.
— Elle prend très à cœur votre projet. J'espère que vous saurez louer ses efforts, même s'ils sont loin d'atteindre la perfection.
— Je suis sûr que ses efforts sont louables.
— La traduction est un art difficile, dit Hanako. J'ai eu l'occasion de m'en apercevoir lorsque j'ai secondé Heiko, pendant les classes de catéchisme de dame Emily. Notre langue et la sienne sont si différentes. Pas seulement dans les mots, mais également dans les pensées.
— Toute vraie communication, même entre deux personnes qui parlent la même langue, requiert une traduction, conclut Genji. Pour finir, ce sont nos cœurs qui entendent ce qui ne peut être dit.

— Je suis en train de revoir les dates du calendrier, dit Emily.
Elle avait les yeux rouges et gonflés, mais elle avait retrouvé le sourire et son enthousiasme habituel.
— La septième année du règne de l'empereur Go-toba ne fournit pas au lecteur occidental de repère chronologique. Si, à la place, nous mettons 1291, il saura que l'événement a pris place à l'époque de la dernière croisade en Terre sainte avant que celle-ci tombe aux mains des Sarrasins. Pensez-vous que ce soit une bonne idée ?
— Une excellente idée.
— Il y a une telle quantité de documents ! s'excusa Emily. J'espère que je n'abuserai pas de votre temps en vous demandant de faire une première traduction du japonais.
— J'en serai ravi, répondit Genji en s'asseyant à côté d'elle.
Lorsqu'elle se décida enfin à le regarder, il lui sourit. Elle lui répondit par un petit sourire timide, puis revint aussitôt aux documents étalés devant elle sur le secrétaire. Il avait terriblement envie de la prendre dans ses bras mais n'osait pas.
— La seule chose dont je ne sois pas du tout certaine, c'est le titre.
— Emily…

— Oui ?

— Je suis désolé si je vous ai contrariée.

— Oh, mais non, dit-elle en posant une main rassurante sur la sienne. C'est moi qui suis trop susceptible. Au fond, vous n'avez fait que dire la vérité.

— Il m'arrive de plaisanter quand je ne le devrais pas. Tout n'est pas sujet à plaisanterie.

— Non, c'est vrai, admit Emily en baissant les yeux.

Elle voulut ôter sa main, mais il l'en empêcha.

— Nous sommes amis, dit Genji. Nous ne serons pas toujours d'accord sur tout. Mais les divergences de point de vue ne doivent pas nous éloigner l'un de l'autre.

Elle considéra un moment leurs mains réunies avant de plonger ses yeux dans les siens.

— D'accord.

— Bien, et maintenant laissez-moi jeter un coup d'œil à vos travaux.

Elle plaça une liasse de documents devant lui.

— J'ai laissé le titre en japonais pour l'instant. Plus tard, si nous le décidons, nous en chercherons un en anglais.

— Oui, dit Genji.

Il savait que, lorsque la traduction serait achevée, dans des années, le titre serait en anglais, parce que « anglais » était le dernier mot qu'il prononcerait dans sa vie.

La lame s'enfonce jusqu'à la garde dans la poitrine de Genji, puis tout devient blanc. Lorsqu'il rouvre les yeux, il voit des visages inquiets penchés sur lui.

Dame Shizuka apparaît et, sans se soucier du sang, le prend dans ses bras et le tient serré contre son cœur. Des larmes roulent sur ses joues et éclaboussent le visage de Genji. Leurs cœurs battent à l'unisson.

« Vous serez toujours mon prince resplendissant, dit-elle. (Elle lui sourit à travers ses larmes.) J'ai fini la traduction ce matin. Je me demande si nous devrions garder le titre japonais ou le traduire en anglais. Qu'en pensez-vous ? »

Genji voit que sa beauté n'est pas entièrement japonaise. Ses yeux sont noisette et non pas noirs, et ses cheveux sont châtain clair. Ses traits, accusés et expressifs, sont plus occidentaux que japonais. Mais pas complètement, cependant. Bien qu'elle tienne davantage de sa mère, la ressemblance avec son père est bien là, en particulier dans son sourire qui ne semble jamais quitter ses lèvres.

« Anglais, dit Genji.

— Très bien, dit dame Shizuka. Cela va faire scandale. Les gens diront : "C'est encore Genji, et cette Shizuka de malheur." Mais peu nous importe. (Ses lèvres se mettent à trembler, ses paupières papillotent, mais elle sourit toujours.) Elle aurait été fière de nous. »

Genji voudrait dire : Oui, elle aurait été fière de toi comme je le suis moi-même. Mais il n'a plus de voix.

Quelque chose scintille sur sa gorge. C'est le médaillon en argent, orné d'une croix et d'une fleur de lis.

Ses yeux quittent le pendentif pour revenir à Shizuka. Le beau visage de sa fille est la dernière chose qu'il voit sur terre.

— Vous avez fait une excellente traduction, remarqua Genji.

— Vous trouvez ? dit Emily, rayonnante. Si c'est le cas, le mérite en revient à tous les deux. Il faut que votre nom y figure également.

— Vous pourrez dire que je vous ai prodigué quelques conseils. Mais rien de plus. Cette traduction est la vôtre.

— Mais, Genji...

— J'insiste.

Emily soupira. Il était inutile d'essayer de lui faire entendre raison quand il avait une idée en tête. Plus tard, peut-être, arriverait-elle à le convaincre.

— Je vais m'attaquer sans délai à la partie suivante.

— C'est assez pour aujourd'hui. Vous ne pourrez pas venir à bout de six siècles de sagesse et de folie en une fois. Il fait beau dehors. Allons admirer les grues d'hiver.

Emily éclata de son délicieux rire d'enfant, fragile trésor évanescent que Genji chérissait.

— Oui, dit-elle en se levant et en passant son bras sous le sien. C'est une excellente idée.

— Il va peut-être neiger, dit Genji.

— Genji ! s'écria Emily avec une pointe de reproche.

Mais elle avait souri en prononçant son nom.

18
L'Etoile de Bethléem

Voici ton katana.

Il est fait d'acier chauffé à blanc puis inlassablement martelé jusqu'à ce que les vingt mille feuilles de métal purifié ne fassent plus qu'une. Sur six lingots passés au feu, un seul survivra pour devenir lame et talon.

Songes-y attentivement. Efforce-toi de différencier la définition et la métaphore afin de comprendre les limites de l'une et de l'autre. Alors tu pourras dégainer ton arme quand ta vie sera menacée.

Suzume-no-Kumo
(1434)

Edo, puis la cime des montagnes, et enfin le Japon disparurent à l'horizon. *L'Etoile de Bethléem* faisait route à l'est, en direction des lointains rivages de l'Amérique. Stark se tenait à tribord, près de la poupe. Il sortit son calibre 32 Smith et Wesson de sa ceinture et le jeta par-dessus bord. Puis, plus lentement qu'il ne l'avait jamais fait, il dégaina son colt calibre 44, modèle de l'armée à canon six pouces, et le contempla pendant un long moment. Après quoi il fit basculer le canon, ôta les balles du magasin et les serra une dernière fois dans le creux de sa main avant de les relâcher. Les six balles tombèrent à l'eau. Elles étaient si petites qu'aucun remous notable ne se forma à la surface de l'écume. Le cylindre suivit, puis le bloc de culasse et la crosse. Il défit ensuite son holster et le jeta avec le reste.

Il resta un long moment à contempler la mer, agrippé au bastingage. Puis, malgré lui, il dit : « Mary Anne. »

Et il se mit à pleurer.

A la proue, Heiko contemplait la vaste étendue d'eau qui s'étirait devant elle. Comment allait-elle survivre dans un pays barbare, de l'autre côté de l'océan ? Elle n'était pas sans ressources, grâce à la fortune en or que Genji lui avait confiée. Elle avait la protection de Matthew Stark, son ami et compagnon d'armes, en qui elle avait une confiance absolue. Mais Genji n'était pas là. Et elle savait qu'elle ne le reverrait jamais.

Au moment de la séparation, il lui avait menti. Il lui avait dit qu'une de ses visions lui avait révélé qu'il serait le dernier grand seigneur d'Akaoka. Après lui, il n'y aurait plus personne. Dans quelques années tout au plus, il n'y aurait plus ni samouraïs ni shogun, ni grands seigneurs ni fiefs. Une civilisation de deux mille ans allait disparaître quasiment du jour au lendemain. C'était ce qu'avait affirmé Genji. Mais peut-être s'agissait-il là encore de mensonges. Cela y ressemblait, à tout le moins. Mais qu'importait ! Le seul mensonge qui comptait, c'était qu'il lui avait affirmé qu'il viendrait la rejoindre.

Elle savait qu'il n'en ferait rien, à cause des deux autres visions qu'il avait eues. Dans l'une d'elles, il faisait la connaissance de dame Shizuka. Or une telle rencontre ne pouvait avoir lieu qu'au Japon. Dans la deuxième vision, son épouse, sa concubine ou maîtresse — il ne l'avait pas vue clairement, de sorte qu'il pouvait aussi bien s'agir d'Emily, de Shizuka ou de quelqu'un d'autre — mourait en couches, juste après avoir mis au monde un héritier. Grand seigneur ou non, Genji n'aurait jamais permis que son enfant fût élevé ailleurs qu'au Japon.

Il lui avait menti, et elle ne comprenait toujours pas pourquoi.

Il lui avait menti, et voilà qu'elle était désormais en route pour un pays où Emily était considérée comme une beauté. Une chose était certaine, dès lors. Dans un tel pays, Heiko serait considérée comme hideuse et repoussante. Sa beauté légendaire ne lui serait d'aucun secours. Les gens se détourneraient d'elle avec un air dégoûté. Elle serait bafouée, raillée, traitée avec mépris et cruauté.

Elle n'allait pas avoir besoin d'attendre que les outrages du temps détruisent sa beauté. A vingt ans, elle l'avait laissée derrière elle, dans un pays qui n'était déjà plus visible à l'horizon.

Mais elle retint ses larmes.

Elle ne se laisserait pas aller à la peur, au désespoir ou à la faiblesse.

N'était-elle pas d'abord et avant tout une ninja — la glorieuse descendante de Kuma l'Ours, son oncle, le plus grand ninja des cent dernières années ? Si elle venait jamais à en douter, il lui suffirait de sentir le sang couler dans ses veines pour s'en convaincre. Non, elle ne serait jamais une frêle geisha éplorée parce que son amant l'avait abandonnée. Elle avait été chargée d'une mission par son maître, Okumichi no kami Genji, grand seigneur d'Akaoka, un fieffé menteur qui serait probablement un jour shogun.

Elle ne s'apitoierait pas sur son sort.

Elle se mit à la recherche de Stark. Il y avait beaucoup de choses dont ils devaient discuter. D'abord, assurer la sécurité de l'or. Car, si celui-ci avait peu de chances de leur être dérobé à bord d'un navire de missionnaires, ce n'était pas une raison pour le laisser sans surveillance.

Stark se tenait à la poupe. Immobile, agrippé au bastingage. A mesure qu'elle approchait, Heiko vit que ses épaules étaient secouées de spasmes. Puis il tomba à genoux sur le pont, en gémissant comme un animal blessé que la mort tardait à cueillir.

Heiko vint s'agenouiller à ses côtés. La repousserait-il si elle cherchait à le toucher ? Et si c'était le cas, comment devait-elle réagir ? Non, il ne fallait pas anticiper. Elle se rendait en pays inconnu et n'avait d'autre choix que d'apprendre. C'est donc ce qu'elle allait faire, sur-le-champ.

Heiko glissa une main dans l'échancrure de son kimono et en ressortit un foulard de fine soie blanche qui ne portait aucun parfum hormis celui de sa propre chair, puis elle commença à essuyer les larmes de Stark.

Stark ne la repoussa pas. Lorsque la soie entra en contact avec son visage, il sanglota une dernière fois, puis pressa la main de Heiko si délicatement dans la sienne qu'elle sentit à peine son étreinte.

— Merci, dit-il.

Heiko s'inclina, s'apprêtant à formuler quelque réponse polie. Mais aucun mot ne sortit. A la vue de son expression sincère et désemparée, des larmes lui montèrent aux yeux tandis que ses lèvres s'efforçaient de former un sourire rassurant.

A présent, c'était au tour de Stark d'aller vers elle. La première larme qu'elle versa tomba dans le creux de sa main, scintillante comme un minuscule diamant.

Et *L'Etoile de Bethléem* poursuit sa route, et Stark dit : « Merci », tandis que Heiko essuie ses larmes, en pleurant elle aussi malgré son sourire. Le temps suit son cours, et *L'Etoile de Bethléem* poursuit sa route inexorablement.

VI

VOL DE MOINEAUX SUZUME-NO-KUMO MANUSCRIT PREMIER, FASCICULE UN

Traduit du japonais par Emily Gibson en collaboration avec Genji Okumichi, daimyo d'Akaoka en l'année de Notre-Seigneur 1861

À la fin de l'été 1291, mon grand-père, mon père et mes frères aînés périrent dans la bataille du cap Muroto, ainsi que la plupart de nos vaillants soldats. C'est pourquoi moi, Hironobu, je suis devenu seigneur d'Akaoka à l'âge de six ans et onze jours.

Tandis que l'armée victorieuse des usurpateurs Hojo approchait, ma mère, dame Kiyomi, m'aida à me préparer au suicide rituel qui devait avoir lieu dans le lit asséché d'une rivière qui coulait au pied de notre château. J'étais vêtu de blanc. Le ciel était bleu et limpide.

Mon garde du corps, Go, se tenait à mon côté, le sabre levé. Il devait me décapiter aussitôt que le poignard plongerait dans mes entrailles. Juste au moment où je brandissais la lame, des moineaux par centaines s'envolèrent du lit asséché de la rivière. Ils étaient si nombreux qu'ils formèrent un nuage au-dessus de ma tête.

Shinichi, le petit palefrenier qui était aussi mon compagnon de jeu, s'écria :

— Arrêtez ! Il s'agit d'un présage ! Le seigneur Hironobu ne doit pas mourir !

Go tomba à genoux devant moi en pleurant et dit :

— Sire, les dieux exigent que vous nous meniez à la bataille !

Il ne dit jamais pour quelle raison il avait interprété ainsi le présage. Mais tous mes vassaux fondirent en larmes et se joignirent à lui.

— Mourons au combat, ainsi qu'il sied à de vrais guerriers !

— Il n'existe pas meilleurs cavaliers que les hommes du clan Okumichi. Nous allons donner la charge et battre l'ennemi !

Et c'est ainsi que, le soir même, je conduisis à la bataille les derniers samouraïs de notre clan. Ils étaient cent vingt et un contre les cinq mille hommes de Hojo.

Ma mère me sourit à travers ses larmes et dit :

— A ton retour, je laverai ton sabre du sang de nos ennemis.

Ryogi, le plus vieux de mes soldats, suggéra que nous donnions la charge à l'aube. Pour ce faire, nous devions longer la grève sous une pluie de flèches, entrer en collision avec une cavalerie dix fois plus nombreuse que la nôtre, puis affronter les lances et les piques de trois mille fantassins, avant de pouvoir en découdre avec les lâches qui commandaient le clan Hojo et les mettre à mort.

Je dis :

— Ce soir, l'ennemi bivouaquera dans les bois de Muroto, un lieu hanté qui m'a toujours inspiré la crainte. Peut-être prendront-ils peur, eux aussi.

Go me regarda, surpris, et répondit :

— Le jeune seigneur vient de nous donner la clé de la victoire.

Nous nous cachâmes parmi les ombres. Les Hojo, trop sûrs d'eux, triomphants, burent et festoyèrent toute la nuit. A l'heure la plus sombre avant l'aube, pendant que nos ennemis ivres dormaient à poings fermés, nous nous infiltrâmes dans leur camp, pénétrâmes dans la tente de leurs chefs et les décapitâmes.

Puis nous lançâmes des flèches enflammées parmi la horde assoupie, tout en criant et en gémissant à la façon des goules qui hantent la Terre des Morts.

Lorsque les soldats se précipitèrent à l'état-major pour recevoir des ordres, ils trouvèrent les têtes de leurs seigneurs plantées sur le pommeau sanglant de leurs sabres fichés en terre.

L'armée Hojo, prise de panique, se dispersa en débandade. Sur la grève, nos archers abattirent ses hommes par centaines. Dans les bois, que nous connaissions dans leurs moindres recoins, nos épées fauchèrent un millier de têtes. Par quelque heureux coup du sort, l'aube apporta avec elle une épaisse brume de mer qui ne fit qu'ajouter à la terreur et à la confusion de l'ennemi. Le lendemain soir, en quittant les bois de Muroto, nous laissâmes trois mille cent seize têtes Hojo sur la grève. Nous les avions plantées sur des piques, suspendues aux arbres comme des fruits pourris, ou attachées à la queue et à la crinière de chevaux affolés par la vue du sang. Encore aujourd'hui, les os de l'ennemi continuent d'échouer sur le rivage comme du bois flotté les jours de tempête.

Au printemps suivant, le seigneur Bandan et le seigneur Hikari, des deux fiefs voisins, acceptèrent d'allier leurs forces aux nôtres contre l'ennemi commun. Nos armées ainsi réunies, fortes de trois mille samouraïs et de sept mille fantassins, entreprirent tout d'abord de marcher sur les Hojo. Notre bannière était ornée d'un moineau jetant des flèches aux quatre points cardinaux.

Quand notre armée atteignit les bois de Muroto, là où avait eu lieu le massacre, un deuxième nuage de moineaux s'envola. Le seigneur Bandan et le seigneur Hikari sautèrent à bas de leurs selles et se prosternèrent à côté de mon cheval. Ce deuxième présage les incita à faire de moi leur suzerain et à me jurer fidélité et loyauté. C'est ainsi que moi, Okumichi-no-kami Hironobu, je fus promu au rang de grand seigneur. Je n'avais pas encore sept ans à l'époque.

Ce fut le début de l'ascension du clan des Okumichi, célèbres seigneurs du domaine d'Akaoka.

Vous tous qui viendrez après moi, ayez soin de toujours garder en mémoire les paroles contenues dans ce manuscrit secret. Ce manuscrit relate la sagesse, l'histoire et les prophéties écrites avec le sang de nos ancêtres. Ayez soin de ne pas laisser inachevée la tâche que j'ai commencée.

Que tous les dieux et les bouddhas des dix mille cieux veillent sur ceux qui renforceront notre domaine.

Que tous les fantômes et démons des dix mille enfers pourchassent éternellement ceux qui n'auront pas su préserver notre honneur.